21세기 지성

21세기 지성
General Intellects

현시대를 대표하는
사상가 21인

매켄지 와크 지음 | 한정훈 옮김

문학사상

■ 일러두기

  1. 한국어판 역주는 본문 안에 고딕 서체의 작은 글자로 처리하였으며, 별도의 표기는 생략하였습니다.

  2. 외래어 표기는 국립국어원의 규정을 바탕으로 하였으며, 규정에 없는 경우는 현지음에 가깝게 표기하였습니다.

미래의 일반지성이 될
뉴 스쿨New School의 제자들에게 이 책을 바칩니다.

차례

| 들어가는 말 |

좋았던 옛 시절에 우리가 의지하곤 했던 *대중 지식인들public intellectuals*은 지금 어디에 있을까? 누군가는 대중 지식인의 모습을 언급할 때마다 그들의 쇠퇴에 대해 꼭 이야기한다.[1] 더 이상 사르트르와 보부아르는 없다. 파솔리니Passolini도 제임스 볼드윈James Baldwin도 없다. 또는 대중 지식인의 모습이 왜 항상 쇠퇴와 관련 있는 것처럼 보이는지 물을지도 모른다. 그리고 지금 누가 글을 쓰고 있는지, 누가 어떤 종류의 대중적 토론의 논객이 되어야 하는지 물을지도 모른다.

대중 지식인 하면 무엇이 떠오르는가? 곧바로 습관적으로 떠오르는 느낌과 가정에 혼란이 생기는 걸 피하기 위해 다른 이름으로 부르기로 한다. 다른 이름이란 바로 일반지성general intellects이다. 〈기계에 대한 단상Fragment on Machines〉(이하 〈단상〉으로 표기함)이라고 불리는 유명한 글에서 마르크스는 일반지성*general intellect**에 관해 이야기한다. 간단히 말해 일반지성은 생산 과

---

* 마르크스가 'general intellect'라는 용어를 사용하여 상품 생산에 포섭된 지식인을 설명한 것에 빗대어, 저자는 'general intellects'라는 용어로 사회 문제에 대해 발언하는 다수의 대중 지식인 또는 지식 노동자를 칭함. 혼란을 피하기 위해 'general intellect'는 이탤릭체로, 'general intellects'는 정자체로 표기함.

정에서 지적 노동의 역할을 모색하는 마르크스 자신을 가리키는 것으로 보인다.

대중 지식인은 일반지성과 밀접한 관계가 있다. 여기서는 일반지성에 관련된 대중 지식인의 문제를 제기해보려 한다. 대중 지식인의 쇠퇴는 마침내 생산 과정에 흡수되어버린 지적 노동과 연관되어 있다. 이는 과거의 전설적인 표준에 부합하지 못하는 오늘날 지식인 개개인의 수준에 관한 문제가 아니다. 오늘날의 지식 노동자들은 과거와는 다른 시스템, 즉 보다 세련된 방식으로 지식인들의 작업에서 가치를 뽑아내는 프로세스에 그들을 끼워 넣는 시스템에서 일해야 한다. 사르트르나 보부아르처럼 되고 싶다고 해서 그렇게 될 수는 없다.

사르트르나 보부아르는 펜과 타자기만으로도 생활을 유지할 수 있었다. 당시에도 대량 인쇄물을 기반으로 한 문화 산업이 존재했다. 이들의 책을 읽을 독자들을 키워내는 고등교육 시스템이 급속히 팽창하고 있었다.[2] 이들은 엘리트에게 명성과 자격이라는 아우라를 부여해주는 국가 엘리트 교육 시스템의 산물이었다. 물론 이는 지나친 단순화이지만, 핵심은 오늘날 지적인 작업을 수행하는 환경이 예전과는 매우 다르다는 점이다. 지적으로 도전적인 책을 쓰면서 생계를 유지하는 건 거의 불가능하다. 오늘날 지식 노동자들은 대학의 일자리 같은 본업을 필요로 한다.

대학 또한 예전의 대학이 아니다. 자본주의 사회를 운영할 수 있는 사람들을 배출하는 명확한 유형의 교육기관이기보다는 그 자체가 사업이 되고 있다.[3] 오늘날의 학문 노동은 다른 유형의 지적 노동 관리에서 파생된 관리 시스템 내에서 수행되어야 한다. 학문 노동은 정량화, 계층화되고 있으며 대부분은 임시직 형태를 띠고 있다. 어떤 경우에는 대학이 역사, 사회 또는 정치적 사건에 대해 고민하는 전통적 학문 없이도 잘 운영될 수 있다고 여겨지는 것처럼 보인다.

바로 이 점에 대중 지식인이 쇠퇴한 이유가 있을지도 모른다. 물론 그들 모두가 쇠퇴를 자초하지는 않았을 것이다. 지금의 학계가 너무 많은 '전문 용어jagon'를 쓰는 게 문제라고 생각하는 사람들은 비즈니스 언론을 둘러봐야 한다. 그보다 더 억지로 만들어낸 거짓된 단어로 가득 찬 언어가 있을까? 그러니 이쯤에서 대중 지식인의 수준에 대한 이야기는 접어두고, 이 책의 주제인 일반지성에 대해 생각해보기로 하자. 내가 말하는 일반지성은 마르크스가 말하는 일반지성과는 (관련성은 있으나) 약간 다른 개념이다. 즉 주로 교수로 채용되어 꽤 성공했지만, 자신의 작업을 통해 오늘날 세계의 상황에 관련된 보다 일반적인 문제를 해결하려 애쓰는 이들을 가리킨다.

그들은 생각하고 말하고 쓰고 자신의 작품을 상품화하여 판매하는 노동자라는 점에서 일반지성의 일부분이다. 하지만 또한 일반지성이기도 하다. 이제 그들마저 통합할 수 있는 방법을 찾아낸 상품화 시스템 속에서 그 시스템에 저항하면서 글을 쓰고 생각하고 심지어 행동하는 방법을 찾으려 한다는 점에서 그렇다. 일반지성은 오늘날 많은 사람들이 발견하게 되는 자신들의 일반적인 상황situation을 해결하려 노력한다. 자신의 교육과 능력, 독창성을 적용해 보다 지성적인 해결을 추구하는 것이다.

나는 일반지성에 관한 글을 쓰고자 지식인 21명을 선정했다. 대개는 학계의 서로 다른 분야에서 활동하고 있다. 물론 현대 상황이 맞닥뜨리는 일부 혼란에 대해 말하는 순간에 유용하게 읽을 만한 유일한 사람들은 아니다. 누구나 동의하겠지만 오늘날의 상황은 다소 암울하다. 엄청난 행운을 부여받은 극소수(이른바 축복받은 1퍼센트)가 아니라면 세상은 분열의 스펙터클로 여겨질 것이다.[4] 상품화의 미래 모멘텀은 대체로 자연과 사회적 삶의 파괴를 초래하는 것으로 보인다.

그러므로 지금 필요한 건 이런 생각들에 (내가 볼 때) 진전을 보인 일반지성을 읽는 일이다. 그러나 일반지성이 상품화를 진행시키고 이윤이 흐르도록 유지하는 기능만을 맡은 일반지성의 단순한 구성 요소로 일해야 한다면, 자신들의 노력을 변형하여 일반적인 상황을 파악하는 능력은 제한될 것이다.

이것이 내가 제시하려는 읽을거리가 감상문인 동시에 비평이 되는 이유다. 내게는 다음 두 가지가 평소보다 더 많은 관심을 요구하는 것처럼 보인다. 첫 번째는 새로운 *생산력*을 개발하는 것이다. 정보 기술은 기존의 기계적이고 열역학적인 생산수단 체제와는 질적으로 다른 것으로 보인다. 그것은 우리의 일상생활에 스며들어 이상한 형태의 감시와 통제를 만들어내며 전체 사회 형성을 변화시키고 있다.

두 번째는 정보 기술이 과학에 도달하는 스스로의 길을 발견했다는 것이다.[5] 이제 우리는 모든 자원의 끝없는 상품화가 초래한 전 지구적 결과를 알고 있다. 세계는 충돌할 것이다. *인류세Anthropocene, 人類世,* 홀로세 중 인류가 지구 환경에 큰 영향을 미친 시점부터 별개로 분리된 비공식적인 지질 시대 개념. 정확한 시점은 합의되지 않은 상태지만 대기 변화에 의거할 경우 산업혁명이 기준이 됨*의 징후인 기후변화는 현재 함께 범주화되곤 하는 문제의 가장 중요한 측면이다.*

첫 번째 상황은 사회, 역사, 정치, 문화 등의 문제와 *기술techne*의 문제를 누구도 분리할 수 없다는 결과로 이어진다. 두 번째 상황은 더 이상 자연 현상을 사회 현상에서 분리되고 무시될 수 있는 안정적 배경을 가진 것처럼 취급할 수 없다는 결과로 이어진다. 본론에서 나는 선도적인 일반지성의 글쓰기에 이 두 가지 상황을 포함하려 한다.

나는 이 책의 머리말을 오늘날 지성의 쇠퇴에 대한 비판에 맞서 일반지성을 변호하는 것으로 시작했다. 하지만 지원을 받기 위한 합리화로서 대학에 과도하게 의존한 것이 그동안 그들이 수행해온 일에 상처를 남겼다는 말은 꼭 해야 한다. 이들 일반지성이 훈련 과정에서 반드시 익혀야 하는 학문이 있었다는 건 좋은 일이다. 그러나 학문의 경계는 임의적이며 현재 상황의 많은 부분은 그 경계를 뛰어넘는 사고를 요구한다.

선도적인 권위를 이해하고 인용하는 건 좋은 일일 수도 있다. 하지만 아이러니하게도 마르크스 같은 인물이 권위자가 될 수 있었던 이유는 당대의 권위와 결별하고 새로운 문제를 공식화하여 그 안에서 생각하고 행동했기 때문이다.[6] 이런 일의 대부분은 사회운동과 투쟁의 장소와 큰 관련이 없다. 지적인 엄격함, 권력, 일관성과 시급한 문제에 직접 관여할 수 있는 역량은 상충한다. 좀 더 미묘한 방식으로 노동 세분화가 강화되고 있으며, 그 속에서 일반지성은 다른 노동과 접촉하기 어려워진다. 심지어는 지적 노동 또는 같은 대학 내 과학, 공학, 디자인 같은 작업과 접촉하기도 어려워진다.

나는 일반지성에 관한 보통의 생각에 약간의 압력을 가하는 방식으로 이것을 다뤄보려 한다. 맨 먼저 가져온 것은 마르크스의 생각이다. 이후 순서에 상관없이 읽을 수 있는 특정한 일반지성에 관련된 비판적 평가들을 기술하였다. 이 책은 마르크스에 대한 두 가지 창의적인 읽기로 시작한다. 생산 양식에 대한 웬들링Wendling의 읽기와 교환 양식에 대한 가라타니Karatani의 읽기가 그것이다.

그다음 이탈리아와 프랑스의 노동자주의자workerist와 자율주의자 autonomist인 비르노Virno, 부탕Boutang, 라자라토Lazzarato와 베라르디Berardi가 등장한다. 이어서 맥로비McLobbie와 길로이Gilroy의 영어권 문화 연구, 지젝 Žižek과 딘Dean의 정신분석, 무페Muffe, 브라운Brown, 버틀러Butler의 정치 이론이 나온다. 뒤이어 아즈마Azuma와 프레시아도Préciado의 정치적 동일체body politic에 대한 독특한 접근법이 기술된다. 전Chun과 갤러웨이Galloway의 미디어 이론, 모튼Morton과 메이야수Meillassoux의 사변적 실재론, 마지막으로 스텐저스Stengers와 해러웨이Haraway의 과학 연구로 이 책은 끝을 맺는다.

여기에는 중요한 몇 가지가 빠져 있다. 바로 몇몇 유럽 국가와 미국, 일본에 걸쳐 있지만 길로이가 과잉 개발된overdeveloped 세계라고 부르는 곳의 일반지성이다.[7] 이들이 던지는 인종, 젠더, 섹슈얼리티에 관련된 질문들은 조직 원리보다는 정치나 미디어 등에 연결된 사고의 맥락에서 나온다. 이는 '일반적인general'이 '보편적인universal'을 의미하지 않음을 강조하기에 적절한 영역이다.

이 일반지성들은 대부분 중간 범위에 대한 이론을 수행하고 있다. 중간 범위란 순수 철학도 사례 연구도 아닌 그 사이의 어떤 것을 말한다. 이들은 현재 상황에 관련된 개념을 가져오는 데는 큰 성공을 거두지만, 전통적 해석 방법에 지나치게 얽매여 있는 것처럼 보인다. 그래서 나는 이들의 텍스트를 이들에 맞서는 방식으로 읽을 생각이며, 이들의 한계를 애써 찾고자 몇 가지 비판적 전술을 활용할 것이다.

나는 대중 지식인의 쇠퇴를 둘러싼 다소 경솔한 불만에 맞서 그들을 방어하기도 하지만, 동시에 조금 다른 수준에서 공격도 가하려 한다. 이런 식의 자세는 학문적 삶의 공간에 속하지 않는 텍스트를 그곳에 도입하는 것과 관련이 있다. 마르크스가 대표적 사례다. 마르크스가 철학자가 아니었다는 것은 논란의 여지가 없다.[8] 그의 저작은 대륙 이론의 해설과 주석을 기술하기에 적절한 대상이 아닐 수도 있으며, 약간 다른 종류의 비판적 읽기 방식이 요구될 수도 있다. 그러므로 마르크스를 철학이나 정치 이론 또는 그 밖의 특정 학문의 균질한 시공간으로 끌어오기보다는, 세상에서 일하고 생각하는 다른 방식과 연결하는 게 더 유용할 것으로 보인다.

이를테면 최근에 나는 마르크스 읽기를 일반지성의 약간 다른 유형의 행동에 연결하려 시도하고 있다. 이는 대학 외부의 미디어 행동 혹은 대학 내부의 과학적 학문에서 나온 것이다. 두 가지 모두 19세기와 20세기 그리고 그 이후의 역사에서 기술 변화가 수행한 역할에 대한 보다 실용적인 지식을 소개하는 방법이 될 수 있다.

나는 마르크스의 유명한 글인 1858년 〈단상〉의 읽기를 통해 위의 문제를 설명해보려 한다. 《요강Grundrisse》에서 발췌한 이 글에는 '일반지성'이라는 표현이 등장한다.[9] 여기서 마르크스는 간단한 도구 사용에서부터 기계 시스템에 이르는 과정에 관심을 보인다. 달리 말하면 우리 시대의 사양 산업이라 할 수 있는 '그 시대의' 선진적 생산력을 파악하려 시도하고 있다. 그는 기계 시스템이라는 세계적 현상을 출발점으로 삼으면서 거기에 자신의 생각을 부여한다. 물론 이는 마르크스가 지금 일반적으로 읽히는 방식과는 다르다. 다시 말해 〈단상〉 같은 텍스트에 표현된 그의 생각에서 시작하여 그 텍스트를 통해 현상을 해석하는 방식과는 정반대다.

두 접근법의 차이를 이해하게 되면, 현재의 일반화된 접근법이 영구 자본 eternal capital 담론을 어떻게 야기하는지 이해하기가 어렵지 않다. 이 담론은 마르크스의 많은 독자들이 오늘날 머물고 싶어 하는 곳이다. 마르크스는 역사적이고 현상적인 형태의 연구를 통해 자본의 깊은 철학적 핵심을 밝혀냈다는 평가를 받고 있다. 마르크스의 접근법은 자본이 새로운 역사적 '외양'을 취할 수 있는 범위 내에서만 역사적일 뿐, 본질적으로는 영원하고 변함없다는 걸 인정한다.[10] 따라서 전통주의적, 구약성서적인 마르크스주의에서 자본의 영원한 형태는 노동의 부정negation을 기다린다. 이러한 부정을 통해 자본은 노동의 내부에서 노동과 충돌한다.

마르크스에 대한 이런 식의 철학적 읽기에는 긴장이 존재한다. 이런 읽기 방식은 영구 자본의 범주를 사용하는 방법에 매달리고 싶어 한다. 자본이 지속적으로 돌연변이와 자기 수정을 한다면 본질은 존재하지 않으며, '외양'이 단순한 현상 형태가 아닌 이 세계의 실제 형태로 진지하게 받아들여야 한다는 걸 인정하려 들지 않는다. 요컨대 자본의 본질을 주제로 삼는 철학이 만들어낸 철학으로서의 '마르크스주의'는 존재할 수 없다. 현상 형태의 변형은 단순한 현상 이상으로 이해되어야 하며, 현상이 그러한 변형으로 보유할 수 있는 지식의 형식에 대해서는 보다 겸손한 접근이 필요하다.

간단히 말해 마르크스 이후의 지적 작업은 철학 *위주*가 아니라, 서로 다르지만 동등한 앎knowing의 방법들 사이에서 이루어지는 지식의 협력적 실천일 수밖에 없다. 여기서 철학은 지배자가 되지 않는다. 다르게 표현하면, "기술의 본질은 기술적이지 않다"라는 진술은 근본적으로 사실이 아니며 사고의 장벽에 불과하다.[11] 기술은 그것이 사실상 무엇이며 무엇을 하는지에 대한 전문화된 지식 유형의 협력을 통해 이해될 필요가 있다. 철학을 지배적인 '본질의 기술'로 규정하는 것은 역행적인 시도다. 본질의 기술은 전혀 본질적이지 않다.

마르크스의 〈단상〉을 철학보다는 하부 이론low theory으로 읽으면 좀 더 흥미로울 수 있지만, 이 텍스트에는 당시 생각의 한계가 여실히 드러난다.[12] 마르크스는 당시의 새로운 기계 시스템 형태의 기술에 매혹된 나머지 그것을 신비화된 형태로 '스스로를 움직이는 동력'이라고 묘사한다.[13] 사실은 그렇지 않다. 생산력 또한 에너지 시스템이라는 전체 차원이 그 묘사에는 빠져 있다. 즉 마르크스의 텍스트에서는 산업화가 북유럽의 모든 산림을 석탄 생산지로 만들어버렸다는 분명한 사실이 빠져 있다. (석탄은 우리 시대에 거의 소진되었다.) 앞으로 살펴보겠지만, 이 점은 〈단상〉에서 신진대사metabolism의 은유를 통해 생각하려 했던 마르크스의 실패와 관련이 있다.

〈단상〉은 자본에 의해 명백하게 의도된 형태로 노동자의 기술을 기계로 전환하는 것에 관한 내용이 대부분이다. 한마디로 '객체화된 노동에 의한 살아 있는 노동의 전용appropriation'에 관한 것이다. '전체 프로세스에 종속된' 살아 있는 노동은 여기서 부분적인 생각으로만 남는다. 살아 있는 노동의 실질 가치 생산력은 고정 자본의 실질 가치 생산력과 달리 기계의 형태로 사라지는 양quantity의 차원이 되어버린다.

이 지점에서 마르크스는 신비화된 형태로 중요한 무언가를 파악한다. '사회적 두뇌'에 대한 지식은 노동보다는 자본의 측면으로 나타난다. 또는 '일반적인 사회적 지식'은 '직접적인 생산력'이 되었다는 그리 좋지 않은 문구도 등장한다. 그러나 마르크스는 '사회적 두뇌' 또는 '일반지성'의 페티시fetish, 물신로 보이는 것이 실제로 어떻게 생산되는지 묻기보다는, 스스로 페티시가 되어 그것의 마법에 빠져버린다. 사회적 두뇌는 자본의 일부가 되고 만다. 그런데 누가 혹은 무엇이 사회적 두뇌를 만드는가?

마르크스의 입장에서 볼 때 과학은 노동자의 눈에 완전히 낯설게 여겨질 것이다. 과학은 자본이 지시하는 형태로 나타난다. 과학은 *생산력*이다. "모든 과학은 자본의 시녀가 되도록 압력을 받았다." 그런데 누가 과학을 만드는가? "발명은 사업이 되었다"고 마르크스는 말한다. 그런데 발명은 또 누가 하는가?

마르크스 시대가 과학과 산업이 다소 초보적으로 통합된 상태였음을 염두에 둘 필요가 있다. 산업 시스템의 이러한 통합 단계를 이끌어낸 건 과학이 아니었다. 증기기관이라는 에너지 시스템은 과학의 산물이 아니라 독학으로 배운 기술자와 장인들의 작품이었다. 실제로 과학으로서의 열역학은 증기기관 산업에서 파생했다.

조금 다른 이야기로 독일 화학 산업의 부상을 들 수 있다. 독일에서는 경험에 기초한 공업 부문과 실험실에 기초한 과학 부문의 유기적인 공동 개발이 이루어졌다. 마르크스는 언급하지 않았지만 나중에 중요해진 또 다른 산업 분야가 있으니 바로 전기electricity다. 상당한 지체가 있긴 했지만, 전기공학에서 패러데이Faraday와 맥스웰Maxwell의 과학적 발견과 이론은 과학에서 산업으로 직결되었다.

문제는 실제 조직화된 사회 활동인 과학과 기술이 노동과 자본의 도식에 깔끔하게 들어맞지 않는다는 점이다. 마르크스에게 과학과 기술은 '과학'이라고 불리는 구체적인 대상에서 벗어나 고정 자본으로서 기계 시스템의 일부가 된다. 이 점에서 과학에 대한 두 가지 지식 중 하나가 우리에게 도움을 줄 수 있다. 두 가지 지식이란 과학 연구와 마르크스의 영향을 받은 '과학의 사회적 연관social relation of science' 운동을 가리킨다. 이 운동은 과학 연구보다 먼저 나타났는데, 이에 대해 과학 연구는 흥미롭게도 침묵하고 있다.[14]

'과학의 사회적 연관'에 관해서는 기념비적 저작인 J. D. 버널Bernal의 《역사 속의 과학Science in History》에 의지할 수 있다. 이 책은 현대 과학이 어떻게 기술적 노동의 진보된 형태의 결합에서 생겨났는지 말해준다. 여가 시간을 활용해 만물의 비밀을 밝혀낸 신사 문화gentleman culture에 대한 유용한 설명도 해준다. 신사 문화의 계급적 태생은 이른바 혼종hybrid이다. 기존 계급 내에 위치할 수 없는 신사 문화는 새로운 계급을 지향한다.

시대의 한계 탓에 마르크스가 깨닫지 못한 게 있다. 바로 과학 자체가 생산력은 물론 자체적 역량으로 일종의 산업 시스템이 되었으며, 공장 시스템과는 완전히 다른 방식으로 작동한다는 사실이다. 공장 시스템은 노동 시간을 계량화함으로써 표준화된 제품을 생산한다. 그렇다면 비표준화된 것을 만드는 (비)노동 프로세스는 어떨까? 이 프로세스가 새로운 것을 만들어낸다면? 또는 아세르 존Asher Jorn이 이해한 것처럼, 내용이 아닌 형태를 만드는 사람들은 어떨까?[15] 이들은 과연 어떤 계급에 속할까?

내가 이 사람들을 다른 계급에 소속된 것으로 생각해야 한다고 최초로 제안한 건 아니었다. 다만 이들을 부르는 현대적 명칭을 떠올려보려는 시도는 했다. 바로 해커 계급 말이다.[16] 예컨대 J. D. 버널은 과학 노동자에 관한 자신의 이론에 이미 근접해 있었다.[17] 적어도 나는 과학 노동자를 상품 시스템으로 흡수하고자 생산관계가 어떻게 변화했는지 생각해봤다. 사적 재산 형태의 돌연변이로 등장한 지적재산권은 정보의 서민 계급을 포위하고 잠재적 상품의 새로운 범주를 창출한다.

그러므로 마르크스의 〈단상〉을 역사적 시간이 아닌 우리의 시간에서 재검토하기 위해서는 최소한 두 가지에 더 많은 관심을 기울여야 한다. 하나는 산업 시스템 (그리고 보다 일반적으로는 지식 작업) 형태의 설계에 기여한 과학의 역할이다. 다른 하나는 마르크스가 대체로 침묵하고 있는 에너지 시스템이다.

여기에 에너지를 다시 끼워 넣으면 어떻게 될까? 마르크스가 〈단상〉에서 두 차례 사용한 바 있는 신진대사라는 은유를 다듬는 데는 도움이 된다. 문제는 *신진대사*라는 불만족스러운 방식이다. 마르크스는 순환 자본을 단지 '신진대사'에 불과하다면서 에너지 시스템이 아닌 분배의 문제라는 지나치게 제한된 방식으로 이해한다. 이런 식의 이해는 특히 신진대사를 농업에 연결할 때 문제가 된다. "농업은 신진대사의 과학을 적용한 것일 뿐이며, 농업의 규제는 사회 전체의 가장 큰 이익을 위한 것이 된다."

이는 결과적으로 마르크스의 암시로 연결될 수 있다. 즉 노동이 더 이상 생산에 에너지를 제공하는 것이 아니라 정보를 통해 에너지를 통제한다는 것이다. 마르크스는 이에 대해 '규제자regulator'라는 용어를 사용한다. 증기 기관의 조절기(가속기라는 명칭으로도 불린다)를 정보의 네거티브 피드백의 초기 사례로 생각한 것으로 보인다. 이 조절기는 평형을 유지하는 기능을 한다.

여기서 *일반지성*에 관한 마르크스의 저술을 나중에 그가 개발하려 시도했던 신진대사의 범주, 특히 신진대사의 균열rift에 연결해볼 수 있다. 그의 진정한 돌파구는 (존 벨라미 포스터John Bellamy Foster가 보여주었듯이) 상품화된 농업에서 노동이 신진대사의 조절자로 작용하는 게 아니라 그 반대로 작용한다는 걸 이해하는 것이다.[18] 집단적 사회 노동은 자본의 기계 시스템에 통합되어 신진대사의 균열을 가속화하는 '규제 철폐자deregulator'일지도 모른다. 지금 우리가 알고 있듯이 기후변화는 그중 하나일 뿐이다.

이런 까닭에 1858년의 마르크스는 자신이 더듬고 있는 것의 완전한 윤곽을 아직 알지 못했다. 마치 코끼리를 만지는 장님처럼 말이다. 그 윤곽은 사회 노동이라는 짐승의 서로 다른 부분을 만지는 장님인 연구자들 모두의 결합된 노력을 통해서만 그려낼 수 있다. 즉 방 안의 코끼리를 인식하고 묘사할 수 있다는 뜻이다. 여기서 코끼리란 *신진대사의 균열*을 가리킨다. 상품 권력은 물질, 에너지, 정보를 부를 축적하는 재료로, 끝없이 증가하는 규모와 속도를 가진 교환가치로 취급한다. 그것이 자연 시스템, 심지어 사회 시스템에 가하는 엄청난 피해에도 불구하고 말이다.

그러므로 일반지성에게는 일종의 해커 계급의 공통된 이해관계를 상상해보는 과제가 남는다. 해커 계급에는 그 노력이 결국 일종의 지적재산권으로 상품화되고 마는 예술가, 과학자, 기술자, 휴머니스트와 사회과학 교수들도 포함된다. 이들이 정보의 상품화라는 관점에서 같은 계급에 속한다고 상상해볼 수도 있다. 우리 모두는 복잡한 자연적, 기술적, 사회문화적 신진대사의 일부인 정보를 처리한다. 동시에 전례 없는 유형의 지배계급이 전 세계 해커와 노동자들의 공동 노력에서 나온 가치 대부분을 착취하는 걸 본다. 일반지성으로서 우리는 사무실 칸막이 위로 머리를 내밀어 주변을 둘러봄으로써, 노동 프로세스의 다른 부분을 이해하는 사람들과 협력하는 방법을 알아낼 수 있을 것이다.

마르크스는 정보를 규제자로 생각할 수 있는 지적 도구를 갖지 못했다. 또한 신진대사의 자연적인 존재 조건을 무시하는 상품화된 생산물이 신진대사의 균열을 야기한다는 걸 막 깨닫기 시작했을 뿐이었다. 이러한 새로운 현상에 대한 보다 실용적인 지식을 가진 사람들의 조언을 받지 못한 채, 마르크스는 자신의 개념적 기계장치가 사용 가능한 데이터를 초과하여 결국 철학화의 포로가 되도록 허용한다. 그 결과 부분적으로 파악한 총체성을 추상적, 공식적, 변증법적 부정을 통해서만 인식되는 미래에 잘못 관련시키고 만다. 많은 분야의 일반지성들의 협력에 의해서만 가능한 일을 혼자 해내려 시도한 탓이다.

한편 마르크스가 기계와 노동과 시간의 관계를 생각하는 방식에 관련해

〈단상〉에는 무언가가 사용된다. 마르크스는 대부분의 기계를 노동자에게서 더 많은 시간을 뽑아내는 도구로 여긴다. (여기서 그는 다른 곳에서 뛰어난 통찰력으로 예견한 과학 부분을 경시한다.) 그에 따르면, "자본은—무의식적으로—인간의 노동과 에너지 소비를 최소한으로 줄인다. 이는 해방된 노동의 이익으로 돌아갈 것이다". 에너지가 마침내 어떻게 나타나는지 주목하자. 그러나 그것은 오직 인간 노동의 에너지다. 마르크스는 인간의 에너지를 화석연료로 대체하는 것이 자본주의가 전개되는 방식의 핵심이라는 사실까지는 파악하지 못했다.[19]

기계 시스템은 필요한 노동 시간을 최소한으로 줄이고 노동을 자본으로 대체하는 걸 의미한다. 이제 노동 시간에 의존하지 않고도 부를 창출할 수 있게 된 것이다. 이는 실제 재산의 증가—마르크스에게는 자유롭게 처분할 수 있는 시간이 되겠지만—를 의미하지만, 현실에서는 그렇게 되지 않는다. 즉 소수의 지배계급을 위한 '노동하지 않는 시간'으로 귀결된다. 기계 시스템은 "따라서 그 자체에도 불구하고, 사회적으로 이용 가능한 시간의 의미를 창조하는 데 도움이 된다". 게다가 "노동 시간의 절약은 자유 시간의 증가와 같다. 즉 개인의 완전한 발전을 위한 시간이며, 그 자체가 가장 위대한 생산력으로서 노동의 생산력에 궁극적으로 기여한다".

이는 깔끔한 변증법이며, 적어도 낭만적이지 않은 사고방식으로 자본주의를 생각하는 시작점이 될 수 있다. 이런 사고방식은 생산수단 전반의 문제를 단순히 몇몇 유휴 계급으로 돌리는 걸 원치 않는다. (마르쿠제Marcuse의 《에로스와 문명Eros and Civilization》등등.)[20] 마르크스는 이렇게 말한다.

기계는 고정 자본의 사용 가치에 가장 적합한 형태이긴 하지만, 자본을 사회관계로 포섭하는 것이 기계를 이용한 생산의 가장 적절하고 궁극적인 사회관계로 귀결되지는 않는다.

기계는 다른 어떤 것일 수 있다. 자본은 기계가 고정 자본의 형태로 존재하도록 요구하지만, 기계는 다른 형태를 취할 수도 있다. 이는 인문학과 사회과학에 만연한 기술 공포증의 세계에 주장할 필요가 있다. 거기서 정치는 우리의 모든 문제에 대한 마법의 해답 역할을 한다. 다만 우리가 주위에서 볼 수 있는 암울한 모습의 *실제* 정치는 아니다. 다른 어떤 정치, 기껏해야 실제 정치에 잠재되어 있는 가능성으로서의 *가상* 정치다.

일반지성에게 정치는 가상적이면서 실제적이라는 이중성을 갖는 반면, 기술은 절대로 그렇지 않다. 이에 관한 마르크스의 생각은 첫 부분만이 받아들여진다. 즉 과학과 기술은 (또는 오늘날의 기술과학은) 자본에 흡수되고 자본 형태를 취한다는 부분만이 인정된다. 하지만 그 기술 역시 가상 기술이면서 실제 기술이다. 또는 다른 형태를 취할 수도 있지만 자세하게 토론할 필요는 없을 것이다. 정치에서부터 문화, 과학, 기술에 이르기까지 우리가 일하거나 연구하는 모든 특정 영역이 어떻게 하나인 동시에 문제의 일부이고 모든 가능한 해결책의 일부인지에 대해, 일반지성은 머리를 맞대어 사유해야 한다.

다만 이런 방향의 진보는 오늘날 거룩한 명령이 되어버린 마르크스의 '*일반지성*'이라는 관념에서 벗어나는 것일 수도 있다. 마르크스의 일반지성은 이상주의자의 잔여물이며 개념이 아닌 페티시즘적인 미완의 개념이다. *일반지성*이란 존재하지 않는다. 지식 생산이라는 구체적이고 특정한 실천만이 있을 뿐이다. 이는 지적재산권이라는 페티시즘 형태로만 '일반화'된다. 지금 단계의 자본주의는 (여전히 그 단계에 있다면) 해커 활동의 결과물을 상품화하기 위한 전체 장치를 개발했다. 상대적으로 새로운 재산권 형태로 성문화되어 노동에 적대적인 산업 시스템을 생산하고 있다. 현대 자본주의는 노동뿐만 아니라 *해커 계급*에도 적대적이다. 다양한 종류의 해커 계급과 지식 생산 간의 협력이 중요한 것은 이 때문이다. 나아가 계급으로서의 해커(새로운 형태의 개발자)와 계급으로서의 노동자(표준화된 콘텐츠 제작자) 간 동맹도 고려할 필요가 있다.

과학이나 문화, 심지어 철학에서도 지식 생산은 더 이상 상품 형태를 만드는 외적인 요인이 되지 못한다. 그런데 이 말은 "발명이 사업이 된다"는 말처럼 간단하지 않다. 지식 생산은 다른 모든 것을 바꾸는 새로운 사업이 되었다. 영구 자본이란 존재하지 않는다. 지식 생산은 역사를 관통하는 본질이 없으며 자신의 세부 사항과 추상적 형태 모두에서 돌연변이를 일으킨다. 외부로부터 무효화될 수도 없으며 그것의 가속화는 신진대사의 균열을 야기할 뿐이다. 프로메테우스적 도약이란 있을 수 없다!

그러므로 이제 우리 앞에는 다음과 같은 과제가 놓여 있다. 지적재산권이라는 지식의 상품화 외의 길을 통해 다른 부분의 신진대사에 관한 다른 종류의 지식이 서로 협력하는 방법을 알아내는 과제 말이다. 이를 통해 우리가 알고 있는 것에서 모든 종류의 신진대사 시스템이 어떻게 작동하는지 추론함으로써 더 나은 것, 즉 생존 가능한 신진대사를 설계할 수 있을 것이다. 이것은 인간 본성의 철학에 의해서는 쉽게 이룰 수 없는 과제로, 불을 다루는 방법도 모르면서 불을 훔치려는 프로메테우스와도 같다. 옛 텍스트에 대한 신앙과 같은 숭배는 도움이 되지 않는다. 심지어 마르크스의 텍스트를 숭배하는 것도 도움이 안 되긴 마찬가지다. 마르크스 역시 당대의 산물인 까닭이다.

이런 이유로 나는 이 책에서 철학, 정치 이론, 문화 연구 등 다양한 지적 작업을 부분적 총체로 다룬다. 각 부분은 특정 작업 방식의 관점에서 세계를 바라보는 동시에, 총체적인 세계관으로 각각의 작업 방식을 일반화할 것이다. 불행히도 이들은 다른 모든 것에 대해 자기 관점의 주도권을 유지하고자 일정량의 지적 에너지를 낭비하는 습성이 있다. 정치 이론가들은 정치가 본질적이라고 주장하고, 문화 이론가들은 모든 것이 항상 문화적이라고 역설한다. 우리의 일반지성조차도 총체 내 특정 영역을 자신들의 사유재산이라고 주장하면서, 부르주아 사상가의 면모가 여전히 남아 있음을 드러낸다.

나는 이 같은 낭비적인 주장들을 배제하고 다양한 부분적 총체인 지적 작업이 보다 동지comrade적 관점으로 서로 연결될 수 있는 방법을 찾으려 한다. 정보의 개별적 해커로서 우리는 분열과 페티시즘을 지향하는 세상 속에서 상품 형태를 재생산하는 프로세스에 갇혀 있다. 그럼에도 불구하고 다음과 같은 질문을 던져야 한다.

역사관을 그저 종합하는 것을 넘어 부분적 시각을 서로 연결하는 언어를 어떤 방식으로 만들어낼 수 있을까?

해답을 위해 우리 시대 지식의 정치학에서 시작해보자.

에이미 웬들링

마르크스의 형이상학과 육류물리학

Marx's Metaphysics and Meatphysics

에이미 웬들링Amy Wendling은 미국의 여성 철학가다. 노동, 시간, 재산, 가치, 위기를 현대의 주요한 가치로 보는 지배 이데올로기 연구로 유명하다. 현재 크라이튼 예술과학대학교의 철학과 교수이자 학과장으로 재직 중이다.

위대한 작품은 일관되고 설득력 있는 한 가지 이상의 해석을 지원한다는 공통점이 있다. 각각의 해석에 더 많은 공을 들이기에 충분할 만큼 열려 있다는 뜻이다. 이는 마르크스에게도 적용된다. 그러므로 무엇이 진실하고 총체적인 해석인지를 다투기보다는 그가 가능케 한 *마르크스-영역*을 생각해 보는 게 더 유용할 것이다. 마르크스-영역은 주제 변형을 위한 매트릭스가 될 것이고, 변형된 주제들은 특정 상황에서 더 유용하거나 덜 유용하게 이용될 것이다. 이런 관점에서 보면 시대에 대한 비판적 사고를 구축하는 데 보다 도움이 되는, 마르크스-영역의 아직 탐구되지 않은 사분면이 남아 있을 수 있다.

　마르크스의 저작은 스피노자Spinoza 같은 독일 이상주의 철학과 그 근원을 명확하게 이끌어낸다. 물리학과 다른 과학 분야에서도 자신의 시대에 대한 과학적 사고를 이끌어낸다.[1] 후자는 현재 기술적으로 쓸모가 없으며 전문가들에게만 알려져 있다. 그렇다 보니 과학과 그 결과의 관계에서 독일 이상주의로 되돌아가거나 스피노자로까지 거슬러 올라가는 것이 마르크스를 상세히 설명하는 일반적인 경향이었다.

반대로 앞으로 나아간다면 어떻게 될까? 현대 과학에 대한 마르크스의 개념적 공로를 무시하기보다는 새롭게 인식한다면 어떻게 될까? 마르크스는 역학과 역학적 세계관에 열역학을 더한 물리학의 혁명만큼이나 멀리 도달하게 될 것이다. 나아가 여기에 현대 생물학, 지구과학, 정보과학이 추가한 것을 통해 사유한다면 어떻게 될까? 첫 번째 단계는 경시된 두 가지 원천과 마르크스의 관계를 그럴듯한 모습으로 재구성하는 것이다. 두 가지 원천이란 그의 시대의 과학 유물론 그리고 공학과 기계 장치에 대한 그의 연구를 가리킨다. 이를 위해《기술과 소외에 관한 칼 마르크스Karl Marx on Technology and Alienation》라는 에이미 웬들링Amy Wendling의 뛰어난 저작을 참조할 수 있다.[2]

웬들링에게는 철학적 규범이 된 위대한 저작들과 마르크스의 관계가 나름의 에너지를 이끌어내는 일종의 퍼포먼스로 여겨진다. 그러한 관계를 지속하지 않거나 심지어는 다른 철학 시스템 내에서 비판하는 방식을 통해서 말이다. 이 퍼포먼스는 내가 비틀기détournement라고 부르는 것에 가깝다. 비틀기란 다른 정보 원천의 요소들을 차용하여 긴장 상태로 유지함으로써 작동하는 것을 말한다.[3] 이런 의미에서 보면 마르크스는 헤겔주의자나 정치경제학자가 아니다. 노동의 관점 또는 보다 정확하게는 임금 노동을 극복하려는 관점을 구축할 목적으로, 전략적으로 이러한 (그리고 그 밖의) 부패한 정보 원천을 서로 대립시켜 제거하는 행동주의 저술가다.

내 생각에 마르크스가 비틀기의 표본으로 삼은 텍스트는 시간의 흐름에 따라 변화한다. 그 이유는 다양한 정보 원천이 일반적인 의사소통의 충돌로 작용하기 때문이다. 마르크스의 후기 저작은 '청년young 마르크스'의 저작에 대한 불완전한 '인식론적 단절'이라기보다는, 초기 저작과는 다른 효과를 내기 위해 다양한 샘플의 혼합을 사용한다.[4]

웬들링은 이를 약간 다르게 바라본다. 즉 초기의 '휴머니스트' 마르크스가 자연에서 인간을 구분하는 정신 또는 본질의 잔여 범주를 여전히 드러내고 있다고 본다. 반면 후기 또는 중년older 마르크스(이런 마르크스를 원숙해졌다거나 과학적이라고 불러야 할까?)는 인간이 동물이나 기계로 대체될 수 있는 자연 세계의 일부인 정보 원천을 사용한다. 그렇다고 해서 휴머니스트의 면모가 완전히 사라진 것은 아니다. 이런 면모는 더 발전된 자본 단계에서 자신의 함의에서 벗어나고자 과학 물질에 대항할 때 종종 드러난다.

청년 마르크스에서 중년 마르크스로의 전환은 그가 이용할 수 있는 변화하는 자원 중 하나일 것이다. 웬들링은 "마르크스가 아닌 자본주의가 초기 휴머니스트라는 개념 틀을 무효화한다"고 말한다. 그러한 틀의 이데올로기적 기능은 변화했다. 베라르디가 보여주듯이, 60년대 '청년 마르크스'의 독자들에게 마르크스는 자본주의 이전의 세계를 회복하기를 간절히 원하는 것으로 읽혔다. 반면 웬들링이 볼 때 그것은 당시에도 마르크스의 입장이 아니었다. 자본주의는 회복을 위한 낭만적 욕망과 그것을 폐기하는 과학적 세계관을 자체적으로 생산해낸다.

웬들링은 자본주의 이전 세계를 향한 낭만적 갈망을 '자본주의 휴머니즘 capitalist humanism'이라는 도발적인 용어로 부른다. 웬들링에 따르면, "과학 유물론을 사용하는 것처럼 마르크스가 자본주의 휴머니즘을 사용한 것은 일종의 퍼포먼스였다. 이는 자본주의가 스스로 추방하려는 인간적 개념에 의지하지 않고는 자신의 행동을 설명할 수 없음을 보여주고자 고안된 것이었다". 웬들링의 말은 휴머니즘이 중년 마르크스에서도 완전히 사라졌다는 뜻이 아니다. 웬들링은 《자본론Das Capital》으로부터 자본주의 휴머니즘과 자본주의적 과학만능주의 모두를 읽고 다시 쓰면서, 자본주의 자체의 모순된 성격을 이해한다.

그러나 마르크스가 이 같은 퍼포먼스를 항상 통제했던 건 아니다. 《요강》

과 《자본론》 같은 주요 텍스트에서는 다소 개방적인 통제 형태가 나타난다. 이는 분명 약점이 아닌 강점이다.[5] 다만 마르크스가 인간이라는 오래된 철학 범주(이는 자본이 폐지한 것이었다)가 아닌 다른 것, 그리고 교환가치로 감소된 인간 외의 것을 위해 고투하고 있다는 난점은 여전히 남아 있다. 이는 자본주의가 이미 그의 시대에도 거의 달성한 것이었다. 마르크스가 하나와 다른 것을 대립시키는 전술을 사용한 것은 그 때문이었다.

마르크스는 기술 이론을 통해 자본의 범주에 대항하는 인간의 범주를 사용한다. 마르크스는 인간의 범주를 묘사하는 것을 넘어 개념화를 시도한 최초의 사상가 중 한 명이다. 과학과 기술이 새로운 종류의 유적 존재species-being를 지향하는 게 가능했을까? 마르크스의 업적 중 하나는 기술이 가능성의 공간으로서 행동 유도성affordance을 가진다고 생각한 것이었다. 지식인들은 이성, 문화 또는 정치의 가능성에 대한 온갖 주장을 펼치겠지만, 기술은 현재의 형태로 단단히 고착되어 있다. 마르크스에게 기술은 프로메테우스적인 가속화라는 무한한 목적은 아니더라도 특정 순간만큼은 현재와는 다른 것이 될 수 있었다.[6]

여기에는 노동에서 노동-기술의 조우에 이르기까지 약간의 편차가 존재한다. 마르크스는 일종의 메타과학meta-science을 만들고자 했다. 메타과학이란 이를테면 정치 경제의 '과학'이 스스로 인식하지 못했던 물질적, 사회적, 기술적 현실에 근거한 개념을 사용하는 방식을 이해하려는 시도를 가리킨다. 웬들링은 말한다. "자본주의가 만들어내는 환상은 인간이 생각할 수 있는 범위를 결정한다." 이는 이른바 기술-유토피아주의와 그것을 비판하는 사람들 모두 자본주의 사상 자체의 휴머니즘-과학주의 복합체의 이데올로기적 물질이 형성하는 지평을 공유하는 것처럼 보이는 우리 시대에 매우 유용한 사고방식이다.[7]

웬들링은 이런 생각을 헤겔Hegel의 핵심 사례, 특히 *객체화objectification*와 소외*alienation*의 구분으로 되돌린다. 객체화란 인간의 필요에 맞게 세계를 형성하는 사회 과정이다. 소외란 노동에 의해 객체가 되는 것이 아니라 노동자에게서 노동의 객체를 분리하는 걸 의미한다. 즉 세상이 주체적으로 자신의 객체로 변형되는 방식과 객체가 주체를 상호적으로 생산하는 방식이 붕괴된다는 뜻이다.

소외는 임금 노동이 생산자로서의 자신의 행위*agency*와 분리될 때 발생한다. 이 경우 임금 노동은 행위에서 분리된 단순한 것들을 생산하면서 분리된 사물처럼 그 자신을 생산한다. 이것이 마르크스에서 부*wealth*의 불평등한 재분배에 대한 의문이 생기지 않는 이유다. 노동으로부터 소외되는 것을 재분배하는 것만으로는 충분하지 않다. (어떤 이들은 이것이 시작에 불과하다고 주장할지도 모르지만 말이다.) 이제 재분배가 처음에 생산되는 방식을 변경해야 한다. 심지어 하나의 가능성으로 재분배에 대해 쓸 때에도 텍스트 전술이 필요하다.

마르크스는 여러 원천의 비틀기를 통해 자신의 입장을 구축한다. 모든 원천은 잘리고 콜라주되어 고유한 효과를 발휘한다. 예컨대 아리스토텔레스로부터는 동등한 교환으로서의 정의*justice*의 개념이 약간 나온다. 그의 관점에서 볼 때 사용되지 않는 교환은 부자연스럽고 괴상한 것이다. 루소*Rousseau*로부터는 상품의 불균형이 아닌 정치 권리의 불균형과 자유주의 사회에서의 계급에 관한 문제가 나온다. 로크*Locke*로부터 나오는 것은 부의 토대, 또는 적어도 재산의 토대로서의 노동 행위에 관한 이야기다. 이 경우 노동 행위와 대립하는 봉건적 삶은 인위적인 것으로 보이게 된다. 그리고 애덤 스미스*Adam Smith*로부터는 도구와 땅에 의존하는 로크보다 더욱 사회화된 노동에 대한 이야기가 나온다.

로크와 스미스에게 노동의 자연주의는 봉건제가 부자연스러운 것이라는 비판적 주장을 가능케 하는 전술이다. 이들 다음에 등장하는 마르크스는 자본주의를 부자연스러운 것으로 본다. 따라서 노동은 자연적인 범주가 아닌 사회적이고 역사적인 범주가 된다. 노동은 소외된 사회의 산물인 것이다. 그럼에도 불구하고 마르크스의 사상 전반에는 노동의 평등한 교환이라는 개념과 자아 창조로서의 노동이라는 개념이 여전히 남아 있다.

마르크스는 노동이 명백하게 자연스러운 것이라는 주장에 비판을 가한다. 그는 아리스토텔레스의 구분을 도입한 다음 확장한다. 가치/교환가치를 사용하기 위해 마르크스는 노동/노동력을 추가한다. 각 순서 쌍에서 전자는 부를 생산하고 가치를 사용하는 특성을 지닌다. 반면 후자는 교환가치를 창출하지만 가치를 사용하는 특성은 갖지 않는다. 웬들링의 관점에서 볼때, 마르크스는 노동가치설Labour Theory of Value을 무비판적으로 되풀이하지 않고 그 이론을 통해 노동의 소외를 분석할 수 있는 수단을 찾고자 한다. 여기서 중요한 것은 부와 교환의 원천으로서의 노동이 아니라 부와 교환이 분열하는 현상 자체다.

생산 속에서 나타나는 소외는 자본주의 하에서의 노동이라는 형태로 사회 행위를 만들어낸다. 소외가 대다수 사람들의 삶을 불안하고 위태롭게 만드는 탓에 노동은 재분배를 통해 보완되지 못한다. 더구나 노동은 자신이 생산하는 상품만이 아니라 생산에 사용되는 도구(생산수단)의 지배를 받는다. 작업자는 주변 장치로 전락한다. 교환에서 이루어지는 상품의 물신화는 생산에서 이루어지는 *기계의 물신화*에 의해 증폭된다. 그 결과 상품과 기계가 초자연적 특성을 갖게 되면서 상품과 기계를 매개하는 노동은 배제되고 만다.

웬들링은 이렇게 말한다. "기계는 마르크스주의의 소외에 있어 최종적인 '형이상학적 객체'이며, 포이어바흐Feuerbach의 신 혹은 루소의 절대주의 국가와 동일한 구조적 지위를 차지한다." 여기서 웬들링은 매우 효과적으로 우리의 생각을 상품이 아닌 기계에 집중시킨다. 마르크스는 기계 연구를 통해 노동과 자연에 대한 자신의 개념을 바꾸기 시작한다. 이에 따라 중년 마르크스는 소외와 관련해 헤겔과 포이어바흐에서 이끌어낸 과학 유물론과 열역학적 노동 모델을 자신의 초기 존재론적 모델에 접목하려 시도한다.

열역학적 세계관에서 보면 인간의 노동은 많은 에너지 가운데 하나의 유형에 불과하다. 수동적 세계에서 일하는 인간을 대신하여 세상은 스스로 능동적으로 일을 한다. 반면 인간 행위는 세상 행위의 부분 집합일 뿐이다. 요컨대 열역학적 세계관은 비인격적 주체nonhuman agent, 저자는 '인간 주체가 없는 상태로 존재하는 것'을 의미하는 용어로 사용함 혹은 적어도 비인격적 힘을 포함하는 현대적인 다중-주체multi-agent의 세계관이다.[8] 웬들링은 계속해서 말한다. "아리스토텔레스, 헤겔, 스미스, 로크가 사유한 것처럼 영혼 없는 자연 속에서 인간 정신이 구현한 창조적 노력이었던 노동은 자연이 그 자체로 일하는 에너지의 단순한 전환으로 바뀐다."

이 점에서 마르크스는 당시의 자료를 자신의 방식으로 기록하며 작업했다. 자본주의적 생산의 소외라는 조건 하에서 노동은 더 이상 자기실현이 되지 못한다. 오히려 피로를 유발하는 에너지의 소모일 뿐이다. "개인은 노동을 통해 발전한다는 로크의 주장과 달리 노동에서 해방됨으로써 발전한다." 이처럼 마르크스는 노동으로부터의 자유(혹은 적어도 일부 시간에서는 모든 것으로부터의 자유)라는 독특한 주장을 펼친다.[9]

노동이 세상에서 스스로를 실현하는 정신은 아니지만, 개인의 예술적 생각이나 과학적 사고는 여전히 자유로울 수 있다. 그러나 상품화는 결국 그것들마저 포섭하여 자본 축적을 위해 기능하게 만든다. 노동과 마찬가지로, 창의적 또는 과학적 노력(나는 이를 해커 계급이라 부른다)은 특정 형태로 상품화된 자본의 착취(예를 들면 지적재산권)에 맞서 싸운다.[10] 하지만 마르크스의 경우 당시엔 완전히 모습을 드러내지 않은 이러한 현상을 생각해낼 수 없었다.

마르크스는 자본주의 하의 노동 왜곡을 비판하기 위해 종종 로크의 노동 개념을 도입한다. 다시 말해 살아 있는 노동에 대해 말하기 시작한다. 그러는 한편 노동을 에너지 소비로 바라보는 후기 관점을 통해 이러한 견해를 약화시킨다. 이는 루드비히 뷔히너Ludwig Büchner에게서 도입한, 환경과 육체의 활발한 교류를 관찰하는 세계관 때문으로 보인다.[11]

생산 패러다임에서 노동하는 육체는 다른 모든 것과 마찬가지로 생산적인 기계로 취급된다. 그러나 마르크스는 《에너지론Energetics》의 일반 이론에서 인간/동물/기계가 균등하다는 관점을 받아들이지 않았다. 그는 '포스트휴먼post-human, 인간 이후의 존재'을 생각하는 사상가가 아니며 "자연의 점진적 영혼화와 이성화라는 헤겔 명제를 결코 잊지 않는다". 마르크스는 작업 패러다임, 생산 패러다임, 열역학적 세계관이라는 세 개의 축을 전술적으로 도식화한다. 이 삼각형에서 "자본주의는 설계 결함이 있는 증기 엔진이다……. 그것으로 누가 어떤 일을 하든 무엇을 생각하든 폭발로 치달을 것이다".

이 같은 차이점에 관련된 전술적 발전은 마르크스의 탁월한 유물론으로 나타난다. 세계를 향한 형이상학적 주장에 의존하기보다는, "세계와 자연이 건설되고 노동을 통해 변형되는 역사적 사건을 탐구하는 방향으로 나아간다". 이를 실현하기 위해 마르크스는 1848년 혁명이 실패한 이후 독일에서 유행하던 과학 유물론에 관심을 기울인다.[12] 당시 과학 유물론은 자유주의적 대중 영역이 없는 진보 세력에 속했다. 그러나 결국 마르크스는 이러한 통속적vulgar 유물론을 거부했고 순진한 실재론 또는 결정론에 매료되지 않았다. 이 점에서만큼은 자신의 박사 논문 주제였던 에피쿠로스적 전환Epicurian swerve에 충실했던 셈이다.[13]

과학 유물론은 대략 두 세대를 거쳤다. 첫 번째 세대는 포이어바흐와 폰 리비히von Liebig로 대표된다. 두 번째 세대의 중심인물은 루드비히 뷔히너, 칼 포크트Karl Vogt, 야코프 몰레스호트Jacob Moleschott, 헤르만 폰 헬름홀츠

Hermann von Helmholtz 등이다. (헬름홀츠는 에너지보존법칙을 발견한 물리학자 중 한 명이었다.) 이들의 글쓰기에는 나름의 정치적 측면이 있었다. 뷔히너에게 우주는 상부의 뜻에 지배되는 왕국이 아니라 스스로의 법칙에 지배되는 공화국으로 인식된다. 에너지는 자체적인 변형의 지배만을 받는 일원론적 세계에서 일종의 자연적 평등을 암시하는 것처럼 보였다. "정치 영역은 계약설 Contract Theory과 마찬가지로 자연에 대항하는 반물리학Anti-physics이 아닌 것으로 재인식된다. 대신 에너지 시스템으로 해석되는 자연을 통해 조직화된다."

과학 유물론의 세계관에서 모든 에너지는 태양에서 유래한다. 만물의 본질은 열과 운동(이 둘은 사실상 똑같다)이다. 한정된 시간 속에서 시작되고 끝나는 힘force과 달리 에너지energy는 A라는 상태에서 B라는 상태로 끊임없이 변화한다. 생기론Vitalism, 생물에는 무생물과 달리 목적을 실현하는 특별한 생명력이 있다는 설로 활력설活力說이라고도 함 세력은 점차 이 그림에서 제외된다. 해러웨이의 지적처럼 생기론은 70년이 지난 후에도 조지프 니덤Joseph Needham 등에 의해 여전히 탐구되었다.[14] 증기기관은 시계를 대체하는 통치의 상징으로서 효율성, 내구성, 안전성 같은 설계 문제를 포함하고 있다.

에너지론은 노동 담론을 변화시킨다. 노동자는 영혼이 아닌 에너지가 부족해서 에너지론에 저항하지 못한다. 노동에 객관적 한계가 존재한다는 이유로 인간의 작업을 다루는 과학, 즉 인체공학이 탄생한다. 영양학을 연구한 학자 몰레스호트는 노동자를 위한 요리책을 쓰기까지 했다. 과학 유물론자와 노동 개혁 정치가의 동맹도 있었다. 물론 마르크스는 이를 탐탁지 않게 여겼다.

대신 에너지 개념을 사용하여 잉여가치, 즉 자본가가 대가 없이 노동자에게서 얻어내는 것을 생각하기 시작했다. 동시에 비신학적이고 비물질적인 개념인 리비히의 생기론 형태로 오래된 과학 유물론에 여전히 관심을 기울였다.《요강》에서 볼 수 있듯이, 마르크스는 인간 행위agency를 일종의 특별한 '형상이 부여된 살아 있는 불'이라고 생각하곤 한다. 노동의 관점에서 볼 때 노동은 수많은 에너지 연결점node 중 하나에 불과한 것이 아니다. 형상 부여라는 개념에 잠재된 것은 정보라는 개념의 가능성인데, 정보는 여전히 인간의 특권으로 간주된다.

마르크스는 인류의 일부를 노동력의 단순한 재생산으로 축소하는 것에 도덕적 비판을 가한다. 마르크스의 관점에서 가난과 부는 서로 연결되어 있고, 노동에서의 착취와 소외는 단순한 재분배만으로는 결코 바꿀 수 없다. 그러나 그가 이런 비판으로 얻어낼 수 있는 것에는 한계가 있었다. "가장 이론화되지 않은 마르크스의 아이디어 중 하나는 인간 활동이 노동으로 축소될 수 없다는 개념이다."

에너지론은 좋은 삶에 대한 마르크스의 견해를 복잡하게 만든다. 그는 자신의 사위인 폴 라파르그Paul Lafargue가 주장한 《게으를 수 있는 권리Right to Be Lazy》에 반대했다. 일을 놀이로 대체하자는 샤를 푸리에Charles Fourier의 유토피아적 발상에도 반대했다.[15] 그에게 에너지론은 반드시 자본주의 형태가 아니어도 생존 수단을 사회적으로 생산할 필요성을 지적하는 것처럼 보였다. 사회적 생산에 필요한 시간은 동등하게 공유되고 최소화될 수 있다. 웬들링은 이렇게 말한다.

정치 경제에 대한 마르크스의 비판이 가능할 수 있었던 이유는 로크, 스미스, 헤겔이 각각 기초를 세운 자치권, 재산권, 주체성subjectivity이라는 노동의 개념이 돌이킬 수 없을 만큼 바뀌었기 때문이다. 인간을 존엄한 존재로서 우주의 정점에 두는 대신, 종류가 다른 인간의 힘을 통해 자연을 정화하는 대신, 노동은 자연과 자연의 힘이라는 연속선상에 인간을 위치시킨다.

에너지론 세계관을 도입한 자본은 엔트로피 시스템이 된다.

자본주의는 잘못 설계된 증기 엔진과도 같다. 이 기계는 속도를 높일수록 더 큰 총체적 열 손실을 유발함에도 불구하고 최고 속도로 작동해야만 한다. 이렇게 증가된 전체 열heat은 생산적인 작업으로 전환되거나 적절한 규모로 배출되지 못한다. 대신 엔진 자체를 날려버릴 위험 요소가 되어버린다.

중년 마르크스에서는 '자연에 맞서는' 정치적 행위 이론은 줄어들고 위기 이론Crisis Theory이 늘어난다. 웬들링은 말한다. "자본주의적 삶의 방식은 지속될 수 없다…… 필사적으로 보존해야 할 에너지를 낭비해버리기 때문이다."

여기서 유용하지만 문제가 되는 것은 인간 번영에 대한 '자연적' 제약이라는 마르크스의 비판이다. 홉스Hobbes에게 인구 과잉이 평화에 대한 위협이었다면, 맬서스Malthus에게 자원의 희소성은 하나님의 뜻이었다. 마르크스는 인구와 자원의 자연적 제약이 사회적 제약이기도 하다는 점을 정확히 간파했다. 리비히의 농업 과학은 인공 비료를 이용해 농업 생산성이 향상될 수 있는 방법을 보여주었다. 웬들링은 이를 마르크스가 리비히에게서 차용한 또 다른 개념인 신진대사의 균열에 연결하지 않는다. 그는 한계를 극복하는 것의 한계를 적어도 부분적으로는 인식하고 있었다. 이러한 한계는 희소성이 본질주의 인류학이나 자연에 관한 가정으로부터 자유로운 개념이 될 수 있는 방법을 사르트르가 보여준 이후에야 비로소 극복될 수 있었다.[16]

리비히를 통해 마르크스는 인간과 동물의 차이를 유지하고자 한다. 인간은 합리적이고 과학적으로 자연과 기술적 관계를 맺을 수 있다는 점에서 독특한 힘이 될 수 있다. 인간은 기술의 설계에 '지성'을 적용할 수 있다. 그러므로 마르크스의 관점에서 기술은 이중적 측면을 갖는다. 즉 자본주의 생산 양식에 갇혀 있지만, 동시에 그 설계에 지성이 적용될 수 있을 경우 더 넓은 잠재력을 지닐 수 있다.

로크에게는 봉건제가 부자연스러운 것이었다면 마르크스에게는 자본주의가 그러했다. 날림으로 만든 증기기관은 언젠가는 폭발하고 만다. 그건 자신을 관통하는 균열 때문에 지속될 수 없는 소외된 형태의 객체화다. 웬들링은 말한다. "위기에 대한 마르크스의 예언은 자연의 복수revenge이기도 하다." 하지만 그것은 가동 중에 증기기관을 개선하려는 게 아니라 증기기관이 폭발할 때까지 기다리는 연기postponement의 논리다. '희소성'은 필연적으로 작용하겠지만, 마르크스의 관점에서 보면 자연적 제약이 아닌 사회적 제약으로 작용할 것이다.

《요강》에서 마르크스는 기술의 행동 유도성에서 우리의 유적 존재 전체를 위해 부가 생산될 가능성을 발견한다. 자본주의 생산관계에서 해방되어 재설계된 기술은 소외 없이 객체화될 수 있다. 그러나 내가 머리말에서 주장했듯이, 〈단상〉에서 마르크스는 기계에 의해 보강된 인간 본질에 대한 생기론의 아이디어에 여전히 지나치게 얽매여 있다. 인간은 도구를 사용하는 동물이지만 도구가 인간을 사용할 수도 있다. 스스로의 본질에서 소외된 노동자는 도구를 사용하는 본성을 회복할 필요가 있다.

그러므로 공산주의에서 기계는 부의 생산을 위한 수단일 수 있으며, 자유시간과 인간 욕구의 확대 또는 인간 노동에 의존하지 않는 순수한 생산성으로 정의될 수 있다. 부는 과학이기도 하다. 마르크스는 이러한 의미의 과학을 종종 세계에서의 사회적 힘으로 이해하곤 했다. "마르크스는…… 과학을 정치 변화에 연결하여 기술과 정치의 첫 번째 합성물 가운데 하나를 제시한다." 자본주의는 노동력에서 노동을 분리하거나 양적인 것에서 질적인 것을 분리함으로써, 가치를 사용가치와 교환가치로 나눈다. 반면 공산주의는 창출된 부를 실현하지만 교환가치라는 제도를 억압한다.

한편 〈단상〉에서는 고정 자본과 순환 자본을 구분한다. 고정 자본이 특정한 사용가치(기계)로 구체화된다면 순환 자본은 교환(돈)으로 자신의 가치를 실현한다. 물과 공기 같은 천연 자원과 마찬가지로 기술의 일반적인 수준은 자본이 공유지에서 '공짜로' 얻을 수 있다. 그럼에도 자본은 기술과 과학에 족쇄를 채우는 것에 관심을 보인다. 이는 주어진 축적 체제를 허물 수도 있고 반대로 강화할 수도 있다.

고정 자본은 노동을 대체하고 생산성과 이익을 증가시키지만, 자본은 자신의 꼬리를 물고 제자리에서 맴돈다. 또한 고정 자본이 증가함에 따라 이익률은 갈수록 떨어진다. 그 결과 노동자는 쓸모없는 존재가 되어버린다. 이익을 늘리려면 노동 강도를 높이거나 작업 시간을 연장해야 한다. 조르주 바타유George Bataille가 예리하게 간파했듯이, 자본은 희소성이 아닌 풍요로움이며 풍요로움 속에서 희소성을 유지하려는 시도다.[17] 이에 맞서서 마르크스는 비도구주의적인 사용가치로 공산주의의 아주 희미한 윤곽만을 그려낸다. 이는 바타유, 마르쿠제, 해러웨이가 다른 방식으로 선정한 주제이기도 하다. 여기서 사용가치는 증여나 유희 혹은 상황이 된다.[18]

마르크스는 공산주의 하에서 인간과 기계의 공생에 대한 특별한 그림을 제시한다. 이는 평소의 적대적인 또는 소외적인 내러티브와는 다르다. 웬들링의 말을 들어보자.

마르크스는 인간을 영적 존재가 아닌 물질적 존재로 묘사하기를 원하며, 그러한 물질성의 가치를 입증하기를 원할 것이다. 이는 인간이 19세기 과학의 복잡한 물질과 같은 구조로 인식되어야 함을 의미한다. 왜냐하면 19세기 과학은 인간을 기계와 유사한 특성을 지닌 가치 있는 존재로 묘사했기 때문이다. 인간은 신 또는 신성한 존재에 의존하지 않고 물질적으로 존중받아야 한다. 더욱이 인간의 활동은 창조적 노동 행위에 있어 생기론이 주장하는 어떤 초자연적인 특성도 보유할 수 없다.

이는 인간-기계라는 물질적 그물망(해러웨이의 사이보그cyborg)이 자본주의에서 나타나는 모습과는 상당히 다를 수 있다는 생각에 관한 문제다.

좋은 사회는 그 사회가 만들어내는 기술과 인간의 정교한 형태에서 드러난다. 이제는 더 이상 기술과 인간을 구분할 수 없을지도 모른다. 그러므로 마르크스의 관점에서 볼 때 인간은 고정 자본으로 여겨져야 하며, 기계의 존중을 받아야 한다. 웬들링에 따르면, "규제적 이상향regulative ideal으로서 인간은 신이 아닌 기계를 닮으려 노력한다". 혹은 내 방식대로 말하자면, "객관적인 것은 형이상학meta-physics이기보다 육류물리학meat-physics이다".

《요강》은 기술이 이룰 수 있는 것의 광범위한 개념을 포함하지만《자본론》은 그렇지 않다.《자본론》에서 마르크스는 자본주의 내 기술의 부정적인 영향에 스스로를 제한한다. 그럼에도 불구하고 이 텍스트는 연속성과 불연속성이라는 경쟁적 내러티브 사이의 혼란, 혹은 에너지론과 생기론 사이의 혼란을 여전히 품고 있다. 생기론만이 유일하게 공산주의 신학을 자연으로부터의 도약으로 지지한다.[19] 웬들링에 의하면 "혁명은 열역학 이전 시대의 생기론자들의 형이상학에 빚지고 있다. 그들은 자연 세계에 대한 인간의 우선권을 재천명한다".

요즘에는 마르크스의 에너지론 전술에서 시작하여 거꾸로 생기론 전술에 더 비판적인 태도를 취하는 것이 좀 더 유용할 수 있다. 열역학적 평준화에 대한 반동적 반응으로 다양한 형태의 자본주의 휴머니즘이 등장했기 때문이다. 흥미로운 행보를 통해 웬들링은 여성혐오, 반유대주의, 인종차별이 모든 사람을 포위하고 소외시키는 시스템에 직면하여 다른 인간 범주를 희생시키면서 인간에게 주장하는 방식이라고 강조한다. 이 시스템에서는 어

떤 종류의 노동도 인간에게 특별한 주장을 하지 않는다.[20]

웬들링은 《요강》의 기초가 된, 공학과 과학에 관해 마르크스가 쓴 1850년대 주석을 효과적으로 활용한다. 이 주석은 1950년대에 독일에서 출판될 때까지 거의 알려지지 않았다. 마르크스-엥겔스연구소의 설립자 데이비드 리아자노프David Riazanov는 그것이 원래 수집된 저서 목록에 포함될 가치가 있다고 생각하지 않았다.

흥미로운 것은 찰스 배비지Charles Babbage의 저서 《기계공업과 제조업 경제에 관하여On the Economy of Machinery and Manufactures》에 관련된 마르크스의 주석이다. 컴퓨터의 원형인 차이 엔진Difference Engine의 발명가이기도 한 배비지는 공장에서 광범위한 '현장 조사'를 실시했다. 또 당시로서는 매우 독특한 지식을 갖고 있었다.[21] 그는 기술이 개념적으로 모터, 전송 수단, 작업 도구라는 세 부분으로 이루어져 있다고 이해했다. 이러한 간단한 구조는 마르크스가 기술의 형태론을 착안하는 데 도움을 주었다.

첫 번째 구성 요소인 모터는 상당히 바뀌었다. "19세기 과학기술에서 사용 가능한 에너지원만큼 자주 변하는 건 없다." 풍력과 수력에 익숙한 세대를 혼란스럽게 한 증기기관은 한 세대가 지난 후에야 납득할 만한 기계로 받아들여졌다. 이는 마치 아빠인 나는 컴퓨터를 이해할 수 없는 기계라고 생각하지만, 11살짜리 내 아들은 컴퓨터의 하드웨어와 소프트웨어를 장난감처럼 손쉽게 다루는 상황과도 같다.[22]

증기의 힘은 사람들의 세계관을 변화시켰다. 증기기관은 바람을 일으키고 강물을 흐르게 하는 신들에게 의존하지 않았다. 기계에 축적된 인간 노동은 자연의 에너지원을 대체하여 에너지가 원활하게 분배되도록 했다. 하지만 이것은 프로메테우스의 승리가 아니었다. 인간의 능력은 자연을 넘어설 만큼 커졌지만, 그건 일하는 인간을 희생시킨 대가였다. 마르크스의 관점에서 볼 때 자본주의 하에서 기계는 피를 빨아먹는 뱀파이어다. 노동은 단순화되어 '경비원과 운전자'라는 기능(흥미롭게도 인공두뇌의cybernetic 기능이기도 하다)으로 축소되어버린다. 지루한 작업은 노동자의 '동물적 영혼Animal Spirits, 야성적 충동을 뜻함. 영국의 경제학자 케인스가 직감, 성향, 감정과 같은 표면적으로 드러나는 것들로 소비 의욕을 설명하기 위해 사용한 용어'을 모욕하는 것이다.

웬들링은《자본론》에서 기술을 둘러싼 공포와 혼란의 측면에 주목한다. 공포와 혼란 속에서 자연적 인간은 괴물 같은 기계의 수렁 속으로 빠져버린다. 사실 이는 많은 마르크스의 후예들에게 전달된 자본주의 휴머니즘의 낭만적인 버전이다. (그러나 보그다노프Bogdanov와 플라토노프Platonov 혹은 버널과 니덤에게는 전달되지 않았다. 좌초된 사람들이 흔히 잊히는 것처럼.) 뱀파이어라는 단어에는 반유대적인anti-Semitic 측면이 있다. 이를테면 뱀파이어는 목회 규범을 위협하는 '외부인outsider'들과 연결된다. 하지만 "19세기에 반유대적이지 않은 경제적 삶을 비판할 수 있었을까?" 마르크스는 그 시대의 목가주의와 기술 공포증을 무의식적으로 수행하지만, 해러웨이의 지적처럼 괴물monster이라는 단어를 시위demonstration라는 의미로 더 많이 사용하는 것으로 볼 수도 있다.[23]

웬들링은 특히 일하는 여성에 대한 마르크스의 불안을 잘 포착해낸다. 증기의 힘은 노동에 있어 근력의 필요성을 감소시켰고, 근대적 도구 시스템은 남성이 지배하던 공예craft를 대체했다. 따라서 여성들이 유급 노동으로 진입하는 걸 가로막는 '문제점'이 해소되었다.[24] 웬들링은 이렇게 말한다.

이러한 개혁가들과 달리 적극적으로 노동하는 성적인 여성의 몸을 부정적인 괴물이 아닌 긍정적인 것으로 해석한다면, 심지어 산업화가 여성해방의 특정 측면에 영향을 미쳤다는 결론을 내릴 수도 있다……. 일하는 소녀가 반드시 거칠고 상스러운 소년이 되어야 할 필요는 없다. 그저 거칠고 상스러운 소녀이면 된다. 혹은 거칠고 상스러운 혼종 생명체가 되는 게 더 나을 수도 있다. 이 생명체의 존재 자체가 빅토리아 시대의 엄격한 성 규범에 도전하는 것이다.

노동하는 여성의 몸에 대한 웬들링의 해석은 프레시아도에 의해 화려하게 확장된다. 다른 한편으로 마르크스는 노동이 대체로 평준화되고 균질화된 자본주의 하에서 어떻게 성별과 인종이 사회 차별의 새로운 수단으로 등장했는지에 대한 단서를 갖고 있었다. 여성이나 유색인종이라는 사실은 더 이상 길드 기술의 부족이 아니라, 길로이가 강조하는 것처럼 오직 외모만으로 구분된다.

기술에 관한 노트에서 마르크스는 과학과 기술을 '역사적으로 퇴적된, 두터운 관행'으로 인식한다. 이러한 인식에 도달한 것은 배비지에 대한 선택적 읽기를 통해서였다. 마르크스와 배비지는 계급에의 관심과 과학의 사회적 역할을 공유했다. 배비지는 기술이 노동자들을 교육시킬 것으로 생각했다. 마르크스는 기술이 노동자들을 소외시키겠지만, 추상적 노동으로서 하나의 계급으로 형성할 것이라고 보았다. 반면 다른 점도 있었다. 배비지는 노동자들의 탈숙련화는 물론 재숙련화 문제도 경시하지 않았으며 기업과의 협력을 원했다. 이와 달리 마르크스는 엔진 전체를 폭파하는 것 외에는 해결책이 없다고 생각했다.

흥미롭게도 배비지는 마르크스가 배제한, 기술 변화에서의 노동계급 행위agency를 강조했다. 비르노, 조디 딘, 웬디 전 같은 학자들에게는 이러한 관점이 사라지면서, 노동은 기술에 대해 완전한 적antagonist이 되거나 단순한 효과가 된다. 배비지의 주장을 활용하여 E. P. 톰슨Thompson의 '영국 노동계급의 형성The Making of The English Working Class'에 기술 개발에서의 영국 노동계급의 역할에 대한 새로운 장을 추가할 수도 있다. '아래로부터의 과학 학습'이라는 제목으로 말이다.[25]

특이하게도 마르크스는 희생의 필요성과 '자연'의 작용에 간섭하지 않을 필요성을 주장하는 맬서스의 사고방식을 따른다. 여기서 '자연'은 자본주의 자체의 본성을 뜻한다. 마르크스-영역의 매트릭스에 존재하는 또 다른 분기점은 리비히 혹은 배비지를 따르는 길이다. 이들에게 자연은 공동선의 이익을 위해 간섭받는 것으로 인식된다. 나는 웬들링이 두 가지 광범위한 전통에서 전술적 전용을 수행한 마르크스를 이해하는 방식을 제공한다고 본다. 두 가지 전통이란 철학 유물론과 과학 유물론으로 둘 다 이데올로기적인 것이다. 마르크스의 전술은 두 개의 이데올로기를 충돌시켜 그것을 넘어서는 길을 은밀히 제시하는 것이다.

한편 웬들링은 마르크스가 리비히에게서 도입한 또 하나의 주제인 *신진대사 균열*을 강조하지 않는다. 그 주제는 인류세에서의 자본주의 휴머니즘의 몇몇 잔존 형태에 맞서는 에너지론의 개념이 뒤로 물러나 의지할 수 있는 곳일지도 모른다. 그곳에서는 친환경 대나무 자전거를 타고 유기농법으로 만든 치즈를 사먹으면 모든 문제가 사라질 것이다.

웬들링이 닦아놓은 멋진 출발점을 따라가다 보면 마르크스를 그의 시대 이후의 주요 과학(생물학, 지구과학, 정보과학)적 발견 속에서 생각할 수 있는 길이 열린다. 이를 통해 현재의 상황을 다루는 비판 이론에 마르크스의 전술을 적용하거나 수정할 수 있을 것이다. 착취를 위해 노동에 의존하는 자본은 시대착오적이지만 이러한 착오는 이상한 세계관을 만들어낸다. "인간 행위agency는 더 나은 사회를 위한 기반을 세우지 않는다. 대신 사회는 자신의 인간 주체agent의 배후에 미래의 인간 행위의 기반을 세운다." 자본의 괴물성이야말로 자본을 극복할 수 있는 조건이 될 수 있다.

가라타니 고진

세계의 구조

Structure of the World

가라타니 고진Karatani Kojin은 일본의 세계적인 비평가이자 사상가다.《일본 근
대 문학의 기원》과《은유로서의 건축》이 영어로 잇달아 번역되면서 일본을
대표하는 문학 이론가로 인정받고 있다. 일본 긴키대학교 및 미국 컬럼비아
대학교의 교수로 재직 중이며, 계간 〈비평 공간〉의 편집위원으로 활동하고
있다.

마르크스-영역에서 새로운 가닥을 짜는 여러 방법이 있다. 웬들링의 방법은 경시된 과학 유물론에 마르크스를 다시 연결하는 것이었다. 반면 가라타니 고진Karatani Kojin의 방식은 독일 이상주의에 마르크스의 부채라는 낡은 섬유를 활용하는 것이다. 낡은 섬유를 활용하되 그것을 매우 독창적인 방식으로 수행한다. 그의 책《세계사의 구조The Structure of World History》는 합성 역사 이론의 놀라운 결과물이다.¹ 가라타니는 세계 역사를 교환 양식의 역사로 바라본다. 그는 정치, 종교, 문화 층위는 상부구조를 형성하고 연속 생산양식은 하부구조를 형성한다는 고전적 마르크스주의 관점을 거부한다.²

마르크스주의의 기초/상부구조 모델은 항상 사회 형성의 이미지를 연상시킨다. 3층 건물인 이 모델은 경제가 1층, 정치가 2층, 이데올로기(또는 문화)가 3층을 이룬다. 가라타니의 대안 모델은 세 대의 엘리베이터가 위에서 아래로 사회 형성을 통해 운행되는 것과 유사하다. 하부와 상부라는 3층 건물 이미지의 부적절함은 알튀세르Althusser 같은 마르크스주의자들로 하여금 정치와 문화 '층위'의 *상대적 자율성*과 물질적 특수성을 강조하도록 이끌었다. 이는 무페와 버틀러에게는 절대적 자율성, 심지어는 정치의 우선순위로까지 나아가는 아이디어가 되고 있다. 이와 관련하여 가라타니는 두 가지 문제점에 주목한다. 하나는 역사에 대한 종합적이고 체계적인 접근 방식이 손실되었다는 점이다. 다른 하나는 오직 서구에서만 정치가 경제에서 완전히 자율적이라고 상상할 수 있다는 점이다.

그러므로 가라타니는 세 개의 수평적 단계가 아닌 세 대의(어쩌면 네 대의) 엘리베이터 축이 사회 형성을 통해 수직으로 움직이면서 교환 양식으로 인식된다고 생각한다. 교환 양식 A는 연관성 또는 증여의 호혜성reciprocity을 가리킨다. 교환 양식 B는 야만적 폭력 또는 규율과 보호를, 교환 양식 C는 *상품 교환*을 나타낸다. 다른 것들을 초월하는 교환 양식 D는 나중에 다루기로 하자. 가라타니는 마르크스를 비판하기보다는 마르크스가 양식 C에 대해 수행한 일을 양식 A와 B에 대해서도 수행하면서, 마르크스의 역사유물론 프로젝트를 완료할 때라고 생각한다.

마르셀 모스Marcel Mauss 이후 교환 양식 A는 고대 사회의 지배적 양식으로 가정되고 있지만, 유목민족 사이에서는 실제로 존재하지 않았다.[3] 유목민족은 상품을 비축할 수 없었으며 다만 순수한 증여를 위해 모았다. 그들의 사회는 이동성과 평등의 사회였다. 씨족 사회는 일단 정착이 이루어지면 증여의 호혜성만을 발전시켰다. 씨족 사회 구성원들은 증여의 호혜성에 의해 평등해졌지만 더 이상 자유롭지 않았다.

이는 마르크스의 원시 공산주의 개념과 관련된 것으로 인류학 연구를 뒷받침하기는 어렵다. 정착민 씨족이 아닌 유목민 씨족을 살펴봐야 했을 때 마르크스와 엥겔스는 씨족 사회를 연구한 루이스 모건Lewis Morgan에 주목했다.[4] 반면 가라타니의 프로젝트는 평등하고 자유로운 유목 생활로의 복귀를 구상하는 것이다.

그 연구의 대부분은 양식 D가 아닌 양식 A, B, C의 상호작용 또는 연관성, 야만적 폭력과 상품 생산에 연관되어 있다. 가라타니는 처음에는 이것들을 사회 구조를 따라 위에서 아래로 움직이는 엘리베이터 축과 같은 것으로 생각했지만, 그다음에는 보로메오 매듭Boromean Knot, 상상계-상징계-실재계라는 3항 관계의 질서가 상호 의존하고 있음을 보여주고자 라캉이 구상한 그림과 같은 방식으로 서로를 연결했다. 사실 3단계 모델을 처음으로 착안한 사람은 《법철학Philosophy of Right》의 헤겔이었다. 마르크스는 헤겔을 비판하면서 자신의 역사적 유물론을 시작했다.[5]

그러나 이를 통해 마르크스는 자본주의 경제를 하부구조를 구성하는 것으로 간주하면서, 네이션nation과 국가state를 이념적 상부구조의 일부로 파악했다. 그는 자본-네이션-국가라는 복잡한 사회 구성을 결코 파악하지 못했다. 이는 자본주의 체제가 붕괴되면 네이션과 국가가 자연스럽게 사라질 것이라는 견해로 마르크스를 이끌었다.

그러나 이것들은 단순한 상부구조가 아니며 '계몽 행위를 통해 간단히' 해결될 수 없다. 이런 이유로 가라타니는 헤겔 그리고 국가와 네이션에 관련된 헤겔의 이상주의적 견해에 대한 마르크스의 비판을 재검토한다. 즉 '마르크스가 유물론적 접근을 통해 그랬던 것처럼 그것들을 그들의 머리로 되돌려놓는다'.

그는 마르크스가 《자본론》의 방법론을 국가와 네이션으로, 또는 현재의 교환 형태인 양식 A와 B의 방식으로 확장한다고 주장한다. 여기서 유물론은 생산양식이 아닌 교환 양식을 의미한다. "경제 기반이 생산양식과 동일하다고 가정해버리면 자본주의 이전 사회를 설명할 길이 없다." 나는 이 주장에 동의하지는 않지만, 가라타니의 교환 양식이 무엇을 설명할 수 있는지 살펴볼 생각이다.

가라타니의 관점에서는 다음의 내용이 상수constant로 작용한다. 즉 사회 구조를 외부 관계에 우선하는 내부 발달 과정을 갖는 것으로 받아들이기보다는, 언제나 *세계 시스템*에 대한 접근 방식으로 받아들이는 것이다.[6] (앞으로 살펴보겠지만 여기에는 이상한 예외가 하나 있다.) 자본-국가-네이션이라는 보로메오 매듭은 세계 시스템의 산물이며, 이전의 세 가지 양식의 정렬과 마찬가지로 하나의 네이션-국가에 속하지 않는다.

따라서 가라타니는 양식 A가 전근대 사회를 지배한다고 생각하는 점에서 마르셀 모스를 따르면서도, 양식 A의 증여 교환이 사회 내부가 아닌 사회 상호 간에 일어난다고 본다. "호혜주의는 더 크고 계층화된 공동체를 형성하는 원칙이기 때문에 공동체의 원칙이 아니다." 양식 B 또한 무자비한 약탈과 권력으로 사회 상호 간에 중요한 역할을 한다. 정복당한 사람들은 약탈의 대가로 보호를 받아들임으로써 평화는 재분배의 제스처와 함께 유지된다.

흥미롭게도 그는 칼 슈미트Carl Schmitt의 정치적 피아friend-enemy 관계를 교환 양식 B의 하위 집합으로 보고, 따라서 실제로 '경제의economic'라는 의미로 바라본다.[7] 가라타니에 관해 특히 음미할 만한 것은 현재 대부분의 이론보다 덜 '경제적economistic'이 아닌 더 '경제적'인 이론이라는 점이다. 세 가지 양식 모두 '경제economic' 양식이되 생산양식이 아닌 교환 양식에 속한다.

한편 상품 교환 또는 당사자 간의 상호 동의인 양식 C는 양식 A의 상호 의무 또는 양식 B의 무자비한 강요와 다르다. 양식 C에서 거래가 끝나면 상대방은 공동체나 통치자에게 더 이상 구속받지 않는 자유로운 존재로 인식된다. 이러한 방식의 자유는 사회 형태로서의 도시를 구성한다.

가라타니의 이론에는 정치, 문화, 윤리라는 별도의 영역이 없다. 모든 역사적 사회 형성에는 세 가지 양식이 동시에 포함되어 있다. 양식 A, B, C는 서로 다른 종류의 권력을 생성하며 각각 공동체, 국가, 국제법으로 계승된다. 모든 형태의 권력이 강압에 근거하지는 않는다. 양식 A의 상호 증여 역시 권력이며, 양식 C의 특징인 무역과 돈의 '자연법'도 마찬가지다. 가라타니는 이를 직접적으로 언급하기보다는 가볍게 암시하는 까닭에 양식 A, B, C는 조직의 연속 척도를 가능케 하는 것처럼 보인다.

가라타니는 역사의 모든 단계에서 사회 형성을 위한 내적 관계로서의 외부 관계를 구성 요소로 만들어낸다. 물론 한 가지 예외는 있다. 그는 마르크스가 헤겔의 저작뿐만 아니라, 포이어바흐의 종교 비판을 국가와 네이션에 대한 비판으로 발전시킨 모제스 헤스Moses Hess의 저작에 의지했음을 간단히 언급한다. 그러면서 마르크스가 헤스에게서 인간과 자연 사이의 교환 개념, 보통은 *신진대사*로 번역되는 '*Stoffwechsel*'를 차용한 사실을 지적한다.

적어도 각주에서 가라타니는 마르크스의 생태계에 관한 존 벨라미 포스터의 연구와 마찬가지로, 신진대사 개념이 일work로 이어지는 방식, 즉 인간 역사를 자연 역사의 일부로 생각하는 것으로 이어지는 방식을 인식하고 있었다. 또한 마르크스가 《자본론》 3권에서 *신진대사의 균열*이라 부른 집단적 인간 노동이 전 지구적 시스템 내에서 분자 흐름의 순환을 방해할 때 생겨나는 균열을 강조했다. 사실 마르크스는 리비히의 고전적 연구를 통해 현대 농업이 질소와 인의 순환을 붕괴시켰음을 알고 있었다.[8]

가라타니의 역사유물론은 자연의 변화가 외부에서 진입하는 특이한 순간을 제외하고는 사회관계에 전적으로 초점을 맞추고 있다. 그는 비어 고든 차일드V. Gordon Childe가 제대로 된 마르크스주의자가 아니라고 비난하는 대담성을 보여주지만, 차일드는 적어도 노동-자연의 신진대사에 대해 진지하게 생각했다. 반면 가라타니는 생산관계 이전에 교환 관계를 만든다. 여기엔 흥미로운 논쟁의 단초가 있지만 나는 그의 주장에 동의하지 않는다.

불행히도 가라타니는 과학적 사고에 대해 일종의 휴머니즘적인 경멸을 공유하고 있으며, 휴머니즘적인 사고가 독자적으로 달성할 수 있는 것을 순진하게도 변함없이 긍정하고 있다. 과학과 기술이 아니었다면, 우리는 기후 변화를 비롯하여 함께 인류세의 징후를 구성하는 다른 신진대사의 균열이 의미하는 지식을 생산조차 할 수 없을 것이다. 그러므로 유물론 방식으로 문화, 윤리, 정치 현상을 사유하는 과정에서는 진전이 있었지만, 웬들링의 미묘한 의미에서마저 내게 그것은 충분한 유물론이 되지 못한다. 그리고 사회 형성에 영향을 미치는 외부성에 대한 관심은 있지만, 자연계와의 관계에서 존재하는 외부성은 그 이론의 필수적인 부분이 아니다. 세 가지 평면 모델이나 세 대의 엘리베이터 축 모델에서 사회 형성이 상상되는지에 상관없이, 가라타니는 지면 아래에 있는 토대 영역을 너무도 자주 놓친다.[9]

역사유물론에 관련된 끊임없는 골칫거리 중 하나는 '아시아적 생산양식'이라는 마르크스의 개략적인 생각이다. 신선하게도 가라타니는 봉건적 방식이 유럽에만 국한되지 않는 것처럼, 아시아적 생산양식이 아시아에만 국한되지 않는 좋은 생각으로 실용적 개념이라고 판단한다. '아시아적인 것'은 양식 B가 양식 A와 C를 지배하는 전제 국가 또는 제국을 가리킨다. 이 같은 변화된 관점에서 중국은 '정상적인' 발달 형태로, 반대로 그리스와 로마는 실패한 유사 형태로 나타난다.

카를 비트포겔Karl Wittfogel에게서 차용한 개념을 통해 가라타니는 자본주의 이전 세계를 공간적으로 전제적 제국despotic empire, 그들의 변방margin, 그들의 하부 변방submargin, 그리고 '영역 밖out of sphere'으로 나눈다.[10] 변방은 전제 국가에 흡수되지만 하부 변방은 그럴 필요가 없다. 전제적 제국의 문서 시스템 같은 것을 채택하는 정도다. 이를테면 그리스와 로마는 전제 국가들의 하부 변방이었다. 독일은 봉건제가 뿌리를 내린 로마의 하부 변방이었다. 무역과 도시는 봉건 지배를 벗어난 곳에서 등장할 수 있었다. 자본주의는 세계 제국의 주변부에서 발생하여 근대 세계 시스템modern world system

을 일으켜 세웠다. 반면 러시아와 중국은 이런 운명을 피해갔다. 사회주의자들은 무의식적으로 옛 전제 국가에 새로운 형태를 부여했다.[11]

사회 형성 속에서 양식 C, 즉 상품 교환의 등장은 양식 A와 B의 폐기를 뜻하지 않는다. 근대 국가가 된 것은 다름 아닌 양식 B였다. 절대주의는 상비군을 가진 국가를 창설했고 지배 엘리트 간의 상호 교환은 없었다. 절대주의는 전제 국가 하에서 오랫동안 존재해온 것을 확립했다. 지역 공동체가 약화되거나 폐기되면 양식 A는 '상상의 공동체imagined community'로서 국가 형태로 되돌아간다.[12]

세계 시스템 이론은 실제로 연속적인 세 단계를 이룬다. 고전적 세계를 특징짓는 미니 세계 시스템world mini-system은 양식 A에 지배되어왔다. 이를 포함한 세계 제국은 양식 B 혹은 마르크스가 '아시아적 생산양식'으로 생각한 것에 지배되었다. 현대 세계의 시장 시스템은 양식 C에 지배되고 있다. 그다음으로 가라타니는 우리가 '네 번째 거대한 변화: 세계 공화국world republic으로의 전환'을 준비하고 있다고 주장한다.

미니 세계 시스템에서 전쟁이 일어나는 이유는 씨족을 지배할 수 있는 권력이 존재하지 않기 때문이다. 호혜주의는 그 중간에 위치해 있으며 당사자들을 보다 높은 단계로 통합하지 않는다. 이것은 봉건적 통일을 가져올 수 있지만 국가는 그럴 수 없다. 그렇다면 수렵-채집인hunter-gatherer들은 어째서 정착한 것일까? 기후변화 때문이다. 빙하기 동안 인간이 널리 퍼져서 살았다. 온난화로 인해 산림이 재구성되었고 사냥이 감소하였다. 훈제한 물고기의 비축은 '정주 혁명'을 이끌었다. 그 결과 상호 간 사회구조의 독립성을 유지하는 호혜성에 기반한 농경 씨족 사회가 만들어졌다.

증여의 호혜성은 인간을 넘어 확장된다. 주술magic은 그러한 증여의 한 형태다. 주술은 희생의 형태로 증여를 통해 다른 사람을 통제하려는 시도다.[13] "희생은 자연에 빚을 부과하는 증여이며, 그럼으로써 자연의 영혼을 봉인하고 하나의 자연으로 변형한다." 주술은 자연의 정신성을 없앤다. 정착은 타자뿐만 아니라 죽은 자와도 공존하는 것을 의미한다. 또한 증여를 통해 그들을 달래려는 시도이기도 하다.

가라타니는 쟁기와 같은 발명의 중요성을 일축한다. "기술과 자연의 관계 측면에서 고대 문명이 이루어낸 혁신은 거의 영향력이 없었다." 그의 관점에서 청동기에서 철기로의 전환은 농경보다 국가(무기)의 출현에 더 중요하게 작용했다. 전근대 세계에서 가장 중요한 기술은 행정이었다. "사람들을 지배하기 위한 기술은 노골적인 강박에 의존하지 않았다. 대신 자발적으로 작업 규율을 따르도록 만드는 훈련 양식을 갖추었다." 종교가 노동의 조직화에 관한 것이라는 관점에서 가라타니는 보그다노프에 가까워진다.[14]

또 다른 관점의 전환을 통해 그는 이런 주장을 펼친다. "국가는 농경 혁명의 결과로 발생하지 않았다. 반대로 농업 혁명이 국가 등장의 결과였다." 무역과 전쟁은 도시국가로 이어졌으며, 도시국가는 농경으로 이어졌다. "도시의 출현은 국가의 출현과 분리될 수 없다. 바꾸어 말하면 교환 양식 B와 교환 양식 C는 분리될 수 없다."

흥미롭게도 그는 *비호혜적인* 교환의 한 형태인 국가를 양식 B의 발전으로 바라본다. 사회 계약을 두려움에 의해 강요된 것으로 생각한 홉스와 달리 가라타니는 약탈이 교환 양식으로 변형된 것, 즉 보호를 위한 약탈로 본다. 국가는 수평적 호혜성을 종식하고 이는 증여와 복수 모두를 종식한다. 국가는 단일 공동체가 아닌 세계 제국의 공간에서 발생한다. "주권자는 외부에서 나온다." 국가는 지배와 피지배라는 사회 형태 간의 교환에서 기원한다.

농경 씨족 공동체는 이처럼 국가 이후에 나타나고 국가에 의해 생성된다. "호혜주의는 어떠한 더 높은 권위도 인정하지 않는다. 아시아의 전제 체제 하에서 형성된 농촌 공동체는 상호 부조와 평등 같은 호혜주의를 보존했지만, 호혜주의의 다른 측면인 자율성을 잃어버렸다." 하부 변방에서 나타난 그리스인들이 도시국가를 만들었을 때, 중국의 고대국가인 진나라와 한나라는 전제 국가의 특징적 형태를 형성했다. "중앙집권 질서가 확립되자 전제 국가는 씨족 사회로 거슬러 올라가는 전통을 적극적으로 채택하려 시도했다. 이것이 전제 국가가 조직한 농촌 공동체가 씨족 사회의 연속처럼 보이는 이유다."

따라서 양식 B는 양식 A의 변형된 형태와 확장된 형태에 의존한다.

농촌 공동체는 전제 국가가 제공하는 프레임을 가진 상상의 공동체다. 이는 마치 현대 국가가 중앙집권 체제 없이는 존재할 수 없는 것과 유사하다. 아시아 전제 정권은 농촌 공동체와 전제 국가가 결합된 형태로 존재했다.

왕조는 나타났다가 사라지지만 양식 B의 전제 국가와 양식 A의 농경 씨족은 여전히 남는다. 후진적인 그리스와 로마는 이러한 형태로 발전하지 못했다.

마르크스, 베버, 비트포겔, 니덤의 주장에 따르면 중국 전제 국가는 수력 국가 형태였다. 행정의 정교화는 홍수와 관개를 통제하는 기술을 구축한 결과물, 또는 간단히 말해 신진대사가 인간과 인간의 교류를 결정한 결과물이었다. 이 주장에 가라타니는 다음과 같이 반박한다. "관개 사회가 실현한 문명은 단지 자연을 지배하는 기술의 문제가 아니었다. 그것은 사람들을 지배하기 위한 더 많은 기술, 예컨대 국가 기구, 상비군, 관료주의 시스템, 문어체 그리고 소통 네트워크 등으로 구성되었다." 그렇다면 이것은 잘못된 구별이 아닌가, 상호 주체적 교환에 신진대사를 전적으로 종속시킬 수 있는가 하는 의문을 가질 수 있다.

관리하고 관리당하는 사람들은 어디에서 나오는가? 결국 "사람들은 자발적으로 관료가 되기를 선택하지 않는다". 화폐 경제는 관료 체제의 전제 조건이다. 따라서 양식 B의 전제 국가는 양식 A의 수정된 형태에 의존하는 것처럼 양식 C의 개발도 필요로 한다. 그러나 화폐는 사회구조 내부가 아닌 사회구조 사이에서 발생한다. "마르크스는 상품 교환이 서로 다른 공동체 간의 교류로 시작되었음을 거듭 강조했다." 양식 C의 권력 형태는 화폐이며 이것 없이는 국가가 존재할 수 없다. 가라타니는 특히 상비군 유지에 필요한 화폐의 역할을 강조한다.[15]

가라타니에게 화폐는 그것의 설명을 위한 노동가치설을 필요로 하지 않는다. 화폐의 힘은 사회 계약에 근거한다. 화폐는 제왕이 제왕 자체가 되는 것과 같은 방식으로 제왕이 된다. 다른 사람들이 신하이기 때문에 제왕은 제왕이 되는 것이다. 그리고 신하들은 제왕이 제왕이기 때문에 자신이 신하라고 상상하는 것이다. 화폐도 마찬가지다. 돈은 지배 권력이지만, 주권은 누구나 차지할 수 있는 비어 있는 자리다. 화폐를 발행하는 것은 국가이지만 그것을 전 세계에 유통할 수 있는 권한은 국가에게 없다. 또 다른 관점의 전환에서 가라타니는 이렇게 주장한다. "전 세계적으로 유통되는 귀금속의 힘은 국가에서 기인하지 않는다. 반면 국가의 화폐 제조 능력은 국가 권력에 의존한다."

양식 B는 양식 C에 의존하면서도 그것을 제한하고 포함하고자 한다.[16] 양식 C는 통제를 벗어난다. "교환은 가치 사용이 아닌 가치 교환에 의해 추구되는 것이며, 이 때문에 제한은 존재하지 않는다." 양식 C는 영구적이고 무제한적으로 확장하는 것들 가운데 하나다. 그러나 빚의 상환을 강제하는 것은 양식 A의 호혜주의 관습과 양식 B의 제재 모두를 요구한다. 이야말로 화폐의 실질적인 존재 조건이다. "유물론적이고 합리적인 하부구조와는 거리가 먼 양식 C의 존재는 근본적으로 신용과 투기로 이루어진 세계, 즉 투기적 세계다."

중국 같은 전제 국가에서는 무역이 국가관료주의에 의해 관리되었는데, 이는 그리스와 로마에서 부족한 부분이었다. 그곳에서 시장은 파괴적인 역할을 할 수 있다. 그리스의 경우 "시장이 가격을 책정하도록 허용하는 것은 대중이 공공의 문제를 결정하게 하는 것과 정치적으로 동일했다". 그러나 제한 없는 양식 C는 고대 그리스의 도시국가인 폴리스polis를 훼손해 불평등과 노예제를 초래했다. 아테네의 민주주의는 끊임없이 확대되는 노예 제도에 기반하여 폴리스 내에서 통치자의 공동체를 보존하려는 시도였다.

전제 국가는 세계 제국의 체제 내에서 존재한다. 세계 종교, 언어와 법률의 맥락 안에서 존재하고 그들 사이를 넘어 확장된다. 단지 일부만이 관개에 기반해 있다. 가라타니는 이러한 개념을 아시아적인 생산양식 이상으로 확장한다. 즉 일부는 관개(중국, 페루, 멕시코)에 기초했지만 또 일부는 해상(로마), 유목(몽골), 유목과 상업 기반의 결합(이슬람)에 기초했다는 것이다. 가라타니는 말한다. "우리는 마르크스의 아시아적인 것과 고전적인 것과 봉건적인 것의 구분이 연속적인 통시적 단계가 아니라, 세계 제국 공간 내의 위치적 관계를 가리키는 것임을 본다." 요컨대 세 가지 교양 양식은 평행하게 존재하고 상호 연결되어 있다. 다만 연속되는 역사적 시기에는 처음엔 A, 그다음엔 B, 또 그다음엔 C가 지배적이었다.

그렇다면 교환 양식 D는 무엇일까? 그건 교환 양식 B의 정반대편에 자리한다. 교환 양식 D는 시장경제(교환 양식 C) 위에서 호혜적 공동체(교환 양식 A)를 복원하려는 시도로서, 현실에서는 존재하지 않는 이상적 형태다. 위대한 세계 종교에 의해 형성되는 순간에 그것의 표현이 주어지기는 하지만 말이다. 그런데 이런 사고방식은 좀 더 '유물론적'으로 만들어낼 수 있다. 예를 들면 그레이버Graeber는 자신의 저서 《부채Debt》에서 귀금속이 사원 장식에 사용되는 것은 군대를 유지하기 위한 주화를 만드는 물질적 수단의 유통에서 퇴보하는 것이라고 지적한다. 하지만 상상의 신에게 금을 바치는 것은

진정한 희생이다.[17]

가라타니는 종교와 주술의 연속성보다는 차이를 강조한다. 기도는 교문 potal의 수호자인 사제-왕priest-king을 통해 초월적 신을 향한다. 여기에는 주술의 수평적이고 평등주의적인 측면이 결여되어 있다. "주술에서 종교로의 발전은 씨족 사회에서 국가로의 발전 외에 아무것도 아니었다." 하지만 종교는 이것을 의도하지 않았다. "보편종교는 원래 이런 종류의 세계 제국과 종교에 대한 부정의 형태로 나타났다. 그러나 안정된 형식을 획득하자마자 세계 제국의 통치 도구로 전용되는 자신의 모습을 발견했다." 종교는 희생 방식으로 존재하는 역사의 일부다.[18]

세계 제국(양식 B)은 세계 종교(양식 A)와 세계 화폐(양식 C) 모두를 필요로 한다. "마르크스의 언어를 빌리면 화폐 숭배는 페티시즘이다. 세계 화폐의 출현으로 화폐 페티시즘은 유일신이 되었다." 화폐는 개인을 지역 공동체와 호혜주의로부터 자유롭게 한다. 하지만 종교는 또한 다른 어떤 것의 표현이기도 하다. "제국 형성 과정에서 양식 B의 동요에 따라 양식 C가 양식 A를 해체하는 순간이 있다. 이 순간 그것에 저항하여 보편종교가 나타나면서 교환 양식 D의 형태를 취한다."

종교는 양식 A의 호혜주의를 복원하는 동시에 추상화한다. 이를테면 유대인들의 신은 새롭게 등장한 유형의 신이다. 그들의 국가가 실패했을 때 사람들은 신을 포기하지 않았다. "국가의 패배는 더 이상 그들의 신의 패배를 뜻하지 않았다……. 신과 사람들 사이의 호혜성을 거부하는 걸 의미했다." 이는 공동체와 국가, 화폐를 초월하는 신의 능력을 의미한다.

기독교는 국가, 화폐, 공동체를 향한 예수의 거부를 강조했다. 예수는 화답할 수 없는 절대적인 증여인 신의 사랑에 대해 말한다. 보편종교는 양식 A의 특별한 호혜성을 넘어서는 것을 뜻한다. "보편종교는 특수성을 부정하는 방식으로 보편화되지 않는다. 반대로 보편성과 특수성 사이의 모순에 대한 끊임없는 인식을 통해 보편화된다." 예를 들어 성 바오로에 대해 중요한 것은 단순히 초월적인 보편주의가 아니다.[19] "신의 초월성과 내재성은 불가분하고 역설적인 통일을 이룬다."

보편종교는 양식 C가 일반화되고 (그레이버가 자세히 보여주듯이) 시장으로부터 보편성에 대한 그들의 은유를 빌려올 때 발생한다. 세계 종교는 왕과 제사장에게는 비판적이지만 국가의 종교가 되거나 사라져버린다. "붓다가 수행한 것은 기존 종교의 해체였다." 공자는 자비를 가르쳤고 그의 사회개혁주의는 맹자에 의해 더욱 강조되었다. 노자는 국가뿐만 아니라 씨족 사회에도 반대하는 유유자적한 삶의 방식을 지향했으며, 도교는 "유토피아주의와 무정부주의의 원천이었다". 가라타니의 프로젝트는 자유롭고 평등한 교환 형태를 다시 한 번 지향하기 위해 양식 D의 종교적이지만 사회적인 힘을 본질적으로 되살리지 않는다. 그보다는 더 높은 수준의 조직과 광범위한 규모를 추구한다.

세계 경제는 강압에 근거하지 않는다는 점에서 세계 제국과 다르다. 가라타니에 의하면 양식 C는 유럽에서 양식 B의 제약에서 벗어났는데, 이는 유럽이 세계사에서 차지하는 주변성 때문이었다. 그는 니덤을 인용하여 최근의 근대 시기에 이르기까지 중국의 기술과 사회 조직의 선진적 수준에 대해 이야기한다. "세계 경제가 서유럽에서 출현한 이유는 그곳의 문명이 선진적이어서가 아니라 오히려 하부 변방에 위치했기 때문이었다." 몽골 제국이 붕괴된 후 청나라, 무굴 제국, 그리고 오스만 제국이 등장했다. 유럽은 이들 제국의 변방과 영역 밖 공간을 식민지화했다. 반면 러시아와 중국은 변방이 되기를 거부하면서 다른 세계 시스템을 구축하고자 했다.

요컨대 세계 경제는 세계 제국을 지배하는 전제 국가가 없는 곳에서만 발생할 수 있다. 세계 경제는 결국 근대 국민국가들로 구성된다. 근대 국민국가를 가능케 한 것은 바로 절대 군주제였다. 이것이 전제 국가와 조금 다른 것은 양식 C가 좀 더 강하다는 점이다. 절대 군주 국가에서는 중상주의 mercantilism 형태로 자본과 국가가 결합되어 있었다. 절대 군주는 황제든 교회든 상관없이 자신을 넘어서려는 고위 권력을 거부했고, 자신의 영역 내에 있는 공동체의 자치권을 폐지하고자 심혈을 기울였다.

절대주의는 하나의 주권 하에서 국민들을 다소간 동질적으로 만들었다. 이는 국민 스스로 주권자라고 주장하기 이전에 필요한 단계였다. 절대주의는 국가 간 보로메오 매듭의 연결 고리를 만들어냈다. 서구 세력은 오스만 제국이나 무굴 제국 또는 청나라의 힘에 직접적으로 도전할 수는 없었지만, 국가의 자기 결정권이라는 대의를 전파하고 제국주의 지배를 비난했다. "주권 국가의 존재는 필연적으로 또 다른 주권 국가의 창설로 이어진다." 국가의 본질은 전쟁에서 나온다. 국가란 다른 국가와의 관계 속에서 진정으로 존재하기 때문이다.

절대주의 국가는 자본-국가-네이션이라는 현대 국가의 보로메오 매듭의 가능성을 만들어낸다. 국가는 의무 교육과 징집을 통해 네이션을 만드는 수단을 성립시켜야만 한다. 국가 형태의 양식 B가 네이션 형태의 양식 A를 생성하는 것처럼 양식 C에 대한 가능성의 조건 또한 생성한다. "국가가 경제에 개입하지 않은 때는 한 번도 없었다." 현대 국가를 생성한 것은 세계 시장 시스템 외의 다른 어떤 것이 아니다. "국가 내부의 관점에서만 바라본다면 독특한 형태의 국가 권력은 결코 이해되지 않을 것이다."

마르크스주의자들은 국가를 상부구조로 간주하면서 혁명 이후에 사라질 것으로 예상한다. 예상과 반대로 1917년 러시아혁명 이후로 국가는 한층 강력해졌다. "마르크스는 자본주의의 본질을 통찰하고 있었지만 국가에 대한 이해는 부적절했다." 《자본론》에서 그는 세금에 대한 리카르도Ricardo의 관심을 차단했다. 자본-국가-네이션 매듭을 더 깊이 이해하기 위해 가라타니는 마르크스의 《루이 보나파르트의 브뤼메르 18일Der 18te Brumaire des

Louis Napoleon》텍스트를 참조한다.[20]

그 텍스트에 대한 가라타니의 해석처럼 마르크스는 루이 보나파르트Louis Bonaparte의 독특한 구조적 역할과 씨름하고 있었다. "황제로서의 그의 권력은 국가기관이 수행하는 약탈-재분배라는 교환에 증여-대가-증여라는 상호 교환의 외양을 투사함으로써 확립되었다." 가라타니는 루이 보나파르트와 오토 폰 비스마르크Otto von Bismarck의 구조적, 주권적 역할을 국가의 자치 권력의 증거로 든다.

가라타니에 의하면, 양식 C는 항상 존재했지만 초기 형태의 양식 A와 양식 B에 의해 최근까지 억제되어 있었다.[21] 양식 A와 양식 B의 해석에서와 마찬가지로, 가라타니는 양식 C가 사회 형식 내에서보다는 세계 시스템 내에서 또는 사회 형식들 사이에서 발생한다고 본다. 서로 다른 가치 시스템 간에 이루어지는 상품 교환은 이익을 창출할 수 있다. 자본의 총체는 노동과 동등한 교환을 통해 교류해야 하는 한편 잉여가치 또한 추출해야 한다. 자본은 외부로 나가 새로운 소비자를 찾아내야 한다. "자본은 그 축적을 지속하기 위해 끊임없이 새로운 프롤레타리아 계급을 모집해야 한다."

자본가 계급은 산업자본보다 금융자본과 상업 자본을 선호한다(케인스Keynes의 유동성liquidity 선호). 네덜란드는 이미 금융자본과 상업 자본을 주도했다. 따라서 산업자본을 지향해야만 했던 영국은 이를 위해 국가를 활용했다. "자본주의 시장경제가 국가의 영향 없이 자율적으로 발전한다는 믿음은 명백히 잘못되었다."

산업자본의 특징은 바로 노동력의 발견에 있다. 산업자본은 노동력을 상품화하는데 이는 제한된 공급으로 귀결된다. 산업자본은 노동자로 만들 수 있는 새로운 인구를 찾아내기 위해 전 세계 시스템으로 확장되어야 한다. 더욱이 "산업 프롤레타리아 계급의 출현은 동시에 소비자의 출현이기도 하다".

산업자본은 노동 생산성의 상승을 통해 상대적 잉여가치를 증가시키기 위해 끊임없는 기술 변화를 필요로 한다. 자본은 자원의 한계와 폐기물 처리 능력의 한계에 빠르게 근접하고 있다. 가라타니가 자신의 텍스트에 신진대사의 균열이라는 주제를 채택할 때 허점이 나타나지만, 그는 받아들이지 않는다. "인간과 자연 관계는 당연히 중요하다. 하지만 우리는 이를 강조하고 인간과 인간의 관계를 잊어버리는 이데올로기를 지속적으로 경계할 필요가 있다." 신진대사의 균열이라는 주제는 물론 그 자체로 이데올로기이며 인문학자들 사이에서 지배적인 것이다.

가라타니의 텍스트에서 흥미로운 것은 현대적 형태로 양식 A를 되살리려는 (실패한) 시도로서의 국가에 대한 주장이다.

네이션은 상상력을 통해 교환 양식 A와 공동체를 회복하려는 시도로서 사회 형식 내에서 나타나는데, 자본-국가의 지배 하에서 해체되고 있다. 네이션은 자본-국가에 의해 형성되지만, 동시에 자본-국가가 초래하는 조건에 대한 반발과 저항의 형태이면서 자본-국가에서 부족한 것을 보완하려는 시도이기도 하다.

네이션은 종교를 사람들에게 영원성의 감각을 주는 것으로 대체한다. 그것은 절대 군주 아래에서 형성되었다. 절대 군주는 네이션 안에서 공동체를 해체하는 동시에 그것을 넘어서는 제국이나 교회를 거부함으로써 국민을 하나로 묶었다. 네이션에서는 국가의 법이 제국의 법(자연법)보다 우선한다.

민족주의 함양은 노동력(혹은 푸코주의자들이 삶권력biopower이라고 부르는 것) 인구의 관리로 연결된다. 그러나 민족주의 역시 저항의 한 형태였다. 민족주의에서 생겨난 낭만주의는 자본-국가에서 잃어버린 공동체 정서를 회복하고자 했다. "18세기 후반의 유럽은 앤더슨Anderson의 '상상의 공동체'뿐만 아니라 상상 그 자체의 출현도 목격했다."

그 근원은 상상력을 통해 감성과 오성이 합성되는 것으로 보았던 칸트Kant였다. 그러나 낭만주의는 네이션이라는 상상의 상태를 보지 못했다. 반대로 그것을 현실로 받아들였다. "헤겔 철학에서조차 이 매듭이 네이션의 형태로 상상력에 의해 근본적인 의미에서 생성된다는 사실이 무시된다. 헤겔은 네이션이 단지 상상 속에서만 존재한다는 사실을 잊어버린다. 이는 왜 그의 철학이 이러한 매듭을 대체할 어떤 가능성을 예견할 수 없었는지 설명해준다." 아슬아슬한 순간에 가라타니는 오성-감성-상상력의 삼각관계를 국가-자본-네이션으로 매핑mapping한다. 이는 칸트의 범주가 근대성 조직 형태의 매핑인 것과 크게 다르지 않다.

대부분의 현대 사상가들은 다른 철학자들의 보완을 통해 마르크스를 자신만의 방식으로 읽어낸다. 스피노자적 마르크스주의자(알튀세르, 네그리Negri, 비르노), 헤겔적 마르크스주의자(루카치Lucács, 아도르노Adorno, 지젝), 니체Nietzsche적 마르크스주의자(들뢰즈Deleuze, 리오타르Lyotard)가 있다. 가라타니가 관심을 갖는 것은 칸트, 특히 칸트의 *목적의 왕국kingdom of ends*, 칸트가 자타의 의도와 인격을 서로가 시인하고 존중할 수 있는 사회라고 설명한 용어이다. 즉 다른 사람들을 수단이 아닌 목적으로 다루는 칸트의 규제적 이념regulative idea, 자유의 호혜성 그 자체. "칸트는 종교를 전적으로 부정하면서도 종교의 기본 도덕을 추출했다."

칸트가 말하는 목적의 왕국은 분배적 정의와 같지 않다. 분배적 정의는 양식 C가 생산한 불평등이 그대로 유지되고, 상상된 공동체로서 네이션의 양식 A에서 일반적으로 정형화된 요구에 양보해야 하는 양식 B에 의해 이차적으로 다뤄진다고 가정한다. 반면 가라타니는 목적의 왕국이 국가와 자본의 폐지를 의미한다고 본다. 즉 국가 내부뿐만 아니라 국가 간에 있어 평화의 세계 공화국이 된다는 것이다. 하지만 가라타니의 생각과 달리 양식 D

는 규제적 이념에 불과한 일종의 초월적 환상일 뿐이다. 통일된 자아처럼 목적의 왕국은 생각하고 행동하는 것은 가능하지만 실제로는 실현될 수 없는 사상이다. "결국 사람들은 역사에 대한 의도나 목적을 찾지 않을 수 없다."

한편 가라타니는 급진적 사회주의 이론을 거부했다. 급진적 사회주의 이론은 자유, 평등, 박애라는 슬로건 하에 자본-국가-네이션의 이상적 보로메오 매듭을 상상적으로 호소하면서 스스로를 프랑스 혁명의 과업을 이어받아 완수하는 것으로 보았다. 하지만 이는 나폴레옹 치하에서만 주권적으로 그리고 혁명전쟁의 형태로만 실현되었다.[22]

급진적 사회주의 대신 가라타니는 프루동Proudhon의 마르크스 이전 사회주의와 그것의 국가주의 계획에 의지한다. "평등은 국가가 실시하는 재분배를 통해 실현되기 때문에 항상 어느 정도의 급진주의와 국가 권력의 증대로 이어진다." 자신의 책《트랜스크리틱Transcritique》에서 보다 확장된 주장을 이끌어내면서 그는 막스 슈티르너Max Stirner, 독일의 자아주의 철학자로 개인주의적 무정부주의를 추구함를 사회주의 사상가로 규정한다. 막스 슈티르너에 의하면, 더 높은 형태의 연합주의는 사람들이 스스로를 공동체로부터 자유롭게 만든 후에야 나타날 수 있었다.[23]

국가에 관련해 마르크스는 라살레Lassalle보다는 프루동에 더 가깝다. 마르크스 사후에 엥겔스Engels가 국가사회주의 정치학의 입장에 훨씬 가까워지긴 했지만, 프루동이야말로 국가사회주의 정치학의 진정한 기원이다. 엥겔스에 이어 카우츠키Kautsky와 번스타인Bernstein은 독일에서 국가사회주의를 주장했다. 반면 룩셈부르크Luxemburg와 트로츠키Trotsky는 세계 시스템의 필연적인 국가 간interstate 특성과 변방에 대한 과도한 착취로 인해 그곳에서 혁명이 일어날 수 있다고 생각했다. 레닌은 이 주장을 받아들여 급진주의와 국가사회주의에 결합했다.

반면 가라타니는 이와는 다른 전통을 부활시키고 싶어 한다. 그는 노동조합이 자본주의로 흡수되고, 그것의 틀 안에서 부분적이고 특정한 요구만을 제기하는 경향이 있다는 레닌Lenin주의자들의 주장에 동의한다. 대신에 그는 협동조합 운동으로 관심을 돌린다. "노동조합이 자본주의 경제 내에서 발생하는 자본에 대한 투쟁의 한 형태라면, 협동조합은 자본주의 체제에서 이탈하려는 운동이다. 전자는 생산에 중점을 두지만 후자는 유통에 중점을 둔다."

마르크스는 국가 권력을 장악할 필요성을 인식했지만, 이는 협력 가능한 연방commonwealth을 가능케 하기 위해서였다. 이러한 관점은 라살레식 국가 사회주의 계열의 위험과 충돌한다. "이것은 스탈린주의의 산물이 아니었다. 오히려 국가 소유를 향한 믿음이 스탈린주의를 촉발했다." 가라타니는 마르크스가 1848년 혁명에서 전성기를 누렸던 급진Jacobin 정치를 깨뜨렸다고 생각한다. "파리 코뮌Paris Commune은 급진주의가 누린 영광의 마지막 파열이었을 뿐 미래의 전조는 아니었다." 마르크스는 파리 코뮌을 향한 신뢰에도 불구하고 이런 사실을 잘 알고 있었다.

지젝과 달리 가라타니는 도약의 정치에 반대한다. 지름길이란 없다. "국가라는 수단으로 자본주의를 지배하려 노력하면서 마르크스주의자들은 국가가 파놓은 함정에 빠져버렸다." 또한 네이션을 통해 자본-국가를 대신하는 것도 불가능하다. 그런 방식은 파시즘을 낳는다. 중요한 것은 양식 D를 다시 생각하는 것이다. 이는 '억압받는 자들의 귀환', 또는 호혜주의가 양식 B와 C의 지배 하로 되돌아오는 방식이다. 그러나 양식 D는 실제로 커뮤니티를 복원하지 않는다. 그것은 공동체 이후에 공동체 없이 호혜주의를 복원하는 규제적 이념이다. "공산주의는 유목주의의 귀환보다 생산수단의 공유된 소유에 덜 의존한다."

양식 D는 비르노가 말하는 엑소더스exodus와 달리 특정 사회 구조에서 벗어난다. 자본-네이션-국가를 높은 수준에서 극복하는 것은 새로운 세계 시스템의 형태로 실현되어야 한다. 자본-네이션-국가라는 세계 시스템의 부정은 협력의 실천과 양식 D의 새로운 상상력에서 비롯하여야 한다. 하지만 가라타니의 텍스트 내에서조차 다른 종류의 역사적 사고방식을 위한 자료가 존재한다. 즉 신진대사와 생산 모두에 더 많은 관심을 기울여야 한다는 것이다. 신진대사와 생산은 결국 동일한 것의 다른 측면이기 때문이다.

가라타니는 주요 세계 상품의 관점에서 세계 시장 시스템의 단계를 이해한다. 중상주의에서 주요 *세계* 상품이 섬유라면 자유주의에서는 경공업이다. 금융자본주의에서는 중공업이고 국가독점자본주의에서는 내구 소비재라면, 다국적 자본주의에서는 *정보information*다. 브라운은 이를 *신자유주의 neoliberalism*라고 부르는데 이건 제국주의 세계 시스템에 대한 너무나 호의적인 용어다. 외양과 달리 현 단계는 세계 시스템 내의 미국이라는 구식 헤게모니가 지닌 약점 중 하나다. '국가-자본이 평등주의적 요구에서 해방됨'에 따라, 이제는 자본의 수출 확대와 구시대적 시스템의 핵심에 자리한 재분배적 정의에 상응하는 삭감의 시대가 되었다.

교환 양식 C가 세계화되어도 국가는 사라지지 않는다. 국가와 네이션은 단순한 상부구조가 아니다. 자본에 종말이 존재한다면 그건 중국과 인도가 세계시장 시스템에 진입한 것과 관련이 있을 수 있다. 새로운 노동자-소비자-를 만드는 과정의 최종 고갈과 관련될 수도 있다. 우리 모두를 뒤따라오고 있는 신진대사 균열을 초래하는 쓰레기 같은 생산물은 말할 것도 없다.

어쩌면 외부에서 오는 규제적 이념보다는 내부에서 오는 실질적인 전개가 핵심적인 변이 요인일지도 모른다. 누군가는 자본-네이션-국가 시스템이 하부에서부터 새로운 양식으로 가속화되었다고 상상할 수도 있다.[24] 그러나 그건 신진대사의 체계적 제약에 반하는 것이다. 또 다른 누군가는 희소성과의 대립이 강제하는 조직 수준의 변화를 기술하려 시도할 수도 있다.

사르트르는 희소성(이는 가라타니의 텍스트에는 나타나지 않는다)에 대한 세계적-역사적 사상을 유용하게 구성하지만, 이를 폭력과 실천적 타상태practico-inert, 즉 일종의 구체화되고 수동적인 효과의 반복에 연결한다. 그러나 희소성은 기존 형태에서 새로운 형태의 조직의 외삽이라는 세 번째 대안으로 이어질 수 있는 것처럼 보인다.

보그다노프는 자신의 노동 실천을 조직에 관한 아이디어로 대체하면서 이를 세계에 강요하는 경향이 존재한다고 생각했다.[25] 그러므로 칸트의 목적의 왕국은 철학적 실천 자체가 중요하게 나타난다. 다른 조직의 실천 또한 그들의 활동에서 세계관으로 대체될 수 있다. 따라서 양식 A뿐만 아니라 B와 C 또한 규제적 이념을 불러일으킬 수 있다. 양식 B를 대체하면 내가 *미네르바의 드론dron of Minerva*이라고 부르는 것이 생성된다. 먼 곳에서 투사된 총체적 감시와 권력에 근거하는 미네르바 드론은, 특히 약화되는 국가에 의한 반작용 정책을 의미한다.[26] 양식 C를 대체하면 어떻게 될까? 그 어떤 가격 산정과 수량화도 가능해질 수 있는 형태로 모든 의사결정 권력이 집중되는 현상과 (부탄에서와 같이) *금융화financialization*를 얻게 된다.

규제적 이념과 대체품은 이를 가능하게 하는 하부구조라는 공통점이 있다. 그들은 실제로 존재하는 통신과 계산 벡터 세계를 전제로 한다. 따라서 양식 A를 양식 D로 확장하려 시도할 수도 있다. 《해커 선언A Hacker Manifesto》에서 내가 주장한 것처럼 이러한 세계의 추상화는 계급적 긴장에 의해 생겨난다. 동일한 벡터, 동일한 정보 기반이 통제와 상품화를 가능케 하는데, 이는 보다 추상적인 형태의 증여로 볼 수 있다. 따라서 자유로운 정보를 공유하는 정치는 새로운 가능성을 생각하는 선도적인 형태가 된다.

나는 여러 면에서 가라타니가 빛나는 걸 발견하지만, 내 생각에 우리에게 필요한 것은 보다 통속적 마르크스주의 관점이다. 이 관점은 두 가지로 이루어져 있다. 하나는 마르크스가 노동-자연 상호작용을 신진대사로 이해한다는 사실에 근거한다. 다른 하나는 생산력에 관한 낡은 앵글로-마르크스주의의 관심을 되살리는 것이다. 가라타니는 다른 많은 사람들처럼 이러한 관심이 여전히 마르크스주의의 지배적인 버전인 것처럼 주장하지만, 68년 반체제 운동과 새로운 좌파 이데올로기가 등장한 이후 그의 주장과는 정반대의 현상이 나타났다. 마르크스의 모든 철학 분파는 그런 통속적인 설명을 거부한다. 그럼에도 불구하고 신진대사, 희소성, 폐기물 그리고 기술-조직 형태의 변화를 연결하는 변증법은 (여전히 그러하다면) 이 시대에 유용한 관점으로 보인다.

3
파올로 비르노

문법과 다중

Grammars and Multitudes

파올로 비르노Paolo Virno는 이탈리아의 사상가다. 1970년대 이탈리아의 다양
한 혁명 운동에 참여했으며, 로마, 밀라노, 토리노의 공장노동자들과 함께
정치 활동을 했다. 비환원주의적 유물론, 즉 자연과 역사, 언어활동과 제반
생산관계를 결합시킬 수 있는 유물론으로 이르는 길을 찾고 있다. 이탈리아
깔라브리아대학교에서 커뮤니케이션 윤리학과 교수로 재직 중이다.

파올로 비르노Paolo Virno는 여러 시대에 대한 흥미로운 진단을 제공한다. 《다중: 현대적 삶 형태에 관한 분석을 위하여A Grammar of the Multitude》에서 논하는 것은 바로 *자본의 공산주의다*.[1] 이는 마르크스와 연결된 개념이다. 마르크스는 자신이 살던 시대에 합자회사의 설립에 관해 비슷한 관찰을 했다. 당시의 합자회사는 자원을 모으고 사유재산이라는 좁은 형태의 경계를 벗어나는 자본의 방식이었다. 이후 1930년대의 위기는 국가와 독점 통제의 결합을 통해 자본의 공산주의와 유사한 자본의 사회주의를 이끌었다.

최근에는 유럽연합EU, 자유무역협정FTA 또는 다국적 거대기업을 통해 이같은 역설적 성격의 투쟁을 볼 수 있다. 사유재산의 형태를 유지하고 착취하고 축적하는 데는 엄청나게 많은 공산주의가 필요하다. 다만 헤게모니와 국가에 관한 것은 적지만 초국적 하부구조에 관한 것은 많다는 점에서, 공산주의의 형태가 30년대와 다를 뿐이다.

비르노에게는 현재의 생산방식을 전통적인 방식으로 이해하는 측면이 있다. 그는 이를 포스트포드주의Post-Fordism, 헨리 포드식의 대량 생산주의 대신 특정

시장을 겨냥한 다품종 소량 생산방식라고 부른다. 하지만 다른 많은 면에서 그의 책은 매우 독창적이다. 네그리와 마찬가지로, 60년대와 70년대 좌파 무장 세력이었던 비르노는 이탈리아에서 경험한 것을 통해 포스트포드주의의 등장을 바라본다. 이 활동으로 옥고를 치르기도 했던 그는 네그리처럼 보다 공식적인 이탈리아 양식의 그람시Gramsci 숭배와 상충되는 마르크스주의 사상의 한 형태를 창안했다.

비르노는 70년대 이탈리아 노동자주의 정책의 특징을 근본적으로 거부하는 것을 오늘날 노동 형태의 전조로 이해한다. 농업의 상품화가 도시의 산업 노동자 계급을 만들어내기 전에 부랑자와 노상강도를 만들어낸 것처럼, 포스트포드주의 역시 공장 노동에 무관심하고 교대 근무가 지속되는 생활의 외부에서 새로운 통신 기술과 도시적 삶을 서툴게 만지작거리는 '대도시 거주민metropolitan'을 처음으로 만들어냈다.[2] 맥로비와는 달리 그는 이러한 거부에 대해 약간의 남성우월적인 견해를 제시하는데, 여기에는 다소 실제적인 측면이 있다.

마르크스의 〈단상〉을 바탕으로 비르노는 '노동 사회를 초월하는 것'이 존재한다고 생각한다. 그에 의하면 "마르크스는 거의 마르크스주의적이지 않은 테제를 옹호한다. 추상적 지식—최초이자 최우선적으로는 과학 지식이지만 그뿐만이 아니다—은 주요 생산력 그 자체를 향해 움직인다". 포스트포드주의에는 질적, 창조적 지식에 의존하면서도 여전히 노동 시간 단위로 모든 걸 측정하는 생산 사이의 모순이 존재한다. 노동 시간은 특히 그것이 의존하는 숨겨진 무급 노동 때문에 더 이상 척도로 작용하지 않는다.

마르크스에게 일반지성이 고정 자본과 기계 등으로 굳어졌다면, 비르노에게는 (베라르디 같은) 집단 지성mass intellectual 또는 다중multitude으로 알려진 살아 있는 노동을 의미한다. 따라서 다중은 이방인, 언어의 공통성 commomplace, 지성의 공공성, 퍼포먼스의 기예virtuosity, 개인화individuation, 노동력으로서의 삶정치biopolitics, *기회주의, 한담idle talk*이라는 주제를 통해 해소된다.

*다중*은 국민이 아니며 통일되지 않는 다수라는 의미를 가진다. 국가는 국민을 하나로 창조하는 반면, 다중은 홉스가 보다 자연적인 상태로 생각한 것이다. 국가 이전에는 다중이 존재한다면 국가 이후에는 하나로서의 국민이 존재한다. "다중은 부정적인 개념으로 국민이 되기에는 적합하지 않다." 다중의 일관성은 공유된 경험에 대한 언어와 지성의 공동체적 능력에서 비롯한다.

비르노는 다중에 세 가지 방식으로 접근한다. 첫 번째 방식은 공포와 고뇌의 관점에서 나온다. 공포로부터의 안전이 공동체의 손에 달려 있다면 고뇌로부터의 안전은 오직 종교의 영역일 수 있다. 두려움은 상대적이지만 고뇌는 절대적이다. 이 둘 사이에는 분열이 침식되어 있다. 국가는 더 이상 두려움으로부터의 위안을 제공하지 않는다. 국민의 단결은 공포에 묶여 있으며 국가는 그 두려움에서 국민을 보호할 수 있다. 반면 다중에는 이러한 내부와 외부의 구분이 결여되어 있다. 다중은 '보호를 위한 위험한 탐색'이 남아 있을지라도 결코 편안하지 않으며, 항상 *이방인*으로 남아 있다.

다중은 어느 정도 상반적인 혹은 상호적인 수사적 특징과 같은 언어의 공통성에 근거를 둔다. 담론의 특별한 장소는 평범한 곳만 남기고 사라져버린다. 근거지 상실homelessness의 느낌과 평범한 곳에 대한 의존성이 함께 존재한다. 이제 우리는 총체적으로 언제나 전 세계에 노출되어 있다. 우리는 모두 이방인들이다.

지성은 대개 사적이거나 개인적 역량으로 여겨진다. 비르노는 이렇게 말한다. "'정신의 삶'이 공공성에 저항하는 이 오랜 전통에 오직 한 사상가만이 예외적이다. 마르크스의 여러 페이지에서 우리는 지성이 공공재로서 외부적이고 집단적인 어떤 것으로 제시되는 걸 보게 된다……. 마르크스는 일반지성에 대해 말하고 있다." 다른 사람들에게 지성이 고독한 인물, 공동체의 이방인인 곳에서 일반지성은 이방인들의 집단이 된다. "이러한 '근거지 없는' 다중은 지성 즉 '공통의 장소common place'에 신뢰를 둔다. 따라서 자체적인 방식으로 사상가들의 다중이 된다. (비록 이 사상가들이 초등교육만을 받았고 책을 전혀 읽어본 적이 없으며, 고뇌를 해본 적이 없다 하더라도 말이다.)"

일반지성의 공적인 삶은 유토피아와는 거리가 멀다. 비르노의 말을 들어보자.

> 지성의 대중성이 공론화의 영역, 많은 사람들이 공통적인 일을 할 수 있는 정치 공간의 영역에 굴복하지 않으면 무서운 결과로 이어진다. 공적 영역이 없는 공공성. 여기에 다중의 경험에 대한 부정적인(혹은 악마적인) 측면이 있다.

아즈마와는 대조적으로 다중은 이미 일반지성이기에 일반 의지general will로 수렴되지 않는다. 다중의 포괄적인 인지적, 언어적 능력은 생산단계 내에 배치되며 공공 영역이나 정치 공동체가 되지 않는다. 다중은 포스트포드주의 생산과 국가의 위기 모두에서 출현한다. "따라서 현재의 노동계급, 현재의 종속적 노동력과 그것의 인지적-언어적 협력은 민중의 특성보다는 다중의 특성을 지니고 있다. 그러나 다중은 더 이상 국가 구조에 대한 '민중적인' 소명 의식을 갖지 않는다."《자본론》제33장에 있는 미국 서부 노동자들에 관한 마르크스의 언급에 따르면, 다중의 본능적 정치는 국가 제도로부터의 엑소더스다.

다중을 바라보는 두 번째 방법은 노동poesis, 실천praxis, 지성 간 차이가 와해되는 것으로 보는 것이다. 노동은 무언가를 생산하는 자연과 유기적으로 교류하는 행위다. 실천은 자연 재료가 아닌 사회적 행위자 사이에서 이루어지며 그 결과는 외부적이지 않다. 포스트포드주의 노동은 정치의 속성을 흡수하여 정치와 노동의 융합이 되었다. 그 노동에는 이미 너무 많은 정치가 존재하며 다중은 더 이상 필요치 않다. "정치 행동은 이제 노동 경험의 불필요한 중복처럼 재앙적인 방식으로 보인다……. 정치는 현재의 생산 과정에서 수행되는 것보다 더 비참한 다양성의 인지적 콘텐츠와 의사소통 네트워크를 제공한다."

한편, 기예는 완제품으로 정착하지 않고 그 목적을 자체적으로 발견하는 활동이다. 퍼포먼스를 위해 다른 이들의 존재를 요구하는 활동이기도 하다. 포스트포드주의 노동은 거장의 퍼포먼스처럼 되고, 대중적이며 그 자체 외의 목표가 부족하다는 점에서 정치와 다르지 않다. "모든 기예는 본질적으로 정치적이다." 정치와 노동의 경계가 무너지면서 포스트포드주의자의 생산적 노동은 행위 예술과 비슷한 것이 된다.[3]

문화 산업은 포스트포드주의 모델을 제공했다. "기예는 문화 산업의 시작과 함께 대중을 위한 노동이 된다." 농민은 천천히 움직이고 노동자는 빠르게 움직이는 곳인 문화 산업에서 노동자들은 방황을 한다. 측정할 수 있는 가시적인 생산물은 존재하지 않는다. 비르노의 말을 들어보자.

> 객체의 물질 생산은 자동화된 기계 시스템에 위임되지만, 살아 있는 노동이 제공하는 서비스는 언어적-기예적인 서비스와 점점 더 닮아간다……. 문화 산업 내에서, 벤야민Benjamin과 아도르노가 탐구한 고전적 화신archaic incarnation에서마저도 생산방식의 초기 징후를 파악할 수 있다. 이는 나중에 포스트포드주의 시대 이후에 일반화되어 정전canon 등급으로 승격된다.

레이먼드 윌리엄스Raymond Williams가 문화의 잔여 형태라고 부른 것이 창

의적 가능성이 있는 것으로 밝혀진다.[4]

> 자본주의는…… 농업과 금속 가공에서 그랬던 것처럼 영적 생산까지도
> 상품화하고 포장화할 수 있다는 것을 보여준다. 일련화, 개인적인 업무의
> 중요성 상실, 감정의 계량 경제학은 반복적인 내성이다. 이러한 비판적 접
> 근은 특정한 문화 산업의 경우에 노동 과정의 포드주의 조직에 대한 완전
> 한 동화에 저항하는 몇몇 요소가 지속되는 것을 허용했다.

따라서 이는 포스트포드주의의 기초가 된다.

비르노는 드보르Debord의 《스펙터클의 사회The Society of the Spectacle》에
대해 흥미로운 접근 방식을 취한다.[5] "드보르에 따르면 스펙터클은 여성과
남성이 할 수 있는 것을 보여준다. 자체적으로 상품의 가치를 반영하는 화
폐는 사회가 이미 생산해낸 것을 보여주지만, 스펙터클은 사회 전체가 될
수 있고 할 수 있는 것을 별개의 형태로 드러낸다." 화폐는 자신의 가능성의
조건과 부정의 조건을 동시에 포함하고 표시한다. 비르노에 따르면 스펙터
클은

> 상품이 된 인간의 의사소통이다……. 따라서 스펙터클은 특정 산업의 특
> 정 제품이면서 생산방식의 본질이라는 이중적 성격을 갖는다……. 말하자
> 면 스펙터클이 제시하는 것은 사회의 생산적 힘 그 자체다. 이는 언어적 의
> 사소통 능력, 일반지성과 더욱 중대하게 중첩된다.

문화 산업은 생산수단의 산업이다. "문화 산업은 의사소통 절차를 만들
어내고(재생산하고 실험하며), 현대 산업의 보다 전통적인 분야에서 생산수단
으로 기능하는 운명이 된다."

포스트포드주의에서 노동자의 지식은 억압되기보다는 적극적으로 추구된다. "일반지성이란 마르크스에게는 과학을 의미한다." 그러나 비르노는 마르크스가 과학이 생산의 원동력이 되고 있다고 생각한 개념 중 오직 하나에만 관심을 기울인다. 하나란 사회 협력에 관한 모든 것을 가리킨다. 여기에는 자연과학의 점증하는 역할에 관한 마르크스의 통찰력이 배제되어 있다.

생산은 이제 노동, 실천, 지성 영역의 복합체에 의존한다. 지성은 생산력이 되고 대중화된다. 노동은 기예화되고 정치화된다. 비르노는 '강철로 만들어지기'보다는 살아 있는 노동으로 구현된 일반지성에 좀 더 관심을 갖는다. 일반지성은 고정 자본으로 고착되지 않고 의사소통의 측면에서 공을 들인다. 의사소통적 발언 능력으로서의 일반지성은 특별한 발언 활동이 아니다. 그것은 대본 없는 기예이자 순수한 잠재력이다.

일반지성은 임금 관계에 갇혀 있지만 그럼에도 불구하고 어떤 병리학을 보여준다.

> 결정적인 질문은 다음과 같다. 오늘날 통합되어 있는 지성(일반지성)과 (임금) 노동을 분리하고, 분열되어 있는 지성과 정치 행위를 통합하는 게 가능할 것인가? ……현재의 마비 상태에서 정치 행위를 구원하는 것은 그와 반대되는 임금노동 영역 바깥에서 지성의 대중성을 발전시키는 것과 다르지 않다.

다중의 표현으로서 비국가적이고 비노동적이며 비대표성을 띠는 공공 영역이 존재할 수 있을까? 시민적 불복종, 비행, 출구, 엑소더스를 통해 노예에서 공화주의적 기예로 전환할 수 있을까?

아도르노의 정신에서 불행과 불안정은 대량 생산과 지배의 세계에서 개인이 소외되는 데서 기인한다고 종종 상상된다. 비르노는 *개인화 가능성의*

부정이 아닌 그 조건으로 집합성을 생각한다는 점에서 질베르 시몽동Gilbert Simondon을 따른다.[6] 시몽동은 인지와 언어라는 전개인적pre-individual 특성에 주목했는데, 여기에 비르노는 생산의 지배 관계를 추가한다. 이미 항상 존재했던 것처럼 이 지점에서의 관심사는 개인이 아닌 *개인화*다. 개인화는 결코 완료되지 않는 주체-형성 과정이다. 전개인과 개인화는 정서적인 관계를 이룬다. 두려움과 공황panic은 모두 불완전함의 표명이다. 두려움이 세상이 없는 나의 두려움이라면 공황은 내가 없는 세상의 고뇌다.

이상하게도 주체가 개인화의 가능성을 지니는 것은 집단에 참여함으로써 이루어진다. 반면 다중에게 집단은 일반 *의지*의 장소가 아닌 일반지성의 장소다. 따라서 여기서는 국가 외부의 탈정치적이고 대표성 없는 민주주의의 형태를 창조하는 것이 문제가 된다. 다중은 역사적으로 포스트포드주의에서 등장하지만, 집단에 반발하기보다는 집단 내부에서 개인화하는 방식으로 우리 유적 존재의 더 깊은 역량을 이끌어낼 수 있다. "*다수*many'는 국가라는 단일체를 갈망하지 않고 전개인적pre-individual '다수'로서 인내한다. 왜냐하면 첫째, 개별화된 특이성으로서 그들은 이미 전개인적인 다양한 종에 대해 고유한 통일성/보편성 뒤에 남겨졌기 때문이다. 둘째, 집단행동을 통해 개인화의 과정을 강조하면서 앞으로 나아가기 때문이다."

마르크스가 *사회적 개인*이라고 부른 것은 언어로 만들어진 사회 협력의 다중을 가리킨다. "역설적으로 보일지도 모르지만, 나는 마르크스 이론이 오늘날 개인의 현실적이고 복잡한 이론으로, 엄격한 개인주의로, 따라서 개인화 이론으로 이해될 수 있다고(또는 이해되어야 한다고) 믿는다." 그러므로 비르노에게 삶정치의 문제는 생산할 수 있는 일반적인 잠재력으로서의 노동력에 관한 모든 것이 된다. "포스트포드주의 시대인 오늘날의 세계에서 노동력의 현실은 자신을 실현하는 과업에 달려 있다."

노동력은 비현실적 잠재력이면서 또한 상품으로 구매된다. 노동력은 고

유명사가 아닌 일반명사다.

　삶은 정치의 중심에 놓여 있으며, 여기서 수여되는 상은 비물질적인 (그리고 그 자체로는 존재하지 않는) 노동력이다. 이런 이유로, 또 이런 이유만으로도 '삶-정치'에 대해 이야기하는 것은 합법적이다. 국가 행정기구의 관심사인 살아 있는 육체living body는 아직 실현되지 않은 잠재력의 가시적 신호이며, 아직 구체화되지 않은 노동의 모습이다. 또한 마르크스가 소리 높여 말했듯이 '주체성으로서의 노동'이이기도 하다.

　그러나 임금노동 하에서는 허무주의가 생산에 진입한다. 이는 더 이상 합리적 핵심의 부작용인 뿌리 없음rootlessness, 우연성, 불확실성, 아노미anomie를 만드는 현대화의 문제가 아니다. 오히려 생산 활동은 그러한 효과를 자원으로 사용한다. "한때 기술 생산력의 그림자 속에 숨겨졌던 허무주의는 노동 시장에서 높은 평가를 받는 자질로서 그 힘의 기본 요소가 되었다." 그 결과 기회주의와 냉소주의의 정서적 유행이 초래된다. 포스트포드주의 노동자는 한 가지 일에서 다른 일로 이동하고, 게임의 규칙을 협상하며 사실이 아닌 규칙에 응답한다. 화폐는 이러한 일들을 등가적으로 만든다. 일반 지성은 항상 다른 어떤 것이다. 즉 모든 생산의 기초를 형성하는 질적인 잠재력이다.

　한편 이는 하이데거에게는 비현실적인 삶의 *한담*이었던 것에 대한 흥미로운 재평가를 의미한다. 그러한 삶은 비르노가 시몽동의 전개인적 영역으로 이해하는 '하나one'가 지배하는 곳이다. 하이데거의 경우 한담은 실제적인 과업에서 벗어나지만, 비르노의 경우에는 "이 동일한 기초의 부족이 매 순간 새로운 담론의 발명과 실험을 승인한다". 실행적으로 호기심과 연결되는 한담은 지식 사랑의 왜곡된 형태다. 감각은 호기심에서 생각의 지위를 빼앗아간다. 반면 비르노의 경우 그것은 벤야민에서처럼 인간의 감각 능력을 확장할 수 있는 기회이면서, 인위적인 경험을 탐색하는 수단으로서의 산만함distraction이 된다. 주제의 놀라운 확장을 통해 비르노는 이렇게 결론을 내린다.

다중에는 인간 동물의 존재론적 상태에 대한 완전한 역사적, 현상학적, 경험적 표시가 있다. 생물학적 솔직함, 그 존재의 불명확하거나 잠재적인 성격, 결정된 환경의 결여, 전문적 본능의 부족에 대한 '보상'으로서의 언어적 지성이 그것이다. 이는 마치 뿌리가 표면으로 올라간 것과도 같다.

역사적인 것에서 자연적인 것을 반복하는 이러한 과정은 비르노가 다른 곳에서 더 완전하게 다루는 주제다.

《다중: 혁신과 부정 사이Multitude: Between Innovation and Negation》에서, 비르노는 인간 본성의 문제에 대해 미셸 푸코Michel Foucault와 노엄 촘스키Noam Chomsky가 벌인 유명한 논쟁을 다룬다.[7] 그는 인간 동물의 타고난 언어 능력의 정치적 결과에 대한 촘스키의 낙관적 견해에 공감하지 않는다. 반대로 인간의 불안정함, 사악함을 강조한다. 흥미롭게도 불안정함은 국가의 필요성을 의미하지 않는다. 반면 국가 주권에 대한 비판은 인간이 본질적으로 사악하다는 점을 솔직하게 이해하는 것에 의지해야 한다. 사악함은 특정한 서식지 없이 자연으로서 문화 속에 살고 있음을 의미한다.

우리의 유적 존재는 언어 능력에 대한 개방성으로 정의된다. 비르노의 경우 언어는 부정성negativity, 가능성possibility, 무한성infinity이라는 세 가지 속성으로 표시된다. 무페에서와 마찬가지로 부정성은 '당신은 우리의 일원이 아니다'라는 분리로 이어지면서 공감의 감소로 귀결된다. 가능성은 과도함과 불확정성으로 이어지는데, 여기서는 모든 것이 언제든 달라질 수 있다. 무한성은 세상과 세상의 불완전함에 대한 개방으로 이어지면서 지루함으로 귀결된다. 언어의 세 가지 특성은 공격성을 완화하기보다는 증가시킬 수 있다.

인간은 행동과 습관을 바꿀 수 있다는 점에서 본질적으로 위험한 존재다. 선과 악은 모두 똑같은 본능의 부족에서 비롯된다. 비르노는 이렇게 말한다. "진정으로 급진적이며 억제할 수 없고 파괴적인 악은 정확하게 그리고 전적으로 선한 삶과 같은 뿌리를 가진다." 하나의 예만 들어보자. 부정은 차이를 가져온다. 당신은 우리의 일원이 아니다. 그러나 공공 영역은 그 부정을 부정할 수 있다. 당신은 우리의 일원이 아니지만, 이러한 차이는 공존의 원칙이 될 수 있다는 말이다. 유용한 제도는 언어 동물로서의 우리 유적 존재의 불확정성을 억압하거나 부인하지 않는다.

국가라는 제도는 쇠퇴하고 있다. 무페에서와 대조적으로, 이제는 국가라는 제도를 개선하는 게 아니라 거기서 빠져나와 다른 제도를 건설하는 것이 과업이 된다. 비르노는 양면성ambivalence, 진동ascillation, 동요pertubation로 이루어진, 부정에 대한 비변증법적 이해로 판명될 것을 배치한다. 이를 통해 우리 유적 존재의 개방성과 포스트포드주의 시점의 우연성 사이에서 경로를 찾고자 한다. "과도한 동인drive과 세계에 대한 개방은 자신들이 분비하는 독극물에 어떤 방식으로 정치적 해독제 역할을 할 수 있는가?"

도대체 왜 누구나 어떤 제도에 복종해야만 하는가? 비르노는 홉스가 이 점에서 다소 역설적인 측면이 있다고 생각한다. 홉스에게 있어 복종할 의무는 국가의 원인이자 결과다. 홉스의 자연 상태는 전언어적pre-linguistic 동인 중 하나이지만, 비르노에게는 언어를 포함하는 것으로 이해된다. 홉스에게 자연법은 회고적이며 국가의 영향을 받는 반면, 비르노에게 언어는 자연적이며 자체적으로 규제하는 경향을 갖는다. 홉스의 시민국가는 공포로부터 보호하는 역할을 하지만 결국 의사pseudo, 擬似 환경이 되고 만다. 동인과 언어의 연결은 자연과 국가 모두에 대한 홉스의 개념에 감춰져 있다. 반면 비르노에게 언어로 동인을 표현하는 것은 자연적이고 정치적인 것이다.

국민은 국가가 생산하고 또 그런 사실을 자신들의 합법적인 기원 지점으로 주장한다는 점에서, 다중은 반국가적이고 따라서 비국민적이다. 국가의 취약성은 *예외* 상황, 즉 의사 환경을 침범하고 세계에 대한 개방을 회복하는 위기의 순간에 스스로를 드러낸다.[8] 무페 같은 사상가들에게 예외 상황은 필연적으로 국가로 이어지는 정치적인 것으로서 두려움의 순간이 된다. 여기서 무분별한 다중은 자연적인 무질서와 동인으로 다시 나타난다.

한편, 홉스의 관점에서 볼 때 국가가 부과하기 전에는 어떠한 규칙도 존재하지 않는다. 이와 달리 비르노는 비트겐슈타인Witgenstein에 의지한다. 비트겐슈타인에게는 국가 이전에도 이미 언어 실행과 규칙 적용에 관습과 규제가 존재한다. 규칙에는 그것의 응용 또는 그 응용의 응용에 대한 규칙이 없기에 무한대로 적용될 수 있다. 즉 규칙에는 항상 그리고 그 이전에 다른 어떤 것이 존재한다는 말이다.

홉스는 자연 상태를 극복하고자 순응에 기반하지만, 비트겐슈타인은 언어 동물의 특성에 뿌리를 둔 예비적 규제를 상정한다. 질문, 응답, 부정, 가정, 감사, 증오, 기도가 그것이다. 비르노는 이렇게 말한다. "규제의 개념은 언어가 전언어적 동인 위로 그 자신을 반복적으로 접목하고 그러한 동인을 심층적으로 재구성하는 한계점을 나타낸다……. 규칙 적용을 자연 상태에서 벗어나는 것과 연결하지 않는 비트겐슈타인은 역사적으로 결정된 제도의 가장 핵심에 자연의 생명을 위치시킨다."

여기서 보상으로 주어지는 것은 국가와 국가의 주권이 없는 제도에 관한 이론이다. 이는 인간 본성의 선한 상태를 주장함으로써 공격성에 대한 질문을 피하지 않는다. 비르노의 관점에서 볼 때, 언어 동물로서의 우리 유적 존재의 본성에는 사례에 따른 규칙 적용의 규제 형태가 이미 존재한다. 이것은 중요하다. 비록 포스트포드주의 시대가 사실상 영구적인 예외 상태일지라도, 그리고 국가가 위기의 결과로 과도하게 공격적이고 경계적virgilant이 되는 시대로 보일지라도 말이다.

국가의 위기가 발생하는 것은 규제와 분리된 정치적 규칙의 의사 환경을 유지할 능력이 없기 때문이다. "엑소더스의 제도들이 신진대사를 하는 규칙은 양면성을 띠며 심지어 혼란스럽기까지 하다. 세계에의 개방, 부정, 가능성의 양상은 최대의 위험이자 악을 몰아내는 진정한 자원으로서 한번에 그리고 동시에 자신의 모습을 드러낸다." 규제의 배경에 대항하는 규칙은 도구이자 통제 대상 모두로서 언어적 동물의 정치적 등가물이 된다. "때로는 공격적이고 때로는 단합한다. 지능적 협력을 하기도 쉽지만 파벌 간 전쟁을 하기도 쉽다. 독약이면서 해독제로 작용하는 그것이 바로 다중이다."

포스트포드주의 시대에 다중의 일관성은 국가의 통합이기보다는 시몽동의 초개인transindividual과 마르크스의 일반지성의 통합이라 할 수 있다. 다중은 일방적인 결정보다는 양면성과 진동을 신진대사하는 세속적인 제도를 필요로 한다. 다시 말해 의사 환경을 구축하지는 않지만 세계에 개방된 제도를 필요로 한다. 세계에 개방된 제도란 악을 강화하기보다는 제한할 수 있는 제도, 또는 추방할 수 있다고 상상할 수 있는 제도를 가리킨다.

언어는 다른 모든 제도를 가능케 하는 순수한 제도다. 언어는 다른 어떤 제도보다 더 자연적이고 역사적이다. 비실체적이면서, 긍정적 현실을 갖지 않은 부정의 장이다. 이러한 언어에 기초하여 "차이와 차이 간의 차이에 근거한, 대표성도 실체도 없는 공화국이 존재할 수 있는가?"

언어라는 제도가 취할 수 있는 형태는 바로 *의식*ritual이다. 의식은 권력 없는 행동과 행동 없는 권력이라는 두 극단을 제한해야 한다. 의식은 의미의 부족이나 과잉을 다루어야 한다. 의식은 그것을 고수함으로써 혼돈에 저항하는 한 가지 방법이다. 이는 종교 제도의 구속력과 같을 수도 있고 로베르토 에스포지토Roberto Esposito가 말하는 면역력immunity과 같을 수도 있다. 면역력은 악을 억제할 수는 있지만 물리칠 수 있다고 주장하지 않는다. 적그리스도anti-Christ도 없지만 메시아도 없다. 그러나 이는 (해러웨이에서도 발견되는 주제인) 결백함innocence 없이 살아가는 걸 의미한다. 달성되거나 돌아갈 순수한 국가란 존재하지 않는다. 오히려 의식은 규칙(자연) 없는 규제와 규제(국가) 없는 규칙 사이의 진동을 보호하는 것이다.

언어는 우리 유적 존재의 언어 능력의 속성인 부정성, 가능성, 무한성의 힘을 배치할 수 있다. *부정성*으로부터는 부정의 부정, 시민사회와 이방인의 포옹이 나온다. *가능성*으로부터는 존재할 수 있는 것의 착란뿐만 아니라 존재할 수 없는 것에 대한 완화적 대화tempering talk가 나온다. 또 무한성으로부터는 절대적인 것과 함께 끝없는 반복에 대한 양면성이 나온다. 국가에 있어 문제는 주권에 대한 국가의 주장이 세계에 대한 개방성을 방해하는 의사 환경을 조성한다는 점이다.

내 생각에 이 문제는 이미 강력한 논쟁거리가 되었다. 특히《말씀이 육체가 될 때When the Word Becomes Flesh》와《데자뷔와 역사의 종말Deja Vu and the End of History》에서 심화되었다.[9] 거기서 비르노는 우리 종을 언어 동물과 기억 동물로 보는 자신의 견해를 펼친다. 이는 세상의 특정한 행위와 진술에 덧붙여 행동하고 말할 수 있는 존재론적 상태를 의미한다. 이러한 비르노의 견해는 자연의 역사에 대한 독특한 철학이 되고 있다.

여기서 몇 가지 주의 사항을 말하려 한다. 첫째, 인간만을 언급하고 우리가 실제로 존재하는 상태—해러웨이는 이를 *다종 혼란multispecies muddle*이라고 부른다—를 언급하지 않는 건 시대에 뒤떨어져 보인다. 그래서 나는 언어보다는 놀이(하위징아Huizinga), 장식(존Jorn), 열정(푸리에Fourier)처럼 인간을 정의할 수 없는 존재로 정의하는 다른 범주를 열어놓고 싶다.[10] 더구나 정의가 부족한 것을 보면 인간은 독특한 종이 아니라 유희를 즐기고 세상에 개방되어 있는 다수 중 하나일지도 모른다. 그러한 세상이 덜 영원하고 불변

할 수도 있다는 점에서, 비르노는 촘스키가 말하는 보편 문법의 자연주의 유물론보다 조금 더 넓은 자연의 역사를 생각했다고 볼 수 있다. 인류세는 자연마저도 역사적이고 일시적인 것으로 만들어버린다.

둘째, 포스트포드주의가 현 시점을 정의하는 적절한 방법인지에 대해 의문을 가질 수 있다. 20세기 중반에 변곡점을 이룬 순간은 아도르노가 문화 산업을 직접 발견한 때보다는, J. D. 버널이 정보과학을 비롯하여 생산에 과학을 적용한 사례를 직접 발견한 때다.[11] 현대 미디어와 그 한담의 세계는 전자보다는 후자에서 더 많이 나타난다. 국가는 언어 기반 노동보다는 그 기능의 일부를 담당하는 기술적 하부구조 때문에 더 큰 위기에 처할 수 있다.[12] 언어 기반 노동은 일반적 특성이기보다는 과잉 개발된 세계에서 보다 예외적인 경험이다.

셋째, 노동자주의 사상에서 살아 있는 노동의 페티시란 무엇이며 의식이 죽은 노동을 포용할 것을 요구하는지 질문할 수 있다. 이것은 노동에 대해 좀 더 생각하는 것을 의미한다. 비르노에 의하면, 지적 노동은 최종 생산물이 없는 까닭에 "마르크스를 당황스러운 상황에 처하게 만든다". 다만 이는 여전히 노동을 해커의 생산물이 아닌 노동자의 생산물이라고 생각할 때만 그렇다. 해커가 방황할 때 노동자는 빨리 걷는다는 걸 기억하자. 이들은 생산과 재화 모두에서 전혀 다른 관계를 맺을 수 있다.

그럼에도 불구하고 비르노의 프로젝트는 역사적 순간에 적합한 개념적 매트릭스를 하나로 모음으로써, 존재의 자연적 조건에 대한 추측을 수행하는 민주주의의 허상이 사라지기 시작하는 이 시점에 매우 시기적절해 보인다. 비르노는 네그리보다 덜 낙천적인 방식으로 국가 외부에서 다중의 문제에 접근한다. 이들의 대조적인 접근 방식은 부탕과 라자라토에서부터 베라르디와 프레시아도에 이르기까지 광범위한 일반지성을 가능케 하는 것으로 입증되고 있다.

인지자본주의

Cognitive Capitalism

얀 물리에 부탕Yann Moulier Boutang은 프랑스의 경제학자이자 작가다. 국립 고등사범학교를 졸업한 후 노동자의 자율성을 테마로 하는 잡지 《카마라드》를 창간했다. 기본소득 운동의 주창자이며 인지자본주의 연구의 선두주자로 손꼽힌다. 파리 정치연구소에서 근무했으며 콩피에뉴 기술대학교에서 경제학과 교수로 재직 중이다.

자본주의를 역사적으로 생각하는 방법에는 세 가지가 있다. 첫 번째 방법은 마르크스의 가치설에 의존하고 대체로 자본을 영원한 것으로 간주하는 것이다. 외양은 변할 수 있어도 본질은 늘 똑같다. 결코 오지 않을 혁명이 일어날 때까지는 그렇다.[1]

두 번째 방법은 조금 더 역사적으로 생각할 수 있다. 예를 들면 규제학파 regulation school는 일명 포드주의 규제 체제에 대한 설득력 있는 초상화를 그려냈다.[2] 이 버전에서 자본주의는 질적으로 다른 여러 단계를 지니고 있다. 다만 이 접근법은 현 단계에서는 문제가 될 수 있다. 현 단계는 최종적 속성이 결여된 것으로서 부정적으로만 설명되기 때문이다. 이런 이유로 두 번째 접근법은 포스트포드주의에 대해 말하고 있는 셈이다. 일반적으로 변화가 포스트post, 네오neo, 후기late 같은 접두어를 통해 설명될 때, 역사적 시대의 특수성에 대한 고려 없이 단순히 다른 것과 같거나 다르다고 말해지기도 한다.

마지막 세 번째 접근법은 21세기 사회 형성의 특이성을 정의하려는 시도로, 얀 물리에 부탕Yann Moulier Boutang의 《인지자본주의Cognitive Capitalism》가

훌륭한 예다. 이 책은 한동안 프랑스에서 진행된 연구 프로그램의 결과를 영어로 보여준다.[3] 부탕이 말한 것처럼 "인지자본주의는 포스트포드주의의 대안을 제시하는 패러다임 또는 일관된 연구 프로그램이다". 인지자본주의는 더 이상 포드주의를 규범으로 삼지 않으며 영구 자본 이론이라는 진흙탕에 빠지지도 않는다.

부탕이 주목하는 건 "부를 생산하는 새로운 매개체"다. 이러한 부탕의 방법론은 하나의 도전이 될 수 있다. 왜냐하면 자본주의를 가장 지지하는 사람들조차도 그것을 묘사하는 방법에 대한 특별한 단서가 없는 것처럼 보이기 때문이다. 하지만 부탕은 포스트상황주의post-situationism 사상에서 벗어나고 싶어 한다. 포스트 상황주의—보드리야르Baudrillard의 사상이든 다른 사람의 사상이든 간에—에서 자본은 절대적인 것이 되고 모든 정치는 배제되어버린다. "이러한 자본주의가 그토록 절대적인 것인가?"

그것은 새로운 분석, 즉 "마르크스주의의 정신적 하드 드라이브에 대한 일종의 작은 조각 모음 프로그램"을 요구할지도 모른다. "우리는 특히 삶의 시간과 엄청난 양의 지식에 의존하는 부를 측정하기 위해 노동 시간의 가치라는 관점, 유용성이라는 관점 또는 부족한 자원 등의 관점에 고집스럽게 얽매일 것인가?"

비르노, 라자라토 등과 마찬가지로 부탕의 방법론은 이탈리아 노동자주의 전통과 살아 있는 노동의 관점에 대한 그 전통의 강한 헌신으로 형성된다.[4] 부탕의 출발점 역시 마르크스의 《요강》 특히 〈단상〉, 그중에서도 일반지성의 개념에서 비롯한다. 마르크스가 타임머신을 타고 오늘날의 실리콘밸리에 나타난다면, 그곳에서 수행되는 작업 중 일부는 더 이상 희소성과 육체노동에 의존하여 설명될 수 없다는 사실을 발견하게 될 것이다. 중상주의와 산업자본주의 이후에 등장하는 것은 다름 아닌 인지자본주의다.

산업자본주의의 절정—규제학파가 포드주의라고 부르는 것—은 값싼 에너지, 외국 노동력 수입, 값싼 원자재, 완전 고용, 고정 환율, 낮거나 심지어 마이너스인 실질 이자율, 가격 인플레이션과 생산성에 따른 임금 상승 등으로 특징지어진다. 그러나 포드주의 시스템의 붕괴에 집중하는 규제주의자들과는 달리, 부탕은 그 시스템을 대체하는 데 더 큰 관심을 보인다.

부탕은 '신자유주의'라는 용어 쓰기를 자제한다. 신자유주의는 현 시대가 의미하는 바를 대조적으로 기술하는 일종의 언어 조정자로 흔히 사용된다. 금융의 부상은 우리 시대의 주요 특징이지만, 부탕에게는 (브라운과는 대조적으로) 경제 이데올로기도 금융 투기도 그 원인이 되지 않는다. 금융의 부상은 별개로 설명되어야 하는 것이다.

이런 식의 설명은 다소 흥미롭다. 지적 활동이 거래 가능한 자산으로 전환됨에 따라 업무는 비물질화되고 기업이라는 윤곽은 불분명해졌다. 금융화는 생산이 더 이상 단순히 노동과 사물에 관한 것이 아닌 때에 생산의 가치를 평가하는 방법이 되었다. 금융은 민간 기업이 지식사회에서 가치를 추출하는 미래를 예측하고 실현하고 있지만, 누가 무엇을 '소유'하고 있는지에 대한 경계는 명확하지 않다.

한편 인지자본주의에는 자체적인 문제가 존재한다. 우리는 제한적 자원 추출과 무제한적인 자원 추출의 충돌을 목격하는 시점에 있다. '외부화 externality의 복수'와 '생명기금bio-fund'의 포식이 이루어질 때 '도시는 비도시 non-city로 바뀌게 된다'. 세계적 도시 위기는 자본이 의존하는 긍정적 외부 효과가 고갈되고 있음을 증명한다.[5] 이는 자본을 공짜로 이용하는 천연 자원과 인간 자원으로 본 마르크스의 생각을 이해하는 또 다른 방법일 것이다.[6]

이런 문제는 인지자본주의가 완전히 해결할 수 없는 것으로 보인다. 하나의 유행이 지나간 뒤 해결된 것은 네트워크 효과의 문제다. 가치 창조는 이제 공공재와 복잡한 과정 그리고 가격 책정이 매우 어려운 일들에 좌우되고 있다. 금융화는 이러한 복잡성에 대한 응답이다.

부탕은 라자라토에 이어 '비물질 노동immaterial labor'이라는 용어를 사용한다. 부탕과 라자라토를 비판하는 다른 비평가들과 같은 이유는 아니지만 나는 이 용어를 좋아하지 않는다. 정보 기반 과학과 기술의 물질성에 집중하는 게 중요하다고 생각하기 때문이다. 정보는 유물론의 '문제점'에 대해 생각하는 방식을 바꾼다. 부탕과 라자라토의 관점에서 볼 때, 자본주의는 '그 본질적 요소가 더 이상 인간 노동력의 소비가 아닌 발명 능력의 소비'로 변화가 이루어졌다. 따라서 미래의 혁신 잠재력은 이제 미래의 가능성이라는 가격 결정에 반영된다.

비물질 노동은 추상적 노동이라는 마르크스 범주를 업데이트한 것으로 보인다. 추상적 노동이란 사회적으로 필요한 노동 시간을 구성하는 구체적 노동의 집합체, 혹은 상품이 성공적으로 판매될 때 교환가치로 실현되는 노동 시간을 말한다. 그러므로 생산에서 정보가 수행하는 역할을 철저히 재점검하는 것이 필요하다. 부탕은 정보 발전의 중심부(길로이가 과잉 개발된 세계라고 부르는 것)에서 새로운 형태의 자본주의가 출현했다고 본다.

> 우리는 이러한 변종 자본주의를 '인지자본주의'라 부른다. 이제 인지자본주의는 의존적 노동(주로 임금 노동)의 새로운 구성을 다루어야 한다. 그것은 더 이상 '화석 연료' 에너지로 구동되는 기계가 소비하는 근력과는 관련이 없으며, 집단적 인지 노동력, 살아 있는 노동과 관련되기 때문이다.

이탈리아 노동자주의자들과 마찬가지로 자본주의의 변형에서 부탕이 강조하는 것은 살아 있는 노동이다. 부탕의 관점에서 인지자본주의는 살아 있는 노동에 점점 더 의존하는 특성이 있다.

인지자본주의는 '기술tech' 영역에만 국한되지 않는다. 내가《원격 투시

Telesthesia》에서 주장한 것처럼, 포천Fortune 500대 기업의 최상위 목록을 살펴보면 그들 모두 인지노동에 의존하고 있다는 사실이 분명해진다. 인지노동은 연구개발이나 물류일 수도 있고, 브랜드와 제품 라인의 명성을 관리하는 무형의 노동일 수도 있다.[7] 뿐만 아니라 이것은 외부 요인에 의한 생산력 발전이라는 단순한 이야기가 아니다. 다시 말해 대니얼 벨Daniel Bell 등이 주창한 '정보사회' 이론, 즉 자본주의의 복잡성을 비껴간 이론의 부활이 아니다. 인지자본주의에는 단순히 선형적 기술 발전만이 아니라 권력과 헤게모니에 대한 이야기가 담겨 있다.

비르노나 네그리에게 자본은 가치를 창출하는 노동의 투쟁에 대한 반응이라는 거의 언제나 비슷한 모습으로 받아들여진다. 부탕은 이들보다 좀 더 복잡하게 '자본'을 이해하는 방법을 지향한다. 또한 지식과 정보를 분리함으로써 정보의 페티시를 만들지 않으려 한다. 지식 작업은 정보가 만들어지는 방식으로는 상당히 유익하다. 여기서 궁금증이 하나 생겨난다. 고정 자본으로 굳어버린 죽은 노동이 살아 있는 노동을 압도했듯이, 정보 시스템으로 구체화된 죽은 인지dead cognition가 지식 노동자의 살아 있는 노동을 압도하지 않을까 하는 것이다. 이는 '빅 데이터' 시대가 의미하는 상황일 수도 있다.

지식-정보-지식 회로K-I-K circuit에 기반한 '원시적 축적' 시대 이후, 그 회로는 이제 정보-지식-정보 회로I-K-I curcuit라는 성숙한 형태 속에 포함되었다. I-K-I 회로에서 정보 시스템은 정보 형태로 살아 있는 지식을 생산하고, 더 많은 정보를 추출하고자 정보 프라임I-prime을 사용한다. 이런 이유로 나는 부탕의 주요 주제 중 하나인 다음과 같은 문장에 회의적이다. "우리가 목격하고 있는 새로움은 기계 장치에서 소비되지도 않고 죽은 노동으로 축소되지도 않는 살아 있는 노동의 중심이다."

어디서 어떻게 만들어졌는지 궁금해하지도 않은 채 지적재산권 혹은 인적 자본 등을 언급하는 부르주아 범주에 미리 투항하기보다는, 일종의 작업으로서의 지식에 초점을 맞추는 게 도움이 된다고 나는 생각한다. 부탕은 또한 규제학파의 국가 주도적 계획과도 거리를 둔다. 규제학파는 케인스 방식의 규제 장치가 있는 산업 세계로 돌아가기를 갈망한다. 그들의 관점에서 볼 때 국가 재정은 오직 임대료만을 추구할 수 있을 뿐이다.

나는 부탕이 전후 시기 프랑스 공산주의자들의 업적으로 인정한 과학-노동 통합 정책에 대해 좀 더 알고 싶어진다. 영국에서는 이 정책을 후속효과post-effective 옹호자인 버널의 이름을 따서 '버널주의Bernalism'라고 불렀다.[8] 부탕과는 달리 나는 이 정책에서 유용하다고 느끼는 점이 있다. 바로 이 정책이 과학-노동 통합의 문제를 새로운 종류의 노동이 아니라 상이한 계급을 가진 노동의 잠재적인 동맹으로 이해한다는 것이다. 이런 의미의 계급을 나는 해커 계급이라고 부른다.[9]

부탕이 인지노동과 육체노동을 다르게 생각한다는 걸 고려할 때, 왜 인지노동이 상이한 노동계급의 사회 활동이 아닌 오직 노동으로만 파악되어야 하는지 의문이 든다. 부탕은 베라르디의 코그니타리아트cognitariat, 정보에 기반을 둔 계급 형태 개념과 어슐러 휴스Ursula Huws의 사이버타리아트cybertariat, '사이버'와 '프롤레타리아'의 합성어. 인터넷과 네트워크의 발전이 노동자의 업무량과 강도를 늘리고 결국 기술에 대한 인간의 종속을 불러온다는 주장이 담겨 있음 개념을 언급하면서, 인지노동이 상이한 노동계급의 활동이 될 가능성을 탐구한다. 하지만 현재의 생산방식을 파악하려는 그의 시도 가운데 가장 안정되지 않은 부분은 그러한 생산방식이 생산/재생산하는 계급에 관한 질문으로 보인다.[10]

그 징후는 사유재산권이 된 새로운 종류의 재산 관계, 즉 '지식재산권'의 출현에서 드러난다. 지식재산권은 보다 광범위한 정보의 산물을 포괄하도록 확대되었다. 이는 부탕도 인정하는 바다.

생산양식과 자본주의 생산관계가 변화하고 있음을 나타내는 징후 중 하나는 근래의 제도적, 법적 문제에 의해 추정되는 중요성이다. 재정의하거나 다투는 방법에 따라 재산권이 논의된 경우는 이전에는 거의 없었다.

이런 점을 더욱 강조하는 사람도 있을 것이다. 물론 부탕은 '신경제new economy'가 왠지 마법처럼 "무게가 없다"고 여기는 사람들에 속하지 않는다. 그는 신경제가 물질 생산을 제거하는 게 아니라 시공간적으로 재배열한다고 강조한다.

근본적으로 바뀌는 건 시간과 공간의 파라미터parameter만이 아니다. 표현representation 역시 근본적으로 재조정된다. 재조정된 표현은 행동의 개념과 주체/행위자agent/actor의 개념뿐만 아니라 생산, 생산자, 생활, 지구상에서의 삶의 조건이라는 개념에도 영향을 미친다.

나는 부탕의 생각에서 한 걸음 더 나아가 이런 질문을 던진다. "신경제가 자본주의의 새로운 단계만이 아닌 새로운 생산방식이라면 어떻게 될까? 단순히 자본주의가 아니라 더 나쁜 것이라면?" '자본주의'라는 개념이 역사적으로 유효하다면 이 같은 생각의 실험이 반드시 필요하다고 생각한다. 우리는 자본주의가 완전히 다른 것으로 변형되었다고 말할 수 있는 조건을 지각할 필요가 있다.

이런 식의 제안이 이루어질 때마다 이런저런 이데올로기적 비유를 통한 반론이 제기되곤 한다.[11] 이를테면 신경제가 자본주의가 아니라고 생각하는 사람은 캘리포니아 이데올로기캘리포니아로 상징되는 자유주의의 문화적, 정치적, 경제적 이념의 몇몇 버전을 탐독할 것이고, 다양한 뉴에이지 파워포인트-신봉자PowerPoint-slinger가 될 것이다.[12] 그런데 어떤 것이 끝났다고 생각하는 게 그것이 다른 특정한 것으로 계승되었다고 믿어야 한다는 걸 당연히 의미해야 할까?

말도 안 된다. 오히려 자본의 영속성을 상상할 수 있는 현대 마르크스주의자들의 상상력 결여를 드러낼 뿐이다. 그들은 "자본주의가 새로운 단계에 있다"는 부탕의 주장을 생각할 충분한 시간적 여유가 있는 것처럼 보인다. 그러므로 다른 어떤 것이 자본주의를 계승했다는 생각의 실험은 두말할 필요도 없이 결코 *생각할 수 없는* 것이다. 이런 점에서 나는 부탕보다 더 강하게 이런 질문을 던지고자 한다. "이것은(신경제는) 지배적인 자본 축적 시스템뿐만 아니라 자본주의 생산양식 자체에 의문을 제기하지 않을까?"

과잉 개발된 세계의 특정 분야에서 기업들은 캘리포니아 이데올로기를 받아들였지만, "새로운 형태의 가치를 발견하고 발명했다"는 명백한 사실에 부탕은 상당한 관심을 갖는다. 부탕은 그 가치를 목록화하려 시도한다. 인지자본주의는 모든 분야에 영향을 미친다. 새로운 기술은 비물질적인 것의 힘을 전반적으로 증가시킨다. 그러나 기술 변화는 더 이상 외부 자원이 아니라 자본 축적이 목표로 하는 바로 그것이다. 가치 생산은 사회적 협력과 암묵적 지식에 의존한다.

시장의 복잡성은 효율성 향상이 규모의 경제로 성취될 수 없음을 의미한다. 소비는 연구개발의 생산적인 부분이 되었다. 이제 정보는 생산 주기를 실시간으로 관리한다. 대부분의 생산 과정에는 새로운 종류의 노동이 포함된 여러 투입 요소가 존재한다. 생산 시스템의 클러스터화 등과 같은 새로운 공간 형태가 존재하는 것이다. 이에 따라 긍정적 외부 효과를 포착하려는 성공적인 기업의 시도와 더불어 재산권의 위기가 나타나고 있다.

인지자본주의는 이른바 비노동non-labor 혹은 디지털 노동digital labor을 비롯해 전통적인 노동 외의 것에서 가치를 포착할 수 있는 공간적, 제도적 형태를 찾는다.[13] 따라서 시장 및 계층 구조와 함께 제3의 조직 형태인 네트워크가 부상한다.[14] 네트워크는 시간, 주의attention, 관리가 부족할 때 자원을 신속하게 식별하는 기능을 한다. 그 결과 '노동'은 연결성, 반응성, 자율성, 창의성에 관한 것이 된다. 이러한 노동을 시간 단위로 측정하기란 매우 어렵다. (그런데도 여전히 노동이라고 말할 수 있을까?)

새로운 종류의 (비)노동은 부wealth 또는 권력은 물론 *지적 욕구libido sciendi*, 즉 알고자 하는 욕망에도 동기를 부여한다.

> 인지자본주의에서 우리는 기업에 배치된 인간 활동의 효율성 요소로서의 제3의 열정(혹은 욕망)이 체계적으로 착취되는 현상을 목격하고 있다……. 내가 여기서 언급하려는 건 지적 욕구, 즉 배움에 대한 열정과 지식에 대한 갈망이다.

프레시아도는 현대 경제를 이끄는 사고방식의 반신체적anti-corporeal이고 남성주의적인 편견(으로 그녀가 바라보는 것)에 흥미로운 비판을 가한다. 열정은 더 폭넓은 질문이 될 수 있다. 이는 내가《분열의 스펙터클The Spectacle of Disintegration》에서 샤를 푸리에와 열두 가지 열정twelve passions에 관한 그의 이론으로 돌아간 이유이기도 하다. 오늘날의 경제가 의미하는 바는 열두 가지 열정 모두를 생산적으로 사용한다는 것이다. 지적 욕구는 그중 하나일 뿐이다.[15]

페카 히마넨Pekka Himanen이 이미《해커 윤리The Hacker Ethic》에서 보여준 것처럼 부탕은 인지노동으로, 또 나는 해커 계급으로 부르는 것에는 일에서의 시간과 욕망에 관련해 상당히 다른 관계가 존재한다. 그들은 때로는 자유주의 이데올로기에 의해 동기를 부여받을 수도 있지만, 가브리엘라 콜먼Gabriella Coleman이 보여주듯 해커의 민족지학ethnography은 보다 복잡한 이데올로기 영역을 드러낸다.[16] 이 영역은 전통적으로 노동에 귀속되지 않으며, 소시민계급petit-bourgeois의 꿈이나 자유주의 방식으로 완전히 소비되지도 않는다.

한편 부탕은 포드주의 이후 일의 발전이 일의 소외된 형태로부터의 반란을 이끌어내는 것으로 본다.[17]

일은 스스로에게 예술가 또는 대학이라는 옷을 입힌다. 창의성의 가치는 지성자본주의에 의해서만 착취당할 수 있다. 그 가치는 처음에는 실험적으로, 그다음에는 생활의 규범으로 승격된다.

따라서 적어도 부분적으로는 "해커 개인은 위험을 감수하는 사람이나 소유욕 있는 개인주의자보다 창조적 예술가와 상아탑 교수에 더 가깝다". 하지만 이는 비즈니스 스쿨에 다니기보다는 프로그래밍을 공부하고, 기술을 비즈니스에 뛰어드는 수단으로만 여기는 엘리트 미국 대학의 산물인 '브로그래머Brogrammer, 미국인들이 서로를 격의 없이 부르는 호칭인 '브로'와 '프로그래머'를 합성한 단어로, 세련되고 부유하며 유행에 민감한 프로그래머를 일컫는 용어'의 부상을 제대로 설명하지 못한다. 계급의 민족지학적 현실은 언제나 복잡하다.

그러므로 스타트업 문화는 일종의 소시민계급의 인격을 형성하도록 고안되었지만, 모든 해커를 이것으로 설득할 수는 없다. 많은 사람들이 이제는 노동 그 자체가 아니라 정보를 해킹하고 발명하고 변형하는 능력을 착취하는 새로운 종류의 2차적 착취가 존재함을 알게 될 것이다. 어떤 사람들은 심지어 이렇게 부상한 생산방식이 노동과 창조의 분할을 강요하는 것에 의문을 품을지도 모른다.[18] 이는 사실 아스게르 요른Asger Jorn이 정치 경제에 가한 매우 예리한 상황주의적 비판의 근거였다. 부탕의 관점에서 볼 때 노동과 창조의 새로운 구분은 중상주의적 자본주의에서 '자유' 노동자와 노예를 구분한 것과 유사하다. 나는 이것이 상이한 두 계급 간의 구분이라는 점을 강조하고자 한다.

이 지점에서 지배계급 내의 긴장이 다른 종류의 지배계급 형성을 가리키는지 질문해볼 수 있다. 지배계급의 일부는 엄격한 사유재산의 형태로 정보 봉쇄를 주장하지만 또 다른 일부는 그렇지 않다. 또 다른 일부는 물리적 객체로 묶이는 정보 상품을 생산하는 능력을 상실하면서 그것을 단순히 물리적인 객체인 것처럼 취급했다. 이런 현상은 영화나 음악은 물론 마약처럼 점점 더 정교해지는 제조품에도 적용된다. 이제는 누구나 아주 싼 가격으로 꽤 좋은 가짜 아이패드iPad를 살 수 있다.

하지만 여기에는 하나의 긴장이 존재한다. 왜냐하면 사회적 지식이 제품으로 바뀌는 불완전하고 불확정적인 방식에는 또 다른 종류의 가치 창출이 있기 때문이다. 이는 어떤 것이 더 중요한지, 혹은 두 가지 경향이 동시에 발생할 수 있는지를 알지 못하는 지배계급의 불안정성으로 간주할 수 있다. 다른 종류의 지배계급 사이의 균열로 간주할 수도 있다. 그중 하나는 여전히 잉여 노동력을 추출하고 상품을 판매하는 것에 의존하는 지배계급이다. 다른 하나는 정보의 비대칭성에 의존하여 정보 벡터의 기반 구조를 제어함으로써 사회적 창조 프로세스를 좌우하는 지배계급이다.

부탕의 관점에서 볼 때 시장은 다른 수단으로 생산된 가치를 증폭시키는 벡터로 작용한다.

> 땅에 발을 디뎌야만 힘을 재충전할 수 있는 거인 안타이오스Antaeus처럼 인지자본주의가 (상품이나 사용가치가 아닌) 자신의 목적인 가치 생산을 달성하기 위해서는, 살아 움직이는 사회와의 접촉점을 확장해야만 한다.

이제 기업가 정신은 소셜 네트워크를 가치로 전환하는 것이 된다. 기업가는 파도를 만들지 않는 서퍼surfer다. 이 점에서 부탕은 마르크스와 마찬가지로 가치 창출이 일종의 시장 페티시즘에 의해 겉으로 드러나지 않고 무대

뒤에서 일어난다는 걸 이해하고 있다. 오늘날의 가치 창출은 페티시인 상품이 아닌 위대한 사업가에 의해 이루어진다. 새롭게 등장한 세계가 스티브 잡스Steve Jobs의 두뇌를 통해 완전한 모습을 갖추게 된 것처럼 말이다. 인지자본은 지식사회를 기반으로 하지만 지식사회와 동일하지는 않다.

인지자본과 산업자본을 구별하는 데에는 전술적 가치가 있다. "그러므로 진정한 과제는 지식사회라는 해방의 힘을 통제하고 억제하며 깨뜨리기 위해 인지자본주의와 산업자본주의가 반자연anti-natural 동맹을 맺을 수 있는 단계를 가능한 한 최소화하는 것이다." 여기에는 재산을 빼앗긴 모든 사람들의 이익을 위해 활용할 수 있는 균열이 존재할지도 모른다.

멋진 비유를 통해 부탕은 일벌들의 생산노동을 빼앗는 방법을 알아낸 지배계급에 대해 이야기한다. 그러나 지배계급은 단지 '꽃가루pollination'에서 일벌worker bee들이 기울인 노력의 가치를 빼앗는 방법을 알아냈을 뿐이다. 부탕이 인지자본주의 아래에 놓인 지식사회라 부르는 것이 바로 그 꽃가루, 즉 올바른 세상을 만들려는 사람들과 비인격인 것들 간의 공동 노력의 실천이다. 따라서 "인지자본주의는 마르크스가 묘사한 생산의 사회화와 가치 배분의 법칙 사이의 낡은 모순을 확대 재생산한다".

부탕은 버틀러와 맥로비가 현재에서 생겨난 위태로움precarity이라 부르는 것을 계급투쟁의 무질서한 단계로 이해한다. "그 단계에서 인지자본주의의 일반 노선은 자유를 위해 일하는 다중을 만드는 것이다." 인지자본은 사회의 민주 협약에 기초한 지식사회 일벌들의 노력에 의존하지만, 매번 그 협약을 손상해버린다. "지식은 원료이지만, 이제는 진정한 '계급' 분할을 창조하는 것이 되었다."

부분적으로 작동하는 이러한 혼란을 관리하는 유일한 방법은 현재로서는 역설적이게도 금융이다. "비록 새로운 불안정 요소를 도입할지라도 금융은 인지자본주의의 본질적인 불안정성을 '관리'하는 유일한 방법이라 할 수 있다." 따라서 "인지자본주의 이론에서 유연한 생산과 금융은 영구적 혁신(가치의 실체)의 달성에 종속되는 것으로 간주된다".

기업의 가치는 무형화되었으며 회계 규정은 회사에 포함된 지식의 가치를 제대로 포착하지 못한다. 금융은 기업이 의존하는 외부 효과의 가치를 평가하고 포착하는 방법이다. 가격은 거래자들 사이의 의견 교환에 의해 결정된다. 금융 시장 자체가 자원으로서의 대중을 장기적으로 포착하는 일부분이다. "인지자본주의의 주된 활동 중 하나가 다른 종류의 대중을 생산하는 것이라는 주장은 일리가 있다. 그중에서도 주식 시장의 대중은 상당한 규모에 이른다." 독창적이고 도발적인 가설이 아닐 수 없다.

결론적으로《꽃가루 사회 선언Manifesto for Pollen Society》에서 부탕은 "사회는 부유하지만 사회 조직은 가난하다"고 지적한다. '인간 사이보그'가 생겨나는 이유는 인지자본주의가 삶 자체에 대한 권력을 획득하기 때문이다. 부탕의 관점에서 사회 협력의 민영화는 퇴보로 여겨진다. 특히 '환경 문제의 긴급성'을 감안할 때, 자신이 대가를 지불하지 않는 외부 효과보다 더 많은 권력을 추구하는 생산양식의 우선순위에 관해 질문을 던져야 한다. "우리의 마법사, 해적, 금융 정복자들이 잊어버린 유일한 사실은 꽃가루에는 꿀벌의 존재가 필요하다는 것이다!"

마우리치오 라자라토

기계 노예

Machinic Enslavement

마우리치오 라자라토Maurizio Lazzarato는 이탈리아 출신의 사회학자이자 철학
자다. 1980년대 초에 프랑스로 망명했으며, 파리 제8대학에서 커뮤니케이
션 패러다임, 정보기술, 비물질노동을 주제로 박사 학위를 받았다. 자율주의
잡지 〈뮐띠뛰드〉지의 창간 발기인이자 편집위원이다. 저서 《부채인간》은 한
국어를 포함하여 11개 언어로 번역되었다. 2013년 서울 일민미술관의 〈애
니미즘〉 전시회에 시각예술가 안젤라 멜리토풀로스와 함께 작업한 영상 작
품 〈배치〉와 〈입자들의 삶〉이 전시되었으며, 작품 소개를 위해 방한하기도
했다.

나는 연구를 통해 펠릭스 가타리Felix Guattari와 친분을 맺고 있지만, 그의 저작을 가장 잘 아는 사람은 마우리치오 라자라토Maurizio Lazzarato다. 그의 《기호와 기계: 기계적 예속 시대의 자본주의와 비기표적 기호계 주체성의 생산Signs and Machines, Subjectivité》은 가타리가 단독으로 또는 들뢰즈와 공동으로 연구한 '반사회학'이 지속적으로 유용하다는 사실을 보여준다.[1] 라자라토의 사유는 자신이 주체성의 현대적 위기로 취급한 것에서 출발한다.

자본주의는 새로운 모델인 아이폰 같은 새로운 주체성을 시작한다. 요즘 주체성은 아이폰과 마찬가지로 동일 모델의 쓸모없는 블로트웨어bloatware, 메모리를 너무 많이 잡아먹는 프로그램 버전에 지나지 않는다. 우리는 모두 자기 기업가가 되어야 하는데, 이는 베라르디가 동의하듯 우울증에 빠뜨리는 불가능한 과업이다. 자본주의의 이 버전은 (아직도 존재한다면) 더 이상 '지식사회'가 될 거라는 약속은 하지 않는다. 그 버전이 제시하는 것은 빚의 노예와 복권뿐이다. 끝없이 반복되는 슬로건과는 달리 거기에는 '혁신적'이거나 '창조적'인 것이 거의 없다.

라자라토는 자신이 '기계적 노예화machinic enslavement'라고 부르는 것을 무시하고 언어와 주체성의 관계만을 다루는 비판 이론을 일축한다. 그의 블랙리스트에는 지젝, 비르노, 버틀러가 포함된다. 라자라토가 보기에 이들은 여전히 언어학에 지나치게 매달려 있다. 언어, 주체성, 정치가 알튀세르가 생산 자체에서 '상대적으로 자율적인' 것으로 묘사한 영역에서 발생한 것처럼 취급한다는 것이다.[2] 이들의 입장은 '정치적'으로 보이지만 사실 이들은 좀 더 엄격한 이상주의자들이다. 현대의 비판 이론은 사회적 종속의 영역과 기계적 노예화의 영역 모두를 조사하고 거기에 개입하는 것이 필요하다.

기계는 일상의 삶에 침투했다. 언어, 주체, 정치의 자율적인 분야는 이제 존재하지 않는다. 우리가 인간과 비인격체라는 무관심한 그물망의 비인간화된dehumanized 연결점일 때도, 자본의 냉소주의는 우리를 개별적인 주체라고 주장한다. 하지만 우리는 모두 루이스 멈포드Lewis Mumford가 *메가기계*megamachine, 기술과 기계 지배 하의 거대 사회. 초과학 기술라고 부른 것의 내부에 있다.[3] 메가기계가 요구하는 건 반헤게모니적인 이데올로기가 아니라 기계와 주체의 새로운 종류의 그물망을 만드는 수단이다.

따라서 다음 두 가지를 하나로 묶는 게 중요하다. 주로 언어에서 이루어지지만 언어만이 아닌 주체의 형성, 그리고 개인을 초월하는 효과를 일으키는 기계 말이다. 주체화는 항상 혼합되어 있으며 언어 이상의 것을 포함한다. 진정한 '혁신'은 언어유희 이상을 요구한다. 지배적인 의미는 완전히 새롭게 등장할 것을 위해 중단되어야 한다.

흥미롭게도 주체의 제작은 상부구조에서 일어나지 않는다. 라자라토는 이렇게 말한다. "가타리와 들뢰즈는 마르크스의 발견을 완수한다……. 부의 생산은 정치적 혹은 언어적 표현의 영역으로 환원될 수 없는 추상적이고 부적절하며 주체적인 활동에 달려 있다." 이는 정치 경제에서 *주체적 경제*로의 이동을 나타낸다. 마르크스는 주로 상품 생산을 다루면서 노동자의 생산을 상품 생산의 효과로만 분석하였다. 가타리와 라자라토는 마르크스의 분석을 객체(상품)가 아닌 주체(소비자)를 만드는 생산 과정의 병렬 관계로 확대하고자 한다.

사회적 종속subjection은 역할을 제시한다. 즉 당신은 남자이고, 당신은 여자다. 또는 당신은 상사이고, 당신은 노동자다 등등. 사회적 종속은 각 개인을 정체성—그리고 신분증—을 가진 개별적 주체로 생성한다. 그러나 이것은 전체 그림의 일부에 불과하다. 다른 측면에서는 사회적 종속과 반대되는 기계적 노예화가 진행된다. 기계적 노예화는 주체화되지 않은 흐름과 파편을 만든 다음, 그러한 주체를 기계의 구성 부분(즉 인공두뇌의 감각에서 노예 단위)으로 바꿔버린다.

사회적 종속이 주체를 만든다면 기계적 노예화는 개인을 만든다. 그것은 자기를 분열시키고 자기 일부를 인간 이하의less-than 주체agent로서 기계적인 과정의 여기저기에 부착한다. 예컨대 해러웨이의 사이보그 같은 기계 집합체machinic assemblage는 인간과 기계의 혼종이다. 다만 인간 부분이 주체가 아닌 부분에서 그리고 일종의 기호 코드가 그것을 구성하는 정도까지, 가타리가 비의미적asignifying 기호학이라고 부르는 것의 형태를 취한다. 기계 집합체는 의미 있는 언어로 조직되지 않거나 그렇게 해석될 의도를 가지지 않는다.

기계적 노예화는 개인, 인식, 언어에 앞서 그리고 개인을 초월하여 영향을 미친다. 여기서 빅 데이터가 조각난 데이터의 흐름을 처리하는 한편 거대한 데이터 집합체를 처리함으로써, (소비자일 수 있다는) 희망이나 (테러리스트일 수 있다는) 두려움을 고정시키는 주체를 2차적으로만 식별하는 방법에 대해 생각할 수 있다.

라자라토는 비주체화된 기계의 세계를 주체를 생성하는 담론의 세계에 연결함에 있어 재산권이 수행하는 역할을 너무 간략히 언급한다. "창조와 생산이 '사람'만이 가진 재능임을 확인함으로써 재산권은 모든 '영혼'이 사라진 '세계'를 자신의 '객체'로, 자신의 활동 도구로, 자신의 목적을 위한 수단으로 사용한다." 재산이라는 형식은 개인화된 주체를 저자author로 만든다. 그럼으로써 다양한 사람들의 주체성, 다양한 기계, 분류된 기술 자원 등 여러 요소의 기계적 조합의 산물일 가능성이 매우 높은 무언가의 소유자로 들어버린다. 그 결과 만나게 되는 것은 스티브 잡스가 아이폰을 창조했으며 이를 통해 막대한 수익을 거두어들였다는 신화다.

라자라토는 가타리에게서 종속과 노예화(들뢰즈-가타리적인 용어로는 몰mola과 분자molecular)를 다루는 전략을 모색할 수 있는 아이디어를 얻는다.[4] 몰 이원론을 비판하기 위해 기계적, 분자적 관점을 활용할 수도 있다. 또는 주체성 양식에 상응하는 보상 방식으로서 편집증적 소비자 중심주의 외의 것을 생산하기 위한 시작점으로 노예화를 택할 수도 있다.

물론 자본은 언어 차원을 갖고 있지만, 언어 차원은 노동의 흐름, 돈, 생산 시스템으로서의 비의미적 신호만큼 중요하지 않을 수 있다. 분인dividual, 일본의 소설가 히라노 게이치로가 내세운 새로운 자아 개념으로, 타인과의 관계 속에서 인간을 정의내리고자 하는 개념은 이데올로기 또는 억압을 통해 작동되는 게 아니라 통계적으로 관리된다. "자본주의가 중시하는 것은 권력 관계의 탈정치화와 비개인화depersonalite를 목표로 삼는 비의미적 기호 장치(경제, 과학, 기술, 주식 시장 등)를 통제하는 것이다."

어떤 의미에서는 이데올로기가 여전히 존재할지도 모르지만 그건 2차적 효과일 뿐이다. "개별적 주체의 눈, 그들의 인식과 표현에서 '대안이 없다'라는 사실을 합법화하고 지원하며 정당화하기 위해 미디어, 정치인, 전문가라는 상징적 기호가 동원된다." 개별적 주체는 주된 요소가 아니다. 자본주의는 개인이나 언어에 관한 것이 아니다.

자본주의는 사람들에 관한 것이 결코 아니다. 이 점에서 여전히 인간 중심적이었던 마르크스는 잉여가치가 인간 행위agency에 묶여 있다고 보았다. 가타리 또한 *기계적 잉여가치* 같은 것이 존재한다고 호기롭게 제안했다.[5] 자본은 노동자가 아닌 기계 집합체를 착취하면서도, 그들의 상대적인 유기체 성분 또는 금속 성분에 무관심하다. 모든 노동은 사이보그 노동이다. 생산성은 적합한 개인적 주체의 형성보다는 분인 부분의 노예화에 좀 더 의존한다.

자본은 종속과 예속화의 *차이*를 이용한다. 실제로 일을 하는 건 기계이지만, 가치는 초라한 임금을 받는 노동자와 나머지를 챙기는 사장boss에게 배분된다. 여기서 라자라토가 부탕과 공유하는 한 가지 관점이 있다. 천재적으로 기업을 이끄는 '리더'가 부를 창출하는 유일한 주체agent가 되는 노동가치설 혹은 그와 동등한 부르주아 이데올로기에서, 이러한 가치는 더 이상 '저자'라는 특정 주체에게 할당되지 못한다는 점이다.

라자라토는 말한다. "생각하는 건 결코 개인이 아니다." 그리고 생산하는 건 결코 기업이 아니다. 기업은 말 그대로 '공짜로' 기계적 '공유지'라는 할당되지 않은 가치를 전용하고, 이익이나 임대료 형태로 그 가치를 손에 넣는다. 자본이 자연적 공유지를 전용하는 것처럼 여기서 기업은 사회적 공유지 또는 사회적-기계적 공유지를 전용한다.[6] 이에 반해 분인 개체는 자신을 실존적으로 생각하는 걸 의미하는 다소간의 총체적 주체로서, 그리고 영혼의 시장market for souls에서 자아를 화폐로 거래하는 투자자이자 채무자인 자유 계약자로서 다시 결속되어야 한다.

맥로비와 *사회적 공장*social factory 이론가들처럼 라자라토는 직장에 대해 확장된 견해를 취한다. 마르크스는 생산의 주체적 본질을 노동으로 간주하면서 고전적인 정치 경제를 따랐다. 자본주의는 합리적 계산일 뿐만 아니라 사실상 칼뱅주의적인 합리적 선택을 수행하는 욕망 기계desiring machine의 산물이기도 하다. TV 쇼《매드 멘Mad Men》을 시청하는 모든 사람들이 직접

눈으로 볼 수 있듯이, 자본은 욕망을 자신의 기능으로 통합한다.

이 지점에서 라자라토는 부탕의 인지자본주의 이론과 갈라진다. 즉 욕망의 기능이라는 주제에 주목하는 방식에서 부탕과 길을 달리한다. 이런 접근 방식은 주체적 경제라는 넓은 개념을 지식 경제라는 좁은 개념으로 축소함으로써, 지식을 현재의 내생적 성장 요인으로 여기는 경제에 너무 많은 걸 양보한다. 그러나 자본의 원천은 지식보다는 욕망이다. 자본주의는 많은 지식을 필요로 하지 않는다. 학교와 대학에 가해지는 최근의 공격은 자본이 그곳에서 훨씬 적게 기능하기를 원하고 있음을 암시한다.

자본주의는 욕망하는 주체를 필요로 하지만 욕망에는 위기가 존재한다. 위기의 순간에 주체가 해야 할 일은 전제적인 초자아super-ego, 즉 자기 자신의 보스가 되는 것이다! 하지만 이는 베라르디의 관점에서 보면 우울증을 야기하거나 그보다 더 나빠지게 할 뿐이다. 주체성은 지금 당장 생산해야 하는 핵심 상품이 된다. 그러자면 "주체성 이론을 어떻게 만들어낼 것인가" 하는 선결 과제를 해결해야 한다. 라자라토는 구조주의, 현상학, 정신분석학 이론을 넘어서려 하지만, 상호 주체적인 것을 우선시하고 기계적인 것을 배제하는 경향이 있다. 흥미롭게도 그는 기초와 상부구조 이론을 하나로 묶는다. 이는 물질적인 것과 이데올로기적인 것, 본능적인 것과 주체적인 것, 혹은 깊은 구조인 것과 특정한 언어 기호인 것 사이에 선행적인a pior (몰) 단절을 만든다.

버틀러 이후에 언어가 수행성performative으로 여겨진다고 할지라도 그 주체는 언어의 단순한 효과가 아니다. 자본은 이제 로고스logos 중심적이 아닌 기계 중심적이다. 발화자와 발화의 구분이 나타나는 발화 행위는 더 이상 인간만의 특징이 아닐 수도 있다. "주체성, 창조성, 발화 행위는 인간, 인간 이하의 존재infra-human, 인간 이상의 존재extra-human라는 요소가 합쳐진 결과다. 상징적, 인지적 기호학은 그중 하나일 뿐이다."

소외에 대한 베라르디의 재검토와 보조를 맞추면서 라자라토는 이렇게 말한다.

객체가 '말하기' 시작한다는 것, 혹은 '스스로 표현하기' 시작한다는 것은 (혹은 《자본론》 제1권에서 축복받은 구절처럼 춤추기 시작한다는 것은) 인간man 소외의 증거인 자본주의 페티시즘이 아니라 새로운 기호학을 필요로 하는 새로운 표현 체제를 나타내는 것이다.

이른바 신자본주의 세계 속에서 *사물들은 정말로 말을 한다*. 이는 노동자가 자신이 만들어낸 사물로부터 소외되는 것만이 아니다. 주목해야 할 것은 사물이 노동자에게 말을 걸고 사달라고 요구할 뿐만 아니라 사랑받기를 요구한다는 점이다.

들뢰즈와 가타리의 공동 연구에서 가장 난해한 부분은 루이 옐름슬레우Louis Hjelmslev의 언어학과 *표현expression*과 *내용content*의 범주에 관한 논쟁이었다. 이 논쟁은 어떤 면에서는 기표signifier와 기의signified라는 고전적 범주를 재구성하는 것이었다.[7] 표현과 내용은 서로의 계층 구조를 거부했다. 표현은 (일부 마르크스주의자들의 주장처럼) 내용이나 (일부 구조주의자와는 반대로) 표현의 내용에 의존하지 않는다. 오히려 아이디어는 내용-표현이라는 이분법의 중간에서 발화에 의해 포착된다. 아이디어는 표현과 내용의 관계 혹은 객체와 주체의 관계를 만들어내는 발언 행위다.

발화의 기반은 그 자체로는 논증적이지 않다. 이것은 언어와 유사 언어를 뛰어넘는 일반기호학의 문을 열어준다. 여기에는 결정체와 단백질 같은 자연적인 비기호 코딩도 포함된다.[8] 물론 인간의 언어도 포함되지만, 인간의 언어에서 생각은 발화의 근거에서부터 시작된다. 이를테면 '국가' 언어를 형성하는 정치적이고 군사적인 힘이 그렇게 시작되는 것이다.[9]

라자라토는 언어를 일반적 등가물general equivalent이라고 부른다. 그는 이렇게 말한다. "의미 기능signification의 기호학은 표현의 일반적 등가물과 개인을 중심으로 한 주체화의 벡터로 작용한다." 반대로 나는 언어를 일반적 비등가물이라고 부르고 싶다.[10] 내가 볼 때 언어는 화폐(마르크스의 일반적 등가물)가 작동하는 방식처럼 작동하지 않는다. 언어에만 집중하게 되면 신자본주의에서 광기, 유아기 또는 예술의 징후로만 주어진 초개인적 경험을 생략하는 경향이 나타난다. 가타리와 라자라토에게 그것들은 초현실적 세계의 무한한 가능성을 위한 열쇠가 아니라, 그 자체의 고유한 비의미적 기호학을 위한 열쇠가 된다.

들뢰즈와 가타리가 때로는 인류학 문헌에서 이를 일반화하는 놀라운 경향을 보였다면, 라자라토는 자본주의 이전의 사회적-기계적 시스템과 자본주의의 그것 사이의 특정한 구별을 포착한다. 예컨대 에두아르도 카스트로 Eduardo Castro는 자신의 경이로운 저서《식인종 형이상학Cannibal Metaphysics》에서 비현대적인 주체적 기계에 대한 더 많은 사변적 설명에 민족지학의 권위를 부여한다.[11] 라자라토의 경우에는 두 개의 시스템이 갑작스런 병렬 형태를 취한다. 그러나 다른 문화와 다른 본성에 대해 전혀 말하지 않고 몸을 사리기보다는, 지나치게 환원주의적으로 말하는 위험을 감수하는 게 차라리 나을 듯하다.

라자라토의 관점에서 볼 때 자본주의 이전 세계에서 사회 형태는 하나의 균일한 의미 지층을 형성하는 것을 배제했다. 적어도 국가 영역 내에서 국가 언어의 강제를 통해 인간의 균질화가 이루어진 것은 근대 세계가 등장한 이후의 일이었다. 국가 언어는 모든 기호학을 자본과 양립할 수 있는 것처럼 보이게 만드는 수단이다. 라자라토는 그것이 다원성polyvalence의 감소를 의미한다고 생각하지만, 나는 정도를 벗어난 의미의 중요성이 감소하는 것으로 여긴다. 마녀 재판과 종교 재판이 힘을 잃는 것처럼 말이다.

나는 또한 라자라토가 정보라는 수학 이론의 역할을 오해하고 있다고 생각한다. 수학 이론은 의미와는 전혀 관련이 없으며, 다만 통계적 확률과 전송transmission 문제로서만 정보와 관련될 뿐이다. 클로드 섀넌Claude Shannon의 연구는 의미와는 전혀 관련이 없다는 점에서 사실상 다원성의 극단에 위치한다.[12] "정보 그 자체는 언어가 없다"는 라자라토의 주장은 동의할 만하다. 20세기 중반에 정보 이론은 다음과 같은 일을 수행했다. 즉 전송이 (절대적이 아닌) 상대적으로 매끄럽게 이루어지고 다원성이 극단적인 형태로 발생할 수 있는 곳(해석이 더 이상 중요하지 않은 곳)에서, 장치를 통한 비의미적 흐름에 대해 통계 작업을 생성했다. 물론 감시 국가에서 잠재적으로 '테러리스트'로 표시될 단체가 사용하는 특정 패턴을 제외하고 말이다.

비의미적 기호학은 정말 흥미로운 개념이다. 라자라토의 관점에서 볼 때 이 기호학에는 컴퓨터 언어, 기업 회계는 물론 음악, 예술도 포함된다. 이들은 모두 주체 해석에 의존하지 않는 기호 흐름으로, 여기서 인간은 구성 요소의 일부분에 불과하다. 하이데거Heidegger와는 달리 가타리에게 있어 기계는 존재를 거부하는 게 아니라 생산한다. 기계는 세계를 대표하지는 않지만 예측하고 형성하는 힘의 징표로 작동한다. 그러한 힘은 노동, 물질, 에너지 심지어는 욕망의 탈영토화된deterritorialized 흐름까지도 가속하거나 반대로 감속하고 제어할 수 있는 다이어그램과도 같다. 이것들은 세계에서 행동하기 위한 인공 통로로 기능한다.

이러한 비의미적 기호의 흐름은 비반영적이고 주체적인 단편 또는 모듈화된 주체적 요소를 움직이게 한다. 또한 전 세계를 연결한다. 라자라토의 말을 들어보자.

마르크스 시대에는 (오늘날의 기업과는 비교할 수 없을 정도로 낮은 집중과 강도를 가진) 공장 내부만이 존재했고, 외부는 철도와 같은 소수의 설비 사이에서만 존재했다. 오늘날 그것들은 비판 이론을 제외하고는 어디에나 존재한 다. 모든 곳에 있으며 특히 우리의 일상생활 속에 있다.

가라타니와는 아주 다른 종류의, 정치적 혹은 문화적 상부구조에 관한 오 래된 이론을 향한 광범위한 도전이 바로 여기에 있다.

가타리는 우리를 새로운 종류의 주체화로 이끌 수 있는 기계에 관심이 있었다. 라자라토의 작업에서처럼 그의 작업에서도 기계가 대개는 과도한 은 유적 개념으로 귀결되기는 하지만 말이다. 우리는 *실제* 기계에 대해 결코 상세하게 이해하지 못하지만 여전히 기계는 흥미로운 개념적 화두다. 의미 적 기호학은 탈영토화되고 탈집중화된 흐름이 포함되는 기능을 갖는다. 이 러한 흐름은 비의미적인 다이어그램과 상징, 그리고 그것들이 구성하는 분 인과 기계의 조합에 의해 발생한다. 비의미성이라는 개념은 전개인적인 범 주로서 영향의 과도적 성질에 대한 스피노자의 척도를 포함하지만, 반드시 의존할 수 있는 좋은 것일 필요는 없다.[13] 비의미성은 (테라노바Terranova에서도 그렇듯이) 인식보다는 접촉을 통해 작동한다.

전개인적 주체성에 관한 라자라토와 가타리의 생각은 부분적으로 유아 기를 다루는 대니얼 스턴Danial Stern의 연구에서 나온 것이다.[14] 인간의 어릴 적 경험은 주체 횡단적transsubjective이며, 프로이트식 단계가 아닌 일련의 수 준을 거쳐 발전한다. 일반적으로 뒤집을 수 있는 관계에 대한 가타리의 관 점을 제외하면 여기에는 기초-상부구조 모델에 대한 힌트가 있다. 개인 이 전의 주체성은 (예술가와 정신이상자를 제외하면) 기초에서 시작될 수 있지만, 그다음에는 개인화된 주체성이 먼저 상부구조에서 획득된 후 기초 계층이 된다. 문제는 이러한 모델이 진정한 학습이나 창조를 배제하는 경향이 있다 는 점이다. 이는 구성된 주체성을 항상 불안정하게 만든다. 여기서 가타리 와 라자라토는 *개인화*의 실패 과정에 대한 시몽동의 관점에 가까워진다.[15]

특히 가타리는 전개인적인 비의미적 기반의 형태와 일관성에 대한 주장을 굽히지 않는다. 그건 언어가 법을 가져오고 결핍을 구조화하며 금지를 만들어야 하는 충동, 본능, 생명력, 자발성의 원초적 세계가 아니다. 라차라토는 정신분석이 원초적 ID에 부과된 필수 명령으로 제시하는 것은 사실상 정치적 모델이라고 주장한다. 이 지점에서 그의 사고방식은 (버틀러의 거세의 필요성, 스티글러의 상징적 승화, 비르노의 동력을 대체하는 발언, 그리고 바디우의 조직에 양보하는 자발성을 포함하는) 현대 사상의 주류와 갈라진다. 한편 가타리의 관점에서 볼 때 비언어적nonverbal 기호학은 이미 조직되어 있는 것이다. 다만 다르게 조직되었을 뿐이다.

그의 전략은 전개인적인 객관적 세계와 언어가 지배하는 주체적 세계 사이에서 발생한다. 즉 언어 계층과 주체에서 작업하지 않고 이질적인 중간에서부터, 발화에서부터 시작한다. 다만 라자라토의 논증이 주체에 대한 편견만을 언급하는 건 안타까운 일이다. 그는 심오한 기계적 수준이 어떻게 조직되어 있는지에 대해서는 말하지 않는다. 예컨대 키틀러Kittler와 웬디 전은 그의 작업에서 다루어지지 않는다.

아즈마와는 달리, 라자라토의 방법론은 적용 사례가 여전히 영화cinema에만 머물러 있을 정도로 과거에 고착되어 있는 것처럼 보인다. 라자라토에게 영화는 의미적 기계가 비의미적 기호학을 중립화하고 명령하며 귀화시키는 형태로 나타난다. 또한 의미화 이전의 기호학을 의미화 이후의 세계에 보여줄 수 있다. 그가 드는 사례는 가타리와 일종의 '광신적fanatical 마르크스주의'를 공유하고 있을지도 모르는 파솔리니다.[16] 파솔리니는 국가 언어가 매우 늦게 나타난 이탈리아에서 활동했다. 1970년대까지 이탈리아의 수많은 하위계층subaltern과 지역 주민들은 자기 나라의 지배적 언어를 구사하지 못했다. 일자리를 위해 도시로 이주한 많은 사람들이 여전히 자신들만의 *하위계층 언어*를 사용했다.

영화는 집단적 정신분석, 강도의 표준화, 언어 간 계층 구조 형성의 기능을 갖는다. 할리우드 고전영화의 효과는 이데올로기가 아니며 주된 통제 수준의 언어로 작동하지 않는다. 영화는 상징이 혼합된 지배 체제다. 파솔리니의 입장에서 볼 때 영화는 이미지로 시작하는 혼합된 기호학이면서, 기계의 눈이 객체에 고정된 일종의 시점vision이었다.[17]

파솔리니가 *신자본주의*라고 부르는 사상에는 할리우드 스타일의 영화가 매우 중요했다. 신자본주의는 두 번째이자 마지막 부르주아 혁명의 산물이다. 첫 번째 혁명이 산업 노동자를 만들었다면, 두 번째 혁명은 거기에 호응하는 산업적으로 생성된 소비 주체를 만들었다. 신자본주의는 의미가 결여된 기능적 언어에 의해 움직이는 새로운 종류의 유연한 주체를 필요로 했다. 이러한 의미의 주체는 낡은 기호 계층을 뒤집었다. 이데올로기 상부구조(법, 학교, 대학)는 더 이상 중요하지 않았다. 주체가 생산과 소비 시스템에 의해 직접 만들어졌기 때문이다.

파솔리니가 주목한 존재는 이러한 신흥 지배 체제의 언어 측면뿐만 아니라, 실존 측면에서도 배제된 채 그 바깥에서 스스로를 만들어낸 룸펜 프롤레타리아lumpen-proles였다. 신자본주의는 훨씬 더 제한되고 전통적 성 구분에 따른 가족 모델로 영역화된 새로운 유형의 이탈리아인과 소비자로 룸펜 프롤레타리아를 재창조한다. 즉 이데올로기적 복종을 요구하는 것은 물론 자신이 원하는 주체를 직접 만들어낸다. 신자본주의는 한마디로 오래된 가족적 삶의 방식에 충실하고 새로운 잘못된 관용을 추가하는(오직 소비자 선택에만 관용을 베푸는) 주체적 경제다. 그것은 오래된 대중문화와 그들의 신성한 애니미즘animism, 동물숭배 세계를 파괴한다. 파솔리니의 문학과 영화는 오래된 애니미즘 문화를 '기계적 애니미즘'이라는 새로운 형태로 재현하고자 했다.

파솔리니는 이탈리아의 노동자주의와 자율주의 이론에서 파생한 개념을 통해 이상한 이론을 만들어낸다. 네그리는 (부르주아) 학생들에 맞서 (노동자

계급) 경찰들을 옹호하는 유명한 도발을 한 파솔리니를 결코 용서하지 않았다.[18] 하지만 파솔리니가 이탈리아에서 일어난 변화의 긴 여정에 독특한 통찰력을 보였다는 건 맞는 말이다. 그의 지역적 뿌리와 기이한 성향은 이론가들에게는 없는 감성적 삶을 인식하고 창조할 수 있는 실존적 근거가 되어주었다.

지금의 시스템이 반세기 동안 우리와 함께해왔음을 감안할 때, 여전히 파솔리니처럼 신자본주의라고 부를 수 있을지 모르겠다. 다만 더 거대한 전략을 세우고 있다는 점에서는 새로운 것일지도 모른다. 기초와 상부구조의 언어에 대한 그들의 거부감에도 불구하고 가타리와 라자라토를 읽는 한 가지 방법이 있다. 바로 (이데올로기라는) 최상층을 생략하고 기초와 상부구조를 평평해진 자연적-사회적 조직의 지층으로 읽는 것이다. 그러나 불행하게도 그 지층 역시 너무나 깊다. 파솔리니에게는 낯설지 않은 하부 지층이겠지만 말이다. 때로는 좀 더 쉽게 이해할 수 있는 마르크스주의의 주석, 혹은 가타리의 《세 가지 생태학Three Ecologies》같은 책이 있으면 좋겠다는 생각이 든다.[19]

신자본주의는 지젝에서처럼 단순히 외침hail으로만 존재하기보다는, '주체성이 어떻게 기계화되는가'라는 문제에 관련된 핵심 특성을 다루는 개념이다. 라자라토는 조직도, 그래프, 예산 (파워포인트를 추가할 수도 있다) 등의 공허한 언어에 관심을 기울인다. 계층 구조는 그러한 절차의 비의미적 측면을 통해 보다 체계적으로 구성된다. 이를테면 직원이 실제로 응답할 필요가 없는 최신 시스템의 콜센터를 활용하기도 한다. 직원은 미리 녹음된 구문을 클릭하여 전화를 건 사람이 판매 절차를 따라가도록 할 수 있다.[20] 물론 소프트웨어에는 평가, 순위 지정, 분류와 타이밍 기능이 포함된다.

유용한 통찰력을 발휘하는 라자라토는 지금 관리되고 있는 것은 노동이 단지 구성 요소에 불과한 프로세스이지 실제 노동은 아니라고 주장한다. 즉 관리는 '인적 자원'에 관한 것이 아니라 서브루틴subroutine, 메인 루틴에 대응되는 단어로, 프로그램 중 하나 이상의 장소에서 필요할 때마다 반복해서 사용할 수 있는 부분적 프로그램으로 통제되는 기계적 노예화를 위한 자원에 관한 것일 뿐이다. 그러한 자원은 효과적으로 서로를 통제할 역량이 없다. 라차라토의 말을 들어보자.

사회학과 산업심리학은 '일'에서 '프로세스'로, 종속에서 노예화로의 전환에서 발생한 질적 도약을 개념적으로 파악할 수 없는 것처럼 보인다. 위계질서가 높은 사람들은 더 이상 일을 다루기보다는 노동을 그 부분의 '하나'로 통합하는 '프로세스'를 다룬다.

모든 가치와 창의력을 죽은 노동에 맞서는 살아 있는 노동에 부여하는 비르노 방식의 마르크스주의 버전과는 달리, 라자라토는 죽은 노동과 살아 있는 노동의 혼합만을 살펴본다. 이런 점에서 그는 해러웨이에 더 가깝다.

위대한 탈영토화의 분자적 홍수molecular flood는 일반적 등가물 즉 화폐이지만 독자적으로 기능하지는 못한다. 화폐의 비의미적 기능은 몰과는 다른, 해석적으로 호명하는 기능의 의미로 인식되어야 한다. 이러한 주체적 생산이 때로는 진보적일 수 있다. 의미적 기호학은 노동자 운동 같은 것을 생산할 수 있다. 그리고 생산에서 탈영토화된 노동자는 급진적이거나 반동적인 다른 방향으로 다시 영토화될 수 있다.

그런데 노동의 존엄성에 대한 노동자 주체성을 영토화하는 것에 기반한 노동운동 정당과 노동조합 모델이 그러한 과정을 이미 거쳤을 수도 있다. 따라서 이제는 새로운 주체적인 양식이 창조되어야 한다. 라자라토는 임시직 문화 노동자들의 파업에 약간의 시간을 할애한다. 그들의 노동과 삶의 조건은 자신의 의사가 아니라 연구원, 전문가, 언론, 정치 지형에 따라 결정되었다. 이에 맞서서 그들이 내놓은 슬로건은 '우리는 전문가!'였다.

문화 노동자들의 파업은 지식의 위임과 전문가들에 대한 발언, 피통치자의 배제에 맞서는 정치의 일반적인 유형에 부합한다. 스텐저스가 주목한 반GMO 운동은 유럽의 또 다른 사례일 것이다. 여기에 월스트리트 시위, 샌더스의 시위Occupy Sandy, 부채 탕감 파업, BLMBlack Lives Matter, 흑인의 생명도 소중함을 강조한 시민운동 등과 같은 최근의 미국 사례도 포함된다.[21] 이들 운동은 '문제problem'가 그 영향을 받는 사람들이 아닌 다른 이들에 의해 정의되는 것을 거부했다. 정치적으로 존재하기 위해서는 수용 가능한 차이라는 균질한 공간을 거부해야 하며, 새로운 형태의 주체성을 형성할 수 있는 분기점을 강화해야 한다.

프랑스의 상황에 기초하여 라자라토는 가족에서의 주체라는 지배적 방식과 주체를 화해시키는 일종의 목회적 힘인 정신분석에 상당한 에너지를 쏟는다. 미국의 경우 오래된 종교의 목회적 돌봄이라는 병합된 버전이 더욱 두드러진다. 어느 경우든 "의사소통과 언어의 주체-기능에 있어 자연적인 것은 존재하지 않는다. 그런 기능은 만들어지고 강제되어야만 한다". 하지만 그 기능은 저항을 받을 수도 있다.

이 책은 후반부에서 반대되는 입장에 상당히 날선 비판을 가하지만, 비판을 받는 사람들이 거기에 제시된 대로 스스로를 인식할 수 있을지는 의심스럽다. 라자라토는 비르노, 버틀러, 마라지Marazzi의 주장에서 작동하는 수행성이라는 언어를 거부한다. 그들에게 언어는 여전히 초월적이고 균질한 평면으로 여겨진다.[22] 들뢰즈와 가타리는 인류학 탐구를 통해 언어적 평면이 주어진 것이 아니라 역사적이고 정치적인 구조라는 점을 이미 보여주었다.

라자라토는 사회 의무를 재생산함에 있어 언어의 전통적 기능이 지나치게 강조되고 있다고 생각한다. 그는 (오스틴Austin에게서 차용한) 의무를 지우는 비담화적 행위illocutory act라는 아이디어에 초점을 맞춘다.[23] 이런 사고방식은 발화 행위가 주체를 진술의 진실에 관련 또는 전념시키지 않는 공식화되고 제도화된 조건에 집중하는 경향이 있다. 그건 파레시아parrhesia, 미셸 푸코가 고대 그리스 문헌을 통해 연구한 개념으로 '진실을 말하는 용기, 위험을 감수하는 발화, 비판적 태도' 등을 뜻함의 문제 혹은 지배적 의미에서의 파열이다. 라자라토는 발언 상황에 대한 미하일 바흐친Mikhail Bakhtin의 화용론pragmatics을 끌어와 확장한다. 바흐친에게 대화dialogic는 언어를 축소하는 것이 아니라 상황을 보완하는 것이다. 여기서 수행성은 이질적인 상황의 한 요소일 뿐이다.

발화는 단지 회합convention(오스틴)에서뿐만 아니라 세계가 문제 될 수 있는 상황(바흐친)에서 완성된다. 라자라토는 발화의 미시정치학 또는 발화의 상황을 화자speaker들 사이의 상호 주체적 관계 이상으로 강조하려 한다. 바흐친의 관점에서 볼 때 청자listener는 발언 행위의 수행성에 의해 종속적인 위치에 처하지 않으며, 더 나아가 발화를 수행이 아니라 전략적으로 바라볼 수도 있다. 발화는 전개인적인 목소리, 몸짓, 표현을 포함한다. 따라서 반동'은 먼저 비의미적으로 되면서 새로운 실존적 참조 영역을 호출한다.

역사의 과학을 부활시키려는 알튀세르의 시도와는 반대로 가타리와 라자라토의 마르크스-영역의 모서리는 미학적 패러다임이다.

자신과의 관계에 대한 발화와 그것을 지탱하는 실존적 영토는 항상 내러티브의 비틀기에 의존한다. 이러한 내러티브의 주된 기능은 합리적, 인지적, 과학적 설명을 생산하는 것이 아니라 새로운 실존적 영역의 출현에 일관성을 부여하는 복합적(신화적-개념적mythico-conceptual, 환영적phantasmatic, 종교적, 허구적)인 후렴구를 창출하는 것이다.

역사의 과학은 존재하지 않지만 예술은 존재할 수 있다. 여기서의 예술은 담론적인 것과 실존적인 것, 실재적인 것과 가상적인 것, 가능한 것과 현실적인 것 사이의 관계에 대한 화용론의 예술을 가리킨다.

이는 프레드릭 제임슨Fredric Jameson이 *인지적 매핑cognitive mapping*이라 부르는 것과는 관계 없는 주제의 예술일 것이다.[24] 혹은 감정뿐만 아니라 그들의 세력의 지도를 제작하는 *정서적 매핑affective mapping*이라고 불러야 할지도 모른다. 정서적 매핑은 신자본주의가 제품과 일치하는 주체 생산에 실패하는 지점에서 시작될 것이다. 또한 인종차별주의, 여성혐오, 장애에의 불관용 같은 모든 '주체성의 병리학'과 함께 부드러운 파시즘의 기나긴 하락과 쇠퇴를 선언할 것이다.

신자본주의는 의도적으로 어리석음을 확산하는 일종의 *반생산*에 필사적으로 몰두하는 것처럼 보인다. "주체화 방식에 의한 파열만이 새로운 참조reference와 새로운 자기 역할self-positioning을 생성하는 실존의 결정물을 분비할 수 있다. 이를 통해 새로운 언어, 새로운 지식, 새로운 미학적 실천, 새로운 형태의 삶을 건설할 수 있는 가능성이 열린다." 이러한 가능성은 타협하지 않는 모더니즘과 함께 파솔리니뿐만 아니라 레이먼드 윌리엄스Raymond Williams와 비교하는 게 유익할 것이다. 예컨대 윌리엄스에게 또 다른 삶의 원천은 현재보다 더 깊이 흐르는 어떤 것이었다.[25]

주체성을 상부구조를 통한 언어로 묘사하기보다는 기계적 조작에 의해 생산되는 것으로 이해하려는 움직임에는 장점이 있다. 라자라토의 연구에서 실제 기계가 더 구체화되지 않은 것은 유감스럽다. 이 점에서는 갤러웨이나 웬디 전의 작업과 접촉하는 게 도움이 될 수 있다. 중간에 있는 발화에 초점을 맞추게 되면 주체에 대해 많은 이야기를 할 수 있지만 객체에 대해서는 그럴 수 없다. 즉 객체를 훨씬 더 모호하게 특징짓게 될 수 있다. 분자 개념이 지나치게 은유적이라는 점이 밝혀지고 있다. 분자는 현재 균열 상태에 있는 탄소, 질소 또는 그 밖의 전 지구적 흐름을 포함한 실제 분자의 *신진대사의 균열*을 전혀 드러내지 못한다.

주체의 측면에서도 특정 재산권의 형태와 그것이 만들어내는 주체(예컨대 소유권과 비소유권이라는 새로운 지배 체제의 계급적 주체)의 종류를 충분히 드러내지 못한다. 우리는 자본 대 노동이라는 매우 정적인 모델을 고수하고 있다. 여기서 노동 조직의 양식은 시대에 뒤진 것처럼 보이는 반면, 자본과 노동이라는 용어 자체는 비역사적이고 영구적인 것처럼 보인다.

욕망을 강조하는 것은 부탕이 상품화 단계의 동력으로서 인지의 요소를 강조하는 것에 대한 유용한 비판이 될 수 있다. 비록 육체의 분자적 재설계에 관한 프레시아도의 돋보이는 설명에는 미치지 못하더라도 말이다. 하지만 이 같은 비판이 정보의 중심성을 다루는 유일하게 효과적인 방법은 아니다. 혹은 기계적인 것의 특정한 역사적 배열이 정보를 객체와 주체 모두에 대한 통제 계층으로 만드는 방법도 아니다. 그들을 생산하고 그들에게 가치와 보상을 부여하는 방법 또한 아니다. 이 모든 점에서 라자라토는 가타리에 대한 핵심적이고 유용한 업데이트를 제공함으로써 자신의 지속적인 가치와 한계를 동시에 보여준다.

프랑코 '비포' 베라르디

상품이 된 영혼

Soul as Commodity

프랑코 '비포' 베라르디Franco "Bifo" Berardi는 이탈리아의 마르크스주의 이론가이자 미디어 활동가다. 지난 40년간 68혁명, 1977년의 이탈리아 자율주의(아우토노미아), 90년대 후반의 반세계화 운동, 최근에는 유럽에서 노동조건의 불안정화와 공교육 예산 삭감에 맞선 움직임에 활발히 참여했다. 잡지 〈아/트라베르소〉를 창간하고 이탈리아 최초의 자유라디오 방송국 '라디오 알리체'를 설립하는 등 미디어와 사회운동의 결합을 계속해서 실험해왔다. 후기자본주의에서 미디어와 정보기술의 역할, 자살·우울·불안의 정치적 중요성, 금융자본주의와 노동의 불안정화의 관계 등에 깊은 관심을 두고 다뤄왔다. 브레라국립예술대학에서 미디어의 사회사 교수로 재직 중이다.

나는 청중 앞에서 라이브로 프랑코 '비포' 베라르디Franco "Bifo" Berardi와 인터뷰를 한 적이 있다. 집 근처 바에서 넘쳐나는 청중과 함께 폐쇄 회로 TV를 통해 인터뷰하기도 했다. 그건 상쾌하고도 피곤한 일이었다. 베라르디는 좋은 유머 감각과 날카로운 분석력을 지닌 활기찬 사람이다. 그날 나는 그 인터뷰가 베라르디의 두 번째 이벤트임을 알게 되었다. 그가 어떻게 그런 활기찬 에너지를 유지하는지 결코 알지 못할 것이다.

1930년대에 마리오 트론티Mario Tronti와 안토니오 네그리가 태어난 곳에서 베라르디(1948)는 스스로의 길을 개척한 노동자주의 흐름에서 성장한 이탈리아 마르크스주의 사상가의 두 번째 물결에 속한다. 여기에는 비르노 (1952), 실비아 페데리치Silvia Federici(1942)도 포함된다. 무페가 말했듯, 이 물결은 훗날 그람시Gramsci의 부활은 말할 것도 없이 이탈리아 공산당의 공식적인 그람시주의 입장에서 갈라진 것이다. 이탈리아 마르크스주의 영역에는 내 능력을 훨씬 뛰어넘는 그들만의 뒤얽힌 계보가 있다.

나의 관심은 이보다 오늘날 이탈리아 마르크스주의로 성취할 수 있는 것에 쏠린다. 베라르디의 저작을 영어로 번역한 책은 매우 많지만《노동하는 영혼: 소외에서 자율로The Soul at Work: From Alienation to Automony》에 집중해보려 한다. 왜냐하면 이 책에는 노동자주의자와 후기 자율주의자의 생각이 마르크스 영역의 다른 사분면과 어떤 차이가 있는지에 대한 유용한 단서가 들어 있기 때문이다.[1]

베라르디의 목표는 자신이 기호자본주의semiocapitalism라고 부르는 것의 독특한 개요를 설명하는 것이다. 기호자본주의는 부탕의 인지자본주의에 가까운 사촌이며, "가치 창출을 위한 주된 도구로서 언어와 창의력을 염두에 둔다". 그는 그것을 소외 범주의 사용에 대한 일종의 행동주의 역사를 통해 설명한다. 마르크스에게 소외란 삶과 노동의 분열에 관한 것으로, 여기서 노동은 노동자의 삶으로부터 소외된다. 이탈리아 노동자주의자들의 혁신은 이러한 관점을 뒤집은 데 있었다. 그들은 노동자를 소외의 수동적 대상이 아닌 적극적 거부의 주체로 보았다. 자본에 있어 노동자의 소외는 또 다른 삶을 확인하는 토대가 된다. 이는 다른 골칫거리 존재인 지식인에 대해 생각하고 지식인의 삶을 실천하는 흥미로운 방법을 이끌어냈다.

개략적으로 표현하자면 마르크스주의를 이끌어내고 분기시키는 지식인의 유형에는 두 가지 버전이 있다. 하나는 보편 이성의 전달자로서의 지식인이다. 즉 특정 문화나 배경에서 분리된 공적 업무의 적절한 기능을 보증하는 자로서의 지성인이다. 다른 하나는 사람들의 영혼을 표현하는 낭만적 지식인이다. 이 유형은 민족주의 색채, 때로는 보다 급진적인 것들을 포함할 수도 있으며, 국민이 아니라 더 광범위하게 민중과 연결된다.

계몽주의 지식인과 민중이라는 낭만적 개념 사이에는 긴장이 존재한다. 마르크스주의 개념에서 지식인은 사상의 역사에서 역사 자체로 내려와야 하며, 계급 철폐라는 보편적 사명의 동인이 되어야 한다. 레닌에게 있어 지식인의 임무는 노동계급을 대표하는 지도력을 발휘하는 것이다. 즉 노동자

계급투쟁의 자발성과 경제 지상주의를 바로 세우도록 보편 정신에 목소리와 조직 형태를 부여하는 데 있다.

지식인에 대해 그람시는 과거 사회 형성의 퇴적층에 연결된 지층 혹은 떠오르는 계급의 유기적 표현이라고 할 수 있는 계층으로 보다 광범위하게 이해했다. 사르트르와 더불어 지식인은 생산보다는 의식에 묶여 있다. 사르트르적 지식인은 보편적인 프로젝트에 참여하기를 선택한다. 다만 비르노가 '60년대 대중 지성주의mass intellectualism'라고 부르는 것의 출현을 보게 될 만큼 충분히 오래 살았음을 감안할 때, 그는 그 계보의 마지막 인물이었을지도 모른다.

이탈리아 노동자주의자들은 마르크스의 《요강》에서 〈단상〉을 이끌어내며 다른 방향으로 나아갔다.[2] 거기서 기계는 사람의 손이 만들어낸 인간 두뇌 기관이라는 부자연스러운 현상으로 이해된다. (불행히도 마르크스와 이탈리아 노동자주의자들은 그 반대가 사실임을 전혀 알지 못한다. 언제나 기술이 인간의 손과 두뇌를 형성했다는 사실 말이다.) 그러므로 마르크스의 언어가 여전히 낡고 이상주의적인 지성 모델에 잠식되어 있다고 하더라도, 지성은 생산력을 의미한다. 마르크스의 '일반지성' 개념은 임시방편적인 것임이 분명하다.

그렇다 해도 지성을 생산력으로 이해하는 것은 여전히 남아 있는 지성에 대한 계몽주의와 낭만주의 생각보다는 진보적이다. 베라르디의 말을 들어보자.

20세기 초반의 공산주의 혁명 시기에 마르크스-레닌주의 전통은 일반지성이라는 개념을 무시했다. 이 때문에 철학적으로 순수한 영적 영역에서 결정된 외재성exteriority과 정치적 방향으로 지성의 기능을 고안했다.

물론 당시에는 마르크스의 《요강》 텍스트가 존재한다는 사실을 아는 사람이 거의 없었다. 그러나 교조 철학에 의해 인도된 지적 리더로서의 당에 대한 강력한 대안이 적어도 한 가지는 있었다. 보그다노프의 프롤레트쿨트 Proletkult, 1917년 소비에트에서 창립된 문학 기구가 그것이다. 이 기관은 당을 육체적 혹은 정신적인 노동 현장 간 조정을 실천하는 중앙 통제로 대체하고자 했 다.[3]

1956년 무렵 마르크스-레닌주의 모델과 변증법적 유물론의 철학 교리 는 위기에 처했다. 그 대안으로 세 가지 경향이 나타났다. 하나는 앞서 언급 한 (마르크스의 《요강》에 기초한) 이탈리아 노동자주의 물결이었다. 베라르디 는 이탈리아 노동자주의를 다른 두 가지 경향과 나란히 위치시킨다. 두 번 째 경향은 청년 마르크스의 영향을 받은 학파가 이끌었다. 청년 마르크스는 마르쿠제를 통해 헤겔주의적 방식으로 수용되거나 사르트르를 통해 키르 케고르Kierkegaard의 정신으로 수용되었다. 마지막 세 번째 경향은 《자본론》 을 구조주의적으로 해석하는 알튀세르 학파였다.

두 번째 경향은 청년 마르크스가 주목한 소외에 심취했다. 하지만 웬들링 의 읽기처럼 미묘함으로 다루지는 않았다. 특히 공통적인 것은 자본주의적 생산의 소외가 보편적인 인간의 본질을 파괴한다고 규정하는 일종의 헤겔 주의적 읽기였다. 이때 혁명은 잃어버린 통일성을 회복하는 본질적인 복원 력을 지니면서 심지어는 보수적이기까지 한 행위가 된다. 사르트르에게는 소외가 인간 조건의 구성 요소이기에 잃어버린 통일성이란 존재하지 않는 다. 반면 마르쿠제에게 소외는 극복될 수 있는 역사적 현상으로 인식된다.

이탈리아 노동자주의자들은 사르트르와 마르쿠제 모두로부터 자유로웠 지만, 두 사람처럼 공식적인 변증법적 유물론 철학의 제약을 뛰어넘는 공간 을 개척하고자 나름의 방식으로 노력하고 있었다.[4] 이들에게는 회복되어야 할 인간의 본질이나 영원한 인간 소외란 존재하지 않는다. 베라르디는 이렇 게 말한다. "노동자의 존재에 대한 근본적인 비인간적 태도 덕분에 인간의 집단성이 발견될 수 있으며, 공동체는 더 이상 자본에 의존하지 않아도 된다." 노동은 자연적 조건이 아닌 역사적 조건이다. 노동으로부터의 소외는 새로운 사회의 토대가 된다. 새로운 사회의 정책은 다름 아닌 '능동적 소외'였다.

1세대 노동자주의자들은 '무례한 이교도 종족'이었던 노동계급을 축복했다. 이 점에서 그들은 파솔리니처럼 전근대 프롤레타리아를 비롯해 풍부한 문화 지층을 지닌 이탈리아 상황의 산물이었다. 비록 그것 말고는 파솔리니와 공통점이 없다 해도 말이다. 보그다노프와 마찬가지로 1세대 노동자주의자들은 노동자의 관점에 가까웠다. 반면 보그다노프와는 달리 노동을 통해 전체 조직을 재구성하는 능력보다는 자본주의를 향한 노동의 *적대감 antagonism*을 강조했다.[5]

노동자주의자들이 자본을 향한 노동자의 적대감을 강조한 것은 노동계급이 자본으로 통합되고 있다는 마르쿠제의 통찰과는 대조된다.[6] 이는 마르쿠제로 하여금 또 다른 해방의 동인을 모색하도록 이끌었다. 특히 그가 영향을 끼친 사람들이 수행한 급진적 학생운동을 찬미하기에 이르렀다. 하지만 트론티 같은 노동자주의자들의 관점에서 볼 때 임금 인상에 대한 노동자의 요구가 반드시 통합의 신호는 아니었다.[7] 그건 임금 투쟁의 실행 방식에 관한 것에 불과했다. 예를 들어 '정치적 임금' 요구는 노동자 경제주의의 한계를 뛰어넘었지만, 어떤 경우에도 급진적 학생운동이 지속적인 현상임을 증명해주지는 않는다.

기원이 좀 더 복잡하기는 하지만 소외 이론에서 멀어지는 또 다른 길은 바로 알튀세르다.[8] 1956년 이후 '공식적으로' 소비에트에 맞춰진 마르크스주의 사상은 스탈린주의를 신중하게 그리고 부분적으로 폐기하는 하나의 방편으로서 헤겔 이론을 포용하기 시작했다. 알튀세르는 헤겔 이론을 구태의연한 변증법적 유물론이라는 이름이 아닌 일종의 '이론적 실천'으로 새롭게 대체함으로써, 스탈린주의화를 다소 독특하게 거부했다. '이론적 실천'은 엥겔스와 플레하노프Plekhanov가 마르크스 철학을 과거에 공식화한 것보다 스피노자와 프랑스 과학철학에 더 큰 영향을 받았다. 혹은 베라르디가 말하듯이 알튀세르는 '헤겔의 영역'을 떠났다.

베라르디의 관점에서 볼 때 알튀세르 철학에서 중요한 것은 생산방식으로서의 지식에 대한 이해다. 알튀세르는 노동이 생산한 세계라는 주제와 생산적 노동으로서의 정신노동이라는 주제를 다시 도입한다. 즉 노동자주의자들과는 달리 생산적 노동으로서의 과학이라는 문제를 경시하지 않는다. 보그다노프가 과학에 부여한 자율성을 알튀세르는 결국 부여할 수 없다 해도 말이다. 레닌이 노동자의 자발성을 바로잡기 위해 당의 보편화 이론과 실천이 필요하다고 생각했던 것처럼, 알튀세르는 과학자들의 '자발적인 철학'을 바로잡기 위해 철학의 이론적 실천이 필요하다고 보았다.[9]

노동자주의자들은 역사의 유일한 동인으로서 작업 거부에 온 힘을 쏟아부었다. "이러한 끊임없는 변화의 힘은 임금 관계에서 삶의 시간을 배제하는 역동성이 된다." 작업 거부는 노동 지배를 벗어나는 활동을 위한 시간과 장소를 창출한다. 산업 노동자 시대에는 (추상적 노동 형태로서의) 노동과 삶의 구분이 아주 뚜렷했다. 일 자체가 거의 제공되지 않았기 때문이다. 삶은 죽은 시간의 외부에서 살아가는 것이었다.

'노동 절약' 기술로 노동을 끊임없이 대체함으로써 과학은 자본 축적의 완전한 수단이 된다. 베라르디는 이런 상황이 노동과 삶의 새로운 패러다임을 요구한다고 생각한다. 잉여노동은 더 이상 일반적 부wealth의 조건이 아니다. 웬들링의 지적처럼 마르쿠제는 과학과 기술의 문제에 대한 자신의 주장을 수정했다. 마르쿠제는 자신의 가장 비관적인 관점으로 이렇게 생각했다. "컴퓨터로 생성된 총체성이 헤겔의 총체성을 대체했다……. 이러한 매트릭스가 사건을 대체하고 있다." 변증법의 형식이 아닌 통제 수단으로 존재하는 실재는 이성이 되었고, 역으로 이성은 실재가 되었다.

1968년의 순간은 이러한 모든 후기 마르크스주의 이론을 시험에 들게 했다. 베라르디의 관점에서 그것은 대중의 지적 노동과 산업 노동 거부가 동맹을 이룬 순간이었다. 대중이 된 학생들은 생산에 흡수된 지적 노동의 한 형태가 되었다.[10] 보편적 양심으로서의 지성이 종말을 고하는 동시에 지적 노동이 생산에 전면적으로 포함되기 시작하였다. 비록 자체적인 거부 방식을 만들어낼 수도 있었지만 말이다.

이러한 거부의 한 순간으로 1977년의 이른바 '마지막 의식 회복last reawakening of consciousness'을 들 수 있다. 베라르디는 1968년에 이미 스무 살 청년이었지만 1970년대 후반 상황에서 형성된 사상가로 볼 수 있다.[11] 이 시기에는 이탈리아 노동자주의자들과 그들의 후계자인 자율주의자들, 베를린 불법거주자들, 영국 펑크족들 모두 육체노동과 지적 노동이 생산에 흡수되는 것에 대해 똑같은 직관에 따라 행동하는 것처럼 보였다. 더불어 또 다른 삶을 위해 파업하려는 동일한 욕구에 따라 행동하는 것처럼 보였다. "그러므로 1977년의 순간은 테일러주의Tayorism 공장과 포드주의 생산 공정에 맞서는 강력한 비판 도구로 행복의 이데올로기를 사용했을 뿐만 아니라, 공장 모델에 기초한 사회적이고 규율적인 구조에도 반대했다."

이 같은 (종종 무시되는) 높은 수위의 거부의 순간이 지나고 나면 풍경은 바뀌게 된다. 베라르디의 전체 저작은 풍경이 왜 어떻게 바뀌었는지를 이해하려는 시도로 읽을 수 있다. 1977년 이후 우리는 포스트포드주의의 노동 모델과 그것을 가능케 하는 디지털 기술의 확산을 보고 있다. 1977년 이전에 욕망은 자본의 외부에 있었지만, 1977년 이후에는 일을 통한 자기실현을 의미했다.

노동 프로세스 외부의 노동계급 공동체는 자기 조직화의 힘을 상당히 잃어버렸다.[12] "공산주의는 일하는 공동체가 생산한 보편적 의식의 형태였다." 적어도 이탈리아에서는 공동체가 '공동의 프로젝트, 공유된 신화'를 갖고 있었다. 반면 오늘날 과잉 개발된 세계에서 적어도 특정 종류의 진보된 노동은 다른 성격을 드러낸다. 대도시의 카페에서 노트북이나 태블릿을 들고 있는 사람들을 보라. 도구는 같지만, 노동 자체가 다양해졌으며 심지어는 노동자의 개성이 스며들 수 있을 정도다. 그들의 불만이 무엇이든 다른 시간 다른 장소에서 소외되고 있는 공장 작업은 아니다.

베라르디의 관점에서 볼 때, 다음의 두 가지가 노동자들로 하여금 자신의 일에 정서적 에너지와 욕망을 투자하도록 이끈다. 질적으로 다른 노동과 노동 외부의 공동 공간의 쇠퇴가 그것이다. "노동은 상상 속에서 특정한 지위를 회복했다." 60년대 호주의 팝 밴드 이지비츠Easybeats가 히트곡 〈금요일 같은 월요일Monday I've Got Friday On My Mind〉에서 신나게 묘사했듯이, 직무 역할에 기반한 정체성은 직무 바깥에서 찾으려던 즐거움을 대체할 수 있다.

베라르디는 이처럼 새로운 방식으로 일을 포용하는 것에 열광하지 않는다. 이는 축적 외에 '부wealth'가 지니는 다른 의미를 이해하지 못한다는 걸 암시할지도 모른다. "에로틱한 영역은 축소되고, 대도시의 삶은 너무 우울해서 팔아버리는 게 낫다." 자유, 행복, 휴머니즘을 찾으려는 시도는 '모험심enterprise'이라는 애매모호한 단어를 통해서만 가능해진다. 진정한 모험심이라는 개념에 맞서 이른바 자유로운 모험심이라는 개념을 대치시키면 어떤 효과를 얻을 수 있는지 무척 궁금해진다. 좋은 삶을 성취하기 위한 실질적 계획을 갖는다는 건 무엇을 의미할까?

베라르디가 착안한 포드주의적인 일work과 포스트포드주의적인 일의 역사적 구분은 분명해 보인다. 다만 과하게 날카로운 구분일 수도 있다. 어떤 의미에서든 그런 상황을 즐기는 대도시 노동자들은 많지 않다. 물론 모든 노동자가 포드주의 노동이 자신을 소외시킨다고 생각하지는 않는다. 리오타르가 소외를 다른 의미로 생각했다는 건 유명한 사실이다. 엘리오 페트리

Elio Petri의 영화 〈천국으로 가는 노동계급The Working Class Go To Heaven〉(1971)에는 노동자와 기계의 끈끈한 교류를 보여주는 감명 깊은 장면이 등장한다.[13]

그럼에도 불구하고 이 장면은 대도시의 현 상황을 일부분만큼은 정확하게 묘사하는 것으로 보인다. 가속화된 자본이 공동체의 형성을 차단하는 곳, 휴대전화가 파편화된 노동을 끝없이 재결합하고 모든 시간을 잠재적인 생산 도구로 만드는 곳, 공황과 우울증의 사이클을 유지하기 위해 항우울제, 각성제, 항불안제, 심지어는 코카인까지 필요한 곳이 바로 현재의 대도시이기 때문이다.

베라르디는 소외의 전통을 개념적으로 다시 생각하려 시도한다. 이때 그가 근거하는 것은 청년 마르크스(하지만 잃어버린 전체가 없는 마르크스)와 노동자주의자들(하지만 외부로서의 노동에 대한 믿음이 없는 노동자주의자들) 모두다. 현재는 자신의 노동의 산물에서 분리되는 것보다는, 우리의 시간과 돈을 위해 타인의 노동의 산물이 끊임없이 쏟아내는 잔소리를 들어야 하는 것이 문제가 되는 시대다. 이 상황에서 소외는 소통 부재가 소통 과잉으로 전환하는 것에 관련된 주제가 된다. 베라르디의 말을 들어보자.

> 탈산업화된 영역에서 우리는 구체화보다는 비현실감derealization에 대해 이야기해야 한다. 소외의 개념은 다음과 같이 이해된다. 1) 특정한 정신병리학적 범주. 2) 자아의 고통스러운 분열. 3) 접근할 수 없는 타인의 육체에 관련된 고뇌와 좌절감. 이중에서 우리 시대를 가장 잘 묘사하는 건 세 번째 개념이다. 영혼의 복종으로 특징지어지는 시대. 활동적, 창조적, 언어적, 정서적 유형성corporeality이 가치 생산에 포함되고 통합되는 시대.

한때 노동자들의 영혼은 적어도 부분적으로는 그들 자신의 장치에 남아 있었다. 포드주의적 자본주의는 육체가 일하도록 만들었지만, 포스트포드주의는 영혼마저 따라잡았다. 영혼이 분리된 것으로 창조되면서 노동으로부터의 긍정적 소외를 통해 소외에서 육체를 추출하는 것이 가능해졌다. *기호자본주의는 영혼이 일하도록 만든다.*[14]

이 점에서 베라르디는 약간의 자기비판을 한다. 들뢰즈와 가타리의 영향을 받은 많은 사람들처럼, 자신의 주장에서 때로는 욕망의 해방이 상품화외의 방향을 지향하는 것처럼 보인다는 것이다. 상품화 외의 방향이란 공동체주의 문화에서도, 노동계급 연대라는 순응주의 문화에서도 제시되지 않는 것이다. 욕망은 환상일지도 모르지만, "그래도 그 환상이 역사, 도시, 사랑, 존재라는 걸 인정할 필요가 있다. 그건 우리가 게임이라는 걸 알면서 즐겼던 게임이다."

어쩌면 욕망을 영역이 아닌 세력으로 보고 부정적 형태의 욕망을 경시한 것이 실수였는지도 모른다. "역사는 욕망이 판단하지만, 욕망은 누가 판단하는가?" 욕망을 판단하는 것 혹은 다시 초기화하는 것이 21세기의 '정치'가 도달하는 지점일지도 모른다. 욕망은 한계를 경험한다. 다만 한계란 열정(동정)(com)passion의 연결점으로서 언제나 밀어붙일 수 있는 게 아닐까. "사회적 재구성은 타인과의 관계가 언어적으로, 정서적으로, 정치적으로 정교해진 다음 의식적인 모임으로, 자율적인 총체로, 융합된 집단으로, 반란에 건설적인 집단으로 변화하는 과정이다."

들뢰즈에서도 이를 발견할 수 있는 방법이 있다. 갤러웨이는 들뢰즈의 표현적인*expressive* 유산에서 좀 더 예방적인*prophylactic* 생각으로 이동해야 할 때가 되었다고 생각한다.[15] 베라르디는 이 점에 대체로 동의하면서도 들뢰즈(와 가타리) 내의 다양한 자원을 모색한다. 베라르디는 선행적으로 구성된 주체를 계속해서 배척한다. "주체성은 그 자체의 생산 과정에 선행하여 존재하지 않는다." 베라르디의 관심은 소통 과잉과 카오스*chaos*적 예측 불가

능성에 대한 조정 기능을 하는 *카오이드*chaoid, 재편된 카오스라는 아이디어로 이동한다.[16]

어떻게 슬픔이 만연해졌을까? 포스트포드주의 생산에서 연대감은 질식당했으며, 노동은 위태로워졌고 영혼은 일하도록 내몰렸다. 카오스 감속자 chaos-reducer, 자제심, 영역의 조직자—카오이드—가 해체되면서 공황과 우울증의 소모적 순환으로 귀결된다. 우울증은 소통 영역에 대한 거부이면서 그것이 제공하는 자극에 대한 거부다. 이 모든 것은 오직 더 많은 노동과 더 많은 상품으로 연결될 뿐이다. 따라서 "우리는 공백emptiness의 문명으로 들어서고 있다".

그 결과 욕망의 수사학은 그 자체로 소진되고 만다. 이 점에서 보드리야르의 비판은 선견지명을 보여준다.[17] 그는 욕망이 상품화된 질주 단계로 접어들었음을 이해했다. 욕망은 외부적인 것이 아님이 밝혀진다. 이 점에 관련해 이미 무한한 긍정적 에너지인 것처럼 제시된 다중 개념에 대한 비판이 있었다. 사실 다중은 모든 의사소통을 빨아들이면서도 응답을 거부하는 이른바 대중의 블랙홀과 다르지 않다.

다중을 언급하는 대신 베라르디는 리비도 기생물libidinal parasite과 욕망의 '열역학'에 대해 이야기한다. 욕망의 열역학에서 욕망은 제한되고 파열되면서 도미닉 페트먼Dominic Pettman이 *극도의 리비도*peak libido라 부르는 병을 앓는다.[18] 베라르디는 이렇게 말한다. "스피노자 철학의 승리주의triumphalism, 어떤 특정한 주의, 종교, 문화, 사회적 체계가 다른 것들에 비해 우월하며 다른 것들을 누르고 승리할 것이라는 태도나 신념를 포기한 우리는 리비도 에너지가 제한된 자원이라는 걸 인정할 수 있다." 욕망은 신성한 힘이 아닌 양면성의 영역이다. "정신분열자의 시선은 욕망의 확산이 모든 통제 구조를 끝없이 침식할 수 있다고 판단한다. 이러한 내부 파열적 시각은 욕망의 확산을 비현실적인 바이러스의 유포로 바라본다."

지금은 영혼이 완전히 무기화되는 죽음의 정치thano-politics(내가 타나토스주의thanaticism라 부르는 것)의 시대다.[19] 죽음의 정치는 공유된 프로젝트의 정보를 의식적이고 신화적으로 구성하기가 더 이상 불가능할 정도로 탈정치적이다. 그것은 '영혼이 고통받는' 시간 혹은 집단 지성에 맞서는 전쟁의 시간이다. 권력은 심지어 자신의 하수인servant 중 하나인 대학과도 대립한다.

베라르디의 주장처럼 미켈란젤로 안토니오니Michelangelo Antonioni가 소외 시대era of alienation 초기의 영화감독이라면, 올리비에 아사야스Olivier Assayas는 비현실감을 다룬 영화감독일 것이다. 스티븐 샤비로Steven Shaviro의 말처럼, 아사야스의 영화 〈탑승 게이트Boarding Gate〉는 아무런 유용성이 없는 냉혹한 수평성과 연결성에 관한 이야기다.[20] 그의 또 다른 영화 〈데몬러버 Demonlover〉는 베라르디가 '인지 기능과 물질적 사회성 간의 병원성 분리'라고 부르는 현상을 단적으로 보여준다.

이 같은 암울한 시선은 연쇄살인범과 기타 정신질환 범죄자의 뉴스 기사에 대한 충격적 몰입을 다룬 베라르디의 후기 저서 《영웅들Heroes》에서 두드러진다. 베르나르 스티글러Bernard Stigler의 《액팅 아웃Acting Out》도 크게 다르지 않다.[21] 베라르디의 치유적 (탈)정치를 향한 요구는 단락short-circuit, 短絡과 동기화에 맞서 '긴 욕망의 고리'가 회복되기를 바라는 스티글러의 요구에 연결될 수 있다. 이는 역설적으로 근원적 나르시시즘의 형성을 차단함으로써 자율성 결여라는 보다 해로운 것을 막아낸다.

베라르디는 여전히 후기 노동자주의와 자율주의 사상가들의 몇몇 언어를 사용한다. 라자라토와 부탕을 다루는 장에서 주장했듯이 나는 비물질 또는 인지라는 용어가 특별히 유용하다고 생각하지 않는다. 지성적인 것을 생산 영역으로 굴절시키는 것에 대한 베라르디의 설명은 왜 정보를 완전히 물질적인 것으로 설명할 수밖에 없는지를 암시하는 것으로 보인다.

앤절라 맥로비

공예의 위기

Crafting Precarity

앤절라 맥로비Angela McRobbie는 영국의 여성 문화학자이자 대중문화 평론가다. 스코틀랜드 글래스고대학교에서 학부 과정을 수료한 후 버밍엄대학교의 현대문화연구센터CCCS에서 대학원 과정을 마쳤다. 페미니즘과 마르크스주의의 이론적 전통으로 발전시켜 젊은 여성과 대중문화, 성, 사회문화 이론, 페미니즘, 신자유주의의 발흥에 관한 많은 저서를 남겼다. 런던대학교 골드스미스 칼리지의 커뮤니케이션 교수로 재직 중이다.

미국 문화 연구는 두 가지 운명으로 나타난다. 한편으로 여전히 도덕적 공포감을 유발한다. 극우파들은 '문화적 마르크스주의'가 교활하고 퇴폐적인 교리라고 생각하면서, 미국을 파괴하고자 유대인과 흑인이 창조했을 거라고 여긴다. 다른 한편으로 그것은 마침내 완벽하게 상품화되었다. 한때 하위문화에 대한 유명한 책의 저자로 알려졌던 딕 헵디지Dick Hebdige는 지금은 크리스 크라우스Chris Kraus 소설의 등장인물이 되었다. 크라우스의 소설은 인기 드라마 〈트랜스패런트Transparent〉의 제작자가 만든 TV 드라마로도 제작되었다.[1] 이러한 두 가지 회복 방식은 우연히도 헵디지가 모든 하위문화의 운명이라고 생각했던 것이었다.

헵디지는 영국의 모드mod, 깔끔하게 유행을 따른 복장을 하고 오토바이를 타고 다니던 1960년대 영국 청년들 집단, 로커, 펑크와 같은 하위문화를 일탈이라는 제목 아래에서만 그들을 생각할 수 있는 범죄학자들의 손아귀에서 구출했다. 또한 그들에게 경찰보다는 사회복지사를 보내고 싶어 했던 가장 열린 마음을 가진 사람들의 손아귀에서도 구출함으로써, 하위문화를 위한 새로운 지평을 열었다. 헵디지의 경우 하위문화는 문화와 미학의 문제였으며 의식을 통한 저항의 한 형태였다.[2] 이것은 특히 예술계에서 영향력 있는 접근법이 되었다. 예술계는 항상 새로운 미학적 가치의 원천을 찾는다. 비록 그것이 예술계를 슬럼화하는 걸 의미한다고 해도 말이다.

앤절라 맥로비Angela McRobbie는 하위문화를 어느 정도는 괜찮다고 생각했지만, 헵디지는 주로 젊은 남성 노동계급이 즐기는 것으로 보는 경향이 있었다.[3] 그런데 하위문화를 젊은 남성 노동계급이 아닌 젊은 여성 노동계급의 자기 형성으로 보면 어떻게 될까? 그것 역시 어느 정도는 괜찮겠지만, 20세기 후반 영국 하위문화의 소음과 저항이 일반적인 현상이었는지에 대해서는 의문이 든다. 어쩌면 그건 그들만의 시간과 장소였을지도 모른다. 또는 도시 공간에서의 방송 시대 소비자 문화의 등장과 교차하면서 쇠퇴하던 산업 노동계급의 유물일 수도 있다.

맥로비는 자신의 저서인 《창조성Be Creative》에서 하위문화 주제를 업데이트한다.[4] 그녀는 문화 산업과 하위문화의 충돌에서부터 프레카리아트 *precariat*, 위태로운precarious과 프롤레타리아proletariat의 합성어와 창조 산업에 대한 최근의 집착에 이르기까지 나타나는 악영향을 추적한다.[5] 여기에 용어의 단순한 변화 이상의 의미가 있을까? 현대적 도시 경관을 통해 젊은 노동자 계층 여성의 길을 추적하면 무엇을 배울 수 있을까?

스튜어트 홀Stuart Hall을 비롯한 헵디지, 길로이, 앤드루 로스Andrew Ross 등 문화 연구자들을 고찰하는 맥로비는 일상 문화의 유토피아적 가능성에 상당한 관심을 기울인다. 하지만 그 관심을 대중의 열망이 상품 양식에 의해 어떻게 결정되는지 혹은 규율적 권력에 의해 어떤 곳으로 연결되는지를 중심으로 하는 비판적 분석에 종속시킨다. 대중은 문화를 만들지만 그들 자신이 선택한 맥락에서의 문화는 아니다.

이러한 작업을 위해 첫째, 맥로비는 그 이야기에 대한 최신 정보를 가져와야 한다. 헵디지는 하위문화가 대중문화 산업의 질서 있는 반복을 방해하는 소음으로 여겨지던 시절을 소재로 글을 쓰고 있었다. 대중 산업의 산물들은 적어도 대중적 산업 레저를 제공했다. 하위문화는 무엇보다도 노동계급의 열망을 치환한 것으로, 대중 생산이라는 영역에서의 투쟁을 대중 소비라는 영역으로 옮겨놓았다.

이것이 60년대와 70년대의 상황이었는데, 그 패턴은 80년대 이후의 클럽 문화를 통해 일부 확인될 수 있었다. 그러나 1997년 신노동당New Labour의 부상 이후 모든 것이 무너졌다. 청년 하위문화의 요소가 창조 산업에 도입되면서, 클럽 문화의 야간 경제는 끝없는 노동이라는 일상으로 바뀌었다. 문화 분야의 급속한 자본화로 인해 한층 개인주의화된 유명 연예인 미디어 영역이 생겨났으며, 자기 홍보와 자기 착취가 장려되었다. 더불어 지역 공동체와 계급 문화에서 더 폭넓은 분리가 이루어졌다. 이런 사회문제에는 교류와 협력getting out and getting in이 그 해결책이 될 수 있다.

그렇다면 이를 관리하는 대학의 역할은 무엇일까? 아이러니한 것은 "문화 연구의 예기치 않은 결과가 새로운 창조적 경제를 위한 커리큘럼으로 공식화되었음을 대학이 깨달았다는 점이다". 현재 런던의 골드스미스칼리지에서 강의 중인 맥로비는 창조 산업에서 일하기를 열망하는 학생들을 만난다. 그들은 젊지만 어린아이가 아니며 학위를 취득하려 애쓰면서 끊임없이 아르바이트를 병행한다. 대학은 자격 인증의 형태로 존재할 뿐만 아니라 네트워킹의 장소이기도 하다.

아르바이트는 목표를 이루고 창조적 삶에 대한 아이디어를 얻는 수단이다. 하위문화는 여가 공간을 직장에서 억압된 창의력이 번창할 수 있는 공간으로 활용했다. 이제 그러한 생각은 직장 자체가 표현의 장소가 될 수 있다는 쪽으로 바뀌고 있다. 직업이 낭만적 관계의 한 유형이 되고 있는 것이다. "가족, 친척, 지역사회에 대한 전통적 집착에서 벗어나 일이 자아 성취의 표식이 되어야 함을 깨달은 세대의 필요와 요구를 만족시키기 위해 직업 자체가 재창조되었다."

물론 이러한 독특하고 창조적인 작업은 모두 중앙에서 소유하고 통제하는 하부구조에 의존한다. 여기서 새로운 종류의 지배계급은 임대료를 뽑아낸다. 그 주변에는 무역이나 전문직에 종사하기보다는 여기저기에 손을 대면서 치고 빠지는 낡은 소시민계급이 넘쳐난다. 젊은이들은 낡은 종류의 직업 속에서 새로운 방식의 삶을 열정적이고 적극적으로 실험하는 충돌 테스트 마네킹으로 기능한다. 낡은 소시민계급은 수백만 팔로워가 존재하는 인스타그램Instagram을 꿈꾸지 못했다.

맥로비는 이 모든 것의 양면성과 모호함에 예민하게 반응한다. "직업에서의 보상을 위한 내적 욕망으로 시작된 활동은 창조적 노동이라는 불확실한 세계에서 자신을 실현하는 일련의 기술로 재해석된다." 이는 젊은 노동자의 관점에서 보면 자율성의 문제이지만, 국가의 관점에서는 "문화를 경쟁과 노동 규율의 도구로 전환함으로써 젊은 인구의 핵심 부문을 관리하는 문제"가 된다.

마르크스는 거대 자본이 들어와 소시민계급의 다양한 틈새시장을 식민지로 만들면 이 계급은 점차 프롤레타리아화될 것으로 생각했다. 맥로비는 이와는 반대되는 현상을 설명한다. 즉 한때 노동자 계급이었던 다양한 계층이 소시민계급이 되고 있다는 것이다. 자본은 더 이상 그들에게 일할 공장이나 사무실조차 의존하지 않는다. 안전장치가 없다는 건 틀에 박히지 않는다는 의미에서 전적으로 좋은 것으로 제시된다. 하나의 문화 산업이 아닌 다양한 창조 산업으로 일반화된 도시 경제는 젊은이, 특히 젊은 여성에게 성취감을 부여하면서 개인적 성공의 끝없는 가능성을 보여준다.

나는 신자유주의라는 개념이 얼마나 유용한지에 대해서는 회의적이지만, 오늘날 계급이 주체적으로 살아가는 방식의 몇몇 측면을 설명하는 데는 도움이 된다고 생각한다. 푸코를 따르는 맥로비는 신자유주의를 추적하기 위해, 나치 시대에 머리를 조아렸던 독일의 국가 공무원과 지식인들의 질서자유주의ordoliberalism로까지 거슬러 올라간다. 여기서 보다 흥미로운 우파 철학을 만날 수 있다.[6] 맥로비가 언급하지 않은 역사의 아이러니는 국가사회주의를 변형한 그 지식인들이 나치를 물리치려는 대의를 위해 영국에 다시 모였다는 사실이다. 질서자유주의자들은 인간을 노동의 관점이 아닌 자신의 생명력에 대한 기업가라는 관점으로 재정의했다. 이는 인간의 행동을 협소한 일련의 규칙으로 규정한 일종의 시장 생기론으로, 모든 측면에서의 자기 찬양이 목적이었다.

정치 이론가들은 그런 신자유주의 주체를 꿈꾸지만, 주체의 생각과 느낌과 행동으로 귀결되는 것은 좀 더 복잡하고 흥미로운 양상일 수 있다. 이 이야말로 맥로비의 전문 분야다. "나는 창조 작업을 향한 열정적인 애착이 이전에 차단된 희망과 좌절에 관한 가족의 역사가 담겨 있는 '탈주선line of flight'을 구성하는 것으로 본다." 상품화에 잠식된 부모 세대 문화의 계급 정치는 하위문화로 다시 등장하곤 한다. 하지만 이제 (포스트) 하위문화는 더 이상 헤게모니 질서에 맞서는 소음을 주입하는 게 아니라, 그 자체를 상품화하기 위한 새로운 정보를 제공하는 역할을 한다. 그런 한편 창조 산업을 유지하는 근면성은 지속적인 직업이 없는 '위험 계급risk class'이 제공해준다. 창의력은 자아실현이라는 보상을 약속하지만 그 모험의 일부에서는 불안이 나타난다.

이 모든 것은 지배계급이 1960년대의 헤게모니에 대한 도전에 저항하면서 다른 한 편을 포섭하는 방식을 밝혀낸 이브 치아펠로Eve Chiapello와 루크 볼탄스키Luc Boltanski의 업적을 입증하는 것으로 보인다. 저항 방식은 와일드캣스트라이크wildcat strike, 노동조합 지도부의 의사에 반대하여 일부 조합원이 벌이는 파업와 공장 점유 형태로 이루어진 노동 비판으로 나타났다. 또 포섭 방식은 노동이 아닌 소외를 말하는 *예술적 비판*으로 나타났다.

노동으로부터의 가치 추출은 외부적으로 부과된 엄격한 규율과 통일성 없이도 잘 작동할 수 있음이 밝혀지고 있다. 맥로비는 이렇게 말한다. "지배적 가치 체계는 창조적 경제의 성장과 재능의 부상을 축복한다. 하지만 재능 있는 사람들은 강도 높은 과소 고용과 자기 활성화 사업 영역에 드리워진 실업의 그림자 아래에서 장시간 노동에 시달리고 있다." 이 같은 맥로비의 관찰은 레처드 플로리다Rechard Florida, 리처드 세넷Richard Sennett 등 이탈리아 노동자주의 학파와 그 후예인 비르노, 베라르디, 라자라토 같은 학자들의 연구에 근거한다.

맥로비는 플로리다의 장밋빛 전망에 비해 덜 낙관적인 전망을 제시한다. 플로리다는 번영하는 도시를 채우는 창조 계급을 축복했는데, 낡은 노동계급 지역은 창조 계급을 위한 세련된 놀이터가 되었다.[7] 맥로비에 따르면 플로리다의 장밋빛 전망은 로이크 와퀀트Loic Waquant에 있어 도시 공간이 어떻게 기능하는지에 대한 사회학적 설명이 쇠퇴하는 것과 동전의 양면 같은 것이다.[8] 창조 계급의 놀이를 위한 공간으로서의 도시 점령은 다른 모든 도시 거주자를 불법화하는 대량 투옥을 배경으로 이루어진다. 하위문화였던 것의 일부는 창조 산업이 될 수 있었던 반면, 또 다른 일부는 더 이상 사회복지라는 혜택을 받지 못하고 학교에서 감옥으로 곧장 직행하고 만다.

플로리다가 창조 산업의 힙스터hipster 버전을 축복하였다면, 세넷은 일상의 작업과 공예craft 노동의 가치라는 보다 전통적인 버전을 선호한다.[9] 맥로비의 지적처럼 자신만의 도구로 꾸준히 작업하는 구세대에 세넷이 매혹되는 데는 가부장적이고 보수적인 면이 존재한다. 다만 창조 산업을 포용함에 있어 이러한 반대 모델에서 받아들일 만한 점이 있을 것이다.

세넷은 일을 단순히 고된 작업이 아닌 삶을 향상하는 작업으로 본다. 이점에서 한나 아렌트Hannah Arendt와는 상당히 다른 노동을 생각한다. 하지만 세넷에 의하면 일의 변화는 필연적으로 특성의 잠식이라는 결과로 이어진다. 이러한 상황은 바람직한 직업윤리를 지닌 협력 노동이라는 오랜 관행으로 되돌아옴으로써 바꿀 수 있을지도 모른다. 맥로비는 창작의 로맨스에 맞서기 위해 창조 작업을 '창조적이지 않은' 공예 작업과 나란히 배치할 가치가 있다고 생각한다. 다만 '그건 또 다른 로맨스에 불과하지 않는가'라는 의문이 드는 것도 사실이다.

더구나 '모든 종류의 노동이 어떻게 사물 자체에서 분리될 수 있는 지적 재산권이라는 형태를 야기할 수 있는가'라는 까다로운 문제도 존재한다. 이는 '저자'(와 소유자)를 만들어내는 동시에 특정 노선에서 시장을 통제하는 수단을 만들어낼 수도 있다. 아쉽게도 맥로비는 이 점을 다루지 않는다. 그녀가 드는 사례가 지적재산권이 개인의 디자인보다는 브랜드와 상표의 가치에 주로 개입하는 패션 분야이기 때문으로 보인다.

마찬가지로 세넷은 공예 노동을 비개인성impersonality을 지니는 도시의 리듬 중 하나로 생각하는 방식을 제시한다. 이는 일에 대해, 또 천재성, 재능, 영감, 경쟁에 대해, 그리고 지적재산권에 대해 덜 거창하게 생각하는 사고방식이다. "공예적 접근이란 언제나 실패와 함께 일할 수 있음을 의미한다." 공예 기술은 대부분의 사람들이 접근할 수 있는 영역 내에 존재한다. 즉 엘리트의 감성뿐만 아니라 모든 사람의 재능이 발휘될 수 있는 범위 안에 있다. "하지만 인내심을 요구하는 공예라는 노동은 작업량에 따른 임금 제도 하에서 시간에 쫓기며 일해야만 하는 프리랜서에게는 머나먼 이상향으로 남을 듯하다."

공예는 과잉 개발된 세계의 현대적 도시에서는 지역 연계의 단절 그리고 일시적인 사회관계와 '팀워크'라는 가차 없는 기업 문화로 인해 제자리를 못 찾을 수도 있다. 기억과 가족 역사를 통해 구체화된 저항(또는 우리가 희망하는 정치 혁신)의 역량이 있을 수도 있지만, 더 이상 하위문화라는 형식을 취할 수는 없다. 그런 역량은 창조 산업에서 나타나는 공예 감각의 유산residue에 존재할 것이다. 이런 의미에서 세넷은 '부모 세대 문화'의 관점을 제시한다. 부모 세대 문화가 자신의 이야기이기 때문에 공예인과 예술가는 그것을 충분히 존중할 수 있다.

맥로비 역시 전통적으로 여성의 영역으로 여겨진 노동 유형이 세넷의 입장에서 바라보는 공예가craftman와 똑같이 취급된다면 어떤 일이 일어날지 궁금해한다.

> 예술가들과 창조적인 사람들에 대한 과도한 기대를 낮추어 그들을 다른 사람들과 나란히 위치시킬 수 있는 곳, 그 자체의 목적을 위해 일하는 걸 기쁘게 생각하는 느린 속도의 작업 방식이 혜택을 받는 곳에서는 가사노동처럼 제대로 보상받지 못하는 직업을 업그레이드하는 게 더 어렵다는 점이 증명된다.

누군가는 여기서 잠시 멈춰 가족이나 지역사회가 공예 노동 정신과의 연결성을 상실하거나 보지 못하는 걸 고려할지도 모른다. 리처드 로이드Richard Lloyd의 연구에 등장하는 시카고 위커 파크Wicker Park에서 노숙하는 신新보헤미안들은 더 이상 누가 그들 사이에서 살아 있지 않은지 신경 쓰지 않는다. 그런가 하면 뉴욕의 광고 대행사 레이저피쉬Razorfish에서 근무하는 디지털 장인 앤드루 로스 같은 이들은 자신들이 처한 냉혹한 착취 현장과 동료들에게서 뽑아내는 컬트cult적 헌신에 대해 자기 비하적인 어조로 말할 수 있었다. 하지만 정작 자신들이 노트북으로 창조해낸 광고가 실제 착취의 현장에서 만들어진 상품을 장식하는 데 활용된다는 사실은 거의 비판하지 않았다. 어쨌든 상황은 나아졌다. 위커 파크와 레이저피쉬는 겨우 10년 전 사건이지만 지금은 망각된 시대의 이름이 되고 있다.[10]

맥로비는 냉정한 이웃과 고용주의 끊임없이 변화하는 매력에 뒤처지지 않도록 노력하기보다는, 19세기 노동자에 관한 자크 랑시에르Jacque Rancière의 1970년대 연구로 거슬러 올라간다. 랑시에르는《프롤레타리아의 밤Proletarian Nights》에서 노동조합, 협동조합, 정당을 만드는 데 국한되지 않고 노동의 철폐를 요구하는 데까지 이르는 노동자들의 열정을 보았다.[11] 이러한 계급투쟁에서 이탈한 이들은 다른 종류의 일을 원했다. 그들은 독립을 원했고 종종 형식적이고 전통적인 종류의 시poetry 같은 것을 향한 욕망을 표현했다.

맥로비는 이러한 욕망을 영국의 문화 연구 전통에 연결했다. 생산 영역에서 소비 영역으로 관심을 옮긴 맥로비의 작업은 노동의 욕망과 야심이 어떻게 표현을 추구했는지 이해시켜준다. 결과적으로 프랑스(랑시에르)와 영국(맥로비)의 병렬적 접근 방식은 함께 사용되는 '정치'의 비전통적 유형에 대한 관심을 불러일으켰다. 정치적이라기보다는 문화적인 영국의 접근법은 디스코disco나 부엌kitchen을 중요한 장소로 간주했다. 맥로비의 말을 들어보자.

> 이러한 공동체적, 가족적, 집단적 공간 혹은 제도적 공간은 대안적 직장생활을 상상할 수 있도록 해주었다. 따라서 문화 연구는 차이와 다양성에 열려 있고 직장, 공식적 정치 영역과 함께 가족과 지역 공동체라는 동등한 지위에 열려 있는 신마르크스주의를 기대했다.

그러나 이러한 대중문화는 노동의 열망과 역량에 있어 정반대로 도구화되었다. 영국의 맥락에서 중요한 변화는 이른바 신노동당 하에서 일어났다. 창의력은 일종의 노동개혁이 되었으며, 예술가는 새로운 종류의 인적 자본을 상징하는 모델이 되었다. 맥로비에 의하면 "이는 데미언 허스트Damian Hirst, 영국의 현대 예술가로 토막 낸 동물 사체를 유리 상자에 넣어 전시하는 그로테스크한 작품들을 주로 선보이고 있음의 시대였다". 예술과 문화는 일하는 것이 되었다. 일종의 과도기적 모델이었던 이것은 최근에는 기술 주도적 혁신이라는 아이디어로 대체되었다.

하지만 변화 전후의 기본 공식은 크게 다르지 않다. 새로운 노동자 모델은 개인의 성공과 명성을 성취하고자 창의력을 발휘하려 한다. 이는 창의성과 혁신성 모두에서 문화나 사회의 전통 혹은 '엘리트주의' 버전에 적대적인 모델로, 때로는 모호하게 포괄적인 수사를 사용할 수도 있다. 이는 한마디로 승자가 패자와 같은 출발선에서 시작했는지에는 별다른 의문을 제기하지 않는 결과 지상주의다. 따라서 당연하게도 모든 걸 작업자의 관점에서 제시하지 않는다. 노동자들은 떠나도 상관없는 존재에 지나지 않는다. 노동운동은 분화되어 자율적이고 자유로운 동인들의 네트워크로 대체된다.

아이러니하게도 문화 연구 자체가 새로운 노동자 이미지로 재구성될 수 있는 텍스트 형식이 되었다. 이를테면 폴 윌리스Paul Willis는 노동계급 청년의 창의성을 '새로운 시대New Times'의 탈노동 정치라는 용어로 수정했으며, 처음부터 공산당에 남아 있는 모든 그람시주의 계파의 후원을 받았다. 이 용어는 신노동당을 위한 언어가 되었다. 다른 사람들이 수행한 문화 연구에 반대하는 건 무례한 일로 비춰졌다. 맥로비는 새로운 대중 정치를 통해 포스트포드주의의 등장이 소비자 문화에 미치는 영향에 대처하려는 스튜어트 홀의 노력을 지지한다. "좌파가 새로운 대중 정치를 만들어낼 수 있는 방안에 대한 홀의 폭넓은 생각은 예상치 못한 우파적 방향으로 편향되어 받아들여졌다."

한편 영국 문화에는 미국 문화와는 다른 특징이 있다. 바로 재능은 있지만 현실에 불만을 가진 노동계급 아이들에게 예술로의 길을 열어주는 공교육 시스템이 오랫동안 유지되고 있다는 점이다.[12] 맥로비를 비롯한 다른 문화 연구자들에게 이런 공교육 시스템은 공장 작업 현장에서의 적대감을 무마하려는 것으로 여겨졌다. 하지만 그 전통의 종착점은 자기 형성이라는 이른바 신자유주의 사상의 옹호자인 예술가-유명인사와 함께하는 장소일 것이다. 트레이시 에민Tracey Emin과 데미언 허스트는 그곳의 아바타가 될 것이다.

하지만 여기에는 질서자유주의자들이 예상치 못했던 것이 있었다. 바로 꿈꿔온 직업을 추구하기 위해 자기 착취를 알면서도 용인하는 예술가들이 어떤 면에서는 신자유주의 주체의 이상적 모델이 된다는 점이었다. 맥로비는 사회참여 예술가, 범세계 예술가, 프레카리아트 예술가라는 세 가지 유형의 예술가가 존재한다고 생각한다. (나는 이런 구분에 그다지 동의하지 않는다.) 이중에서 프레카리아트 예술가는 예술가라는 이상적인 신자유주의 주체 내에서 일종의 비판적 거부 집단을 형성한다. 맥로비는 말한다. "이러한 창조 활동의 상호작용 전략과 전술은 도구와 비즈니스 연구 모듈의 어휘와 상충된다는 점에서, '기업형 대학'을 향한 직접적인 도전으로 간주될 수 있다."

근대 예술가가 문화 산업에서 제외됐던 곳에서 현대 예술가는 창조 산업의 모범이 된다. 창조 산업의 범주는 순수예술과 응용 예술 혹은 공예의 경계선을 넘나든다는 이유에서 특히 중요하다. 미학과 키치kitsch, 통속적이고 천박한 행위의 경계에 있어 포스트모더니즘 예술의 복잡성은 모든 종류의 정보 생산으로 확장된 상품화와 비교할 때 무난한 것처럼 보인다.

맥로비는 보다 '통속적' 유형의 창조 산업과 이에 이끌리는 젊은 여성에게 더 큰 관심을 갖는다. 여기서 일종의 포스트 페미니즘 무도회에 의해 코딩된 정교한 육체 의식을 수행하는 열정적인 커리어 걸career girl들을 발견한다. 커리어 걸들은 이른바 비물질 노동과 감정 노동 혹은 맥로비가 '열정적인 작업'이라 부르는 활동을 수행한다. 그녀들은 계급, 민족, 공동체를 전적으로 부인하지는 않는다. 단지 약간의 타협에 관련된 보다 열정적인 삶에 이르는 좁은 길을 살펴볼 뿐이다. 규범적 여성성은 직장 생활에 장애가 될 수 있는 전통적인 노동계급의 특성을 감추는 방법이 된다. 페미니즘은 기회의 문을 열어주었지만, 이제는 좀 더 전통적으로 보이는 여성성의 코드에 의해 변화를 겪고 있다.

"자본주의는 젊은 여성들에게 일의 즐거움을 약속하는 매혹적인 제안을 하지만, 최근에 이러한 일은 불안정해지고 있다." 젊은 여성들은 자발적 활동을 선호하고 단조로운 직업을 회피하는 방식으로 일하는 걸 거부하려 했지만, 이 역시 회복되고 있다. 맥로비는 이렇게 말한다. "'로맨스'라는 개념은 사랑과 친밀감의 영역을 벗어나 경력을 성취하는 영역에 투영되었다."

정치에 대한 남성적 접근이 표준으로 남아 있는 이탈리아 노동자주의 사상과 비교하면, 맥로비의 문화 연구 접근법은 노동과 성별이 결합된 흥미로운 물음을 던진다. '볼로냐Bologna 학파이탈리아 노동자주의 사상을 지닌 연구자 집단을 가리키는 듯'와는 대조적으로 버밍엄Birmingham 학파영국의 문화 연구 집단을 가리키는 듯는 공장 작업 현장에서 일상생활로 관심을 옮겼으며, 다양한 종류의 투쟁을 서로 연계하는 걸 중단했다. 맥로비의 말을 들어보자.

'문화'라는 개념이 없다면 '거리street'라는 사상은 단지 작업장이 아닌 허약한 공간을 암시할 뿐이다. 따라서 계급 정치에서 중요하게 예상되는 장소가 되지 못한다. 노동력이 공장에서 이탈하고 있지만 노동자주의자들의 사고방식에서는 공장 작업 현장이 여전히 우선시된다.

노동자주의자들은 *사회적 공장*에 대해 말하지만 문화 연구자들은 *사회적 부엌*에 대해 말하려 할 것이다. 이 같은 은유의 변화는 이른바 창조 산업 시대에 노동과 문화라는 양면성을 지닌 활동에 대해 생각하는 방식을 바꿀 수 있다.

노동자주의자들이 여전히 자본과 노동을 둘러싼 고전적인 계급 대립을 핵심으로 다룬다면, 문화주의자들은 사회 형성의 정치 수준과 문화 수준을 동등한 본질적 요소로 취급한다. E. P. 톰슨과 레이먼드 윌리엄스의 정신에서 문화 연구는 문화를 저항과 항거의 대중적 풍경으로 인식했다.[13] 반면 노동자주의자들은 포스트포드주의 생산 과정에 대응하는 새로운 종류의 주체 없는 계급 정치가 존재한다고 생각했다. "그러나 노동계급 문화에 대한 확고한 개념이 결여된 이 저자들(톰슨과 윌리엄스)은 자신의 사례를 일을 거부하는 경우에만 귀결시킬 수 있다." 거부가 과연 무엇을 의미하는지 그들이 명확하게 밝히지 않더라도 말이다. 한편 문화주의자culturalist들은 대중문화에 대한 그람시의 개념을 (길로이 이후 더 이상 국가 자원은 아니지만) 공통된 자원으로 확장했다.

맥로비는 노동자주의자로부터 탈주선의 개념, 즉 탈출하려는 욕구와 노동에 대한 반응으로서의 이동성을 이끌어낸다. 물론 모든 노동자주의자(그리고 포스트노동자주의자)가 탈주선에 열광하는 건 아니다. 예컨대 라자라토와 베라르디는 상당히 비관적인 입장이다. 여기서 맥로비는 젊은 여성들이 '비물질적인 것'에 대해 젊은 남성들과 동일한 기회를 얻고 있는가 하는 물음을 던진다. 오늘날의 노동 시장은 단순히 성별이 분리된 것일까, 아니면 전통적 성차별이 새로운 방식으로 부활한 것일까? 혹은 더 넓게 보면 "포스트포드주의의 젠더에 대해 어떻게 이야기할 수 있을까?" 맥로비의 말을 들어보자.

거부는 보람 있는 일을 향한 갈망과 열망 이상의 것이며, 보다 심화된 고등교육에로의 접근을 통해 도달할 수 있는 범위와 시야 내에 있는 것이다. 또한 이러한 '탈주'는 젠더 특성을 획득한다. 1970년대 페미니즘의 영향은 젊은 여성의 경력을 완전히 수용할 수 있는 아이디어를 만들어냈다. 자율주의 마르크스주의자들과는 달리, 나는 '사회적 공장'에서 새롭게 등장한 급진 정치를 과도하게 주장하는 대신 양면성과 긴장의 영역을 본다. 여기서 탈주선은 현대의 직업 경제에 과거 부모 세대의 투쟁과 자녀 세대의 일상적 경험을 연결하고 있다.

전통적인 노동으로부터의 탈출로서의 열정적인 일이라는 유토피아적 약속에도 불구하고, 그건 결국 착취당할 수 있는 욕망이 되어버린다. 열정은 위태로움과 장시간 저임금 노동으로 완성되는 생산수단이 되고 만다. "나는 열정적인 일이 젠더를 재전통화하는 독특한 방식이라는 생각을 제기한다……. 포스트페미니즘의 보수주의는 창조적 노동과 같은 활동의 지정된 영역 내에서 성공을 향한 젊은 여성의 열망을 다시 불러일으킨다." 열정적인 일은 자기 착취가 되며, 자체적인 영향력 코드(즐거움이라는 영원한 외양)와 열망이 넘쳐나는 육체적 스타일로 완성된다.

창조 작업은 평범한 노동에서 분리되었지만, 맥로비의 생각처럼 과연 비정치화되었을까? 어쩌면 노동이 아닌 다른 종류의 정치가 존재할 수도 있다. 창조적 노동과 다른 유형의 노동의 단절이 사회민주주의 정치를 약화한다는 주장은 옳지만, 전자를 후자로 되돌리는 전략은 옳지 않을 것이다. 완전히 똑같은 과거의 이미지는 아니지만 맥로비는 종종 세넷만큼이나 향수 어린 목소리를 낸다. 하지만 이제는 기업가의 신자유주의적 구호 혹은 과거 산업 사회의 낡은 사회민주주의 어휘가 아니라, 우리 시대의 계급 구조에 더 정확히 매핑될 수 있는 새로운 어휘를 생각해야 할 때다. 신자유주의 노선을 거꾸로 되돌리기보다는 새로운 방향으로 나아가야 한다.

맥로비는 남성 위주의 관행에서 벗어나는 가능성의 신호를 모색하도록 우리를 격려한다. 그녀는 전통 제품을 만드는 여성 공예가들, 이를테면 자전거를 가로등 기둥에 매다는 공용 미술품을 짜는 얀 바머yarn bomber 같은 이들에게 관심을 갖는다. 이러한 하부 문화에는 양면성이 존재한다. 한편으로 그들은 전통적이고 목가적인 여성 문화를 되돌아본다. 다른 한편으로는 과거에서 이끌어낸 것을 통해 보다 자의식적인 지금의 페미니즘 관행을 창출하려 한다. 문화에 있어 항상 그렇듯이 거기에는 유익하고 흥미로운 긴장과 모호함이 존재한다. 이를테면 이 하부 문화는 윌리엄 모리스William Morris가 가부장주의 없이 생산에 대한 공예 비평으로 복귀한 것과 다르지 않다.[14]

이들의 작업은 오래된 것들을 만들고 또 새로운 정보를 만드는 것과 똑같지는 않을 것이다. 새로운 정보 생산은 엄밀히 말해 노동이 아닌 까닭에 노동의 역사와 문화에서는 다소 결여된 것으로 보인다. 정보 생산의 시간성은 공예 작업의 인내심과 특별한 공통점이 없을지도 모른다. 상품 형태에 관련해서는 조금 다른 점이 있다. 정보의 시간성은 재화의 일종으로 판매되는 물건을 생산하지는 않지만, 지적재산권으로 간주되는 새로운 정보의 배열을 만들어낸다. 정보는 너무나 쉽게 복제할 수 있기 때문에 거기서 가치를 추출하려면 다른 생산 전략을 세워야 한다.

이 지점에서 특별한 정보 창출자를 둘러싼 특별한 기술의 아우라aura가 발산된다. 정보가 만들어지는 네트워크는 부분적으로는 지역적이다. 아직까지 정보를 구성하는 방법으로 도시를 능가하는 건 없지만, 정보의 네트워크는 이제 도시 공간을 뛰어넘어 확장되고 있다. 정보의 하부구조는 물리적 측면과 정보적 측면을 별개로 보지만, 정보에 있어 비물질적인 것이란 존재하지 않는다.

간단히 말해 이러한 비교적 새로운 종류의 생산노동은 산업 노동과 다르다. 공예 노동과도 물론 다르다. 정보는 사유재산이 되는 경우에도 신속하고 완전하게 복사되고 공유될 수 있다. 이를 가능케 하는 것은 상대적으로 새로운 일련의 생산력 즉 정보 기술IT이다. 정보 기술은 정보를 재산으로 인정하기 위해 출현한 지적재산권이라는 생산관계에 의해 형성되지만, 그것의 통제를 초월한다. 어쩌면 정보 기술은 정보 생산자와 소유자 사이에 상당히 독특한 계급 관계를 만들어낼 수도 있을지도 모른다.

　내가 볼 때, 영국의 문화 연구와 프랑스-이탈리아Franco-Italian의 노동자주의 이론은 창조 산업의 이러한 측면을 간과하고 있다. 하지만 맥로비에게서 창조 산업이 진화해온 방식인 젠더에 대한 관심을 이끌어낼지도 모른다. 패션을 창조성의 원형적 형태로 또 기술을 혁신의 원형적 형태로 보게 되면, 남성의 일과 여성의 일을 구분하려는 지극히 보수적인 사상이 얼마나 깊게 뿌리박혀 있는지를 새삼 느낄 수 있다. 그것이 더 이상 엄밀한 의미에서 일이 아닐지라도 말이다.

8
폴 길로이

인종의 존속

The Persistence of Race

폴 길로이Paul Gilroy는 영국의 역사가다. 석세스대학교에서 학사 학위를 취득했으며 버밍엄대학교에서 박사 학위를 받았다. 영국 흑인 문화와 대서양 흑인 문화의 연구로 유명하며, 문화학, 비판적 인종학, 사회학, 역사학, 인류학, 아프리카계 미국학 등 여러 학문 분야에 기여한 공로로 2019년 홀버그상을 수상했다. 런던 킹스칼리지에서 미국영문학과 교수로 재직 중이다.

에메 세제르Aime Cesaire는 서양West을 부패하는 문명이라고 불렀다.¹ 제
도가 쇠퇴해가고 있는 미국과 유럽에서는 인종 발언의 기본 수준과 인종 간
연대가 그들 아래로 전이되는 것으로 드러난다. 이런 애매한 시기에 나는
폴 길로이Paul Gilroy의 저술을 다국적이고 국제적인 반인종차별적 비전을
제시하는 것으로 보려 한다. 다만 그의 저술은 엘리트의 것이기보다는 대중
적이고 토착적인 혼종의 형태를 띠고 있다.

《파랑보다 어두운: 흑인 대서양 문화의 도덕 경제학에 대하여Darker than
Blue: On the Moral Economies of Black Atlantic Culture》에서 길로이는 인종 발언의
대안으로 자신이 검은 대서양이라 부르는 문화에 대한 일련의 에세이를 제
시한다. 하지만 이 또한 그에 대한 응답으로 번성하는 다양한 대안적 민족
주의의 외부에 존재한다.² 길로이의 에세이는 자유주의로 축소될 수 없으며
또한 문화 산업으로 통합되는 걸 막고자 한다. 그건 이른바 '연주의 시대age
of rendition'의 시급한 프로젝트일지도 모른다. 버틀러의 용어인 '슬픔에 잠길
수 있는grievable 것', 해러웨이의 용어인 '살해할 수 있는killable 것'은 각각 축

소되고 확장되고 있는 범주다.

길로이는 그 용어들에서 파생되는 인종차별에 대한 반응을 경계한다. 그는 모든 정치를 공유된 본질에 대한 참여의 유형적tangible 평등에 필연적으로 기초하는 것으로 보는 샹탈 무페의 견해를 강력하게 거부할 것이다. 무페의 견해는 다른 사람들을 우리와 불평등한 존재로서의 타자로 필연적으로 배제한다. 그러므로 길로이는 더 이상 특별히 흑인 민족주의Black nationalism로 기울지 않는다. 대신, 흑인 대서양 문화의 도덕 경제학에 기반하여 노예제와 인종주의에 맞선 투쟁에 대해 초국가적인 소속의 문제(나는 이를 유적 존재의 문제라고 부른다)를 제기한다. E. P. 톰슨이 영국 노동계급을 자기 형성으로 보았던 것처럼 길로이는 투쟁에서 사람들에게 생성되는 것에 관심이 있지만, 톰슨의 다소 편협한 국가적 틀을 넘어서고 있다.[3]

이는 일부 측면에서는 구식 프로젝트다. 길로이는 이렇게 말한다. "W. E. B. 드 보이스de Bois와 C. L. R. 제임스James 같은 이들이 헤겔과 마르크스주의를 상상한 이후 노예의 인간적 자유 추구에 보다 광범위한 철학적, 정치적, 상업적 중요성이 포함될 수 있다는 생각은 그다지 진지하게 고려되지 않았다." 길로이의 책에서 시기적절한 것은 바로 그러한 질문에서 지속되는 관련성에 대한 그의 주장이다. 비록 그들의 요구에 응답하는 형식은 바뀔 필요가 있지만 말이다.[4]

노예제와 식민주의에 맞서는 투쟁이 항상 인권 발언의 자기 이해를 둘러싼 핵심 사안은 아니다. 왜냐하면 그들은 인권이 자유주의와 양립할 수 있는 지점을 넘어서는 걸 계속 지적하고 있기 때문이다. 노예제도 반대는 성 바울St. Paul의 천년왕국 기독교에서 일부 도덕적인 에너지를 얻었으며, 친척과 친족을 넘어선 인간 범주의 급진적 포괄성을 지향했다.

길로이는《엉클 톰스 캐빈Uncle Tom's Cabin》에 대한 제임스 볼드윈의 비판적 견해를 수정한다.[5] 감성적인 이야기가 수치심의 완전한 유입을 막을 수 있는 방법을 인정하면서, 번역과 생산의 세계적 네트워크를 통해 그 텍스트가 창조해낸 인기 있는 도덕 경제의 무언가를 찾아내려 한다. "《엉클 톰스 캐빈》은 우리 세계의 도덕적 역사에서 국제적인 장을 이루었다." 물론 그 텍스트는 노예 수동성의 초상화라는 점에서 문제가 된다. 고통을 구원으로 다루면서도 흑인 등장인물을 인류애를 가진 '대상'으로 취급한 까닭이다. 버틀러와 마찬가지로 길로이는 타인의 고통을 인정할 수 있는 감성의 구조를 다시 한 번 발견하고자 한다.

또한 초기 저작《인종에 맞서다Against Race》(2000)에서 길로이는 식민 통치에서 조국을 해방하려는 반파시스트 투쟁에서 인종차별에 반대하는 투쟁의 실마리를 발견한다. 반파시스트 투쟁의 역사는 정체성을 이미 주어지고 일관된 것으로, 또 외부의 침략자들이 순수한 것으로 덧씌워왔다는 식으로 복잡하게 만드는 경향이 있다. 길로이는 그 이야기가 현재의 미국 학술 독서 목록에 어떻게 언급되어 있든 상관없이 정체성 정치에 동화될 수 없다고 주장한다. 그에 의하면, "그런 방식의 우울한 의사-정치적 제스처는 자기도취적 침묵과 체념에 대한 알리바이를 그대로 세계에 공급한다".

여기서 반파시즘과 반인종주의 이야기로 부활하는 것은 바로 에티오피아의 역사적 역할이다. 1930년 하일레 세라세Haile Selassie가 오랜 역사를 지닌 이 나라의 황제가 되자, 1935년 이탈리아는 두 번째 전쟁을 일으켰고 민간인에게 화학 무기를 사용했다. 스페인 내전이 전 세계가 전쟁으로 복귀하는 전조가 되는 유일한 전쟁이 아님을 기억할 필요가 있다. 스페인이 전 세계의 반파시스트 좌파를 자극한 것처럼 에티오피아는 범아프리카 정치에 유사한 역할을 했다.

물론 에티오피아 사례는 복잡하고 세속적인 역사에 대한 제스처에 불과하다. 길로이는 그 역사가 인권을 위한 투쟁에서 반노예제와 반식민주의의 역할에 물음을 던졌다고 말한다.

이러한 투쟁들은 함께 모여서 대상성object-hood의 경험에 깊이 잠재된 자유의 문화에 기여한다. 그 투쟁은 모두 인간이 사물로 축소되는 과정에 저항한다. 또한 인간 이하의 존재가 무의미하게 처분될 수 있는 비존재와 사회적 죽음의 상태에 갇혀 있던 노예의 자손을 위해, 봉인된 존재의 역사를 소환한다.

누군가는 길로이가 비존재의 취약성을 전제로 한 생각에 도전한 것이 마침내 조르조 아감벤Gorgio Agmben의 작업에 도달했다고 상상할 수도 있겠다.[6] 아감벤의 작업에서 강제수용소는 도시를 정치 이론의 토포스topos, 장소로 대체한다. 그러나 길로이의 주장처럼 식민지 역사에서 수용소의 초기 단계는 아감벤에게 단지 제스처로 여겨질 뿐이다. 아감벤에 연결되는 대신 길로이는 프리모 레비Primo Levi의 *유용한 폭력useful violence*이라는 개념에 의지한다.[7] 수용소에서는 수단, 생산 목표, 이익의 합리성조차도 과도한 것에 종속되어버린다. 이는 길로이에게 있어 인종차별이 자체적인 행위를 지니고 있음을 보여준다.

어떤 물질적인 목표를 향한 강요와 강제를 넘어 가해자에게 폭력이 유용한 이유는 무엇일까? 너무나 이상하게도 폭력은 가해자들로 하여금 감정적인 혼란을 최소화하면서 살인과 고문을 계속할 수 있도록 해준다. 왜냐하면 희생자는 단지 인간 *이하의 존재*일 뿐이며 유적 존재라는 동등한 구성원으로서의 존경심이 요구되지 않기 때문이다. 세계사적 중요성은 덜하지만 일상적 핵심 요소인 유용한 폭력 개념은 아부 그라이브Abu Ghraib 교도소에서 이라크인들의 참혹한 사진2004년 미군 부대원들이 이라크의 민간인 포로들에게 성적 학대를 자행하는 모습이 공개되어 7명의 군인들이 군법 회의에서 유죄 판결을 받음을 설명하기에 유효한 사고방식으로 보인다. 또한 Black Lives Matter라는 구호의 핵심으로서 감성적일 뿐만 아니라 개념적인 것이기도 하다.

아감벤과 마찬가지로 한나 아렌트도 인종 문제를 회피하려 한다.[8] 아렌트의 관점에서 국가라는 외양 밖으로 모습을 드러낼 때, 국민은 그 자체의 휴머니즘에 맞서는 자연스럽고 도발적인 폭력으로 보인다. 그러나 길로이의 입장에서 볼 때 아렌트는 헐벗은 인간을 자연스러운 인간으로 착각하고 있다. 취약한 존재는 자연화된 인간이 아닌 인종화된 인간이다. 인종화된 인간 이하의 존재의 육체는 인종 이론이 가정하는 예속을 수행하도록 만들어지지만, 그들의 육체는 그러한 참혹한 행위 없이는 지속될 수 없는 것처럼 보인다. 길로이는 이렇게 말한다. "인종차별 담론은 취약한 인간 이하의 존재들과 더불어 예외적인 공간을 만들고 그것을 채우려는 경향을 가져오는 의미가 형성되는 시스템에 기여한다고 여겨질 수 있다."

하나의 운동으로서 인종차별 반대는 자유주의는 물론 비판적 정치 이론을 능가할 수 있지만, 다른 한편으로는 상품화 형태를 과도하게 포용하는 경향을 띨 수도 있다. 길로이에 의하면 "미국 흑인들은 시민권을 얻기 훨씬 전부터 소비자로 인정받았다". 히틀러를 분노케 만든 육상 스타 제시 오웬스Jesse Owens는 코카콜라 광고의 대표적인 모델이 되었다.

내가 볼 때 길로이가 포착한 정치적 정체성과 소비자 정체성 사이의 긴장은 미국 TV 쇼 〈블래키시Blackish〉에서 전면적으로 드러난다. 신분 상승한 흑인 광고회사 경영자의 가족에 관한 이 드라마에서 주인공의 아버지는 자신이 1960년대 무장투쟁 세력이었다고 주장한다. 하지만 사실은 '흑표당Black Panther Party, 1960년대 중반부터 1980년대 초반까지 활동한 극좌파 흑인 무장단체'의 아류인 밥캐츠Bobcats의 일원이었다. 이들 가족은 상류층의 삶을 모색해야 하고 신발과 자동차 구매에 관한 질문에 답해야 한다.

〈블래키시〉는 우리가 가지도록 허용되지 않은 것들을 소비하는 것에 관한 물음이면서, 어떤 시민에게도 부인되는 특권의 부적으로서의 물건을 구매하는 것에 대한 생생한 물음이기도 하다. 또한 특정 상품을 멋지게 포장하여 백인들도 구매하게 만드는 흑인 소비자의 역할을 인정한다. 소비는 반란의 형태로 보일 수 있지만 반대로 체념의 형태로 나타날 수도 있다. 상품은 남들은 가질 수 없는 걸 나는 가질 수 있음을 상징한다.

크고 작은 상품이 가려버리는 또 다른 바람직한 삶의 전망이 있다면 무엇일까? 베라르디 같은 학자들이 다른 맥락에서 지적하듯이 플라시보placebo, 위약로서의 상품은 오직 질투만을 불러일으킬 수도 있다. 길로이는 이렇게 말한다. "지속되는 부정성은 인종차별이 부인해온 방식으로 풍요로운 미국이라는 카니발에 완전한 참여자로서 동참하려는 흑인 시민들의 욕망을 배신한다."

길로이에게 자동차는 소비와 흑인 문화에 관련된 본질적 상품이다. 미국의 신제국주의 프로젝트와 석유 접근성의 긴밀한 연관성을 고려할 때, 그것은 미국 흑인들을 반식민주의 운동에 동조하게 만들려는 어떠한 시도도 복잡하게 만들어버린다. 그러나 길로이는 랠프 엘리슨Ralph Ellison과 리처드 라이트Richard Wright에서 벨 훅스Bell hooks와 코넬 웨스트Cornell West에 이르기까지, 자동차가 미국 흑인들의 상상 속에서 수행해온 역할을 미묘하게 읽어낸다.

엘리슨은 결국엔 소외를 야기하는 소비를 통해 미국 흑인들의 자기 형성과 자유 사이의 긴장감을 이미 이해하고 있었다. 자동차는 인종 테러, 강제노동, 감금에 대한 저항이자 투쟁, 무모함, 이동성에 대한 강력한 상징이었던 기차를 대체하였다. 자동차 문화는 자유를 사유화하면서 새로운 차별의 도구가 되었다. "20세기의 대부분에 걸쳐 자동차가 고착화한 사회 질서는 일종의 헤게모니 지표를 구성했다." 길로이는 자동차의 등장을 저항과 연대라는 흑인 정체성Blackness이 상실되고 삶의 방식이 대체되는 것에 연결한다. 자동차 기반 시설은 일상생활의 심장부에 직접적으로 기술을 도입했다.

고속도로는 시민들 간의 접촉이 없는 병렬적 존재 방식을 제공함으로

써 서로 다르지만 동등한 존재의 기본 사례를 전해준다. 흑인 운전자Driving
While Black라는 이유로 체포되지 않는 한 말이다. 똑같은 물건을 가진다는 것
이 보다 결속된 공동체를 만들어내지는 않으며, 권리 대신 물건을 얻는 것
으로 끝나버린다. 자동차는 '백인의 교외 이주'를 촉발하고 지역 분리를 더
욱 강화한다. 헨리 포드가 히틀러의 열광적 추종자였다는 사실은 우연이 아
닐 것이다. 포드주의와 파시즘은 긴밀히 연결되어 있다.

그럼에도 불구하고 자동차는 미국 흑인 문화의 많은 부분을 상징한다. 백
인 여성을 옆 좌석에 앉히고 끝내주는 자동차의 운전대를 잡고 있는 잭 존
슨Jack Johnson, 흑인 최초로 세계 헤비급 챔피언에 오른 미국 프로 권투 선수에서부터 포드
공장에서 일하는 말콤 엑스Malcolm X에 이르기까지 말이다. 자동차는 유명
한 시에서도 열차를 대체했으며, 그것의 상징적 영향력은 미국적 맥락을 훨
씬 뛰어넘는다. 자동차는 식민지 도시의 분리를 일반화했다. 자동차는 자신
의 주인을 자체적인 음향 환경으로 완비된 거품으로 감싸고, 결국엔 "바퀴
달린 거대하고 튼튼한 침실이 된다. 거기서 점점 작아지는 운전자의, 세상
을 향한 주장은 죽은 공공의 공간을 향해 끊임없이 커지는 볼륨으로 내뱉어
진다".

미국 흑인 대중음악에서 자동차라는 성적 욕망은 하위 장르 전반을 구성
한다. 로버트 존슨Robert Johnson의 〈테라플레인 블루스Terraplane Blues〉, 아이
크 터너Ike Turner의 〈로켓 88Rocket 88〉, 척 베리Chuck Berry의 〈특별히 가고픈
곳이 없어No Particular Place to Go〉 등이 그것이다. 지미 헨드릭스Jimi Hendrix의
〈크로스타운 트래픽Crosstown Traffic〉, 프린스Prince의 〈리틀 레드 콜베트Little
Red Corvette〉, TLC의 〈수술복Scrubs〉 등도 빼놓을 수 없다. 길로이에 따르면
윌리엄스 드본Williams DeVanghn의 〈가진 것에 감사하세요Be Thankful For What
You've Got〉는 자동차를 소유하지 않는 걸 찬양하는 희귀한 노래다. 또 앨버
트 킹Albert King의 〈캐딜락 어셈블리 라인Cadillac Assembly Line〉은 소비의 성적

욕망이 아닌 생산의 노동을 담은 드문 노래다. 여기에 조 카터Joe L. Carter의 디트로이트 블루스Detroit blues 〈제발 포먼 씨Please Mr. Foreman〉를 추가할 수 도 있다.

카터의 노래에는 '일하는 건 두렵지 않지만 죽는 건 두려워'라는 가사가 등장한다. 여기서 급진 성향의 흑인 노동자를 묘사하는 유명한 노래인 〈디 트로이트: 죽는 게 두려워Detroit: I Do Mind Dying〉가 나왔다.[9] 자동차 소비에 대 한 길로이의 생각을 자동차 생산에 관련된 텍스트에 연결하는 것도 유용할 수 있다. 흑인 노동자들은 여러 면에서 '포드주의'의 핵심이었다. 헨리 포드 는 흑인 노동자들을 악명 높은 파업 훼방꾼으로 활용했지만, 전쟁으로 인해 많은 사람들이 농장 노동에서 공장 노동으로 이동했다. 이들은 미국 자동차 노동조합United Auto Workers union: UAW에도 가입했다.

포드와 GM은 디트로이트 지역의 주요 생산 시설을 다른 곳으로 이전했 지만 크라이슬러Chrysler는 60년대 후반까지 디트로이트에 유지했다. 디트 로이트에서 급진적인 흑인 정체성을 상실하면서, 노동자들은 일련의 살쾡 이 파업wildcat strike, 중앙 노동조합의 승인 없이 단위 노동조합에서 개별적으로 벌이는 조직화되 지 않은 파업과 공동체 활동을 통해 회사와 노동조합 모두에 저항했다. 디트로 이트 경찰의 공격적인 치안 활동에 저항하기도 했다.

1960년대 후반에 이르러 미국 자동차 회사들은 더 싸고 질 좋은 수입 자 동차 때문에 휘청거렸다. 그들은 생산 자동화로 문제를 해결하겠다고 주장 했지만, 흑인 노동자들은 그걸 깜둥이 자동화Niggermation을 가리킴라고 불렀 다. 실로 그건 낡고 더러우며 위험하고 권위적인 작업 환경이면서 구시대적 발상이었다. 말할 필요도 없이 흑인 노동자들은 여전히 가장 위험한 저임금 직업에 매달려야 했다. 아랍Arab 노동자들이 그랬듯이, 최근에 밀물처럼 유 입된 이민자들 역시 경영진과 심지어 노동조합에 의한 분할통치 전술divide-and-rule tactics에 포위돼버렸다.

길로이의 책에서는 인종과 생산의 관계가 거의 나타나지 않는다. 나는 "자동차가 물질과 기호 사이에 그리고 기초와 상부구조 사이에 잔존하는 구분을 애매하게 만든다"는 그의 주장에 회의적이다. 오히려 라자라토처럼 자동차를 물질적인 동시에 상징적인 하부구조에 연결된 것으로 생각하는 게 더 합리적일 수 있다. 그러한 하부구조는 전 지구적 생산과 유통 구조에 깊숙이 구축되어 있으며, 도시를 자신의 행동 유도성에 따르게 만든다. 파솔리니가 이미 1960년대에 언급했듯이, 신자본주의의 생산 라인은 객체뿐만 아니라 주체도 말살한다. 내가 볼 때 길로이의 연구에서 가장 돋보이는 것은, 인종과 하부구조가 어떻게 상호 작용하는지에 대해 언제나 전 지구적인 규모에서 생각할 수 있는 기회를 제공한다는 점이다.

현재의 상황을 빠르게 돌아보면, 마이바흐Maybach의 운전대를 잡고 있는 제이 지Zay Z, 미국에서 가장 성공한 흑인 힙합 음악가 같은 이미지가 전 지구적 생산과 소비 사슬을 주도한다고 생각할 수 있다. 실제로는 흑인이든 백인이든 아무도 그런 비싼 자동차를 감당할 수 없기 때문에, 제이 지는 마이바흐를 많이 팔리게 할 수 없을지도 모른다. 하지만 꽤 많은 모자를 팔아치우게 만들 수는 있다. 흑인 문화의 세계화는 미국적 표준을 지향한다.

전적으로 소비를 지향하지 않는 혼종 흑인 문화의 대중적인 형태는 어떤 모습일까? 길로이가 제시하는 두 가지 예는 밥 말리Bob Marley와 지미 헨드릭스다. 유명해지기 전에 밥 말리는 후진국과 선진국의 국경을 뒷구멍으로 넘나드는 떠돌이 이주 노동자였다. 오늘날까지도 "그의 음반은 유럽 해변으로 휩쓸려오는 신원 미상 아프리카인 시신들의 주머니에서 발견되고 있다".

길로이는 이렇게 말한다. "모든 공동체에서 발견될 수 있는 혼혈인이 순결함의 사도들에게 어떤 대답을 줄 수 있을까?" 밥 말리는 자메이칸 루드 보이Jamaican rud boys와 커티스 메이필드Curtis Mayfield뿐만 아니라 블랙 파워 Black Power에서도 영감을 얻었다. 〈보안관을 쐈어I Shot the Sheriff〉라는 말리의 유명한 노래가 있지만 실제로 보안관을 쏜 건 아니다. 길로이의 관점에서 밥 말리는 미국 흑인 문화를 포함할 수 있지만, 그것으로만 축소될 수 없는 흑인 정체성의 버전이다. 흑인 정체성은 에티오피아의 다양한 숭배 문화를 차용했지만 에티오피아 본토보다 더 상징적이다. 또한 길로이는 래스터패리언Rastafarian, 에티오피아의 옛 황제 하일레 세라세를 숭상하며 아프리카 복귀를 주창하는 흑인 종교 집단에게서 임금 노동이 자기 통제self-mastery가 아닌 노예제의 확장이라는 견해를 취한다. 스윙이 유행하던 런던을 발견하면서 흑인 정체성은 미드나잇 레이버스Midnight Ravers의 〈킹키 레게Kinky Reggae〉로 진화한다.

말리가 떠돌이 노동자였다면 헨드릭스는 '기관총Machine Gun'에서 일렉트릭 기타로 무기를 바꾼 전직 직업군인이었다. 그 기타 또한 흥미로운 군사 기술로 무장되어 있었다. 그는 카에타노 벨로조Caetano Veloso가 "절반은 블루스 또 절반은 슈토크하우젠Stockhausen"이라고 표현한 아프로퓨처리스트Afrofuturist, 아프리카와 아메리카의 역사와 판타지, 과학, 우주론 등이 혼재된 문화 미학을 추구하는 사조 음악을 제작했다. 길로이의 말을 들어보자.

　헨드릭스의 경력은 이 시점에 이르러 흑인 음악이 자신만의 대중 세계를 만들어낼 수 있음을 말해준다. 그건 대안적 감성을 자아내거나 키울 수 있는 사회적 코로나corona이면서, 단기간에는 부정과 불의를 견딜 수 있지만 다른 가능성의 감각을 증진할 수도 있는 감각 구조다. 또한 대안적인 도덕, 예술, 정치 질서에 대한 번뜩이는 치유를 제공하는 것이기도 하다.

길로이의 관점에서 볼 때 다양한 흑인 문화의 번뜩임에는 유토피아적인 것이 존재한다. "흑인 음악의 전통은 인종적 유동성, 영웅적 남성성, 민족 해방, 인종적 뿌리, 그리고 그 음악을 제작한 사람들의 즉각적인 정치적 이익을 옹호하는 이야기에 항상 정확히 들어맞지는 않는다." 그들은 불평등하면서도 상호 의존적인 세계의 정서적인 기록을 만난다. "순수성이 불가능해지면서, 혼종성은 몇몇 상상적인 포스트식민주의 엘리트들의 배타적 선입관을 차단한다. 대신 무질서한 다문화의 일상적인 원리가 된다." 어쩌면 가라타니의 네 번째 교환 양식인 목적의 왕국을 암시할 수도 있다.

하지만 길로이의 글쓰기에는 슬픈 기록이 존재한다. "흑인 대서양 대중음악의 반문화적 목소리는 퇴색해버렸다. 노래와 춤은 공동체적인 삶의 기초이자 경계가 되는 의식ritual과 해석 과정에서 독보적인 지위를 상실했다." 그 자리를 채우는 다른 것을 상상하기 위해서는 지위 상실을 받아들이는 게 중요해 보인다. 다른 것이란 상실에 대한 깨달음을 고양하고 소비와는 다른 보상을 열어놓는 예술을 가리킨다. "무제한 소비할 수 있는 자유는 모든 욕망의 충족을 약속한다. 따라서 자유와 죽음이라는 존재의 선순환 관계는 이제 끝나가는 자유를 향한 음악 창작 전통의 핵심 특징 중 하나였다."

길로이는 아도르노가 '듣기의 회귀regression of listening'라고 부른 것이 실제로 존재했다고 생각한다. 물론 다른 학자들은 이 생각에 동의하지 않을지도 모른다. 코도 에슌Kodwo Eshun은 아프로퓨처리즘의 디지털 전환에 대한 사례를 만들고 있다. 레이첼 카디 간사Rachel Kaadzi Ghansah는 켄드릭 라마르Kendrick Lamar와 비욘세Beyonce의 팬 문화에 대해 주목할 만한 글을 쓰고 있다.[10] 그들이 설득력이 있는지는 내가 언급할 만한 내용이 아니다. 다만 분명한 것은 대중문화가 번성하거나 쇠퇴하는 전 지구적 하부구조의 변화는 이른바 후기 아날로그 시대late-analog era와는 다소 다른 환경이라는 점이다.

대중적이고 정서적이며 다양한 혼종 문화는 이제 어떤 모습을 띨까? 대중음악과는 다른 곳에서 존재하게 될까? 남성 스타덤의 대체 버전이 없이도 가능할까? 이는 여전히 시급한 질문들이다. 길로이에게 그러한 질문은 유적 존재의 작동 가능한 버전에 접근하는 문제와 다르지 않다. 길로이는 프란츠 파농Frantz Fanon을 미국 학계의 근본적 반휴머니즘에 쉽게 동화되는 작가로 읽지 않는다. 인종이 존재하지 않는 유적 존재를 개념화하려는 파농은 문화 차이를 절대적이고 영원하며 극복 불가능한 것으로 보는 시각을 거부한다.[11]

길로이가 읽어내는 파농에서 인종주의는 공동의 인간성이 단절되고 진정한 상호작용이 불가능해진다는 점에서, 피해자와 가해자 모두에게 해를 끼친다. 그는 순결함이라는 쉬운 위치를 거부한다. 보들레르가 보여주었듯이 가해자와 희생자 역할은 교환 가능한 것이다. 길로이는 파농 안에서 세계대전 당시의 반파시즘과 이후에 추진력을 얻은 반식민주의가 연속된다는 점을 강조한다. 여기에는 보편성을 지향하는 유토피아적 순간이 있긴 하지만 부정적인 의미에서 그렇다.

유적 존재라는 개념에서는 이상화된 핵심이 불필요하다. 진정 필요한 것은 서로의 문화에 대한 상대주의를 받아들이려는 결단이다. 이러한 결단은 차이의 계급 구조를 만드는 유용한 폭력의 구성 요소인 인종이 만들어내는, 인간성에 대한 본질적이고 제한적인 주장의 근거를 없애는 데서 시작된다.

절대적 반동

Absolute Recoil

슬라보예 지젝Slavoj Žižek은 슬로베니아 출신의 사상가로 현대 철학에서 가장 논쟁적인 인물이자 가장 중요한 사상가로 꼽힌다. 컬럼비아대학교, 프린스턴대학교, 파리8대학교, 런던대학교 등 대서양을 넘나들며 세계 주요 대학에서 강의했다. 슬로베니아 류블랴나대학교 사회학연구소에서 선임연구원으로 일하고 있다. 급진적 정치이론, 정신분석학, 현대철학에서의 독창적인 통찰을 바탕으로 인문학, 사회과학, 예술, 대중문화를 자유롭게 꿰어내며 전방위적 지평의 사유를 전개하는 독보적인 철학자다.

마르크스주의자들이 통속적인 문제에 대한 관심을 거두고 *주체* 이론을 만들기 시작할 때마다, 항상 이론화가 필요해 보이는 것은 바로 부르주아 주체다. 다른 종류는 없을 것이다. 가령, 알튀세르는 길거리에서 경찰에게 "이봐, 당신!"이라는 말로 환영받았다는 일화를 들며 주체에 대한 자신의 이론을 설명했다. 어떤 사람이 권력에 의해 다루어지는 주체로 환영받을 때 스스로를 인식(또는 오인)함에 있어 *이데올로기*의 대상이 된다.[1] 그런데 이 일화를 진지하게 받아들여 길거리에서 경찰과 만났을 때 다른 일이 일어날 수 있는지 묻는다면 어떨까?

내가 이 글을 쓰고 있을 때, 세인트루이스 근처의 퍼거슨 타운에 사는 사람들은 여전히 거리로 나가 경찰이 비무장한 흑인 청소년에게 가한 총격에 대해 '좋은 주체'가 되기를 거부하고 있다.[2] 유색 인종에게 "이봐, 당신!"이라고 부르는 건 전혀 다른 무언가를 의미할 수도 있다. 그건 당신이 객관적으로 볼 때 유죄인지 아닌지 또는 주관적으로 생각할 때 유죄인지 아닌지는 중요하지 않음을 의미할 수도 있다. 경찰은 당신을 보기만 해도 당신이 유죄라는 걸 자동적으로 "안다".

오늘날 미국에서 유색 인종은 연설 세례보다는 총알 세례를 더 우려할지도 모른다. 이데올로기적 국가 기관과 억압적 국가 기관 사이에는 분명한 구분이 없다. 하지만 경찰은 분명히 구분한다. 그들은 부동산 소유주에게는 이데올로기적 얼굴을 선택적으로 돌리지만, 많은 사람들이 자주 보게 되는 건 억압적인 발길질이다. 당신이 우연히 서 있는 길거리가 어디인지도 중요하다. 보편적인 추상적 '길거리'란 존재하지 않는다. 적어도 버틀러는 그렇게 의심한다. 길거리는 특성, 행동 유도성, 분위기 등 *정신지리학*psychogeography을 지니며 그 밖의 많은 요소를 갖고 있다.[3]

알튀세르는 분명 이를 알았을 것이다. 그는 알제리 전쟁의 절정 직후에 글을 쓰고 있었는데, 당시는 파리 경찰이 알제리 해방 전사들과 싸우던 때였다. 파리에서는 정기적으로 통행 금지령이 내려졌고, 알제리인들은 등 뒤로 수갑이 채워진 채 센강에서 시신으로 발견되었다. "이봐, 당신!"이라는 알튀세르의 일화는 상황의 의미를 설명함에 있어 경찰과 길거리에 관한 비슷한 일화를 사용했던 사르트르에게 상당한 빚을 지고 있다.[4]

통행금지 시간이 끝난 후 밖으로 나가면 나는 자유를 행사하지만, 자유의 한계에 대한 정확한 윤곽은 알지 못한다. 경찰이 나를 검문할 수도 있고 안 그럴 수도 있다. 거리에는 특성이 있을 뿐만 아니라 다양한 상황이 발생할 수 있다. 다른 관점에서 부르주아 주체에 대한 마르크스주의적 집착을 개시한 사르트르는 거리에 대해 적어도 조금은 알고 있었다.

그러나 이중 어느 것도 슬라보예 지젝Slavoj Žižek이 《분명 여기에 뼈 하나가 있다: 변증법적 유물론의 새로운 토대를 향하여Absolute Recoil》에서 알튀세르에 대한 논평을 통해 제기한 반론은 아니다.[5] 사르트르에서 드보르와 르페브르Lefebre로 이어지는 *거리의*street 마르크스주의는 알튀세르나 지젝에게는 나타나지 않는다.[6] 그들에게 경찰의 환영을 받는 부르주아 주체가 정확히 무엇인지에 대한 일화는 보편적 주체 즉 부르주아 주체에 관한 이론에 근거한다.

지젝의 읽기에서 알튀세르의 일화는 이데올로기와 억압의 관계를 다음과 같은 방식으로 다룬다. 첫째, 힘을 사용할 필요가 없도록 힘을 과시할 수 있다. 둘째, 힘을 사용할 필요가 없도록 힘을 과시할 필요조차 없다. 지젝은 이렇게 살짝 바꿔 말한다. "첫째, 힘을 사용할 필요가 없도록 힘을 과시한다. 그런 다음 힘을 사용할 필요가 없도록 힘을 과시하지 않는다. 우리는 여기서 일종의 부정의 부정을 효과적으로 다루고 있다."

첫 번째가 실재적이라면 두 번째는 상징적이다. 그래서 힘의 과시가 없음에도 불구하고 힘은 여전히 상징에 내재되어 있는 '실재의 작은 조각'으로 존재한다. 지젝이 알튀세르를 읽는 방식은 그 내용이 부르주아 주체인 경우 무척 흥미롭다. 지젝이 볼 때 알튀세르의 이론에서 생략된 건 믿음으로 보완할 필요가 있는 지식의 간극gap이다. 알튀세르에서 이데올로기 영역은 주체의 위치를 구성하지만 과학은 그렇지 않다. 지젝이 볼 때 계속 하강하는 건 이데올로기다.

이런 이유로 지젝은 경찰의 일화를 통해 물질의 우선순위뿐만 아니라, '이상적 질서 자체의 내재적 중요성'에 관한 이른바 급진적 유물론을 발견한다. 다만 여기엔 물질의 이전 수준 즉 '거리의 마르크스주의'의 이전 수준은 전혀 나타나지 않는다는 점에 주목하자. 우리는 부르주아 주체라는 미묘한 현실로 즉시 나아간다. 따라서 마블 코믹스Marvel comics에서 장비를 가져온 것처럼 보이는 경찰이 흑인 신체에 직접적 폭력을 비합리적으로 사용하는 행위는 우리의 주제가 되지 못한다.

경찰의 폭력은 길로이가 필요한 폭력이라 부르는 것과 유사하다. 이를 통해 인종은 인간으로 취급되는 육체와 그렇지 않은 육체를 구분하는 기준이 된다. 이제 우리의 주제는 이성 자체의 핵심에 존재하는 불합리한 오염, 지식이 아닌 것을 횡단하지 않는 지식의 불가능성이 될 것이다. 모든 실제적인 중요성은 오직 지젝에서 전달될 때만 언급될 수 있다. 그의 주체는 어디서나 볼 수 있는 바로 그 주체다. 지젝의 말을 들어보자.

헤겔의 핵심은 도덕적 우주의 도래를 끊임없이 연기하는 것이 이상의 순수성과 그것의 완전한 실현을 방해하는 경험적 상황 사이의 공백 효과에 그치는 게 아니라, 이상 자체에 위치하여 바로 그 마음속에 모순(자기 파괴적 욕망)을 새긴다는 것이다.

또는 비이성적인 폭력은 외부에서 처음으로 도달하지 않는 사람들에게 그렇게 될 수도 있다.

알튀세르에게 외적인 순종은 이데올로기의 시작을 의미한다.[7] 물론 지젝의 경우에는 그 모든 것이 "훨씬 더 뒤틀린 방식으로 기능한다". 지젝에게 있어, 언어를 '왜곡'하기 위해 거짓말하고 속이는 경향은 부차적인 효과가 아닌 언어 자체의 핵심이다. 이로 인해 의식ritual, 즉 외형적 발현을 거치는 과정에서 좋은 부르주아 주체를 생산하는 데 필요한 내적 어려움이 나타난다.

거리에서 "이봐 당신!"이라는 말을 듣는 부르주아 주체는 무죄의 감정을 느낄 뿐만 아니라 환호를 받는 데 대해 카프카적인 죄책감도 느낀다.

따라서 알튀세르의 호명interpellation 이론에서 '생각지 못한' 상태로 남아 있는 것은 이데올로기적 인식 이전에 우리가 식별할 수 없는 외설적이고 관통 불가능한 호명의 중간 시점을 가진다는 사실이다. 이는 주체가 상징적 정체성을 성취하게 되면 보이지 않게 되어야만 하는 일종의 사라지는 매개자다.

또는 간단히 말해, 부르주아 주체가 되기 전에 자신이 환영받는다고 (잘못) 인식하는 그 부르주아 주체는 누구인가? 여기서 궁금증이 생겨난다. 왜 그것이 우리의 질문이 되어야 하는가? 오늘날 미국에서 경찰에게 환영받는 흑인은 누구인가라고 왜 묻지 않는가? 이데올로기 공간에 '외침'이라는 보편적인 행위가 없다면 어떻게 될까? 누가 심지어는 주체가 되는가? 반대로 누가 뒤에서 총알을 맞는가? 공격받기 전에 언급할 만한 가치조차 없는 사람은 누구란 말인가? 살해할 만하고(헤러웨이) 슬퍼하지 않을 만한(버틀러) 사람은 누구이며, 인간 이하의 존재(길로이)란 또 누구인가?

그러므로 다음과 같은 지젝다운 질문에 답할 수는 있지만 그가 의도한 방식은 아닐 수 있다. 지젝의 말을 들어보자.

자연 과정으로 더 이상 환원 불가능한 주체성의 트라우마적 핵심을 완전히 고려한 유물론은 어떤 모습일까? 다른 말로 표현하자면, 초월적 이상주의의 주된 결과 즉 주체성의 출현에 의해 나타난 자연 질서의 차이를 완전히 가정한 유물론은 어떤 모습일까?

이는 우리에게 부르주아를 '자연 질서에 간극이 있는 것으로 보는 사람들'로 정의해준다.

부르주아 사상에 대한 알튀세르 이론의 진실은 알랭 바디우Alain Badiou의 반전에서 발견된다. 알튀세르에게 주체성이 이데올로기적이라면, 바디우에게는 진실이 주체적이다. 이것이 바디우가 말하는 *부르주아 공산주의*의 기초를 이룬다. 지젝의 입장은 여기에 가깝게 귀결되겠지만, 바디우를 보다 정통적인 라캉주의 비평이라는 혹평의 대상으로 만든 이후에야 그럴 것이다. 두 사람(바디우와 지젝)이 함께 반대하는 것은 '민주주의 유물론'이다. 지젝의 말을 들어보자.

지배적인 철학 투쟁은 오늘날 유물론 내에서, 민주주의와 변증법적 유물론 사이에서 발생한다. 그리고 변증법적 유물론을 특징짓는 것은 그것이 과학적 자연주의에서 영혼화된 '진동하는' 문제의 포스트들뢰즈적인 주장에 이르기까지, 모든 가식적 형태의 통속적 민주주의 유물론에 대항하는 이상주의적 유산을 통합한다는 점이다. 변증법적 유물론은 첫째, 물질이 없는 유물론이다……. 그것은 관념으로서의 유물론이다.

이제 나는 생기론 형식을 지향하는 포스트들뢰즈주의자들과 의견을 달리한다. (따라서 나의 관심은 해러웨이에게 초기의 영감을 주었던, 그동안 무시되어 온 니덤 같은 강력한 생기론 비판론자들에게 쏠린다.)[8] 이 점에서 바디우와 지젝 Badizek에 반대하는 포스트들뢰즈주의자들과의 결속을 단절해야 한다. 지젝은 이렇게 말한다. "유물론의 문제는 유한한 역사적 상황에 사로잡힌 사람들의 활동에서 영원한 사상이 출현한다는 걸 어떻게 설명하는가 하는 것이다." 아니 그건 유물론의 문제가 아니다. 바디우의 문제다. 바디우는 이를 다룰 때 사건을 변증법의 비변증법적이고 우연한 출발점으로 보는 관점을 취한다.

알튀세르의 경우 주체는 이데올로기적 국가기관의 "이봐 당신!"에 의해 호명된 사람이라면, 바디우의 경우에는 *사건에 찬성한다고 말하는 사람*이다. 주체는 흥미롭게도 자유로운 선택권을 갖는 게 아니라 자유로운 선택의 산물, 즉 어떤 사건에 대한 *충실함*을 선택한 결과다. 그런데 정확히 누가 사건의 주체가 되는가? 이 점에서 바디우는 자신의 생각을 바꿨다. 《존재와 사건Being and Event》에서는 사건을 이름 짓고 사랑하는 사람만이 그것의 주체가 된다. 나중에 《세계의 논리Logic of Worlds》에서 사건은 중립적인 관찰자를 여전히 제외하기는 하지만 그것을 확인하는 사람들 외에 다른 종류의 주체를 포함한다.[9] 그 결과 충실한 주체, 반응하는 주체, 모호한 주체 그리고

'부활'이 존재한다. 이러한 사건은 공백을 긍정할 뿐만 아니라 공백을 인정하는 주체에 공백을 위치시킨다. 지젝의 말을 들어보자.

> 따라서 우리는 다음과 같은 세 가지의 (시간적이지는 않더라도 논리적으로) 연속되는 순간을 갖는다. 원초적이고 한곳에 위치시킬 수 없는 다중의 공백, 이전에는 위치시킬 수 없었던 공백의 위치 지정으로서의 사건, 사건에의 충실성을 선택하는 자유로운 결정에서 나타나는 주체화 과정.

이는 부르주아 주체의 위대한 사상가인 사르트르를 상기시킨다. 사르트르에게 세계는 누구에 의해 만들어지거나 유지되는 것이 아니라 그저 존재하는 것을 의미한다. 다만 부르주아 주체가 도착하여 자신에게 모든 의미를 부여해주기를 기다릴 뿐이다. 하지만 또한 사르트르는 다른 유명한 일화에서 여자와 웨이터는 나쁜 믿음으로 살고 있다고 비난하는 용기를 보였다. 부르주아 주체는 누가 자신을 위해 세상을 만들었는지 알지 못하며, 오히려 그렇게 해주는 사람들을 비판하는 경향이 있다.

그런데 주체를 만드는 데 특별한 사건이 필요하다면, 우리 가운데 지루한 시간 속에 살고 있는 부르주아 주체를 열망하는 이들은 어떻게 할 것인가? 더 좋다! 지금은 정치적 주체가 실현될 수 있는 장소를 열어놓는 기대적 anticipatory 주체, 즉 철학적 주체의 시대다! 이제 철학자는 원형-부르주아 주체가 된다. 지젝은 말한다. "주체는 주체화 과정에 선행한다. 이 과정은 순수한 주체인 공백(텅 빈 형태)을 채운다." 당신은 레닌이 되지는 않겠지만 (그리고 여전히 덜 보그다노프적이겠지만)—더 바람직하게도!—플레하노프가 될 것이다.[10]

따라서 주체는 '민주주의' 유물론을 위한 불안정하고 잠정적이며 다수적인 것이 아니다. 그건 들뢰즈주의자이거나 아니거나 둘 중 하나다. 지젝 유형의 자기 표현적인 변증법적 유물론의 경우 주체는 처음이자 마지막을 의미한다. 처음에는 빈 프레임, 순수한 형태라면 그다음에는 어떤 방식으로든 그 사건을 확증할 것을 선택하는 충만한 주체다.

이는 불행한 일이다. 지젝은 순수한 빈 프레임 외의 주체를 만들어내는 것 같은 질문은 결코 던지지 않기 때문이다. 들뢰즈주의자나 민주주의 유물론에 생산적 측면이 있다면, 그건 라자라토나 프레시아도 같은 작가들에게 존재한다. 이들은 주체와 그에 상응하는 객체를 생산하는 장치apparatus를 조사한다. 내 관점에서 이들의 저작은 생산수단에 질문을 던지는 마르크스주의 전통에 더 가깝게 여겨진다. 이 경우 생산수단은 상품의 생산수단이 아니라 상품을 생산하고 소비할 수 있는 해당 주체의 생산수단이 된다.

(약간의 의구심은 있지만) 들뢰즈주의자들을 옹호하기 위해 선택할 수 있는 또 다른 핵심은 그들이 인간적인 것과 비인격적인 것에 선행하는 계급을 거부한다는 것이다. 이상하게도 여기서 지젝은 레이 브라시에Ray Brassier 같은 사람들과 손을 잡는다. 이들은 과학적 합리성을 축복하기를 원했는데, 그건 최초의 인간적인 (하지만 어쩌면 포스트휴먼적인) 속성에 불과하다.[11]

기이하게도 이 지점에서 인간의 선긋기는 반대되는 특성으로 향한다. 어떤 경우에는 인간을 대신할 수 있는 합리성(브라시에)으로, 또 다른 경우에는 단지 인간과 주체적 비합리성에 의해 항상 그리고 필연적으로 횡단되는 합리성(지젝)으로 향한다. 그리고 알튀세르의 호명 장면 또는 주체를 만드는 사건의 희귀성에 대한 바디우의 주장에서 분명히 드러나듯이, 특정한 인간만이 완전히 인간이 되는 것처럼 보인다. 이들이 보편성의 이름으로 말하기를 주장하는 철학자일지라도 말이다.

(바디우에 관련해) 지젝이 지적한 것처럼 동물은 단지 자신의 임무를 수행할 뿐이며 스스로를 반성하지 않는다. 반면 인간은 사건을 따르거나 더 자주 따르지 않기로 결정하는 마법 같은 능력을 갖고 있다. 지젝은 이렇게 말

한다. "인간은 게으른 동물이다." 주체는 지루해지고 우울해진다. 여기서 그는 활기찬 현대적 주제를 잠시 동안 다룬다. 이러한 우울한 주체성은 자체적인 용도를 지닌다. 그건 또한 호명을 피하는 방법이기도 하기 때문이다. 과잉 개발된 세계에서 노동자는 끊임없이 자신을 혁신하고 혼란케 한다. 베라르디가 (들뢰즈주의의 방법으로) 지적한 대로 이제 우울증은 적극적으로 선택하지 않더라도 저항의 일반적인 형태가 되고 있다.

충분히 예상할 수 있듯이 지젝은 오늘날 주체의 생산에 대해 진정으로 깊이 있게 묻지 않는다. 대신 우리는 지젝스러운Žižekian 케케묵은 농담, 체스터턴Chesterton, 그리고 종교적 정통성에 대한 그의 매혹적인 일상적 방어를 얻는다. 이번엔 비틀림은 없다.¹² 체스터턴에서 위법 행위자는 지루하지만 경찰은 흥미롭다. 난교는 지루하지만 결혼은 '진정한 모험'이다. 이교는 지루한 반면 가톨릭이든 라캉주의이든 정설은 가치가 없다. 여기서만큼은 지젝은 농담을 하지 않는다.

따라서 혁명적인 일이 발생하지 않은 비사건적 시간 역시 문제가 되지 않는 것으로 밝혀진다. "제대로 된 헤겔주의적 접근은 보편적인 모델로 예상되는 '공허한' 주체를 주체성의 기본 수준으로 가정한다. 주체성의 보편적 형태가 그런 식으로 보인다는 것은 기대의 공백에서만 적용된다." 누군가는 조금 지루하더라도 철학 절차를 충실히 반복하면서 외부로부터의 사건을 기다린다.

철학에 있어 명확하지 않은 한 가지는 '철학이 실제로 무얼 하는 것인가'라는 점이다. 그런데 지젝에 관해서는 그보다 더 명확하지 않은 것이 있다. 바로 부르주아 또는 주체가 더 이상 존재하지 않거나 필요하지 않은 시대에 철학적으로 경도된 부르주아 주체의 존재를 정당화하는 그의 방식이다. 지배계급은 이제 또 다른 질서에 속하며, 육체를 관리하고 객체를 생산하는 기계는 더 이상 정확하게 그에 상응하는 주체를 생산해내지 못한다. 들뢰즈주의자들처럼 '주체'라는 용어를 다소 너그럽게 이해하는 방식으로도 말이다.

그런 시대에 일종의 예수회적-라캉적Jesuitical-Lacanian인 현자가 되는 것보다 더 나은 게 있을까? 이 현자는 심지어 일어나지 않을 걸 알고 있는 위대한 사건을 은밀히 기대하고 기다리면서, 오직 그런 길을 준비해야 하는 순전히 철학적인 주체를 만들어낸다. 그런 사고방식을 말하는 것에만 관심을 기울이는 구식의 부르주아 지식인들처럼 바그너Wagner와 하이데거와 베케트Beckett에 대해 이야기해보자! 세상이 작동하는 방식에 관한 어떠한 지식으로도 우리 자신을 더럽히지 말자. 그리고 여가 시간에는 삼류 소설pulp fiction을 읽고 〈펄프 픽션Pulp Fiction〉을 보자. 이게 바로 '변증법적 유물론'이라고 말하는 매력적이고 대담해 보이는 알리바이를 만들자. 매력이 점점 희미해지고 있지만 이런 알리바이가 (소비에트의 실제 변증법적 유물론처럼) 인기를 얻었다는 건 놀랍지 않다.

그러므로 변증법적 유물론을 통과하지 못하는 마르크스-영역에서 공간을 개척하고자 나의 책《분자적 빨강Molecular Red》을 지젝이 논평했다는 건 획기적인 일이다.[13] 내가 볼 때 그의 논평은 이론이 현재를 끌어당기도록 선택할 수 있는 마르크스-영역의 두 가지 사분면, 즉 부르주아 철학의 상부 영역과 아직 알려지지 않은 다른 어떤 것의 하부 영역을 강조한다. 이는 옳고 그름의 사분면에 관한 것이기보다는 마르크스-영역의 각 구역이 무엇을 허용할 수 있는지에 관한 것이다. 이런 이유로 나는 지젝의 상부 영역과 대조하면서 왜 내가 하부 영역을 선호하는지 설명해보려 한다.

우리 시대에 마르크스의 핵심 개념은 신진대사의 균열일 것이다. 마르크스는 유스투스 폰 리비히를 통해 19세기 중반의 자본주의마저도 분자 흐름을 비정상적으로 내보내고 있다는 사실을 이해했다.[14] 리비히의 농업 과학은 현대 농업이 도시 인구를 먹여 살릴 때 발생하는 질소와 칼륨 결손을 지적했다. 도시인들의 똥과 오줌은 요한 윌리엄 바젤게트Johann William

Bazalgette의 감독 하에 건설된 위대한 19세기 사회 기반 시설인 런던 중심부의 하수도망을 통해 바다로 씻겨 나갔다.[15]

하지만 신진대사의 균열에는 모호함이 존재한다. 신진대사의 균열을 조화와 질서(신진대사)가 지배하는 어떤 자연 상태로부터의 이탈(균열)로 읽는 것은 유혹적이다. 이는 자연이 마치 평형을 지향하는 자기 교정적 자유 시장 같은 것으로 보이게 만든다. 이러한 대중적 이미지에서 생태학은 '우리'가 한때 이탈했지만 다시 돌아가야 하는 균형, 조화, 질서의 상태가 된다.

생태학이 폐기된 여성적 미덕을 의미하는 것과 마찬가지로, 신진대사라는 은유는 종종 페미니즘으로 채색되기도 한다. 생태여성주의ecofeminism를 자연, 양육, 조화 등과 같이 본질적으로 여성적인 것에 관한 의심스러운 가설로 규정해버리는 경향의 한계를 해러웨이는 이미 오래전에 경고했다. 해러웨이의 경고는 타당하게 들린다. 그것이 배제하는 것(여자는 자연과 같지만 이성적이지는 않다 등등)을 알아채기 전까지는 말이다.

지젝은 자신만의 독특한 언어로 내 책에 이렇게 덧붙인다. "자본주의가 좋은 점이 하나 있다면, 더 이상 어머니 대지Mother Earth가 존재하지 않는다는 것이다." 나는 같은 책에서 이렇게 썼다. "니체가 '신은 죽었다'라고 말했을 때 죽은 건 신God만이 아니다. 여신Goddess도 함께 죽었다." 아버지 하늘Father Spirit도 없고 어머니 대지Mother Earth도 없다. 이 모든 은유적 우주론은 더 이상 존재하지 않는다. 더 넓은 의미에서 보면 이들 은유가 더 이상 적용되지 않는다는 건 그것이 적용될 수 있는 안정된 세계도 존재하지 않는다는 의미다. 앞으로 살펴보겠지만 이곳이 안정된 세계가 아님을 우리가 알게 되는 과정은 대단히 철학적이다.

이 같은 상황을 나타내는 단어 중 하나가 다름 아닌 인류세다. 그 중요성을 이해하려면 이 단어를 올바르게 읽어야 한다. 인류세는 '인간Anthropos'이 중심임을 뜻하는 인간중심주의anthropocentrism가 아니다. 다시 말해 신과 여신을 이성으로 세상을 지배하는 사람으로 대체하는 단어가 아니다. 인류세는 그것과는 전혀 다른 뜻이다. 인류세로의 변환, 즉 또 다른 종류의 시간으로 진입한다는 건 지구의 운명이 인간의 의도가 아닌 집단적 인간 노동이라는 *의도되지 않은* 효과에 의해 결정된다는 걸 의미한다. 인류세는 무의식적이고 의도하지 않은 영향, 즉 일종의 잠재적 운명인 이 세계—기후변화는 그중 하나일 뿐이다—를 불안정하게 만드는 일련의 신진대사 균열을 특징으로 한다.

해러웨이와 제이슨 무어Jason Moore처럼 자본세Capitaloscene라고 불러도 상관없다. 자본주의가 등장하면서 신진대사의 균열이 크게 가속화되고 있기 때문이다.[16] 다만 다음 두 가지는 지적할 필요가 있다. 첫째 자본이 기존 세계의 조화와 질서를 깨뜨린다는 건 사실이 아니다. 자연은 항상 안정적이지 않으며 집단적 인간 노동은 항상 변화라는 결과를 가져왔다. 심지어 인간은 자본주의가 존재하기 훨씬 전부터 수많은 생물 종을 멸종시켰다. 둘째 자본을 폐지한다고 해서 우리의 모든 문제가 자동적으로 해결되지는 않는다. 자본을 무효화하는 것만으로는 충분치 않다. 전 지구적 신진대사 시스템의 불안정성을 완전히 해소하면서 어떻게 70억 인류에게 에너지와 안식처와 식량을 제공할 것인가, 하는 의문은 여전히 남아 있다.

이런 까닭에 지젝과 나는 '자연' 질서로 돌아가자라는 은유적 언어가 도움이 되지 않는다는 데 의견을 같이한다. 지젝은 이렇게 말한다. "매켄지 와크의 핵심 공로는 자연 질서로 회귀하는 길을 거부한 것이다. 그런 균형은 한 번도 존재하지 않았다……. 자연이 위대한 어머니라는 생각은 신성하고 거대한 것의 또 다른 이미지일 뿐이다." 또한 그는 인류세에 대해 다음과 같은 흥미로운 관점을 제시한다.

지구상의 모든 생명의 균형에 영향을 미칠 만큼 강해졌을 때 인류는 하나의 종으로서 자기의 한계를 깨달았다. 자신이 자연(지구)에 미치는 영향이 더 이상 미약하지 않게 되었을 때에야 비로소 (즉 안정된 자연이라는 배경에 맞섰을 때에만) 주체되기를 꿈꿀 수 있었다.

지젝의 언급은 '인류세란 인간이 아닌 인간의 불가능성에 관한 것'이라는 말과 다르지 않다. 하지만 그가 '인류가 그걸 어떻게 알게 되었는가'라는 질문을 생략한다는 점에 주목할 필요가 있다.

지젝은 인류세가 자연 질서라는 항상성을 가진 시장 생태학market-ecology이라는 자연의 특성을 종식하는 이유를 세 가지로 설명한다. 첫 번째 설명은 나의 생각을 그의 언어로 재구성한 것이다. 두 번째와 세 번째 설명은 거기에 그만의 독특한 세계관을 덧붙인 것이다. 지젝의 말을 들어보자.

첫째, 우리는 자연 그 자체와 마주친 적이 단 한 번도 없다. 우리가 만나는 자연은 언제나 이미 집단적 인간 노동과의 적대적인 상호작용에 노출되어 있다. 둘째, 그러나 길들일 수 없는 자연(우리의 이해를 거부하는 모든 것)에서 인간 노동력을 분리하는 간극은 환원 불가능하다. 자연은 '본질적으로' 추상적인 것이 아니라 우리가 노동에서 마주치는 저항력이다……. [셋째], 자연은 이미 그 자체가 혼란스럽게 뒤엉켜 있다.

세 가지 설명을 자세히 말해보면 첫째, 《분자적 빨강》에서 나는 자연 개념을 노동과 조우하는 것으로 제한하는 보그다노프의 생각을 따랐다.[17] 다만 이러한 관계는 적대적 관계일 수도 있고 아닐 수도 있다. 보그다노프는 '조우'나 '적대적' 같은 은유가 우리 자신의 특정한 노동 실천으로부터 나타나는 경향이 있다고 생각한다. 지식인들은 이를 찬반 논쟁의 관점에서 생각하기에 기본 은유인 적대감 같은 특성에만 주목한다. 그러나 모든 노동이 자연과 적대적인 형태를 취하지는 않는 까닭에 다른 특성이 있을 수 있다.

둘째, 지젝은 노동과 자연을 분리하는 간극을 독특하게 강조한다. 그 결과 노동과 자연의 차이는 항상 본질적으로 같은 종류의 간극, 즉 환원 불가능한 것이 되어버린다. 철학은 여기서 엔진을 가속화한다. 경험적 탐구를 적용할 수 없는 개념에 기초하여 개방된 도로를 예상하면서 말이다.

셋째, 지젝은 이미 자연에 대해 좀 더 말하고 싶어 한다. 그는 내가 지나간 경로를 따르며 이렇게 덧붙인다. "오직 불안정한 자연만이 존재한다면 어떻게 될까?" 하지만 이 물음을 던지지 않은 채, 우리는 철학이 자연에 관해 말할 수 있는 것의 한계를 자연과학에 맡기지 않고 그냥 뛰어넘어버렸다.

지젝은 특유의 방식으로 객체에서 주체로 관심을 이동시킨다. "길들일 수 없는 자연과 노동 사이의 균열은 영원히 스스로를 불안정하게 만드는 자연 자체 내의 균열뿐만 아니라 인류 자체 내에서 대두되는 균열에 의해 보완되어야 한다." 여기서 지젝은 객체, 주체 그리고 객체-주체 관계의 전 영역을 포괄하는 일종의 철학적 상수로서 자신의 유명한 간극, 공백void, 분열split을 다시 언급한다. 내 관점에서 볼 때 노동과 자연의 조우는 그저 집합적이고 역사적인 것에 불과하며, 두 간극 사이의 추상적이고 보편적인 간극이 된다. 여기에 들뢰즈주의자들을 그토록 괴롭히는 항상 똑같은 차이가 존재한다. 비록 그 차이가 그들 역시 제대로 해결할 수 없는 문제라 할지라도 말이다.

나는 간극이라는 상수보다는 오히려 그러한 간극을 가로지르는 역사적으로 우연한 *관계*의 형태를 강조하고 싶다. 그 형태는 일종의 잔여물로서 그러한 간극을 맨 처음 생성하는 원인이 될지도 모른다. 노동-자연의 관계는 영원한 적대감으로 형성된 주체-객체의 관계로 축소될 수 없다. 마찬가지로 '자연'과 수렵-채집인의 관계는 자연과 농부, 자연과 산업 노동자, 자연과 지식인 또는 자연과 기후 과학자의 관계와 같지 않다. 예컨대 우리가 기후변화 같은 신진대사 균열을 어떻게 알 수 있겠는가? 그건 위성, 컴퓨터, 전 지구적 과학 조직 등을 총망라한 거대한 기반 시설을 필요로 한다. 간단히 말하면 특정 단계에서 과학과 기술의 진화를 통해서만 만들어질 수 있는 지식이다.[18] 이처럼 노동과 자연의 조직은 하나의 과학이지만 동시에 자연에 대한 이해를 가져온다. 여기서 자연은 그러한 과학을 만드는 노동과 장치 형태에 제한을 받는다.

보그다노프의 주장을 따르는 내 관점에서 볼 때, 특정 노동은 노동-자연 관계에 대한 특별한 은유를 만들어낸다. 해러웨이에 의하면 우리는 노동과 자연의 범주에 약간의 압력을 가할 수도 있다. 어쩌면 '노동' 역시 너무 추정적이고 배타적인 것일지도 모른다. 세상에는 생산적이지도 재생산적이지도 않은 유형의 행위('기이한 행위'라고 불러도 상관없는)가 있을지도 모른다. 고유한 세계관 역시 '노동'으로 축소될 수 없을지도 모른다. 이러한 세계관은 상당히 다른 은유적 범위를 만들어낼 수 있다.[19]

그렇다면 세계의 특정 노동(그리고 비노동)이 자연에 대해 (때로는 자연이 아닌 다른 것에 대해서까지도) 특정한 은유적 이해를 만들어낸다면, 세계의 서로 다른 행위는 어떤 관계를 맺게 될까? 이 점에서 지젝과 나는 가장 크게 의견을 달리한다. 또한 지젝이 제안한 《분자적 빨강》의 약간의 기록이 중요해진다.

지젝은 이렇게 말한다. "매켄지 와크의 폭넓은 지평선은 그가 '공유된 삶shared life'이라고 부르는 그대로를 말한다. 거기서 모든 순간의 자율성은 페티시적인 소외에 해당한다." 바디우가 사건이라 부르는 순간을 지젝은 '부정성의 힘에 관한 가장 숭고한 표현'이라고 생각할 것이다. 특정 노동이 공유된 삶을 통해 만들어내는 단절에 직면할 때, 지젝은 철학적 추상화 abstraction라는 '몰'적인 것을 해결책으로 제시한다. 한편 헤겔에게 있어 상황의 복잡성을 '본질적인 것' 즉 핵심 요소로 줄이는 것은 '이해의 무한한 힘'

이다. 철학이야말로 다름을 같음으로 줄이는 능력을 가진 이해의 무한한 힘이다.

지젝은 이렇게 말한다. "여기서 우리는 단순히 이상적인 형식 혹은 패턴이 아닌 실재에 대해 이야기한다. 주체성의 공백이 '내면의 삶'이라는 부wealth에 의해 모호해지는 실재라면, 계급 대립은 사회 갈등의 다양성에 의해 모호해지는 실재다." 여기서 노동과 자연의 간극이 사라지는 점에 주목하자. 이제는 *주체성* 자체의 공백이 현실이 된다. 이전의 적대감은 노동-자연 관계를 언급하지만, 여기서 그 관계는 망각되고 '계급 대립'이라는 단 하나의 적대감만이 중요해진다. 따라서 상부 이론high theory은 스스로를 본질적인 것, 즉 영원히 알 수 없는 간극의 담론으로 위치시킨다. 그 결과 자연이라는 더 긴급한 문제가 사라지기 시작한다.

나의 관점에서는 바로 이곳이 보그다노프를 따라 지젝과는 완전히 다른 경로로 가기에 더 나은 지점으로 보인다. 나는 스튜어트 홀, 잭 할버스탐Jack Halberstam과 마찬가지로 이 지점을 하부 이론low theory이라 부른다. 그들에게 이론은 목적지가 아니라 다른 곳으로 가는 과정에서 나타나는 우회로(또는 갈림길)에 불과하다.[20] 보그다노프는 특정 노동의 소외를 어떻게 극복할 것인지의 문제와 함께 특정 노동에 관한 특정 지식의 문제에 주된 관심을 기울인다. 그는 노동의 조직화에 세 가지 역사적 방식이 있다고 생각한다. 권위, 교환 그리고 동지적 혹은 협동적 노동이 그것이다. 신학, 철학 심지어 대중 이데올로기도 세 가지 방식의 정교한 혼합 혹은 엉망진창의 혼합으로 볼 수 있다.

이런 관점에서 지젝은 철학에게서 특정한 권위-제스처를 빌려왔다. 그곳에서 인과관계의 사슬은 의문의 여지가 없는 절정의 용어peak term에서 멈춘다. 오직 마지막 용어만은 더 이상 신이나 여신이 아닌 (인간은 더더욱 아닌) 공백이 된다. 모든 것이 이 핵심 용어에서 올라가고 내려간다. 거기서는 철학자만이 입구의 수호자가 될 수 있다.[21] 주체, 객체, 심지어 주체와 객체의 조우마저도 항상 스스로 동일한 불가능성에 의해 분열되는 적대감이 된다. 철학자가 스스로에게 부여한 임무는 모든 노동이 어떻게 동일한 한계에 부딪치는지를 보여주는 것이다. 그곳에서 철학자는 본질적인 이름을 지키는 자가 된다. 이것이야말로 가장 훌륭한 상부 이론이 아닐까.

이 시대에 그러한 상부 이론은 역할을 모색하는 담론이 되고 있다. 신은 죽었고 신의 신화적 동료마저 죽었음을 받아들인다면, 그들의 지적인 관리인을 필요로 하는 사람이 과연 존재할까? 지젝이 인정한 대로 신진대사의 균열은 분자 수준에서 발생한다. 질소나 탄소의 흐름은 뒤엉켜버린다. 이러한 흐름은 일상생활이 그렇듯이 몰적인 '거대 정치big politics'에 비해 눈에 띄지 않는다. 지젝에 의하면 "그 흐름은 오직 '상부' 이론, 즉 자기를 뒤집는 일종의 비틀기를 통해서만 접근할 수 있다. 우리는 오직 가장 높은 곳을 통해서만 가장 낮은 곳에 도달할 수 있다".

나는 '그 흐름은 오직'이라는 문구가 항상 의심스럽다. 그건 고전적인 권위-담론authority-discourse의 움직임, 경찰의 움직임이 아닐까? 이 문구는 분명 자기 역할이 생각의 처음이자 끝alpha and omega임을 주장하는 것이다. 부르주아 주체는 자신이 경찰의 환영을 받는다는 걸 알고 있다. 그 자신이 (영적인spiritual) 경찰이기 때문이다.

이에 대한 보그다노프적인 응답은 다음과 같다. "신진대사의 균열 같은 사물의 지식을 생산하는 특정 노동을 제일철학first philosophy, 자연이나 정신 같은 특수한 존재가 아닌 존재 일반의 성질이나 원리를 연구하는 형이상학의 철학의 권위에 종속시키기보다는 차라리 한 발 뒤로 물러서자." 그러한 철학은 그 자체로 (일반적으로 지적 노동의 형태를 띤) 사변적 유형의 노동 형태의 산물이다. 노동 형태는 자신의 행동 모델을 통해 세상을 이해하는 은유적 확장을 생산한다.

그러므로 "모든 노동(특히 새롭고 진보된 노동)을 특정 노동(특히 구식의 권위주의적 노동)의 은유적 확장에 종속시키기보다는 다른 것을 시도해보자. 모든 특정 노동에서 은유를 확장하는 방법을 찾고, 이 방법을 큰 그림을 이해하는 방식으로 실험적으로 다루는 하부 이론을 실천하자". 이러한 실천의 훌륭한 사례가 바로 우리 앞에 있다. 웬들링이 보여주듯이 마르크스는 과학적 물질주의에서 가장 '생산적인' 은유를 얻었지만, 보다 전통적인 철학적 권위에서 나온 다른 은유와는 특정한 긴장 관계를 유지했다. 이를테면 마르크스는 당시의 생명과학과 농업화학을 통해 신진대사의 균열이라는 은유적 확장을 얻었다. 이 은유는 지금도 여전히 잘 작동한다. 이것을 시대를 초월한 공백을 바탕으로 만들어진, 역시 시대를 초월한 전근대적 개념의 집합으로 다시 코딩할 필요는 없다.

지젝은 자신의 책의 결론적 문단에서 진보된 과학 노동이라는 문제를 다루는 시도에서 비인간적inhuman 장치에 대한 나의 범주를 흡수하려 한다. 나는 해러웨이, 폴 에드워즈Paul Edwards, 카렌 바라드Karen Barad의 이론을 기반으로 《분자적 빨강》에서 과학에 대한 마르크스주의 접근법을 만들었다. 이 접근법은 과학을 위한 입법을 시도하거나 과학 이론을 물신화하거나, 또는 과학의 소외된 특정 형태에서 총체성을 회복하고자 하지 않는다. 요컨대 나는 과학 노동을 철학 노동에 종속시키고 싶지 않다. 그보다는 모든 특정 과학에 대한 마르크스주의 접근법이 '그 과학은 어떻게 생산되는가?'라는 질문을 던져야 한다고 생각한다.

우리는 과학을 발생시키는 생산관계가 족쇄로 작용할 수 있음을 안다. 그 관계는 상업적이거나 군사적 필요에 종속된다. 그러나 훨씬 더 통속적인 마르크스주의 시각은 '그 관계의 생산력은 무엇인가?', '그 관계는 어떤 종류의 노동과 장치가 만들어내는가?'라는 질문을 던질지도 모른다. 이런 점에서 나는 연구 기관의 지하실에서 일반적으로 발견되는 육체와 기술의 사이보그 혼합인 과학 장치에 관해 카렌 바라드가 제기한 문제에 공감한다. 또

한 폴 에드워즈로부터 기후 과학을 감각기관으로 만들 수 있는 장치의 특별한 예를 취한다.[22]

이 지점에서 나는 메이야수의 사변적 실재론에 공감한다. 간단히 말해 사변적 실재론이란 자신과 상관관계가 있는 모든 주체에 선행하는 지식의 객체가 존재할 수 있다는 것을 의미한다. 그런데 (지젝과 마찬가지로) 메이야수가 빠뜨린 것이 있다. 바로 지식의 객체라는 비인격적인 것들이 매개되는 장치다. 비인격적 지식의 생산수단은 무엇일까? 비인격적인 것은 어떻게 자신과 상관관계가 없는 인간에 매개될까? 내 생각에 가장 흥미로운 대답은 다름 아닌 장치다. 이 장치는 *비인격적인 것*을 *인간적인 것*으로 매개하는 *비인간적인 것*이다. 이들 각각은 적어도 부분적으로는 이러한 관계에 의해 공동으로 만들어진다.

지젝은 이렇게 말한다. "따라서 인간의 삼중성triad에서의 정말로 이상한 요소, 그들이 직면하는 현실 그리고 그들이 현실을 관통하는 데 사용하는 장치는 길들일 수 없는 외부의 현실이 아니라 두 극단을 매개하는 장치다." 이러한 장치의 비인간적 특성은 흥미롭기 그지없다. 그래도 나는 그 특성이 현실을 '관통'한다고 말하지는 않겠다. 왜냐하면 그러한 은유가 우리로 하여금 아버지 과학Father Science에게서 자신의 비밀을 숨기는 어머니 대자연Mother Nature으로 돌아가도록 하기 때문이다. 이것이야말로 우리가 떨쳐내려 애쓰는 언어가 아닐까. 아울러 인간적인 것과 비인격적인 것이 장치에 의해 매개되는 극단이라고 말하지도 않겠다. 그보다는 이 용어들이 적어도 부분적으로는 자신들의 관계에 의해 주어진 철학보다는, 역사적 산물로서의 장치 자체에 의해 생산되는 방식을 강조하고자 한다.

이러한 *장치*(지식 자체의 생산력)는 언제나 역사적이다. 기후 과학을 가능하게 만드는 인공위성과 컴퓨터는 과학과 기술 노동을 결합한 독특한 냉전시대의 역사에서 비롯하였다. 그럼에도 불구하고 이 장치들은 자연에 관한 새로운 지식의 생산을 가능케 한다. 마르크스가 자기 시대의 토양 과학에 관심을 기울여 신진대사의 균열이라는 개념을 만들어냈다. 마찬가지로 우리는 이제 탄소가 지구 신진대사 균열의 주체임을 보여주는 기후변화에 비추어 그 은유를 확장하고 변형할 수 있다.

그러므로 마르크스-영역에는 적어도 두 개의 일반적인 영역이 존재한다. 하나는 노동과 과학을 자신의 과거에서 비롯하는 은유에 종속시키는 상부 이론이다. 다른 하나는 현 세계에 관련된 노동과 과학의 다양한 형태를 통해 은유적 확장을 실험적으로 다루는 하부 이론이다. 내 선택은 물론 두 번째 영역이다. 내가 볼 때 우리 시대의 노동이 자연과 조우하는 특정한 역사적 형태에서 비롯한다고 생각되는 핵심 문제가 바로 인류세의 특징이기 때문이다.

내 생각에 지젝과 내가 공유하는 마르크스주의 이론과 근원의 작은 세계에서 가장 유용한 자원은, 레닌 방식의 변증법적 유물론을 거부하고 그 역사적인 길에서 다른 경로를 선택하는 것이다. 다른 경로란 바로 보그다노프의 구조과학tektology 혹은 하부 이론이다. 이 경로에서는 우선 노동과 과학이 나타나고, 이러한 분리된 노동을 조정하기 위한 2차적 실천으로서 개념이 파생된다. 이 경로에는 작은 장점이 하나 존재한다. 노동이 무엇이며 자연이 무엇인지에 관한 개념을 우리 시대에 맞게 어느 정도 업데이트할 수 있다는 점이다.

그렇게 되면 우리의 생각은 '과학과 노동' 세트라는 의제를 따를 수 있으며, 상부 이론이 내부적으로 생성하는 (희한하게도 자연이 계속 배제되는) 의제를 통해 그 세트를 다시 코딩하지 않아도 된다. 왜냐하면 그것은 노동과 과학의 각 시대마다 변화하는 역사적으로 가변적인 용어일 뿐만 아니라 결국 노동이 마주치게 되는 대안적인 용어이기 때문이다. 적어도 부르주아 주체는 그 자체로 잔여 존재라는 점에서, 부르주아 주체에 관한 지젝의 마르크스주의 상부 이론은 그러한 시대에 대해 거의 언급하지 않는다.

라자라토, 베라르디, 프레시아도 등이 보여준 것처럼 부르주아 주체를 생성하는 텍스트 영역은 다른 형태의 주체로 향하는 문화 공간을 잃어버렸다. 하지만 지젝은 부르주아 주체가 스스로를 공백으로 운명 지어진 부정성the negative으로 노래하는 마지막 형태로서 관심의 대상이 될지도 모른다.

상징적 효율성의 쇠퇴

Decline in Symbolic Efficiency

조디 딘Jodi Dean은 미국의 여성 정치 이론가다. 프린스턴대학교에서 역사학을 공부하고 컬럼비아대학교에서 박사 학위를 받았다. 레닌주의, 정신 분석학, 특정 포스트모더니즘 이론의 사용을 강조하면서 정치 이론, 미디어 연구, 3차 페미니즘에 기여했다. 특히 민주주의와 자본주의를 단일 신자유주의 형성으로 온라인으로 통합하는 의사소통적 자본주의 이론에 크게 기여했다. 뉴욕의 호바트대학교와 윌리엄스미스칼리지의 정치학부 교수로 재직 중이다.

내가 쓴《분열의 스펙터클》이라는 책의 제목은 조디 딘Jodi Dean 읽기에서
착안된 것이다.¹ 나는 그녀의 책《블로그 이론: 드라이브 회로에서의 피드백
과 포착Blog Theory: Feedback and Capture in the Circuits of Drive》을 원고로 읽었다.
그 책을 다시 읽으면서 깨달은 바가 있다. 바로 "분열하는 스펙터클이 보다
진보된 형태의 관찰과 감시를 가능케 한다"는 것이다. 그리고 "스펙터클의
사회에서 '미디어를 사용하는 것은 시끄러운 사소함이라는 일종의 영원성
을 보장한다'는 드보르의 주장은 분해되고 네트워크화되며 스펙터클한 회
로로서의 의사소통적인 자본주의에 더 잘 적용된다". 내가《분열의 스펙터
클》에서 묘사한 것은 조디 딘이 소통자본주의communicative capitalism라고 부
르는 것과 의미가 비슷하다. 비록 우리가 드보르를 조금 다르게 읽었고 나
중에는 더 많이 다르게 읽었지만 말이다.

스냅챗Snapchat과 트위터Twitter 시대에 책을 쓰려면 어떻게 해야 할까? 책
은 일의 속도를 늦추는 전술 같은 걸 수도 있지만, 사실은 더 긴 논쟁의 실
마리에 엮이는 것에 저항하는 소통자본주의 시대에 관한 문제다. 조디 딘의

주장은 이러한 미디어 전략과 관련이 있다.

조디 딘은 기술적인 평가보다는 '현재에 대한 공공연히 정치적인 평가'를 제시한다. 정치적이라는 용어는 반세기에 걸친 정치 이론을 통해 범위와 의미가 크게 확장되어왔다. 무페, 버틀러, 브라운 또는 심지어 비르노에게 그 말은 기술적-경제적 측면으로부터 상대적으로 자율적일 뿐만 아니라 주요하기까지 하다. 한편 조디 딘에게는 기술적인 것의 표면적 자연스러움과 필연성을 비판하는 언어로 작용한다. 그러나 이제 정치적이라는 말은 일종의 '변증법적인' 찬사, 어쩌면 기술 그 자체의 관점에서 확장된 정치 범주의 비판적 분석까지도 요구한다. 우리 지식인들은 정치적인 것을 정말로 사랑한다. 이런 사랑은 정치 담론이 우리 자신의 담론과 같을 거라는 호기심 많은 가정에서 비롯하는 듯하다.

산업자본주의가 노동을 착취한다면 소통자본주의는 의사소통을 착취한다. 소통자본주의는 '성찰성reflexivity이 창의성을 포착하는' 장소다. 의사소통의 반복적 루프loop, 컴퓨터 프로그래밍에서 어떤 조건에 도달할 때까지 계속하여 반복되는 일련의 명령문는 접근, 포용, 참여라는 민주주의 이상의 실현으로 이어지지 못했다. 그와는 반대로 우리 시대는 그물망에 포획되고 단순한 충동drive으로 축소된 욕구의 시대, 포획의 시대다.

조디 딘은 자신의 개념을 주로 지젝에게서 이끌어낸다. 앞 장에서 나는 지젝의 후기 저작이 21세기에 대한 비판적 의제를 거의 제시하지 못한다고 주장했다. 그러나 지젝의 유용성에 대한 사례를 만든 누군가가 있다면 다름 아닌 조디 딘이다. 도구적 방식으로 지젝에 접근하여 조디 딘이 그를 도구로 어떻게 활용하는지 살펴봐야 하는 것은 이 때문이다. 조디 딘과 지젝 모두에게 "이데올로기는 우리가 더 잘 아는 경우에도 우리가 수행하는 것이다". 이데올로기는 허위의식 이론도 주체의 호명도 아니다. 이데올로기에 대한 (슬로터다이크Sloterdijk의 계몽된 허위의식에 더 가까운) 이런 접근 방식은 '잘

못된' 것을 생각하는 것이기보다는 생각과 행동 사이의 간극에 관한 것이다.[2]

이 점에서 조디 딘의 핵심 모티프는 *상징적 효율성의 쇠퇴decline in symbolic efficiency*로 요약된다. (혹은 대타자의 붕괴라고도 알려져 있다.) 이러한 라캉적인 문구는 그것의 의미를 고정하거나 총체화하는 게 점점 더 불가능해지는 것을 말해준다. 어느 누구도 유동적으로 확산되는 의미화의 사슬을 보증하는 위치에 있지는 않지만, 역사적이고 사회적인 견지에서 이 주장에 질문을 던질 수는 있다. 의미의 안정성은 오직 힘에 의해서만 보장될 것이다. 나는 나의 책《파문Excommunication, 破門》에서는 이단에 대한 바네겜Vaneigem의 설명을,《분자적 빨강》에서는 스탈린주의 하의 대중 연설에 대한 안드레이 플라토노프Andrey Platonov의 설명을 다루었다. 그 주제들은 이미 상징적 효율성의 쇠퇴로 보였고 두 경우 모두 일관성은 힘에 의해서만 보장되었다.[3]

역사의 축에서 사회의 축으로 옮겨가면 힘이 가해지는 곳을 찾을 수 있다. 미국에서 그러한 힘은 과거에는 빨갱이 소탕, 흑인 지도자의 투옥과 암살을 의미했다. 현재는 무인 항공기를 이용해 미국의 이데올로기 적을 살해하는 전 세계적 군사작전이 포함될 수 있다. 힘이 없는 주인 담론Master's discourse이란 존재하지 않을지도 모른다. 가정 폭력, 경찰 살인과 관련해서는 더 많은 일상의 척도가 동일하게 적용될 것이다.

주인 기표Master signifier의 기능이 정지되었을 때, 우리가 무엇을 해야 하며 무엇을 희망하고 믿어야 하는지 알려줄 외부 권위가 부재할 때, 그리고 그 결과가 자유가 아닌 일종의 질식suffocation인 곳에서 상징적 효율성이 쇠퇴하는 특별한 경우가 분명 존재할 수 있다. 조디 딘은 사람들이 자유롭게 아바타를 만들어 무슨 일이든 할 수 있는(부동산과 상점을 만들고 이상한 성행위를 할 수 있는) *세컨드 라이프Second Life*, 미국의 개발사인 린든랩에서 개발한 온라인 가상현실의 전형을 보여준다. 텀블러Tumblr, 사용자들이 문자, 그림, 영상, 링크, 인용, 소리를 블로그에 게재할 수 있게 도와주는 마이크로블로그 플랫폼이자 웹사이트는 또 다른 사례가 될 수 있다. 텀블러에서 주인 기표로부터 자유롭다는 건 사진과 인사 카드의 문구를 자기 마음대로 갖다 붙이는 걸 의미하는 듯하다.

주인 기표는 가상성virtuality에 의존한다. 그건 단순히 신호의 사슬에 놓여 있는 또 하나의 신호가 아니다. 그 자체로 의미를 부여할 수 있는 잠재력이면서 판타지와 현실의 간극을 뛰어넘어 투사하는 방법이다. 흥미롭게도 비르노의 관점에서 가상성은 역사를 신학적 전제로 유지하는 곳에서 역사적 전제로서의 신학이 된다.[4]

주인 기표가 없다면 무엇과도 함께 머무를 이유가 없다. 얽매임bond은 아무런 대가 없이 해체될 수 있다. 환상과 현실의 연결이 해체되면서 상징적인 것이 배제된다. 그건 현실로의 접근을 허용하는 상징적 간극이지만, 환상과 현실의 차이가 배제되면서 더 이상 아무런 욕망도 의미도 없는 쾌락의 포화 상태로 귀결된다. 우리는 쾌락을 직접 제공하려 시도하는 짧고 재귀적인 루프에 빠져 있지만, 그 루프는 자신의 불가능성을 거듭 반복할 뿐이다.[5]

주체가 갇혀 있는 이런 종류의 재귀적 혹은 반사적 루프는 소통자본주의의 객체 세계에서도 적용된다. 조디 딘은 기후변화를 언급하는데, 인류세 혹은 마르크스가 신진대사 균열이라 부른 것은 작동 중인 그러한 루프의 좀 더 일반적인 징후일 수 있다. 거기서는 확장이 확장을 낳는 결과로 인해 긍정적 피드백이 대세가 될 뿐만 아니라, 객체와 주체 모두의 포획이 계속해서 심화되고 확장된다. 조디 딘은 이렇게 말한다. "회로가 좀 더 확장되고 루프 또한 확장됨에 따라, 가장 앞서고 강하며 부유하고 빠르고 큰 것이 더 많은 걸 차지한다."

도대체 어떻게 이런 일이 벌어졌을까? 조디 딘은 프레드 터너Fred Turner의 작업을 기반으로 한다. 터너의 책《반체제 문화에서 사이버 문화로From Counterculture to Cyberculture》는 리처드 바브룩Richard Barbrook이 캘리포니아 이데올로기를 신봉하는 이넘라고 부르는 것의 성립 과정을 추적한다.[6] 제어 및 계층 구조의 도구였던 컴퓨터와 정보 과학이 어떻게 협업과 유연성의 도구가 되었을까? 이 점에서 나는 터너의 책을 딘과 조금 다르게 읽는다. 내가 보기에는 다양한 종류의 연구와 결과에 항상 열려 있던 사회적이면서 기술적인 분야가 존재한다. 전쟁을 통한 과학과 공학의 실험 연구는 놀랍도록 협력적이었다. 이를 통해 J. D. 버널이 진정한 과학의 공산주의 실천이라 생각했던 것, 그리고 리처드 스톨먼Richard Stallman(좌파 부모를 둔 빨간 기저귀를 찬 아기)에게 해커적 공유의 실천이었던 것을 확장하고 발전시켰다.[7]

물론 군대가 그런 실험과 실습에서 원했던 건 C³ICommand, Control, Communication, Information, 명령, 통제, 통신, 정보를 위한 도구였다. 다만 군에서도 유연성과 개방성이 항상 주된 목표 중 하나이긴 했다. 공군의 미사일 프로그램은 폴 에드워즈가 폐쇄된 인공두뇌 통제cybernetic control 세계라고 부른 곳을 상상했을지도 모른다. 반면 육군은 전쟁의 안개와 마찰 속에서 유연하고 개방적이며 적응력 있는 네트워크로 작동할 수 있는 도구를 원했다.[8] 그런 학문적, 군사적 기원을 가진 기술은 언제나 혼합적이고 다양한 형태로 나타나다. 또한 한계는 있었지만 다양한 종류의 경제, 정치, 문화에 다양한 방식으로 적용 가능했다.[9]

내가 볼 때 조디 딘에게 결여된 부분은 기술과 육체가 어떻게 공존할 것인지에 대한 투쟁의 감각이다. 냉전 시대의 숙청이 과학기술의 정치학에 관한 논의에 끼친 폐해를 잊지 말자. 당시의 블랙리스트에는 예술가와 작가는 물론 과학자와 엔지니어도 들어 있었다. 아이리스 창Isris Chang의《누에의 실Thread of the Silkworm》에서 그려지는 첸쉐썬Tsien Hsue-Shen, 錢學森의 운명은 그런 부조리한 상황을 가장 극적으로 보여준다.[10]

자신도 모르는 사이에 공산주의자들과 사회적 유대 관계를 맺은 이 진취적인 로켓 과학자는 미국에서 안전을 보장받을 권리를 잃고 공산주의 중국으로 추방당했다! 거기서 그는 미국에서 사는 동안엔 자신이 그렇게 되리라고는 생각지도 못했던, '공산주의의 대의'를 위해 일하는 고도로 숙련된 과학자가 되었다. 이보다는 덜하지만 유사한 마녀사냥의 사례는 수천 건에 달한다. 기술계를 '비정치적apolitical'이라고 생각하는 사람들은 그 분야가 어떻게 그토록 철저하게 정치와 무관하게 되었는지 궁금해할지도 모른다.

캘리포니아 이데올로기는 특정 역사의 산물이며, 그중 하나가 위에서 소개한 터너의 책에 잘 나타나 있다. 하지만 이와는 다른 역사도 존재한다. 기술이 세상을 구하리라는 믿음, 제도는 관용의 대상이지 참여의 대상이 되어선 안 된다는 믿음, 대략의 합의와 실행 코드가 모두 중요하다는 믿음이 그것이다. 이것이 기술 세계의 유일한 이데올로기는 아니다. 캘리포니아 이데올로기 학자들과 조디 딘 모두가 그러한 믿음을 자연적인 것으로 생각하는 경향이 있지만, 그 믿음이 비정상적으로 지배적 견해가 된 건 자연적으로 발생한 현상이 아니다. 반대로 특정한 투쟁의 산물이다. 이 투쟁을 통해 캘리포니아 이데올로기는 처음에는 특정 대안에 대한 국가의 억압을 통해 강력한 지원을 받았고, 그다음에는 기업 친화적 형태의 후원을 통해 강력한 원조를 얻었다.

조디 딘은 일종의 프리메이슨과 같은 '괴짜들geeks', 비정치적인 척하지만 조용히 영향력을 행사하는 컴퓨터광들에 대해 설명한다. 이를 통해 과학자와 엔지니어가 가진 힘에 대한 더 깊은 역사를 유용하게 살펴볼 수 있다. 그러한 힘은 현재 '정치적인 것'이 채택한 감각의 확장조차도 완전히 감당하지 못하는 것이다. 내 생각에 이에 관한 대항 문헌에는 파스퇴르에 대한 역사적 연구와 실험실의 시간적, 공간적 집중력에 관한 브루노 라투르Bruno Latour의 최고 저작이 포함될 수 있다.[11]

라투르가 보여주듯이 파스퇴르의 정치적 견해는 상당히 전통적이어서 그다지 흥미롭지 않지만, 실험실이 일종의 권력이 될 수 있었던 방식은 아주 다른 이야기다. 실험실의 권력은 시간의 흐름에 따라 자신만의 이질적 이익 영역을 축적하고 (다른 모든 계급과 마찬가지로 자본과 노동에 관련되도록 강제될지라도), 자본도 노동도 아닌 상품 형태와의 관련성을 나타내는 계급 권력으로까지 생각될 수 있을까? (그러지 못할 이유는 또 뭔가?)

조디 딘의 관점에서 컴퓨터광(내 용어로는 *해커 계급*)들은 추방된 매개자이면서 변방으로 밀려난 자들이다.[12] 그런데 무엇에 의해 밀려났는가? 매개자의 공식적 범주는 순수하게 정치적이지도 않고 기술 진화의 '자연스러운' 결과도 아닌 일종의 투쟁하는 존재를 포괄한다. 우리에게는 부분적인 승리와 궁극적인 패배로 귀결된 20세기 후반 정보 벡터에 대한 투쟁의 감각이 여전히 부족하다.

조디 딘의 책은《블로그 이론》이라 불린다. 어떤 면에서 그 책의 힘은 블로거로서 (가끔씩만 신호를 보내는) 그녀 자신이 행하는 실천과의 관계에 있다. 한때 나는 니나 파워Nina Power, 마크 피셔Mark Fisher(k-punk), 라스 아이어Lars Iyer(Spurious) 등의 블로그와 더불어 조디 딘의 '아이 사이트」 Cite' 블로그를 종교적으로 읽었다. 케이트 잠브레노Kate Zambreno와 그 친구들의 새롭고 좀 더 (탈)문학적인 실천에 비견되는 이들은 블로그 형태로 이루어진 일종의 이론-쓰기theory-writing를 진정으로 개척했다.[13] 나 자신도 리스트서브listserv, 가장 인기 있는 우편 목록 관리용 소프트웨어의 하나의 원시적인 인터넷 벡터를 사용하여 이러한 실천의 초창기에 관여했다.[14] 조디 딘과 마찬가지로 내 사고방식은 그러한 실천을 통해 은유를 추론하는 경향이 있다.

페이스북Facebook(리디아 유크나비치는 이를 페이스후커라 부른다. 페이스후커는 페이스북과 매춘부를 의미하는 후커의 합성어)과 마찬가지로, 블로깅blogging 역시 거대 사회화된 미디어 형태로 나아가는 방식에서 한 걸음 벗어난 추방된 매개자처럼 보인다. 조디 딘은 이렇게 말한다. "블로깅의 배경에는 상징적 효율성의 쇠퇴, 보편적 반영성의 재귀적 루프, 반영적 네트워크가 생산하는 극심한 불평등, 그리고 중요한 전환점에서 추방된 매개자의 운영 등이 놓여 있다." 텀블러는 조디 딘이 《블로그 이론》을 썼던 2010년에 이미 존재했지만, 지금처럼 그녀의 개념 틀을 완벽하게 구현하지는 못했다.

이러한 미디어 벡터는 주체가 유희를 반복적으로 시도하도록 가두는 짧은 루프가 된다. 이 루프에서 유희는 더 이상 잃어버린 욕망의 객체가 아닌 상실된 객체 그 자체가 된다. 여기서 모든 동력은 죽어 있는 상태로 나타난다. 이런 재귀적, 반복적 루프에 우리는 고착되어 있다. 소통 행위는 계몽이 아니다. "비판적이고 민주적인 이론을 통한 계몽주의자에서부터 현대의 기술 유토피아주의자에 이르기까지, 이상주의자들이 자유의 형태로 이론화한 것은 실제로는 극단적 불평등과 포획의 세대를 위한 메커니즘이다." 이는 아즈마에서 볼 수 있는 일종의 인간 동물로의 복귀조차 아니다. "동력의 개념은 인간의 마음속에 비인간적인 것을 강조함으로써 이러한 내재적 자연주의에 맞선다." 사소한 차이와 무의미한 산만함에 집착하는 너무나 인간다운 능력은 인간을 스스로의 불가능성에서 너무나 멀어지게 만든다.

소통자본주의는 반복 그리고 정지된 내러티브, 정체성, 규범에 의존한다. 이 용어들로 구조화된 이후에는 끝없이 짧은 동인의 루프를 벗어날 가능성을 창출하는 것이 문제가 된다. 그러나 지금은 정반대 경향이 나타나고 있다. 블로깅 이후 페이스북, 트위터, 인스타그램, 스냅챗이 등장했지만 더욱 반복 속으로 몰아갔다. 문화 산업은 내가 포식자 산업vulture industry이라 부르는 것의 먹이가 되어버렸다.[15] 조디 딘은 이미 블로그에 관련된 최근 경향을 확인했다. 포식자 산업은 더 이상 소통 방식을 향한 욕구를 채워주지 않는다. 욕망은 (결여된 사물에 대한) *하나의 욕망을 위한* 욕망이지만, 동력은 그러한 욕망의 반복이 아니라 거기에 도달하는 데 실패한 순간의 반복이 된다. 가상의 차원은 사라지고 만다.

블로그는 검색 엔진에서 자신만의 대위법을 갖게 되었다. 우리가 우리의 욕망을 모르는 경우에도 검색 엔진은 우리의 욕망을 잘 알고 있기 때문이다. 사람들은 검색 엔진에서 알고리즘을 신뢰한다면 블로그를 통해서는 자신의 '네트워크'를 신뢰한다. 검색 엔진과 블로그 모두에서는 두 가지 유형의 정서적 반응이 지배적이다. 하나는 히스테리컬한 유형이다. 히스테리컬한 사람들은 이렇게 말한다. 그것으로는 충분치 않다! 더 있어야 한다! 다른하나는 편집증 유형이다. 편집증 환자도 이렇게 말한다. 모든 데이터를 훔쳐야 한다! 알려진 대로 검색 엔진은 사람들로 하여금 검색하고 또 검색하고, 블로그하고 또 블로그하게 만들었다. 실질적 행위(국가와 기업 모두)의 입장에서는 모든 걸 훔치는 게 더욱 좋다.

여기서 나는 정보의 비대칭성과 정보에 대한 투쟁을 소통자본주의의 중요한 특징으로 강조하려 한다. 더 이상 자본주의가 아닐 수도 있지만, 어쨌든 그건 더 나쁜 것 즉 정보의 비대칭성에 기반한 생산 방식이다. 왜냐하면 우리 시대의 지배계급(나는 이들을 *벡터 계급*이라 부른다)이 실제로 우리의 데이터와 메타데이터metadata, 데이터에 관한 구조화된 데이터로 다른 데이터를 설명해주는 데이터를 훔친다는 사실이 드러났기 때문이다.

조디 딘에게 블로그는 저널이나 저널리즘도 아니고 문학 형식도 아니다. 그건 지정된 수취인을 넘어 회람되는 걸 의미하는 전근대 시기의 편지 쓰기일 수도 있다. 말하자면 작가를 형성하는 시선gaze을 도입하는 일종의 *자기기술technique of the self*이다.[16] 다만 작가가 누구의 시선에 노출될 수 있는가에 대해서는 모호한 점이 있다.

조디 딘에게 이러한 시선은 대타자의 시선이 아니라 라캉이 말한 다른 창조물, 오브제 프티 아objet petit a, 1955년에 자크 라캉이 L도식을 설명하면서 도입한 대수학 기호로, 대타자와 비교되는 성애 대상으로서의 소타자를 의미함. 'a'는 타자를 뜻하는 불어 autre를 가리킴의 시선이다. 이 시선에는 비대칭성이 존재하며 우리는 일종의 가시성에 갇혀 있다. 나는 내 관점에서 보지만 동시에 다른 관점에 노출된다. 마치 다른 사람의 시선이 아닌 외계의alien 객체(오브제 프티 아)의 시선에 노출되는 것처럼 말이다. 나는 내게 특정된 메시지와 나의 정체성을 전혀 수신하지 못하게 되면서 자아 형성이 차단된다. 조디 딘의 말을 들어보자.

블로깅은 핵심적이고 진실하며 본질적이고 유일한 자아라는 환상과는 어긋나는 기술이다……. 소통자본주의에서 스스로를 노출하는 시선은 불투명하고 이질적인 네트워크에 감춰진 지점이다. 그건 우리의 자아 이상ego ideal에 대한 상징적 타자의 시선이 아니라 간극 혹은 과잉으로 한층 교란된 트라우마적 시선, 즉 오브제 프티 아다.

그러므로 온라인 퀴즈를 풀어내려 끝없이 노력해봤자 나는 내가 누구인지 절대로 알지 못한다. 당신은 어떤 펑크록 여신인가? 나는 때로는 패티 스미스Patti Smith이기도 하지만 킴 고든Kim Gordon으로 밝혀지기도 한다.

상징적 효율성의 쇠퇴는 허구와 현실의 수렴을 뜻한다. 다시 말해 욕망이 욕망하기를 욕망하는desire desires to desire 간극에 머무르는 상징적 정체성의 세계라기보다는, 유희의 약속에 의해 유지되는 상상적 정체성의 세계다. 상징적인 것에서 이탈한 나는 대타자와의 불가능한 관계로 인해 너무나 가변적이고 불안정해진다. 그건 과도하게 공유된 경계의 문제를 가진 자아의 세계다. 하지만 동시에 타인들의 성공을 보여주는 어떤 징후로 인한 문제를 겪으면서, 질투와 샤덴프로이데schadenfreude, 남의 불행에 대해 갖는 쾌감의 회로를 순환한다. 그건 법률과 위반의 세계가 아닌 반복과 동력의 세계다. 더 이상 잃어버린 욕망의 객체가 아닌 객체로서의 모든 자아의 상실이다. 차단된 욕망은 빠르게 행위의 루프를 만드는 부분적 동력으로 확산되어 그물망 속으로 사라져버린다.

물론 이런 종류의 (포스트) 주체성을 경축하는 사람들도 있다. 이러한 주체성은 격렬하게 증식하는 욕망 기계에 연결되고 끊어지는, 가타리가 말하는 *30억 변태perverts*의 행성으로 향하는 발걸음일 수도 있다.[17] 그러는 대신 조디 딘은 아감벤이 상징적 효율성의 쇠퇴를 어떻게든 존재하는 이들 *whatever being*로 정형화하는 방식을 탐구한다.[18] 조디 딘에 의하면 "어떻게든 존재하는 이들은 시민권, 민족성 등 현대적 소속의 표식을 통한 정체성 각인을 해체함으로써 예상되는 새로운 방식의 공동체와 새로운 형태의 개성을 지향한다". 아감벤의 관점에서 볼 때, 이들 중 일부는 이를테면 국가 정체성의 해체에는 좋을 수 있다. 보드리야르의 치명적 전략을 연상시키는 아감벤의 전략은 어떻게든 존재하는 이들을 극한까지 밀어붙이는 것이다.[19]

모든 블로거가 알고 있듯이 이 같은 미디어는 읽기와 해석이 아닌 신호의 순환에 관한 것이다. TL;DRtoo long, didn't read, 너무 길어서 안 읽었어이 가장 일반적인 응답이다. 조디 딘에게 어떻게든 존재하는 이들에서 '어떻게든'이라는 말은 일종의 오만으로, 그들을 이해하려는 시도 없이 의사소통이 이루어졌다는 최소한의 인정을 의미한다.

아감벤은 소통자본주의가 도용하는 언어에서 존재의 긍정적 속성을 되찾을 수 있는 방법이 있을 것으로 생각한다. 그는 정체성에 대한 유동적 planetary 거부, 정체성 없는 일종의 특이성 등 어쩌면 다른 소속의 방식을 기대한다. 반면 조디 딘에 의하면 "그렇게 소속될 존재들은 유럽의 철학이나 정신분석이 이론화하는 의미에서는 주체가 아니다". 이에 대해 열성적인 들뢰즈주의자들은 (나처럼 실망한 이들마저도) 정신분석과 철학에 그만큼 더 큰 악영향을 미칠 거라고 반응할지도 모른다.

무페와 마찬가지로 조디 딘은 *적대감*의 사상가이지만, 어떻게든 존재하는 이들에게 명백히 결여된 적대감으로 인해 혼란을 겪는다. 그런데 그것은 비정치적인 것일까? 혹은 변증법 없이 차이가 다르게 나타나는 현상에 불과할까? 조디 딘은 이렇게 말한다. "여기서 나는 내가 존경하는 정치도, 어떤 종류의 투쟁도 찾을 수 없다. 어떻게든 존재하는 이들에게 무엇이 동기를 부여할 수 있을까?" 그들은 그 무엇도 부족하지 않다. 이것야말로 핵심일지도 모른다. 물론 어떻게든 존재하는 이들은 아감벤이 바라는 방식으로 국가를 회피하지는 않는다. 벡터 계급의 행위와 기업에 의한 메타데이터 수집은 분류 또는 신원을 전제하지 않는 기록을 가능케 한다.[20] 대중의 뒷구멍 back hole은 알고리즘에 정복당했다. 그들의 침묵은 역설적으로 많은 걸 말해준다.

아감벤은 (아즈마처럼) 스펙터클 속에서 언어의 극단적인 소외가 일종의 아이러니한 결말coda로 나타날 수 있다고 생각한다. 아이러니한 결말이란 그러한 소외가 긍정적인 어떤 것, 즉 정체성 이후의 존재가 되는 것을 가리킨다. 실제로 그는 지젝과 조디 딘에게 동력으로 이해되는 것을 긍정적으로 생각하는 면이 있다. 어떻게든 존재하는 이들은 정말로 수동적일까 아니면 약간 유동적일 뿐일까? 그리고 대체 왜 수동성은 나쁜 것일까? 여기에는 언제나 라캉에 대한 회고적인 시각이 있는 것 같다.

《프로이트 로봇Freudian Robot》에서 리디아 리우Lydia Liu는 라캉을 전후 postwar 시기의 정보 과학에 대항하는 반작용으로 읽는다. 이 시기는 텍스트와 의미에 대한 질문이 정보를 통계적 확률 분야로서 수학적으로 분석하는 새로운 방법에 의해 회피되던 기간이었다.[21] 이제는 의미보다는 정보 영역에서 전략을 다시 생각할 때다. 그러나 딘은 그러지 않는다. "상실된 것은 바로 논쟁적 발언과 헤게모니적 발언을 구분할 수 있는 능력, 아이러니, 어조 tonality, 규범성이다."

그런데 그것들은 의사소통에서 일어나는 일에 대해 지식인들이 즐겼던 환상 이상의 것이었을까? 여기서 나는 플라토노프 읽기의 유용성을 발견한다. 초기 소비에트 시기의 언어에 대한 그의 설명이 이데올로기나 선전의 정치라기보다는 주파수와 반복 이상의 것이었기 때문이다.[22] 나는 전략에 이르는 길이 언제나 반드시 비판을 통하거나 상징적 기록부에 형성된 주체의 정치를 통할 필요는 없다고 생각한다. 상상과 현실 사이의 흐름은 인간이 대부분의 시간 동안 상주하는 곳일지도 모른다. 그건 마치 상징적인 것이 명백하게 우리의 친구처럼 보였던 것과는 다르다.

조디 딘은 프리드리히 키틀러의 은밀한 재작업인 미디어 이론으로 돌아가는 라캉에 대해 잠깐 언급한다. 이는 좀 더 살펴볼 필요가 있다.[23] 키틀러의 관점에서 상상계imaginary, 상징계symbolic, 실재계real라는 라캉의 유명한 세 가지 구조는 사실 미디어의 발전에서 나타나는 특정 순간의 효과다. 그건 해러웨이의 사이보그 진화 단계로, 서로 다른 기술이 서로 다른 감각의 흐름을 매개하는 장치가 되는 것이었다. 키틀러에게 예컨대 스크린이 상상적인 것이라면 타자기는 상징적인 것이다. 그리고 축음기는 실재하는 것이다.

이는 코언 형제Coen Brothers가 〈헤일 시저Hail Ceasar〉에서 날카롭게 풍자한 식자 계급literate class의 불안을 그대로 보여준다. 그들은 스크린에 대항하기 위해 타자기와 씨름했고, 스크린이 생성한 미디어의 자아/타자 변동에 맞서 이런저런 상징 질서를 고수했다. 그러는 동안 목소리의 흐름은 양쪽 모두를 넘어 실재를 위해 남겨진 대역으로서 메아리쳤다. 물론 그 모두에서 미디어 융합은 지워진다.[24] 우리는 이제 다른 식으로 연결된 사이보그가 된다.

이는 조디 딘이 인지자본주의의 '덫'에 저항하고 싶어 한다는 걸 말해준다. 조디 딘은 말한다. "모든 사소한 트윗이나 코멘트, 모든 전달된 이미지나 청원은 작은 정서적 덩어리, 약간의 과잉된 즐거움, 그것에 달라붙는 소량의 주목attention을 축적한다. 그리고 그것이 다시 뒤섞이기 전에 더 큰 흐름으로부터 눈에 띄게 만든다." 이를 하나의 미디어 사이보그 장치에 투입된 것들이 자신을 대체하는 장치에 저항하기 위한 (미디어 용어로는) 호소로 읽지 않기란 어렵다. 새로운 것은 지배와 착취라는 정치 경제의 일부이지만,

낡은 매스미디어 장치 역시 마찬가지다. 비록 예전의 정치 경제와 똑같지 않을 수는 있지만 말이다.

주체와 상징 질서의 관계에 중점을 둔 개념 틀에서 벗어날 수 있는 것들이 존재하기는 한다. 그러나 나는 이를 필수적인 이론적 전술로 보지 않는다. 많은 면에서 정보를 신호 대 잡음 비율이라고 생각하는 것이 생산적이며, 나아가 정보 전술에 개입할 수 있는 일종의 역동성으로 생각하는 게 좀 더 생산적이라고 판단한다. 상황주의자들은 이를 비틀기라고 부른다.

나는 테라노바와 조디 딘의 작업과 관련하여 비틀기라는 개념을 보다 완전하게 도입하려 한다. 나는 그 개념이 테라노바의 네트워크 문화에 대한 몽타주 실천을 생각할 수 있는 더 미묘한 방식이라고 판단한다. 조디 딘에게 "몽타주montage가 제안하는 정치는 일관성과 지속성에 대한 부담에서 해방된 정치다".

그런데 정보 정치란 항상 주파수에 관한 것, 특정 정보가 다른 특정 정보와 함께 나타날 확률에 관한 것, 그리고 그것이 생성하는 정서 상태에 관한 것이 아닐까? 정치적 소통이 다른 어떤 것이라고 정말로 생각하는 사람들은 지식인밖에 없다. 심지어 경제학도 크게 다르지 않다. 부탕의 제안처럼 벡터 시대에는 누구도 무언가의 실제 가치를 알지 못한다. 따라서 문제는 (일부는 인간이고 또 일부는 알고리즘인) 플러그 앤 플레이plug and play, 꽂으면 실행된다는 뜻으로, 컴퓨터 실행 중에 주변 장치를 부착해도 별다른 설정 없이 작동함을 가리킴 정보 필터의 광대한 사이보그에 전가되어버린다.

물론 그러한 정보 '생태계'에는 문제가 있다. 그건 모든 것의 가격은 알지만 동시에 어떤 것의 가치도 알지 못한다. 드보르가 이미 보여주었듯이 통합된 스펙터클은 스스로를 자신이 묘사하는 현실에 통합했고, 그다음에는 그 두 가지의 차이를 파악하기를 멈췄다.[25] 우리는 그것이 창조하는, 일어날 가능성이 거의 없는 분자 흐름에 의해 생산되는 신진대사의 균열 속에서 살고 있다. 이는 역으로 인류세라고 불리는 분열의 스펙터클을 만들어낸다.

드보르에 관련해 아감벤과 조디 딘 둘 다 놓친 것이 있다. 바로 스펙터클의 개념이 비틀기의 개념에 의해 항상 두 배로 커진다는 점이다.《스펙터클의 사회》는 이를 명확하게 보여준다. 특히 그 책의 핵심적인 마지막 장에서 비틀기는 모습을 드러낸다. 거기서 드보르는 자신과 질 월만Gil Wolman이 1950년대에 스펙터클 시대의 아방가르드 전략으로 맨 처음 제안한 문학공산주의literary communism의 사례를 다시 한 번 이야기한다. 비틀기는 정확히 모든 정보를 공유지로 취급하고 그 영역에서 모든 사유재산을 거부하는 전술이다.[26]

조디 딘과는 대조적으로 비틀기는 '참여' 정치와는 전혀 관련이 없다. 이 전술은 총체성으로서의 스펙터클을 전복하는 것에 관한 문제였다. 드보르 역시 '전문성expertise'을 잠식하는 일에 실제로 기여하지 않았다. 반대로 자신이 생각하기에 스펙터클을 방어하기 위한 (혹은 공격하기 위한) 지식을 가진 양측의 소수에게 자신의 저서《코멘트Comment》를 헌정했다. 마찬가지로 그는 이 책으로 이탈리아의 1970년대 스펙터클에 대해 상기네티Sanguinetti가《이탈리아에서 자본주의를 구할 마지막 기회The Last Chance To Save Capitalism In Italy》를 쓰는 데 도움을 주었다.[27]

그는 스펙터클로 다시 복귀하는 것의 위험성을 잘 알고 있었다. 그건 그의 핵심 주제 가운데 하나였다. 조디 딘은 이렇게 말한다. "스펙터클은 공동선common good의 가능성을 포함하고 있으며 또한 그것을 포착한다." 다만 이 주제가 이미 참여participation보다는 철회withdrawal에 주목한 그의 후기 저작의 중심점임을 말해둔다.

한편 비틀기 그 자체는 협업화되었다. 자유로운 정보는 자유로운 노동에서 잉여 정보를 추출하는 새로운 비즈니스 모델의 기초가 되었다. 그러나 이는 비틀기를 자유로운 데이터에서 자유로운 메타데이터로 이동시키는 걸 의미한다. 자유로운 정보는 그것이 현재 하부구조의 간극 속에 있더라도 비틀기와 비판뿐만 아니라 다른 종류의 회로를 구현할 것을 요구한다.

당분간은 연대감과 공유지를 생성하는 정보의 연결 고리를 지속적으로 순환시키는 것이 전술이 될 것이다. 이는 상징적 효율성의 쇠퇴, 또는 적어도 그것을 유지하는 강제력의 부족에서 나타나는 횡적인 '탐색'의 장점을 활용하는 방식이다. 조디 딘이 '규율과 희생과 지체'라고 부르는 곳은 분명 존재한다. 그러나 로마가 하루아침에 이루어지지 않았듯이, 새로운 문명이 세워지려면 한 가지 종류 이상의 주체-장치 사이보그가 필요할 것이다. 당 party은 환경을 전제로 한다. 당은 환경의 결과이지 원인이 아니다. 그러므로 새로운 환경을 조성하자.

지금의 문명은 끝났으며 이 사실은 누구나 알고 있다. 그건 모든 종류의 문제에 대한 모든 종류의 해결책을 요구하는 조직적 문제다. 단 하나의 '올바른' 비판 이론이란 존재할 수 없다. 그런 이론은 모두 복합적인 문제의 일부분을 해결하기 위한 도구에 지나지 않는다. 딘의 책은 특정한 주체적 단락의 진단과 그에 대한 가능성 있는 해결책으로 매우 적합해 보인다.

민주주의 대 자유주의

Democracy vs. Liberalism

샹탈 무페Chantal Mouffe는 벨기에 출신의 여성 정치철학자로 루뱅대학교와 에섹스대학교에서 정치철학을 공부했다. 이후 영국 웨스트민스터대학교 정치학과 교수 및 민주주의연구소 소장을 맡으면서 많은 연구 활동을 전개했다. 초기에는 그람시 연구를 토대로 헤게모니 이론을 발전시켰고, 1985년 라클라우와 함께 책을 출간하면서 포스트 마르크스주의 논쟁의 중심에 서게 되었다. 이후 점차 연구 범위를 확장한 그녀는 이성과 보편성 중심의 서구 근대 철학에 대한 급진적 비판을 통해 자유주의와 민주주의 이념을 재구성하는 작업에 몰두하고 있다.

2016년 봄 미국 대통령 예비선거가 펼쳐졌을 때 공화당과 민주당이 이끄는 논쟁 외에 다른 문제가 있는 것처럼 보였다. 바로 자유민주주의liberal democracy가 자유주의적인 것인지 아니면 민주주의적인 것인지에 관한 논쟁이었다. 그것이 민주주의적인 것이라면 민주주의란 어떤 종류의 민중demos에 관한 것인가에 관한 논쟁이기도 했다. 적어도 당시 샹탈 무페Chantal Mouffe를 읽고 있던 내게는 그렇게 여겨졌다.[1] 그녀의 저서는 그러한 사건을 이해하는 (제한적일지는 모르지만) 유용한 관점을 제공한다.

자유민주주의에서 자유주의자의 두 가지 버전은 힐러리 클린턴Hillary R. Clinton과 젭 부시Jeb Bush의 캠페인으로 대표되었다. 클린턴은 민주주의 버전을 방어할 수 있었지만 부시는 그렇지 못했다. 부시와 클린턴을 함께 '자유주의자'로 묶고, 심지어 그들의 도전자인 버니 샌더스Bernie Sanders와 도널드 트럼프Donald Trump를 '민주주의자'로 다루는 건 다소 극단적으로 보일지 모른다. 그렇지만 두 용어의 특정 의미에는 이해할 만한 점이 있다.

여기서 자유주의는 미국적인 의미보다 훨씬 더 고전적인 의미를 띤다. 클린턴과 부시는 모두 법에 의한 지배, 사유재산, 제한된 정부(물론 여기에는 특정 이해 집단을 위한 일부 양보가 있다) 그리고 미국 시민이 된다는 것의 의미에 대한 다소 추상적인 아이디어를 지지했다. 민주주의 역시 매우 구체적인 의미를 지닌다. 샌더스와 트럼프는 모두 민중에 시민으로서 포함되거나 반대로 배제된다는 것이 무슨 의미인지를 강조한다. 샌더스가 배제하는 게 월스트리트라면 트럼프가 배제하는 건 외국인이다.

이들은 민중의 아주 다른 버전이다. 하나는 계급 기반에 가까운 반면, 다른 하나는 길로이가 일반파시즘general fascism이라고 부르는 버전인 맹목적 애국주의에 가깝다. 흥미롭게도 양자 모두 민중이 누구에 맞서는지에 대한 강한 주장과 민중이 무엇을 공유할 수 있는지에 대한 강한 정서가 결합되었다. 적어도 선거 운동 초기에 트럼프는 편협하고 인종차별적인 의미에서 민중에 합당한 것으로 인식되는 기존의 사회복지와 의료 혜택을 지원하는 데 조심성을 보였다. 반면 샌더스는 무상 고등교육을 강조했다. 이처럼 민주적인 도전자들은 매우 다른 방식으로 민중에게 참여에 대한 강한 감성을 호소했다. 시민권은 단지 추상적인 범주가 아니라 소속감과 공유의 정서를 느끼는 것이다.

여기서 미국 정치는 그리 예외적이지 않을 수도 있다. 많은 정치가 미국 정치와 비슷한 것을 경험하고 있다. 중도 우파와 중도 좌파의 주류 정당은 극좌파와 극우파의 도전을 받는다. 도전은 때로는 더 분명하게 사회주의 좌파에 의해, 그리고 과거의 파시스트 형성과 직접적이고 명백한 연속성을 지닌 우파에 의해 이루어진다. 신자유주의라고 불리는 이러한 자유주의 버전은 자신이 오래된 경쟁자들의 압력 하에 놓여 있음을 인식하고 있다. 이들은 모두 민주적인 도전의 경쟁 버전으로 볼 수 있다. 그리스 같은 일부 경우에는 좌파 민주주의 세력이 우세했지만, 폴란드나 헝가리 같은 나라에서는 우파 민주주의 세력이 우세했다. 오스트리아에서는 대통령 선거가 녹색당

후보와 극우 신파시스트주의자 사이의 치열한 경쟁으로 귀결되었다.

한편 서로 다른 두 종류의 압력이 자유민주주의를 분열시킬 수도 있다. 하나는 *재정 긴축*이다. 금융 약탈의 이익을 위해 최소한의 규제 기능마저 배제된 정부 형태는 자유민주주의의 자유주의 측면에 대한 반동을 불러일으킨다. 따라서 계급과 국가에 기초한 민주주의 형태가 대안으로 등장할 수 있다. 한때 그리스에서는 시리자Syrizia, 그리스 정당의 이름인 '급진좌파연합'의 줄임말로 2015년 1월 총선에서 승리해 집권당이 됨가 선출된 후에도 좌파 민중들에 호의적이었지만, 그들이 할 수 있는 (혹은 해낼 의지가 있는) 일은 많지 않았다.

또 다른 압력은 전 지구적인 난민 위기다. 기후변화가 제국 시스템의 가장자리에서 불안정을 야기하는 수많은 지정학적 기만전술에 추가되고 있다고 말하는 게 합리적으로 보인다. 건조 기후가 북아프리카, 중동과 중앙아시아 전역으로 확산되면서[2] 수백만 명이 이주를 하고 있다. 유럽연합과 오스트레일리아에서는 우파 민중이 공유된 국가적 소속으로 놀라울 만큼 인기를 얻고 있다. 중도 좌파와 중도 우파 정당은 이러한 우파 민중을, 그렇지 않았다면 상업화의 바퀴를 계속 굴리는 일에 더 많은 관심을 가졌을 정치의 자유주의 형태 속으로 수용하는 데 사로잡혀 있다.

이런 현상을 어떻게 생각해야 할까? 여기서 우리는 무페를 따라갈 수 있다. 그녀는 자신이 보다 근본적인 개념으로 취하는 것, 즉 *정치적인 것*the political의 배경에 맞서서, 정치의 이 같은 특별한 경우를 생각하고 싶어 할 것 같다. 《애거니스틱스Agonistics》에서 무페는 정치적인 것이 모든 가능한 정치 하에서 존재하는 일종의 존재론적 근거라고 생각한다. 그녀는 그것의 가장 큰 특징을 *급진적 부정성*radical negativity이라 부른다. 얼마나 다원적인지와는 무관하게 하나의 정치체제로 병합 또는 포섭되거나 화해될 수 없는 뿌리 깊은 차이가 존재한다. 즉 항상 비동일성nonidentity의 지점이 존재한다. 정치적 해결책은 타자를 *구성 요소 밖의 존재*constitutive outside로서 배제하는 경계를 만드는 것이다. '정치적인 것의 순간'은 우리가 타자들과 맞서는 때다.

특히 일반파시즘의 형태에서 우리와 그들의 경계는 스스로를 자연스러운 사실로 제시한다. 하지만 무페에게는 이러한 구별이 아무리 상식에 부합하는 것처럼 보여도 임의적이고 우발적이고 만들어진 것이라는 점이 중요하다. 정치적 힘은 우리us라는 단어로 함께 모습을 드러낼 수 있는 동등함의 *사슬로 연결된 특정 세력을 분명하게 표출하는 것*을 말한다. 동시에 그들them이라는 단어에 맞서 *헤게모니의 힘을 형성*하는 것이기도 하다.

그러므로 대통령 예비선거에 임하는 샌더스의 입장에서 볼 때, 우리 모두는 반드시 깨뜨려야 하는 '거대한 월스트리트the big bank'에 맞서 함께 여기에 모인 것이다. 반대로 트럼프의 입장에서는 거대한 장벽 밖으로 격리해야 할 '멕시코 강간범들'에 맞서 함께 여기에 모인 것이다. 트럼프는 장벽 건설비를 어떻게든 멕시코가 지불하도록 만들 것이다. 힐러리 클린턴의 전통적 자유주의 정치마저도 '테러'와의 전쟁을 중심으로 강력하게 조직되어 있다. 그녀는 오바마 대통령보다 훨씬 호전적인 입장을 취하겠다고 장담한다.

이 모든 것은 풍부한 역사가 있는 '미국인 우리American us 대 미국인이 아닌 그들un-American them'의 버전이다. 무페의 말을 들어보자.

특정 순간에 상식과 결합되어 '자연스러운' 질서로 받아들여지는 것은 축적된 헤게모니 실천의 결과다. 이는 그걸 존재하도록 만든 실천의 외부 모습인 보다 깊은 객체성의 표현이 결코 아니다.

헤게모니는 이성적인 것이라기보다는 감성적인 것이며, 구성 요소 밖의 존재를 필요로 한다. 국민은 헌신과 소속감이라는 공유된 감정 구조 속에 존재하지만, 그 경계에 있어서는 항상 불완전하고 불안정하다.

무페의 정치 이론은 여전히 보편적인 완전한 정치체제라는 윤리적 이상에 지배받지 않는다. 그의 이론은 최선의 상황을 달성하려는 욕구에 의해서가 아니라 최악의 상황을 피하기 위해 개진된다. 계급투쟁의 적대감을 높이려는 조디 딘과 달리, 무페는 우리와 그들의 구별이 *적대적antagonistic*이기보다 *경쟁적agonistic*이 될 수 있는 방법에 더 큰 관심을 갖는다. 그러면서 이런 질문을 던진다. 특히 인종차별과 여성혐오가 관련된 곳에서 갈등을 중재하는 제도라고 일반적으로 받아들여지는 제도가 존재할 수 있을까? 제도 형태의 중재가 본질주의자의 정체성과 비타협적 요구의 위험을 피할 수 있을까?

이어서 무페는 정치적인 것의 뿌리에 존재하는 투쟁심을 승화할 수 있는 제도의 역할에 대해 살펴본다. 비록 그러한 제도가 보편적 정의라는 윤리적 이상에 미치지 못하고, 그 자체로 과거의 헤게모니적 표출의 산물이라 할지라도 말이다. 또한 차이의 확산에 의한 끝없는 협상에 개방적이지 못하고 우려되는 문제에 대한 *결정의 순간*에 굴복할지라도 말이다.

보편적인 평화와 정의란 결코 존재하지 않겠지만, 그렇다고 만인과 만인의 투쟁이 반드시 존재할 필요는 없다. "이러한 경쟁적 충돌의 목적은 타인을 말살하는 것도 동화시키는 것도 아닌 하나의 대립이다. 여기서 상이한 접근법들 사이의 긴장은 다극화된 세계를 특징짓는 다원주의를 증진하는 데 기여한다." 모든 사람을 화해시키지는 않지만, 우리/그들의 경계라는 제약 속에서 다원주의의 몇몇 수단을 운용할 수 있다는 것이 자유민주주의가 가진 제한된 미덕이다.

《민주주의의 역설The Democratic Paradox》에서 무페는 특히 반자유주의 이론가이자 나치 법학자인 칼 슈미트를 비판적으로 읽으면서 정치적인 것의 개념을 발전시킨다.[3] 슈미트에게 국민의 동질성은 민주주의를 시행할 수 있는 조건이다. 여기서 민주주의란 국민에 의한 통치를 의미한다. 국민은 동지와 적을 구별할 수 있다. 무페가 분석한 슈미트의 생각은 "민주주의는 평등의 개념을 본질로서 요구하고 시민들은 공통된 본질을 가져야만 한다"는 것이다. 이에 대해서는 뒤에 다시 다루기로 하자.

*민주주의의 역설*은 민주주의와 자유주의가 양립할 수 없다는 것으로, 특정 국민의 정치가 아닌 개개인으로 구성된 추상적 인류의 정치를 가리킨다. 따라서 자유주의자들은 재산권을 소유하고 자신의 일을 돌볼 개인의 권리가 보호받는 보편적 정치체제를 꿈꾼다. 하지만 그건 민주주의가 아니다. 민주주의는 몇몇 유형의 평등 속에 존재하는 특정한 사람들을 상정하지만, 그들은 자신들과 동등하지 않은 다른 사람들에게는 적대적이다. 심지어는 길로이가 주장하듯 인간 이하의 존재로 취급한다. "민주주의의 논리는 사실상 '국민'을 구성하는 과정에서 요구되는 폐쇄closure 시점을 암시한다. 자유민주주의 모델도 이를 피할 수는 없다. 다만 그 시점을 다르게 협상할 뿐이다."

따라서 "자유민주주의 정치는 (서로 다른 헤게모니의 표출을 통해) 협상과 재협상의 구조적 역설이 끊임없이 반복되는 과정으로 이루어진다". 자유민주주의에 있어 이상적이거나 불가피한 것은 존재하지 않는다. 그건 단지 정치권력의 우발적이고 헤게모니적인 형태일 뿐이다. 자신을 이성적이고 합의적이며 이의 제기를 포용하는 제도라고 주장할수록, 자유민주주의는 여전히 권력으로 존재할 뿐만 아니라 받아들일 수 없는 것에는 스스로를 닫아버린다. 합의는 다원주의를 공적 영역에서 제거할 때 이루어진다.

무페는 슈미트에게서 자유민주주의에 대한 비판적 개념을 도입했지만, 그것을 슈미트에 대한 비판으로 연결한다. 슈미트는 자유민주주의를 비판한 것은 물론 폐지하기를 원했으며, 자유민주주의의 역설적 긴장 상태를 치명적인 것으로 보았다. 반면 무페는 그런 긴장 상태를 생산적인 것으로 본다. 추상적 개인주의와 민족의 특수성 사이의 긴장감이 정치 형태의 창의적 타협을 가져온다는 것이다. 슈미트는 국민을 기존의 정체성으로 상상할 수

밖에 없었다.

　슈미트는 국민이라는 구조 내에서 다원주의를 거부했다. 슈미트의 입장에서 국민은 헤게모니의 표출에 의해 구축된 것이 아니라 이미 주어진 것이었기 때문이다. 그의 국민 개념은 정치에 선행하는 것이었으며, 자연적이고 본질적인 것이었다. 그는 트럼프가 반反 이민 정책을 노골적으로 부추기는 걸 이해했을지는 모르지만, 샌더스가 만들어낸 보다 다원적인 국민에 대한 호소는 이해하지 못했을 것이다. 그는 타자성이 이미 주어진 외부적인 것이기보다는 정치체제가 구축하는 내부적 경계라는 걸 거의 파악하지 못했던 것으로 보인다.

　무페는 정치적인 것에 대한 자신의 개념을 자유주의와 마르크스주의라는 대립되는 두 가지 이론에 맞서게 한다. 하지만 나는 자유주의 정치 이론을 진지하게 받아들이기 어렵다는 걸 깨닫는다. 왜냐하면 그건 이미 존재하는 것들의 이상화된 버전이자 그것들에 대한 정당화이며, 따라서 이론적 에너지나 엄격함이 부족해 보이기 때문이다. 그럼에도 불구하고 샌더스나 트럼프 같은 유형의 활동에 자유주의 세력이 무기력하다는 점을 고려할 때, 자유민주주의의 다양한 매력에 맞서는 그녀의 지적은 시의적절하다고 할 수 있다.

　자유주의(와 탈자유주의) 정치 이론의 문제는 그것이 적대감을 무시해야 한다는 점에 있다. 그들의 시작과 끝은 (일반적으로) 보편적 합의의 가능성에 대한 합리주의적 신념이다. 이는 개인 간의 합의로 인식됨으로써 집단 정체성의 힘을 파악하기 어렵게 만든다. 이성에 근거한 보편적 합의는 적대감뿐만 아니라 결정의 순간도 제거해야만 한다. 버틀러의 생각과는 달리 누군가는 정치에는 수행하는 것 이상의 취약한 육체가 함께 존재한다고 덧붙일 수도 있다. 하나로서의 국민이라는 이론(자유주의)에 맞서고 다중으로서의 국민이라는 이론(탈자유주의)에 맞서서, 무페는 국민이란 분열된 존재라고 주장한다.

한편 국제 영역을 고찰하면서 무페는 대도시 또는 탈식민주의 입장에서 비롯하는, 주권과 헤게모니를 뛰어넘는 세계시민주의cosmopolitan 세계라는 환상에 반대한다. (이는 가라타니의 관점에서는 네 번째 교환 양식에 포함될 수 있다.) 이런 접근 방식은 추상적 정의와 특정한 소속 형태 간의 세계시민주의의 표준을 협상하려고 시도한다. 그러나 무페가 민주주의의 역설이 건설적임을 발견하는 곳에서 이른바 세계시민주의의 역설은 그다지 설득력을 갖지 못한다. "내가 볼 때 세계시민주의의 개념을 그것의 일상적 의미와는 거의 정반대로 재정의하려는 시도는 유용성이 없다."

무페는 처음에는 이른바 에섹스Essex 학파 담론 분석의 기초가 되는 텍스트인 에르네스토 라클라우Ernesto Laclau의《헤게모니와 사회주의 전략 Hegemony and Socialist Strategy》의 공저자로 주목을 받았다.[4] 그 책은 한편으로는 마르크스주의 무장 세력 간의 경험 격차를 해소하려는 정치에 관한 고전적 마르크스주의자들의 입장을 통해, 다른 한편으로는 계급 분석에 뿌리를 둔 정치 이론을 통해 자신의 길을 개척해 나갔다. 이러한 읽기에서 로자 룩셈부르크, 카를 카우츠키, 에두아르트 번스타인Eduard Bernstein, 조르주 소렐 Georges Sorel은 자본주의 발전 법칙이 계급 모순을 심화하고 계급 적대감을 표출하는 정치 투쟁을 명확히 하는 것으로 귀결되는 것처럼 보이지 않는다는 문제에 대한 해결책을 모두 조합한 이론이 된다.

라클라우와 무페는 당시 널리 유행한 마르크스주의 사회 형성의 세 가지 공식을 모두 거부했다. 첫 번째 공식은 상품 형태를 본질로 보는 반면 정치적, 문화적 현상은 외양으로 보는 것이다. 두 번째 공식은 경제를 그것의 운동 법칙이 정치적, 경제적 상부구조에 반영되는 하부구조로 보는 것이다. 끝으로 세 번째 공식은 정치적, 문화적 상부구조에 상대적 자율성을 부여하지만 최종적으로는 경제가 결정적이라고 보는 것이다. 알튀세르의 공식인 세 번째 것이 라클라우와 무페의 출발점이었다.[5] 그러나 그들은 경제의 절대성으로부터 정치적인 것의 자율성을 만들어냈다. 한 걸음 더 나아가 경제 자체가 정치적인 것임을 보여주었다. 산업 현장이 가치를 뽑아내는 것 이상의 지배적인 장소라는 것이다.

이런 식으로 라클라우와 무페의 손에서 마르크스주의 사상의 기본 범주가 해체된다. 생산력의 발전은 중립적이거나 인과적인 역사의 궤적이 아니다. 경제적인 것은 그 자체의 규칙성에 의해 규율되지 않는다. 또한 일관된 계급적 지위를 창출하지도 않으며 자신에 관련된 계급적 이해관계를 명확히 규정하지도 않는다.[6] 경제와 역사 발전을 관통하는 대신 그들은 우발적이고 정치적인 시간을 제공했다.

여기서 핵심이 되는 것은 바로 "언제나 불완전한 정치권력 구조를 생성하는 헤게모니 질서만이 존재한다"는 그람시의 *헤게모니* 범주였다. 특히 무페의 후기 작업에서, 욕구 충족을 위한 인간적 삶의 사회적, 역사적 조직화에 관련된 마르크스주의 존재론은 원초적 적대감의 정치적 존재론으로 대체되었다. 무페는 이렇게 말한다. "만약 우리의 접근 방식이 '포스트마르크스주의'라고 불린다면, 그건 우리가 그 개념의 토대를 이루는 존재론의 형태에 도전했기 때문이다."

이런 관점에서 무페는 마르크스주의자 또는 공산주의자의 사고를 부활시키기 위한 특정한 시도를 주창하는 비평가가 되었다. 무페의 말을 들어보자.

> 마르크스주의적 접근 방식의 가장 큰 단점은 내가 '정치적인 것'이라고 부르는 것의 핵심 역할을 인정하지 못한다는 것이다…… 해방 프로젝트는 더 이상 사회적 총체의 관점으로 확인된 사회적 주체에 의해 권력을 제거하고 공동의 관심사를 관리하는 것으로 인식될 수 없다. 적대감, 투쟁, 사회 분열은 항상 존재할 것이며, 이를 다루기 위한 제도의 필요성은 결코 사라

지지 않을 것이다.

그녀는 불가능한 목표인 부정의 길via negativa이라는 외양을 통해 공산주의를 부활시키려는 지젝의 시도에 반발한다. 또한 이와 관련된 알랭 바디우의 공산주의 버전을 윤리 정치의 이상한 사례라고 생각한다. 아렌트와는 대조적으로 바디우는 정치를 논쟁의 영역으로 생각하지 않는다. 그에게 정치는 주체를 생성하는 진리 사건truth event에 대한 단일 관계를 의미한다. 사건은 사실과 관심의 문제를 넘어선다. 사건은 주체로 하여금 그러한 문제 이상의 어떤 것, 즉 실재계의 간섭interruption of the real에 *충실하게* 존재하도록 요구한다.[7] 이를 무페는 윤리라고 생각하는 관점을 취한다. 그런데 여기서 '그건 오히려 신학적인 게 아닌가, 불합리한 존재에 대한 믿음의 비약이 아닌가' 하는 의문이 생겨날 수 있다.

무페는 이러한 (반anti)정치를 일축하면서도 하르트Hardt, 네그리, 비르노 등 자율주의적 마르크스주의 혹은 노동자주의적 마르크스주의의 다양한 버전으로부터 멀어지는 데 더 많은 시간을 할애한다. 이들은 기존의 제도를 통한 반헤게모니 투쟁을 포기하고 대신 그것으로부터 엑소더스 또는 철회할 것을 제안한다. 나아가 주어진 것이 갈등이 아닌 자기 조직화라는 존재론을 주장한다. 또한 단합된 노동의 자기 조직화를 대신하여 차별화된 다중의 자기 조직화를 상상한다. 다중의 자기 조직화를 위해서는 단지 기생 자본parasitic capital을 탈피하기만 하면 된다는 것이다.

이런 사고방식은 무페가 배제한 바 있는, 생산력과 생산관계의 변화에 대한 분석에 종종 근거한다. 따라서 산업 조직이 포드주의 제조 시스템에서 포스트포드주의 정보 산업으로 진화한 것은 현재의 비물질적, 정서적, 소통적, 협동적 노동에 기반한 생산방식의 돌연변이라 할 수 있다. 권력은 규율 제도보다는 사회 영역에 직접적으로 구축된 통제 시스템을 통해 조직화된다. 이러한 통제 *사회*는 국민국가를 넘어 영토가 없는 *제국*이라는 공간으로 확장된다. 정치 주권은 이제 삶 자체의 생산을 지배하는 *삶*정치 권력의 형태를 취하고 있다.[8]

이러한 경제와 정치체제는 실제로 노동자주의자들이 유일하게 인정하는 자기 조직화된 다중 즉 능동적 행위의 힘에 대한 반응이다. 또한 *집단 지성*, *비물질 노동* 혹은 *일반지성*이라는 새롭게 등장하는 형태에 대한 반응이기도 하다. 제국을 창조한 것은 바로 이러한 다중이었다. 제국은 지배계급이 자기 조직화 자체의 임의적 에너지를 포괄하는 수단이다. 생산수단의 발전은 다중이 자기 조직화에 더 가까워질 수 있도록 만들었다. 다중의 자기 조직력은 표현될 수 없으며 일반 의지 안에 포함될 수 없다. 다중이 할 수 있는 유일한 정치적 선택은 시민 불복종이라는, 의회를 벗어난 대표성 없는 형태의 권력이다.

철회 전략에 맞서 무페는 *참여* 전략을 고수한다. 그녀는 생산력 이론이 아닌 정치 헤게모니 이론을 주장한다. 그녀에게 가장 중요한 건 생산적이고 창의적인 활동에 대한 일원론이 아니라 화해할 수 없는 적대감에 대한 이원론이다. 자본은 그녀의 관점에서 볼 때 반응적인 역할보다 훨씬 많은 역할을 갖고 있다. 사회 형성의 현재 형태는 단지 생산력 발전만의 산물이 아니라 헤게모니 표출이라는 특별한 순간의 산물이다. 이는 아마도 지배계급이 서로 협력하여 이탈하도록 위협하는 '중립을 통한 헤게모니' 혹은 '수동적 혁명'에 도달하게 될 것이다.

다중의 단합이라는 외견상의 자연스러움에 맞서는 일관된 정치 행위자가 등장하는 것은 우리와 그들an us and a them 모두를 창조하는 반헤게모니 프로젝트를 통해서만 가능하다. 정치는 무언가를 내가 아닌 다른 것으로 규정함으로써 일련의 동등함을 만들어내는 문제에 관한 것이다. 내재성immanence과 다중성에 반대하는 무페는 급진적 부정성과 헤게모니를 떠올린다.

여기서 궁금증이 하나 생겨난다. 이 두 가지 관점에서 약간씩만 빌려오면서도 또 다른 이론 형태를 통해 그것들을 일관되게 만드는 것이 가능할까 하는 것이다. 이를 시작할 수 있는 곳에서 무페는 경제 영역을 배제하고 경제적인 것을 정치의 성분stuff으로 전환하고자 한다. 가치 추출보다는 지배의 장소로서의 직장이 바로 그것이다. 여기서 나는 이런 무페의 생각을 뒤집고, 그녀가 말하는 정치적인 것의 존재론이 여전히 부분적으로 경제적인 어떤 것에 관한 것이라는 주장을 하고 싶다. 그러한 징후는 국민의 평등을 그들이 본질로서 공유하는 민중으로 만드는 것에서 나타난다.

정치 영역에서 여전히 시급한 것은 사회적 욕구 충족에 관한 문제다. 그러므로 자유와 평등의 역설적 관계를 생각하는 것만으로는 충분치 않으며, 박애fraternity에 대해서도 생각할 필요가 있을지도 모른다. 누군가는 박애라는 용어를 성적 구분이 덜한 커먼스commons, 속중俗衆라는 용어로 대체하려 할지도 모른다. 또는 자유주의와 민주주의가 사회 노동이라는 문제에 정면으로 맞서야 한다고 말할 수도 있다. 이와 관련해 해러웨이는 빵을 함께 먹는 사람들을 뜻하는 동반자companion라는 단어를 사용한다.

무페에 반대하는 사람이라면 모든 것을 정치적 존재론으로 귀결시키는 점에 반발할지도 모른다. 노동자주의에 반대하는 사람이라면 모든 것을 다중의 자기 생산으로 귀결시키는 데 반발할지도 모른다. 무페의 말을 들어보자.

신자유주의에 도전하기 위해서는 그것의 핵심 제도와 교섭할 필요가 있다. 지배적 자본주의 구조 외부에서 커먼스라는 새로운 존재 형태를 조직하는 것만으로는 충분하지 않다. 거기에서는 지배적 자본이 어떠한 대립도 없이 서서히 물러나는 것처럼 보이기 때문이다.

노동자주의자들의 관점에서는 오직 생산 계급(노동자, 다중)과 기생 계급만이 존재한다. 반면 무폐의 관점에서는 노동 대 자본이라는 두 가지 계급과 함께 다양한 사회운동과 또 다른 비계급적 행위자들이 존재한다. 그런데 처음부터 두 가지 계급 이상의 행위자를 생각하면 어떨까? 정치 서적을 읽는 마르크스주의 전통의 또 다른 방식은 농민 문제를 중심으로 읽는 것이다. 노동은 두 가지 지배계급(자본가와 지주)과 두 가지 피지배계급(노동자와 농민)이 존재하던 시기에 조직적 의식에 이르렀다. 실제로 그람시 사상의 미묘한 부분은 그가 다른 사회적 행위자들에 이르기도 전에 헤게모니를 두 가지 이상의 계급 지위에 대한 표출로 생각하는 것과 관련되어 있다. 그러므로 새로운 계급을 포함하여 다수의 종속적이고 지배적인 계급이 존재하는가 하는 질문이 제기될 수 있다.

여기서 보다 고전적인 구조주의 기법을 사용하여 헤게모니 개념을 확장해볼 수 있다.[9] 예컨대 정치적인 것을 두 가지의 동등하지 않은 개념 간의 줄일 수 없는 적대감으로 여기기보다는, 네 가지 계급의 정치 그리고 둘이 아닌 넷의 관계로 완화해 생각해보자는 뜻이다. 즉 친구와 적이라는 관계에 대해 *친구가 아닌 자*non-friend와 *적이 아닌 자*non-enemy라는 보다 흥미로운 범주를 추가할 수도 있다. 사회민주주의가 농민 문제를 생각하려 했던 방식은 네 가지 가능성의 사각형 같은 것이었다. 오늘날에는 노동과 자본을 초월하는 새로운 종류의 지배계급과 종속 계급을 떠올릴지도 모른다.

사회 현상을 이해하는 데 이러한 기호학적인 기법을 사용하는 것은 모든 현상이 언어에 기반한다고 주장하는 것과는 별개의 사안이다. 이제는 한편으로는 전쟁을 배제하면서 다른 한편으로는 노동을 배제하는 것처럼 보이는 정치적인 것이라는 개념이 유용한지에 대해 의문을 제기해야 한다. 앎의 실천이라는 비언어적 방식은 말할 필요도 없다. "이제 무언가를 구매한다는 건 특정한 세계로 들어가 가상적 공동체의 일부가 되는 것"이라는 말은 부분적으로 옳을 수는 있다. 그러나 라자라토가 주장하듯이 현대적 제조 기법은 객체인 동시에 주체로 나타나며, 그들의 조직은 코딩될 수 있지만 거의 언어적이지 않다.

급진적 부정성이 언어의 불완전함에 영향을 받는 정치적인 것의 존재론에 대한 무페의 주장은, 비정치적 형태의 권력과 지식과 제도가 역할을 수행할 수 있는 보다 급진적인 다원주의를 미리 포기하는 결과로 이어진다. 따라서 부뤼노 라투르에 대한 무페의 논평에는 다소 불만족스러운 점이 있다. 그녀는 라투르의 주장에 에너지가 소진되었다는 비판을 가하지만, 그녀의 비판은 부정성에 대한 일종의 본질주의로서 급진적 부정성을 고수한다.

라투르와는 대조적으로, 무페가 행하는 모든 형태의 비판은 자연과 문화의 주된 차이를 단언하지 않는다. 거기에는 자연과 객체성과 현실이 문화와 주체성과 외양에 맞서 미리 병존하고 있다.[10] 무페는 이러한 분열의 외부에서 비판을 생각한 마르크스주의의 전통적 요소에서 이탈하였다. 그럼에도 불구하고 공동 세계를 구성하려는 라투르의 프로젝트가 적대감에 관련된 의문을 회피한다는 그녀의 주장은 충분히 수용할 만하다. 비록 무페가 장식하고자 하는 존재론적 거대함grandeur에 대한 회의적인 시각은 여전하겠지만 말이다. "모든 인류 사회에는 내재된 적대적 차원이 존재한다"는 무페의 선험적 주장은 그녀가 상상하는 노동의 마르크스주의적 본질주의와 근본적으로 단절하는 것이 아니다. 반대로 부정적인 면에서 동일한 실재론으로 볼 수 있다.

한편 무페의 정치적인 것의 존재론에는 누군가가 상상해볼 법한 보다 급진적인 면이 존재한다. 누군가란 바로 적대감이 완전히 사라질 가능성을 찾아내려 시도한 샤를 푸리에다.[11] 무페와 마찬가지로 푸리에의 시도에서 유익한 것은 그의 관심이 이성보다는 열정에 미치는 방식이다. 하지만 무페와는 달리 그 방식은 다양한 필요성으로서의 열정에 관한 것이다. 그런가 하면 무페를 하위징아와 관련지어 생각하는 것도 흥미롭다. 이상한 선택으로 보일지도 모르지만, 하위징아는 칼 슈미트와 마르크스주의자들 모두에 노골적으로 반대하며《호모 루덴스Homo Ludens》를 썼다.[12] 이 책은 존재론적 주장을 하지는 않지만, 정치적인 것이 자신을 표현하기 위해 진화한 많은 형태 중 하나일 뿐이라는 보다 광범위한 경쟁의agonistic 개념을 제시한다.

"현재의 위기는 문명의 위기"라는 무페의 의견은 공감할 만하며, '포스트 사회민주주의 생태 프로젝트'를 향한 그녀의 요구도 공감할 가치가 있다. 난민 위기가 심화되면서 기후변화는 진정 '그람시적인 지적이고 도덕적 개혁'이 요구되는 새로운 역사 시나리오가 되고 있다. 하지만 정치 형성뿐만 아니라 지식 형성의 다원주의를 비롯하여 무페가 인정하는 것 이상의 다원론을 취하는 것은 다른 문제에 속한다. 그중 어떤 것도 하나의 존재론적 근거에서 주장을 할 수 없다.

무페는 월스트리트 시위의 유명한 슬로건 '우리가 바로 99퍼센트다We are the 99 percent'를 한 문장으로 일축해버렸지만, 그 시위가 샌더스의 선거운동에 수용되고 확장된 방식에는 어떤 약속이 존재한다. 그 약속은 우리와 그들이 부유한 자들을 향한 단순히 도덕적인 외침 이상의 목소리에 열려 있음을 확인시켜주었다. 샌더스는 지배계급을 경제 위기를 일으키고 인류세의 혼란을 초래한 적으로 규정함으로써 민주주의를 향한 수많은 요구를 하나의 평등한 사슬로 묶어낼 수 있었다.

신자유주의에 맞서다

Against Neoliberalism

웬디 브라운Wendy Brown은 미국 출신의 여성 정치철학자로 프린스턴대학교
에서 정치철학 박사 학위를 받았으며, 현재 캘리포니아대학교 버클리 캠
퍼스에서 정치학 교수로 재직 중이다. 《관용: 다문화제국의 새로운 통치전
략》, 《역사 바깥의 정치》, 《경계에서: 지식과 권력에 관한 비판적 에세이》,
《민주주의는 죽었는가?》 등을 썼다.

다양한 학자들이 다양한 분야에 호기심을 갖는다. 나는 웬디 브라운Wendy Brown과 나의 다른 점이 궁금해졌다. 그녀의 책《민주주의 살해하기: 당연한 말들 뒤에 숨은 보수주의자의 은밀한 공격Undoing the Demos: Neoliberalism's Stealth Revolution》은 매우 뛰어난 저작이다.[1] 분명 내가 지금까지 읽은 신자유주의에 대한 가장 명확하고도 예리한 이야기다. 나는 신자유주의에 대한 그녀의 통찰을 요약하려 애쓰겠지만, 또한 언급되지 않은 궁금한 점에 대해 몇 가지 질문을 해볼 생각이다.

하나의 예로 시작해보자. 브라운은 2003년 브레머 법Bremer Orders에 대해 논한다. 이는 미국과 그 동맹국들이 사담 후세인Sadam Hussein을 몰아내고 이라크를 점령한 후 폴 브레머와 이라크 연합 임시 당국이 제정한 것이다. 브레머 법은 처음에는 신자유주의 충격 *교리*의 고전적인 사례로 보인다.[2] 이 법은 국영 기업의 매각, 이라크 기업에 대한 외국인 소유 허용, 노동권 제한과 자본 친화적인 세금 제도를 규정했다.

브라운은 보호된 품종의 종자 재사용을 금지하는 브레머 법 81조에 주목한다. 아부 그라이브에 위치한 이라크 종자 은행은 전쟁에서 살아남지 못했다. 미국 정부는 2004년 유전자 변형 식물GMO의 종자를 배포했다. 이라크 농부들은 이제 몬산토Monsanto, 다우Dow, 듀폰DuPont과 같은 농기업에 영구적으로 종속될 것이다. 농경은 기원전 8,000년부터 이라크에 존재해왔지만 예전에는 결코 지금과 같지 않았다. '법적 비틀기'를 통해 이전에 글로벌 시장경제에 편입되지 않은 영역은 농기업의 '우수 사례'에 종속되었다. 브라운은 이렇게 말한다. "따라서 81조는 억압하거나 처벌하지는 않지만 경쟁을 강제하고 '행위의 행위'에 영향을 미치는 신자유주의적인 법률 유동성을 대변한다." 81조는 농업을 시장 현실원칙에 종속시킨다.

여기서 브라운이 관심을 보이는 것은 바로 *정치 합리성*political rationality이다. 앞으로 살펴보겠지만 그것은 자유주의의 몇몇 고전적인 교리를 초월하고 심지어는 뒤집어버린다. "신자유주의란 결국 자본주의가 인간성을 삼켜버리는 합리성이다." 브라운은 정치 합리성을 일관성의 세계에서 강력한 사례로 만들지만, 그 과정에서 나타나는 다른 일들에는 관심을 갖지 않는다. 나는 다른 흥미로운 일들과 신자유주의의 정치 합리성이 어떤 상호작용을 하는지 궁금해진다.

그녀는 정치와 전쟁의 관계에 궁금증을 갖지 않는다. 무페, 버틀러와 마찬가지로 정치는 브라운에게 분리된 영역이다. 많은 것들이 흥미로운 법적인 비틀기인 81조에 관련되어 괄호로 묶이지만, 그녀는 어떤 종류의 행위에 대해서도 궁금해하지 않는다. 부시Bush 행정부와 긴밀한 관계를 유지한 거대 농기업인 몬산토가 81조에 어느 정도 기인한 것으로 보인다.

또한 그녀는 몬산토가 대표하는 특별한 사업에도 관심이 없다. 이것이 내가 가장 궁금해하는 지점이다. 몬산토는 전통적으로 이해되는 '자본'의 모범인가? 아니면 새로운 종류의 경제 합리성 또는 기술 합리성인가? 내게 흥미로운 것은 이 이야기의 핵심이 곡물의 씨앗 계통에 관련된 특허라는 점이다. 이것은 정보를 상품으로 만들고, 설득뿐만 아니라 법과 강압을 통해 그러한 정보가 구체화된 물리적 생산물을 통제하는 것에 기초한 사업의 일종이다.

그러므로 내게 이 이야기는 새로운 종류의 지배계급에 관한 것으로 여겨진다. 나는 이 지배계급을 *벡터 계급*이라고 부른다. 백터 계급의 권력은 생산수단이 아닌 정보의 통제 속에 있다.[3] 피터 라인보우Peter Linebaugh가《목 매달린 런던The London Hanged》에서 구체적으로 보여주었듯이, 18세기 영국의 자본주의 생산관계는 다른 모든 것과 마찬가지로 강요와 폭력의 문제였다.[4] 놀랍지 않게도 벡터 계급의 생산관계는 그보다 결코 덜 강압적이지 않다.

브라운은 궁금해하지 않지만 나는 궁금해하는 점이 있다. 바로 신자유주의 생산관계 자체가 돌연변이의 징후인가 하는 것이다. 그런 돌연변이는 '자본주의의 과거 반복에서부터 친숙하게 이어진 협정의 보상을 능가하는 그물망' 역할을 해온 법률과 정치 형태를 설명해줄지도 모른다. 브라운의 관점에서 신자유주의는 *정치 합리성*, '이성의 규범적 질서' 또는 '행위의 행위'를 의미한다. 그것은 민주주의적 자유주의 정치를 독점적인 경제 자유주의로 전환하는 효과가 있다. 무페와 마찬가지로 브라운은 민주주의가 내부로부터 공동화되고 있다고 생각한다. 거기서는 경제 성장, 자본 축적, 경쟁 우위 확보만이 국가의 유일한 프로젝트가 된다.

정치 합리성은 권력의 의도가 아니며 이데올로기나 물질적 조건도 아니다. 그것은 '진리의 지배체제'를 통해 작동한다. 즉 "통치 행위의 도구가 아니라, 그 도구의 가능성과 합법성의 조건이면서 통치 행위가 이루어지는 규범적 이성의 영역"이다. 정치 합리성은 주체(호모 에코노미쿠스homo economicus, 오로지 경제적 합리성에만 기초를 두어 개인주의적으로 행동하는 인간상)와 객체(인구population)를 구성한다. 그것은 담론과 동일하지 않으며 많은 경쟁자가 있을 수 있다. 또한 통치력과도 동일하지 않으며 명령과 처벌의 힘에서 벗어나는 걸 의미한다. 정치 합리성은 국가에서 비롯하는 게 아니라 국가를 통해 순환하는 것이다. 아울러 이성의 규범적 형태도 이성의 구현도 아니다.

신자유주의는 포스트마르크스주의자들의 머릿속에 절차의 이상적 형태로서 정치적인 것과 민주주의 모습에 대한 특정한 강박관념을 주입한다.[5] 내가 흥미로워하는 것은 '정치가 과연 존재하는가' 혹은 '신처럼 정치적인 것도 신화인가'라는 질문을 던지는 사람이 드물다는 사실이다. 그런 사람은 시장의 진정한 믿음이 세계의 헤게모니적 신앙이 되어버린 시대에 조로아스터Zoroaster의 길을 가려는 사람이다.

정치적인 것을 믿는 신도들에 의한 후방 감시 행위에는 부족함이 없다. 그들에게 신자유주의는 일종의 이단이며 정치적 신으로 변장한 경제적 신이다. 그들은 '불평등'의 확산, 상업주의의 저속함, 금융화된 경제의 끊임없는 호황과 충돌에 관심을 갖는다. 하지만 놀랍게도 자유주의자와 마르크스주의자는 똑같이 이런 상황이 여전히 '자본주의' 개념에 포함된다고 가정한다. 자본의 힘이 승리했고 노동은 패배했다는 일반적인 공감대가 존재하는 것이다. 하지만 어떻게 승리했고 어떻게 패배했는지에는 거의 관심을 보이지 않는다. 지배계급이 노동운동과 사회운동의 힘을 (글자 그대로) 헤쳐 나갈 수 있었던 이유는 무엇일까? 21세기 정치 경제의 하부구조가 거의 나타나지 않는다는 건 놀랄 만한 일이다.

브라운은 정치 합리성에 일종의 단층선fault line이 존재함을 명확하게 보여주지만, 그것이 나타난 이유가 무엇인지는 거의 설명하지 않는다. 신자유주의는 '경제화될 수 있는 것'의 영역을 확대한다. 고전적 자유주의와는 달리 거기에는 '인적 자본'으로 간주되는 호모 에코노미쿠스만이 존재한다. 즉 서로 경쟁하는 자본의 종류만 있을 뿐만 아니라, 이들은 금융자본 모델에서 자신의 가치를 축적하고 증대하고자 하는 투기speculative 단위의 불평등한 분야로 여겨진다. 이처럼 신자유주의에서 '자유'는 정치적 자유가 아닌 경제적 자유를 말한다. 자유, 평등, 박애라는 오래된 가치는 인적 자본으로 대체되어 더 이상 휴머니즘을 의미하지 않는다. 청년 마르크스가 '진정한 자유의 영역'이라고 부른 곳은 더 이상 우리에게 손짓하지 않는다.[6] 브라운의 말을 들어보자.

> 소셜 미디어의 '팔로워', '좋아요', '리트윗'을 통해, 모든 활동과 도메인에 대한 순위 평가를 통해, 그리고 교육, 훈련, 여가, 재생산, 소비 등을 추구하는 보다 직접적인 수익 창출 방식을 통해 인적 자본은 점점 더 자신의 미래 가치를 향상하는 것에 관련된 전략적 결정과 실행으로 구조화된다.

그러나 여기에는 오류가 있다. 소셜 미디어가 게임과 전략에 관한 것이지 인적 자본에 관한 것이 아니라는 점이다. 내가 《게이머 이론》에서 제안했듯이 소셜 미디어는 우리 모두가 게이머가 되는 주체성의 모델이다. 거기서 투기꾼speculater은 하나의 모델에 불과하다.[7] 어쩌면 이것은 가치로서의 정보라는 일종의 제3차 하부구조, 즉 신호 가치sign value가 교환가치를 통제함으로써 사용가치를 통제하는 하부구조의 도래에 관한 것일지도 모른다.[8] 따라서 이런 식의 발전 양상은 정치적이거나 경제적이지 않은 범위에서 신자유주의라는 개념으로는 제대로 포착되지 않을 것이다.

그럼에도 불구하고 브라운은 현재 양상이 여전히 정치적이고 경제적인 것으로 보이는 범위 내에서, 신자유주의 주체가 더 이상 교환하고 거래하고 교역하는 애덤 스미스적 주체가 아님을 보여준다. 또한 쾌락을 극대화하고 고통을 최소화하는 벤담Bentham적 주체도 아님을 말해준다. 이제 주체는 현명한 투자자, 판단력을 갖춘 사람, 네트워크로 연결된 사람(또는 내 표현 방식으로는 게이머)가 되어야 한다. 왜냐하면 브라운이 인정한 대로 "신자유주의가 항상 화폐 형태를 취하지는 않기 때문이다". 비록 그녀가 신자유주의가 어떤 형태를 취하는지에는 관심이 없다 하더라도 말이다. 이 책은 "데이트, 짝짓기, 창조 활동, 여가 활동을 가치를 증진하는 방식으로 조직화하는" 게이며 주체를 뒷받침해주는 디지털 하부구조에는 그다지 관심을 기울이지 않는다.

신자유주의의 정치 합리성은 더 이상 (가라타니에게는 너무도 소중한) 주체 자체가 목적이 되고 가치를 갖는 칸트적인 '목적의 왕국'을 갈망하지 않는다. 인간은 일회용disposable이 된다. 여기서 나는 신자유주의가 길로이가 말하는 *일반파시즘*과 사실상 같은 형태가 아닐까 하는 궁금증이 생긴다. 일반파시즘은 지배계급이 밑바닥 계급을 억압함으로써 중간 계급을 매수하는 소시민계급 문화의 산물이다. 파시즘은 브라운의 책에서 거의 등장하지 않지만 자유민주주의는 현대 정치의 정상적인 모델로 간주된다.

그런데 일반파시즘을 역사적으로 격리된 예외가 아닌 표준으로 삼는다면 어떻게 될까? 이를 통해 적어도 불평등뿐만 아니라 성공적으로 경쟁하지 못하는 '인적 자본' 개체의 멸종 가능성이 일반적으로 수용되는 현상을 이해하게 될 것이다. 또한 우리 시대에 자행되는 국가 폭력과 Black Lives Matter 같은 사회운동에 더 가까이 다가가게 될 것이다.

모든 것을 자본으로 보는 건 소시민계급의 세계관이다. 여기서 노동은 하나의 범주가 되어 사라져버린다. 이를 뒤집은 인물이 마르크스다. 마르크스에게 자본은 죽은 노동이었다. 반면 신자유주의에서 노동은 멸종되고 자본만이 남는다. 자본은 서로 경쟁하면서 다양하게 존재하게 될 것이다. 인적 자본이 파산하여 사라져버리면 시민권의 기반은 무너지게 된다. (물론 '파산하기에는 너무 큰' 자본이라는 예외도 있다.) 공공선public good과 커먼스는 더 이상 존재하지 않는다. 하물며 도널드 트럼프가 공화당 대선 후보로 유력한 시대에 정치란 더 이상 존재하지 않는다.

브라운이 볼 때 신자유주의 국가의 임무는 경제 성장을 돕고 경쟁력을 높이며 신용 등급을 올리는 것이다. 나는 과연 그게 사실인지 궁금해진다. 긴축 재정은 성장에 관한 것이 아니라, 성장이 없는 상황에서 지배계급으로 부wealth를 지속적으로 이전하는 방식일 뿐이다. 푸코의 주장을 따르는 브라운은 신자유주의 합리성이 진리의 지배체제로 되는 방식에 관심을 가지지만, 이는 신자유주의가 얼마나 비합리적인지에 대해 좀 더 궁금하게 만들 뿐이다.[9]

신자유주의라는 용어 자체는 분명 경제 관리를 위한 (반쯤) 일관된 규범의 집합이다. 하지만 나는 신자유주의의 비일관성, 불합리성, 그리고 새롭게 떠오르는 지배계급을 위해 그것이 펼치는 특별한 마술을 폭로하는 도구를 포기하고 싶지 않다. 이러한 도구는 신자유주의 궤도 바깥에서 만들어지고 신자유주의에 맞서는 투쟁으로부터 추동된 진실한 주장에 기초한 것이다.

《민주주의 살해하기》는 전후 시기에 자유주의가 신자유주의로 변모한 방식에 대해 설명하는 푸코의 삶정치 강의를 재구성한 것이다.[10] 이것이 푸코의 최고 강의는 아니다. 여기서 푸코는 낡은 지적 역사intellectual history에 가까운 주장을 하고 있다. 브라운은 이렇게 말한다. "푸코의 관점에서 볼 때 신자유주의는 지적으로 잉태되었고 정치적으로 시행되었다." 하지만 푸코와 브라운은 공통적으로 신자유주의를 상부구조 발전 이상의 것이라고 주장한다.

브라운이 솔직히 인정한 것처럼 푸코의 강의 일부는 '반마르크스주의자의 불평'으로 들린다. 다른 부분은 주의 깊지 않은 독자들에게 '신마르크스주의자의 비판'으로 들릴 것이다. 하지만 결코 그렇지 않다. 푸코는 생산관계에 압력을 가하는 생산력의 어떤 변화가 정치적, 이데올로기적 형태에서 그러한 단절을 가져올 수 있는지를 어디에서도 묻지 않는다. 이런 의미에서 푸코의 강의는 니코스 풀란차스Nicos Poulantzas가 지역 연구라 부른 것으로 남아 있다.[11]

푸코는 주권 제약의 권리와 국가권력의 한계에 관련된 문제에서 시작한다. 하지만 "시장은 조직의 대안 형태일 뿐만 아니라 *시장 진리 검증market veridiction*이라는 분명한 진실의 대안 형태"라는 한계의 두 번째 원칙 또한 존재한다. 신자유주의적 전환은 권리를 제쳐두고 시장을 국가의 한계는 물론 국가 운영의 원칙으로까지 만들어버린다.

마르크스주의자들과는 달리 푸코는 재산권, 네이션nation에 의한 계급의 교합, 또는 위원회의 지배계급으로서의 국가state에 관심이 없다. 대신 정부에 대한 *진리와 한계*로서의 시장에 초점을 맞춘다. 푸코의 관점에서 볼 때 신자유주의는 자유주의의 위기에서 비롯하는 것이다. 이런 이유로 그는 신자유주의 내러티브를 자유주의 자체에 관한 것으로 받아들인다. 신자유주의는 자본주의 위기에 대한 반응으로 인식되는 걸 원치 않으며, 자신을 국가의 실패에 대한 응답으로 제시하려 한다.

이 점에서 푸코의 낡은 지적 역사는 자유시장 경제체제를 옹호한 경제학자인 하이에크Hayek를 매개로 하여 프라이부르크Freibourg학파와 시카고학파를 연결한다. 프라이부르크학파가 경쟁 촉진에 있어 국가의 역할에 대한 아이디어를 제공한다면 시카고학파는 인적 자본의 아이디어를 제공한다. 흥미롭게도 하이에크는 자신의 이데올로기적 신념과는 상관없이 경제 이론에서 *정보 문제*를 고민한 학자이기도 하다. 당시의 생산력에서 벌어졌던 일에 이 같은 지적 발전을 연결하여 설명하면서도, 푸코는 '정치적인 것'을 '자율적이고 일차적인 것'으로 보고자 한다. 브라운의 말을 들어보자.

신자유주의는 경제를 자율에 맡기는 국가에 관한 것이 아니다. 반대로 경제를 위해 국가를 활성화하는 방법에 관한 것이다. 다시 말해 경제 기능을 수행하거나 경제 효과에 개입하는 것이 아니라, 경제에서의 경쟁과 성장을 촉진하는 동시에 사회를 경제화하는 것이다. 혹은 푸코의 표현대로 말하자면 "시장에 의해 사회를 규율하는 것"이다.

내가 볼 때 여기에는 정보라는 개념이 빠져 있다. 신자유주의가 전후 시기에 화려하게 등장한 것은 우연이 아니다. 전쟁 당시 복잡한 시스템을 관리하기 위해 개발된 정보 시스템의 명령과 통제 시설은 군사 산업 단지에서 민간 산업으로 확장되었다.

하이에크는 가격 신호만이 복잡한 경제에서 합리적인 정보 관리로 기능할 수 있다고 말했지만, 로널드 코스Ronald Coase가 증명했듯이 시장 거래는 결코 자유롭지 않다.[12] 시장 거래 비용이 효율성을 상회하는 경우 비시장적인 회사 조직 형태가 우세해진다. 이러한 회사는 실제로 거대한 *비시장 형태*의 자원 배분으로 나타났다. 국가는 이 거대한 괴물이 살아남아 공존할 수 있도록 가능한 모든 종류의 기능을 수행할 것을 요구받는다. 그런 한편 '경쟁'을 향한 이데올로기적 고착은 경쟁의 부족을 덮어버렸다.

신자유주의에서 "경제는 곧 모델이고 객체이며 프로젝트다". 왜냐하면 이 시점에서 경제는 *인위적인* 구조물일 수밖에 없기 때문이다. 시민사회는 자신의 매력을 푸코에게 발휘한 것으로 보인다. 그런 탓에 푸코는 그림의 다른 면을 볼 수 없었다. 신자유주의의 관점에서 볼 때 국가는 한층 시장과 같아져야 한다. (그리고 이 명제는 축복받거나 비난받을 수 있다.) 반대로 국가와 시장의 관계를 다른 관점으로 바라볼 수도 있다. "시장은 국가에 의해 지지되고 지속되어야 한다"는 관점이 그것이다.

선진국은 과잉 개발된 세계가 되었다. 상품화는 자체적으로 조직할 수 있다고 주장하는 효율 또는 효과의 한계에 부딪혔다. 사회적 삶의 전 영역이 난도질당하면서 신자유주의라는 증기기관이 계속 굴러가도록 에너지를 공급하는 석탄으로 전락했다. 상품화는 토지에서 정보로 이동했다. '지적재산권'의 성장으로 뒷받침되는 정보 벡터의 전체 하부구조는 포괄적인 사유재산권으로 통합되었다. 내가 볼 때 이것은 신자유주의를 원인보다는 결과로 이해하는 밑그림이 될 수 있다.

'경제'가 전후 시기에 정적이지 않은 것이 되었다면 '국가'도 마찬가지였다. 경제와 국가 모두 같은 기술에 의해 변형된다. 산드라 브라만Sandra Braman이 보여주듯이, 국가가 정보 상에서 운영될 때 국가의 기능은 다르게 작동하기 시작한다.[13] 전후 시기에 국가와 사적인 조직 구성 단위가 연결되어 있다면, 그건 그들이 메인프레임 시대부터 PC 시대를 거쳐 이른바 클라우드 컴퓨팅 시대에 이르기까지 모두 동일한 컴퓨팅 기반에서 구동된다는 걸 의미한다.

웬디 전 같은 학자들은 이것이 시장 합리성 벡터보다는 군사 합리성 벡터가 아닌지 궁금해할 것이다. 이는 "신자유주의 주체는 자율적이고 자기 관리적일 뿐만 아니라 명령에도 복종한다"라는 푸코와 브라운의 아포리아aporia, 대화법을 통하여 문제를 탐구하는 도중에 부딪치게 되는 해결할 수 없는 어려운 문제를 이해하도록 돕는다. 이제 자율성은 제한된다. 동기 유발은 환영할 만하지만, 외부로부터 명령받은 일을 성취하는 데에만 도움이 될 뿐이다. 이는 군사 조직의 원칙에 다르지 않다.

이 지점에서 그러한 원칙이 적어도 부분적으로는 불평등이 자연스럽게 일반화되는 군대 모델에서 비롯하지 않는가 하는 질문을 해볼 수 있다. 브라운이 빈틈없이 살펴본 것처럼 이 원칙의 또 다른 요소가 교환 범주에서 경쟁 범주로 이동하는 건 분명하다. 부르주아 경제학에서 모든 교환은 동등하게 인식된다. 노동과 자본의 교환 또한 마찬가지다. 몇몇 외부 상황을 제외하면 교환이 이루어지는 가격은 평형을 이루게 된다. 혹은 한때는 그렇게 여겨졌다. 이제 경쟁은 평등이 아닌 불평등을 의미한다. 어떤 사람은 다른 사람들보다 낫기 때문에 더 많은 걸 받을 자격이 있다. 물론 이는 이데올로기적이며 스스로를 교환으로서는 엉터리 처방nostrum이라고 증명하는 셈이기는 하다.

이제 이 게임에서의 성공만이 성공의 유일한 척도가 된다. "다른 원칙에 따라 행동하는 사람들은 단순히 비이성적인 게 아니라 '현실'을 거부하는 것이다." 이러한 야생적이고 예측 불가능한 현실에서 시장은 충동적인 것이라고 솔직하게 인정된다. 국가는 경제를 떠받쳐야 하며, 경제를 예측하거나 통제할 수는 없지만 책임은 져야 한다. 이러한 방식에 적합한 정치는 바로 중도극단주의다. 당신은 동성 결혼이나 학교에서의 종교 활동에 의견을 표명할 수는 있지만, 시장에 의문을 제기해서는 안 된다. 시장은 좋은 삶을 위해 존재하는 것이 아니며 모든 삶은 시장이 계속 굴러가도록 하기 위해 희생되어야만 한다.

브라운은 이렇게 말한다. "다른 사람들이 경제정책만을 살펴볼 때, 푸코는 자유주의의 목적과 책임 소재를 반전시키면서 고전적 자유주의의 언어와 관심을 바탕으로 한 혁명적이고 포괄적인 정치 합리성을 분별했다." 브라운은 푸코의 생각에 대해 내가 말한 것과는 조금 다른 한계를 지적한다. 브라운의 입장에서 볼 때 푸코의 관점은 국가 중심적이며 국가와 국가의 주체만이 존재한다. 여기서 배제되는 건 (노동이나 실천이라기보다는) 시민이다.

한마디로 푸코는 사물을 권력의 관점에서 본다는 뜻이다. 그는 신자유주의의 '자유'에 지나치게 매료되어 있으며, 그에게 착취에 대항subtend, 對向하는 세계는 존재하지 않는다. 따라서 브라운은 "경제는 자유주의와 신자유주의에 대한 정부의 한계를 구성하며, 정부는 경제를 잘 모르기 때문에 경제에 손을 대서는 안 된다는 신자유주의 주장을 푸코가 수용한 것"에 대해 의문을 제기한다.

푸코의 입장에서 볼 때 호기심을 가진 존재인 호모 에코노미쿠스는 상수이지만, 브라운은 인간의 이기심이 그런 최근의 반복을 제대로 포착하지 못한다고 생각한다. "호모 에코노미쿠스는 태어나는 존재가 아닌 만들어지는 존재다. 거품의 파열과 자본 혹은 통화의 붕괴에서 도매 산업의 해체로 이어지는 위험, 우연성 그리고 잠재적, 폭력적 변화가 가득한 상황에서 가동된다." 내가 볼 때 이는 게이머 혹은 오사마 빈 라덴을 추적하는 코미디 영화 〈아미 오브 원The Army of One〉의 주체성과 다를 바 없다.[14]

브라운은 호모 폴리티쿠스homo politicus, 정치적 인간를 신자유주의의 가장 큰 희생양으로 보면서 정치 이론이라는 기존 이야기를 통해 설명한다. 정치 이론에서 호모 폴리티쿠스는 아이러니가 만들어낸 신화가 되었다. "태초에 호모 폴리티쿠스가 있었다." 인간은 정치적 동물로서 더불어 살아간다. 거기서 정치란 제휴, 언어, 법 그리고 윤리적 판단 능력을 의미한다. (그러나 스티에글러Stiegler가 지적했듯 기술 판단techne judgement 능력은 아니다.)[15]

아리스토텔레스는 정치적 삶의 전제 조건인 노예제와 사유재산에 대해 상당히 솔직하다. 그에게 가정household은 규율의 모델인 동시에 생산관계의 현장으로 인식된다. 그러나 아리스토텔레스는 가정의 필요를 넘어서는 생산을 이해하는 데는 꽤 어려움을 겪는다. 이는 호모 폴리티쿠스의 기반이 아닌 다른 존재의 기반이기 때문이다. 생산에는 자연적인 것과 자연적이지 않은 것이라는 두 가지 종류가 있다. 자연적이지 않은 부wealth는 그 자체를 위해 축적된다. 적절한 취득이 가정의 관심사라면 부적절한 취득은 시장과 돈의 관심사다. 전자는 한계가 있고 여가leisure를 허락하지만 후자는 그 자체가 목적이 된다.

시민권의 기반이 되고 그것의 범위를 결정하는 전쟁은 여기서 언급되지 않는다. 기술에 대한 언급 또한 없다. 정치적 의사소통은 실제로 어떻게 이루어지는가? 폴리스의 아고라agora, 고대 그리스 사람들이 모이던 폴리스의 광장와 수사학 기술이 아닌가? 인간의 여가가 정치가 아닌 신을 위한 도구였던 중세 1,000년을 건너뛰면, 정치적 인간에 대한 고전 개념과 현대 개념 사이에는 약간의 단절이 나타난다. 가라타니 같은 학자들은 이것이 단지 서구 신화에 불과한 게 아닌가 하고 물을지도 모른다.

현대 자유주의 정치사상 역시 호모 폴리티쿠스라는 근본적인 허구를 존중한다. 애덤 스미스의 관점에서 볼 때 우리는 정치적 동물이 아니라 교환하고 거래하고 교역하는 존재다. 그러나 사실 우리는 이기심으로만 채워진 존재가 아니다. 애덤 스미스의 관점에서는 이미 호모 에코노미쿠스일지도 모르지만, 또한 숙고하고 자제하고 자기결정권을 갖는 존재, 즉 주권 sovereignty을 가진 존재이기도 하다. 호모 에코노미쿠스의 등장은 경제 권력보다 우월한 정치권력이라는 개념과 양립할 수 없다. 이를테면 국가는 중상주의와 자유무역 중 하나를 선택해야 했다. 애덤 스미스는 자유무역이 국가 정책으로서 더 나은 이유를 증명하고자 했다.

로크의 관점에서 볼 때 호모 폴리티쿠스와 호모 에코노미쿠스 사이에는 더 큰 긴장 관계가 존재한다. 호모 에코노미쿠스의 위험성은 루소에서 더욱 분명해진다. 루소는 오늘날 비판 이론에서 지속되는 정치적인 것에 대한 투자의 주요 원천일 것이다. 루소는 이기심에 맞서 등장하는 대중 주권의 형태로 호모 폴리티쿠스의 복귀를 알리는 선지자다. 헤겔에서 이것은 시민사회의 단순한 특수성 대 국가의 보편성이라는 대립으로 이어진다. 청년 마르크스는 정치적으로 자주적인 인간이라는 실현되지 못한 본성에서 시작한다.

반면 밀Mill은 자신의 수단과 목적을 스스로 선택하는 작은 주권 국가를 제안한다. 여기서 국가와 자유의 경계는 정치의 문제가 된다. 다시 말해 국가는 자유, 평등, 박애의 수호자라는 역할에서 물러나기 시작하면서 푸코가 삶정치라고 부르는 것의 관리자가 된다. 그러나 초자아가 자아의 정치적 표상이 되는 프로이트에서도 호모 폴리티쿠스는 여전히 자신과 주체의 관계에 머물러 있다.

브라운의 관점에서, 호모 폴리티쿠스의 신화적 역사에 대한 이러한 간략한 설명은 신자유주의의 새로운 면을 보여주는 이야기로 이해된다. "현대의 신자유주의 합리성에 의한 호모 폴리티쿠스의 패배, 그리고 인간 존재의 모든 영역에 합리적인 시장 참여자만 존재한다는 주장은 서양 역사에서 진정 새롭고도 혁명적인 것이다.”

브라운은 주체 그리고 개인과 가족의 관계에 대한 신자유주의적 생각에 오류가 있음을 보여준다. 신자유주의에서 호모 에코노미쿠스는 여전히 남성 가부장 또는 적어도 그러한 특권을 가진 인물로 묘사된다. 그는 더 이상 노예를 소유할 수 없지만, 누군가는 아이들을 돌보고 요리를 한다. 가족은 경제화될 수 없는 비시장 영역으로 남아 있다. 가족은 필요의 공간이면서 상호 의존성, 사랑, 충실함, 공동체, 보살핌의 공간이다. 여기서 모든 '가사'를 돌보는 이는 다름 아닌 여성이다. 이러한 가부장주의적 오류에도 불구하고 가족은 공산주의의 기본 단위라고 나는 감히 주장한다. 물론 가족은 유토피아가 아니며, 특히 가라타니의 관점에서는 교환과 증여의 외부에 존재하는 공유되거나 저장된 자원의 영역으로 엄격히 이해되기는 하지만 말이다.

신자유주의는 가족 특히 '여성의 일'에 압력을 가한다.

여성들이 자신의 행동을 이러한 진실에 일치시켜 호모 에코노미쿠스가 되면 세계는 살기 힘들어질 것이다. 또한 가사녀femina domestica로서의 여성의 활동과 태도는 통치 원리가 가정과 함께 유지될 수 없는 세계에 굴복하지 않는 연결점으로 남게 될 것이다.

신자유주의는 젠더 종속을 강화한다. 왜냐하면 사회복지를 폐기함으로써 여성들이 세상의 절반 이상을 떠받치도록 만들었기 때문이다. 우연의 일치일지는 모르지만, 여성의 가사 노동은 브라운의 책에서 노동이 실제 범주로 등장하는 유일한 시점이다. 요컨대 자유주의의 핵심이 자유라면, 신자유주의의 핵심은 가혹한 희생이다.

이것이 신자유주의 통치의 핵심 역설이자 핵심 전략이다. 신자유주의 혁명은 자유로운 시장, 자유로운 국가, 자유로운 인간이라는 이름으로 발생하지만, 국가와 주체의 주권에 대한 자유의 기반을 무너뜨린다.

그러므로 '자유'를 얻기 위해서는 시장 '규율'에 복종해야만 한다. 브라운의 말을 들어보자.

그러나 시민권이 분명한 정치 태도와 주권의 기반을 잃게 될 때, 헌법에 고이 간직되어 있는enshrined 가치와 대중을 향한 지향점을 잃어버릴 뿐만 아니라 개인의 자주권을 지탱하는 칸트적 자율성도 수행하지 못하게 된다.

여기서 브라운이 'enshrined'라는 다소 종교적인 뉘앙스의 단어를 선택했다는 점이 무척 흥미롭다. 신자유주의는 정치적 신자들에게 신성함에 대한 공격이나 이단적인 형태로 나타난다. 푸코가 조금 다른 맥락에서 예견했듯이, 신자유주의는 숨겨진 신을 위한 신성한 대역으로서의 인간의 종말을 뜻한다.[16] 시장의 하인servant으로서 '사람'은 인적 자본 외의 의미를 부여받을 수 없기 때문에 더 이상 자신의 방식대로 좋은 삶을 추구할 수 없다. 브라운에게 그것은 '세상으로부터의 자유의 실존적 실종'으로 이해된다.

베버Weber가 합리성의 철장iron cage을 공격하고 마르크스가 상품의 물신화를 공격했을 때, 그건 합리성과 상품 외부의 주체성을 가정한 것이었다. 하지만 나는 마르크스의 경우에 주체가 반드시 정치적인 것이라는 확신이 들지 않는다. 마르크스의 관점에서 볼 때 주체는 세상을 파악하고 상상하고 변화시키는 능력을 가진 노동이었다. 아울러 나는 마르크스의 이러한 또 다른 행위가 신자유주의에 의해 제거된다는 것도 확신하기 어렵다. 엄격한 의미에서 더 이상 자본가가 아닐 수도 있는 지배계급의 새로운 회귀를 위해,

그건 모든 노동의 작인이 '창의성'으로서 빨려 들어가고 지적재산권으로 포획되는 벡터화 기술에 의해 더 많이 포함되어 있다.

브라운은 신자유주의의 정치 합리성을 생각하는 푸코의 근원이 베버와 마르쿠제라고 생각한다. 푸코는 수단과 목적의 합리성을 구분하는 베버의 주장을 받아들였으며, 이는 근대성에 대한 아도르노와 호르크하이머 Horkheimer의 전반적 비판으로 발전했다. 한편 마르쿠제의 관점에서 객체는 자본주의 생산관계의 외부로 확장되어 삶의 다른 부분을 식민지화하는 보다 특별한 의미의 기술 합리성을 의미했다.[17]

여기서 푸코의 프로젝트는 명백히 반마르크스적이다. 푸코는 마르쿠제가 의문을 제기한 정치의 자율성을 단순한 이데올로기 이상으로 확장되는 합리성의 형태로 복원한다. "푸코에게 정치 합리성은 규범적 이성, 주체의 생성, 시장, 국가, 법률, 법학 그리고 이들의 관계를 통해 세계를 변화시키는 헤게모니 질서다." 브라운은 주체가 '자본'이 되는 자신의 관점에서 행위에 좀 더 비중을 두지만, 그것이 현재의 '금융'이라는 점 외에 어떤 역사 형태를 띠는지 거의 언급하지 않는다. 그것이 어떻게 왜 그렇게 되었는지에 대해서는 아무런 말도 하지 않는다.

여기에 빠져 있는 것에 대한 한 가지 힌트는 거버넌스governance에 대한 브라운의 설명이다. 그녀는 거버넌스가 신자유주의로 수렴되었다고 생각하지만 사실은 그렇지 않다. 거버넌스는 위계 구조에서 네트워크로, 조직에서 프로세스로, 명령에서 자기 조직화로 이동하는 것이다. 내가 앞에서 언급했듯이 거버넌스는 현대의 군사 조직 형태와 크게 다르지 않다. 또한 정보를 통제와 자치의 핵심으로 만드는 통신 기술 기반을 군사 조직과 공유한다. 한마디로 거버넌스는 현대적 물류 시스템이다.[18] 마르쿠제가 이미 제안한 것처럼 정치적인 것은 기술적으로 만들어진다. 거기에는 보다 작고 약한 개체로의 책임 전가가 뒤따른다. "그러므로 책임을 떠맡은 개인은 자신의 능력을 근본적으로 제한하는 권력과 우발적인 상황 하에서 스스로를 제공해야 한다."

《민주주의 살해하기》에서 특히 흥미로운 것은 브라운이 법에 대해 논하는 부분이다. 그녀의 관점에서 "신자유주의 법규는 계획의 반대다. 그러한 법규는 경제 게임을 용이하게 하지만 그 게임을 지시하거나 포함하지는 않는다". 이에 대한 사례로 브라운은 *시민연합 대 연방선거위원회*Citizens United vs. Federal Election Commission 사건에 대한 2010년 판결문을 든다. 이 판결은 자격 없는 언론 자유의 권리를 통해 사람들에 대한 기업의 입지를 확고하게 해주었고, 거버넌스의 신자유주의적 변신 프로젝트에 헌법마저 동원될 수 있도록 해주었다.

브라운이 볼 때 대다수를 대상으로 글을 쓰는 것에 대한 케네디Kennedy 판사의 결정은, 언론이 자본과 유사하며 따라서 자유로운 경쟁의 또 다른 영역이어야 한다는 주장과도 같았다. 흥미롭게도 브라운의 관점에서 케네디 판사의 결정은 언론을 자본과 유사한 것으로 만들었지만, 사실 케네디의 관점에서 언론은 정보를 의미했다. 이 역시 브라운의 책에서 생략된 개념으로 보인다. 케네디의 결정에 관한 브라운의 거의 모든 인용문에 그런 생략이 나타난다는 점 또한 흥미롭다. 케네디 판사는 "합의에 도달하기 위해 정보를 사용할 수 있는" 시민권에 대해 언급한다. "사람들이 자신의 정보를 얻을 수 있는 곳"에 관심을 보이면서 "정보를 박탈당하는" 상황에 우려를 표한다.

케네디 판사의 관점에서 언론은 혁신적이고 생산적이며 자본과 비슷한 면이 있으면서, 또한 그 자신이 상품화된 상품경제 속에서 정보의 속성을 갖고 있다. 그러므로 케네디의 판결문에는 "자본만이 존재한다. 그것이 인간이든, 기업이든, 금융이든, 파생상품이든 상관없다"는 브라운의 언급은 핵심 단어인 '정보'를 건너뛰는 은유적 비약이다. 정보야말로 현재 기업 권력의 모든 선도적 형태 중에서 통제와 축적 수단을 구성하는 것이다.

정보는 몬산토와 월스트리트가 가진 공통점이면서 기술 회사, 제약 회사, 월마트가 가진 공통점이기도 하다. 월마트는 소매업체가 아니라 본질적으로 물류 회사다. 기업은 물건의 제조, 운송, 교환보다는 자신의 브랜드나 공급망 관리를 통해 경쟁력을 확보한다. 시장에서는 여전히 물건이 판매되고 있지만, 정보의 포장이나 독점 코드를 보호하는 최종 사용권자 계약 없이는 판매가 이루어지지 않는다. 정보의 관점에서 볼 때, 기업이 정보를 소유하고 정보와 경쟁하며 정보를 통한 경쟁을 위해 제약 없는 언론 자유의 권리를 갖는다는 건 완벽한 의미를 지닌다. 이는 케네디 판사에게 '국가가 선거에서 기업의 언론 자유를 축소한다는 점에서 기업은 불리한 소수 집단'이라는 왜곡된 의미를 부여해준다.

판매할 물건이 다 떨어진 전후 상품경제가 정보를 팔아야 한다는 것은 교육의 '신자유주의적' 전환을 이해하는 좋은 방법이기도 하다. 이제 산업계는 과거 포드주의 생산력으로는 계량화조차 할 수 없던 것들을 이용하여 돈을 버는 도구를 가졌다고 여겨진다. 신자유주의 '진리' 체제 하에서는 공립학교와 영리 목적의 대학들이 이러한 일을 수행하기엔 평균 이하라는 사실은 많은 증거에도 불구하고 누구도 납득시키지 못한다.

브라운의 초점은 고등교육에서 교양 과목이 축소되는 현상에 맞춰져 있다. 이제 대학의 목적은 '투자 수익'을 올리고 '사람이나 시민의 발전이라는 낡은 관심사'를 제거하는 것이다. 여기에 브라운은 향수를 불러일으키는 문장을 추가한다. "한때 지성적이고 사려 깊은 엘리트를 육성하고 문화의 재창조를 추구했던…… 고등교육이 이제는 인적 자본을 만들어내고 있다." 냉전 시대에 고등교육 영역에서 공산주의자로 의심되는 학자들을 공격적으로 제거했던 사실을 알고 있는 사람이라면, 과거에 대한 이러한 장밋빛 평가에 의문을 품을 것이다.[19]

한때 교양 교육은 노예가 아닌 자유인에게 적합한 것으로 받아들여졌다. 이후 학생들의 즉각적이고 지역적인 시야를 넓은 지평선으로 확장함으로써 시민으로 성장하도록 이끌었다. 브라운이 볼 때 협소한 엘리트주의를 뛰어넘은 교육의 확대는 전후 미국의 중요한 업적이었다. 하지만 고전적 맥락에서 시민권과 전쟁의 연관성에 관한 질문을 제기해볼 수 있다. 제대 군인 원호법GI bill은 목숨을 감수하면서 국가를 방어한 시민군의 요구를 정치권이 인정하고 수용한 방식으로 여겨질 수도 있다. 아울러 시민교육을 향한 이러한 관심이 소비에트의 '위협'에 의해 지속된 냉전 프로젝트가 아니었는가 하는 질문을 해볼 수 있다. 보다 복잡해지고 정보 중심화되는 경제를 위해 보다 광범위한 '기술 집합'으로 노동을 전환하는 것에 과연 경제적 근거가 있는지 물어볼 수도 있다.

뿐만 아니라 전쟁 이후의 대학이 복잡한 괴물이 되었음을 상기할 필요가 있다. 한편으로 당시의 대학은 광범위한 인문 교양 교육을 제공했지만 군산복합체의 핵심이기도 했다. 이는 오늘날의 군사-엔터테인먼트 복합체military-entertainment complex의 탄생으로 이어졌다.[20] (해러웨이와 프레시아도가 지적한 것처럼, 이와 병행된 의료산업 복합체도 당연히 그러한 결과물이다.) 2차 대전 이후 1970년대까지 미국이 기초과학 연구에 지원한 자금의 대부분은 펜타곤으로 흘러들어가 '혁신'이라는 주식 가치를 끌어올리는 데 기여했다.

중요한 변화는 대학이 지적재산권을 소유할 수 있도록 허용한 것이었다. 이를 통해 스탠포드와 MIT 같은 대학은 전례가 없는 방식으로 정보 비즈니스 분야의 선두 주자가 되었다. 내가 위대한 미국 대학이라는 신화에 매료되지 않는 이유는 그곳 출신이 아니기 때문일지도 모른다. 결과적으로 미국 대학은 푸코가 설명한 신자유주의의 두 가지 분파 중 하나가 탄생한 장소가 되었다. 대학은 더 이상 휴머니즘의 안식처도, 호모 폴리티쿠스의 다양성을 위한 피난처도 될 수 없었다.

고등교육에 대한 투자의 중단은 노동시장 요구 사항의 측면에서 더욱 노골적으로 드러날 수 있다. 오늘날의 벡터 계급은 많은 노동자를 필요로 하지 않는다. 노동은 정보 기술을 사용하거나 설계하는 고도로 숙련된 해커 계급이라는 소규모 핵심 집단, 그리고 정보 기술로 인해 비숙련 직종으로 전락한 직업을 가진 대규모의 불안정한 인구 집단 사이에서 분화되고 있다.[21]

요약하면 브라운의 강조점은 자본을 상수로 유지하면서 정치 합리성의 체제에 브레이크를 거는 것이다. 정치 합리성 체제는 푸코의 설명처럼 특정한 우선권을 갖지만, 또한 어느 정도는 자본을 위해 부상하고 있다. 은유적으로 보자면 자본은 실제 기업과 주체성 형태를 모두 포함하는 범주로 인식된다. 이러한 자본이 다소 수정되면 금융자본으로 인식된다. 그 범주에 부합하지 않는 단 하나의 예외가 있으니 몬산토가 그것이다.

여기서 우리는 중요한 사실을 놓치고 있다. 바로 정치 합리성의 돌연변이가 상품 형태 그 자체를 변형할 외부적 동력을 가질 가능성이 있다는 점이다. 이러한 변형의 핵심 요소 즉 정보는 실제로 분석의 여백에서 나타나지만, 호모 에코노미쿠스와 호모 폴리티쿠스라는 이론화된 주체 형성의 두 가지 체제만 존재하는 개념 수준까지 올라가지는 못한다. 정치와 경제뿐만 아니라 전쟁, 전략, 교육까지도 개념적 하부구조이면서 실제 하부구조인 정보를 통해 만들어진다는 생각은 아직 일반적이지 않다.

브라운은 신자유주의의 *실체*를 탁월하게 분석하지만 그것이 나타난 이유는 제시하지 않는다. 이 점에서는 푸코도 큰 도움을 주지는 못할 듯한데, 여기에는 매우 특정한 역사적 이유가 있다. 푸코는 대학에서 마르크스주의를 둘러싼 냉전 시대의 투쟁에 있어 후반기 인물에 속했다. 교조적 공산주의에 대한 그의 영웅적 반론이 타당하던 시절이 있었지만 이제 그런 공산주의는 사라졌다. 그러므로 지금은 비평 이론의 아카이브가 중립적인 자원이 아닌 그 자체로 역사 투쟁의 산물이 되는 방법을 다시 생각해야 할 때다.

위태로운 육체

Bodies on the Line

주디스 버틀러Judith Butler는 미국의 여성 철학자이자 젠더 이론가이며 퀴어 이론의 창시자다. 대표적인 후기구조주의 페미니즘 학자로 유명하다. 예일대학교 철학과에서 프랑스 철학의 헤겔 해석에 관한 논문으로 박사 학위를 받았다. 현재 캘리포니아대학교 버클리 캠퍼스에서 영문학과 수사학 교수로 재직 중이다.

주디스 버틀러Judith Butler의《결속의 수행 이론에 관한 주석Notes Towards a Performative Theory of Assembly》은 일련의 간헐적 저작으로서, 함께 묶으면 그녀의 특별한 생각의 범위와 한계를 모두 볼 수 있다.[1] 여기서 그녀의 생각은 보다 일반적으로 *위태로움precarity*의 사례로 여겨지는 *젠더 수행성gender performativity*의 문제에서 *상호 의존성interdependency*에 근거한 정치적 견해로 확장된다.

그 과정에서 버틀러는 적대감, 언론, 하부구조, 삶과 삶이 아닌 것, 노동 문제를 다루지만 이들 각각은 그녀가 필수적인 논제를 수정하지 않고는 넘어설 수 없는 한계점일 것이다. 버틀러는 이렇게 말한다. "삶의 생존 불가능성을 최소화하고자 하는 손길의 사회적 네트워크에 대한…… 상호 의존성이라는 생각에 대한 전쟁이 있다." 실제로 그렇지만 그 이유를 이해하기 위해서는 질문 몇 가지를 제기할 필요가 있다.

버틀러가 자신의 유명한 젠더 이론을 시작하는 곳은 바로 결속의 수행 이론이다.[2] "누군가는 자신의 젠더로 시작하지 않으며 나중에 어떻게 그리고 언제 규정할지를 결정한다." 수행적 발언은 그것이 이름 붙인 것을 존재로 가져오거나(발화 내 행동) 사건이 일어나도록 만들지만(발화 매개적 행동), 버틀러는 그들이 말하는 것보다 육체가 수행하는 것에 좀 더 관심이 있다. 버틀러의 수행성을 호명이라는 알튀세르의 유명한 이데올로기 이론에서 비롯하는 것으로 생각할 수도 있다.[3] 이데올로기는 우리를 부르고 우리에게 말을 거는 방식으로 작동한다. 우리는 우리에게 제시된 견해를 채택하면서 그러한 말 걸기에서 우리 자신을 오인한다.

이에 대해 버틀러는 데리다의 몇몇 이론을 추가하는데, 여기서 무언가를 반복하는 행위는 불가피한 변화를 가져온다.[4] 따라서 젠더 수행성이 자신의 젠더를 자유롭게 선택할 수 있다는 의미는 아니지만, 젠더 규범 수행성에는 여전히 항상 약간의 혼란이 나타난다. 젠더가 젠더 규범의 수행을 통해 존재한다는 것은 그것에 항상 약간의 어긋남이 있음을 의미한다. 버틀러에 의하면 "규범이 거절되거나 개정되는 이상한 일이 일어날 수 있다". 젠더 규범은 우리를 맞이할 뿐만 아니라 우리에게 자신을 반복하도록 요구한다. 그에 따라 우리가 의도하지 않더라도 우리의 수행은 조금 달라진다.

규범을 재현하면 그것의 약점이 드러난다. 규범을 반복하면 그것을 되돌릴 위험이 있다. 규범은 육체적으로 제정되었지만, 차이나 편차는 거의 없는 부주의한 행위다. 젠더와 섹슈얼리티를 분리하여 공개적으로 주장할 수 있는 권리는 누구에게도 없다. 그들의 힘(과 취약성)은 행동에 있다. 젠더는 언제나 약간씩 불안정한데 규범에서 가장 멀리 떨어져 있는 사람들은 특히 불안정할 수 있다. 그러한 규범에서 벗어난 사람들을 보호하는 윤리가 요구되는 것은 이 때문이다.

그에 앞서 *위태로움*이라는 단어를 정리할 필요가 있다. 이 단어의 어원은 라틴어로 묻거나 기도함으로써 얻은 것을 의미한다. 원래는 다른 사람들의 변덕이나 호의에 의존한다는 뜻이었지만, 시간이 지남에 따라 위험에 처해 상황에 의존한다는 것으로 바뀌었다. 그럼에도 불구하고 이 단어의 일반적인 개념에 관한 담론이 두 번째 의미보다 첫 번째 의미에 우선권을 부여하는지 궁금해질 수 있다. 이는 나중에 다시 논의하기로 하자. 버틀러는 이렇게 말한다. "위태로움은 윤리의 필요성과 어려움 모두를 지칭한다." 어쩌면 윤리뿐만 아니라 버틀러가 윤리를 세우게 될 정치를 초월하는 걸 암시할지도 모른다.

*위태로움*은 분명 소모적인 것으로 느껴질 수 있다.[5] 브라운의 언급처럼 그것은 인적 자본의 자립적 단위가 되어야 한다. 하지만 베라르디가 보여주듯이 그 단위가 고립화되면서 위태로움과 불안감이 높아진다. 젠더 규범은 단순히 개인의 정체성에 관한 것이 아니라 어떻게, 누가, 어디서 공개적으로 등장할 수 있는지에 관한 것이다. 버틀러는 이렇게 말한다. "퀴어queer라는 용어는 정체성이 아닌 동맹을 규정하는 것이다."

그렇다면 외양의 영역에서 누가 인정될 수 있으며 무엇으로 인정될 수 있을까? 젠더 정치는 불안정한 개체군 간의 동맹 관계를 형성해야 한다. 위태로움은 특정 섹슈얼리티든 장애인이든, 무국적자든 노숙자든 상관없이 그러한 모든 주장을 공개적으로 행동하도록 하나로 묶는다. 정치란 자신의 주체성을 넘어 살펴보는 것을 의미한다. 버틀러는 이렇게 말한다. "정체성 정치는 때로는 선택되지 않은 근접성 모드에서의 차이를 넘어 정치적으로 함께 살아간다는 것의 의미에 대한 더 넓은 개념을 제공하지 못한다."

위태로움은 고통에 대한 차별적 노출에 관한 것이다. 왜 몇몇 인간 주체만이 인식될 수 있는가? "어떤 인간이 인간으로 간주되는가?" 한 가지 대답은 앞서 소개한 Black Lives Matter라는 슬로건에서 찾을 수 있다.[6] "투쟁은 인식 가능성, 즉 존재하는 것과 문제가 되는 것에 대한 대중의 주장을 위해 구체화된다." 요컨대 위태로움은 파괴적 외양을 지닌, 말로 표현할 수 없는 사람들의 수행이다. 그들이 주장하는 것이 바로 그들이 필요로 하는 것이다. 그들은 존재의 수단을 확보하기 위해 정치적으로 행동해야 한다.

위태로움이 표출하는 건 그것의 힘이라기보다는 그것의 약함이다. 위태로움이 주장하는 건 자기만족적인 육체가 아닌 어떤 것으로 인식될 수 있는 권리다. 버틀러에게 모든 육체는 의존적인 동시에 *상호 의존적*으로 이해된다. 그들은 자신들을 지원하는 하부구조에 의존하면서 서로에게 의지하는 *상호 의존성*을 가진다. 상호 의존성은 상호적이지만 균형을 이루지는 않는다. 앞으로 살펴보겠지만 의존성은 전혀 상호적이지 않으며 역사를 초월하는 육체의 특징이다. 정치 이론은 필요성을 가진 이러한 육체를 배제하려는 경향이 있다. "공화주의 이상은 아직까지 감각의 민주주의에 대한 폭넓은 이해를 제공하지 못하고 있다."

버틀러는 상호 의존성을 비판 이론에 관련된 문제로 만든다. 주체로 보이지 않는 이 같은 궁핍한 육체는 누구인가? 배제된 이들은 스스로를 무엇이라 부르는가? 읽을 수 없는 이들이 그룹을 구성할 수 있는가? 그들은 인식될 수 있는가? 사실 완전한 인식은 누구에게나 환상일지도 모른다. 알튀세르와 멀비가 주장하는 것처럼, 이데올로기가 우리를 부를 때 우리는 그런 부름 속에서 스스로를 오인한다.[7] 그런데 전혀 부름을 받지 못한다는 건 어떤 느낌일까? 주체가 된다는 것, 정치적 존재가 된다는 건 우리에게 요구되는 규범의 몇몇 버전을 수행한다는 의미다.

젠더 비순응자와 불법체류자들이 공유하는 것은 인식되고자 하는 요구다. 이런 요구는 좋은 주체라는 기존의 규범에 적지 않은 압력을 가한다. 그러므로 그것은 우리가 '우리we'라고 말할 때 의미하는 바를 확장하려 노력하는 인식될 수 없는unrecognizable 이들의 동맹을 향한 버틀러의 요구가 된다. "나는 이미 하나의 결속이며, 심지어 일반적인 결속assembly이다." 이는 결국 어떤 보편성을 향한 요구라기보다는 보편성이 배제하는 것을 통해 보편성의 불가능성을 보여주는 실천일 것이다.

위태로움의 정치는 상호 의존성에 맞서는 전쟁의 맥락에서 발생한다. 그것은 다양한 계급, 인종, 종교 또는 기타 배경의 그룹들을 연결함으로써 모두에게 똑같이 살기 좋은 삶에 대한 접근을 요구한다. 그러나 여기서 우리는 버틀러가 여전히 배제해야만 하는 것 중 하나를 지적해야 한다. 그건 바로 무페가 *적대감*이라 부르는 것이다. 상호 의존성에 맞서는 전쟁을 누가 혹은 무엇이 수행하고 있는가? 행위는 모두 그것에 저항하는 편에 서 있다. 여기에는 지배계급이 결코 나타나지 않는다는 사실은 거의 말해지지 않는다.

젠더와 위태로움의 수행뿐만 아니라 그러한 수행이 이루어지는 공적인 공간 또한 마찬가지다. "다수의 공적인 행동은 장소와 소속의 권리를 실천하는 것이며, 이러한 실천은 외양의 공간이 전제되고 존재하게 되는 수단이다." 외양의 공간을 함께 점령하는 것은 공적인 것과 사적인 것 사이에 받아들여지는 구별에 의문을 제기한다. 브레히트Brecht가 말했듯이 공적인 공간은 *재기능화*된다. 혹은 상황주의자들이 *비틀기*라고 불렀을 이것은 과거는 물론 지금도 항상 수행적으로 작용하고 있다.[8]

버틀러는 말한다. "함께 행동하는 조건이 황폐화되거나 변절되는 상황에서 함께 행동한다는 건 무엇을 의미하는가?" 그건 너무도 많은 사람들을 배제할 뿐만 아니라, 살아갈 만한 삶의 조건을 너무도 많이 배제하는 정치 형태에 질문을 던지는 걸 의미한다. 버틀러는 정치가 항상 누군가를 배제하며, 그들them을 배제함으로써 *우리*us라고 이름 붙일 수 있는 스스로의 권능을 구성한다는 무페의 주장을 인정한다. 하지만 또한 인식될 수 없는 이들이 포함될 수도 있을 사람들을 확장하는 동시에 정치의 구조적 한계로 확장한다. "정치적 동일체body politic는 결코 가능하지 않은 통합으로 받아들여진다." 민주 정치란 (가라타니에서처럼) 몇몇 칸트적 보편성을 갈망하기보다는 인식될 수 있는 것과 인식될 수 없는 것의 관계를 변화시키는 것에 관한 것이다. 버틀러는 이렇게 말한다. "콘서트에서의 행위는 정치적 통치 개념의 시작 단계인 강력한 차원에 제기하는 의문의 구체화된 형태일 수 있다."

여기서는 단합, 파업, 철야의 형태를 취할 수 있는 행동 방식이 문제가 된다. 이러한 패러다임의 예로 광장의 운동을 들 수 있다. 내 머리에 맨 먼저 떠오르는 건 천안문 광장이다.[9] 버틀러는 육체들을 함께 특권화하는데 이들은 비르노의 다중 버전과 같지 않다. 버틀러는 육체가 할 수 있는 것보다 할 수 없는 것에 더 큰 관심을 갖는다. 그녀는 활동적인 육체를 연약한 육체만큼 축복하지는 않는다. 육체의 취약성이 나타남에 따라 위태롭고 의존적인 육체는 스스로 출현할 권리를 행사하는 동시에, 버려질 수 있는 것으로 간주되는 개체군의 일부분을 드러낸다.

그 육체는 아쉴 음벰베Achille Mbembe가 네크로폴리틱스necropolitics, 사회적이고 정치적 힘을 사용해 생명을 살아도 되는 것과 죽어도 되는 것으로 준별하는 것라고 부르는 것에 맞선다. 네크로폴리틱스는 어떤 육체가 살 수 있고 또 어떤 육체는 살 수 없는지를 협의 없이 결정해버린다. 인종차별이 조기 사망에의 노출이라는 루스 길모어Ruth Gilmore의 정의는 말할 필요도 없다.[10] 이에 맞서 대중의 결속은 '완고하게 신념을 지키며 살아가는' 사람들의 공유된 상황을 보여준다.

상호 의존성은 타인들에 대한 윤리적 선택의 문제가 아니다. 레비나스Levinas를 따르는 버틀러는 '내'가 어떤 윤리적 선택을 하기도 전에 타인들이 '나'에게 영향을 미친다고 생각한다.[11] 우리에게 행동하는 이들은 우리와는 다른 이들이다. 그건 윤리적 관계를 만드는 동일성이 아니다. 이 관계는 상호적이지만 또한 비대칭적이다. 타인들이 '나'보다 우선권을 가지기 때문이다. 윤리는 이기심이나 이타심의 문제가 아니다. 타인의 얼굴은 내 의지와는 상관없이 윤리적 경각심을 요구한다.

버틀러는 부르주아의 자유주의적 개인주의를 거부하는 레비나스와 아렌트 같은 사상가들과 함께하고자 한다.[12] 버틀러가 정치에 관해 언급하는 많은 부분은 아렌트에 관련해 지속되는 논평에 반대하는 모습을 취한다. 아렌트에서 육체는 정치로 진입하지 않으며 정치는 언어 행위의 영역에 속한다. 그녀의 폴리스 모델은 사람들이 공적인 공간을 차지하고 일상의 필요성과 분리된 자유의 세계에서 국가 문제를 토론하는 고대 텍스트를 통해 전달된 것이다. 아렌트는 거리에서 빵을 요구하는 가난한 이들이 정치적이라고 생각하지 않았다. 그녀에게 필요성은 정치가 아니다. 오직 자유만이 정치다. 버틀러는 굶주리는 이가 이성적일 수 있는지 물으려 하면서도, 여전히 필요성과 이성의 영역으로서의 정치를 구분할 것을 주장한다. 그런데 굶주린다는 것이 이미 이성적인 것이라면 어떻게 될까? 혹은 정치가 전혀 이성적인 것이 아니라면?

그럼에도 불구하고 아렌트의 주장에는 유용한 점이 있다. 권리를 가질 권리, 무국적자의 청구권, 청구권의 외부에서 제기된 청구권에 대한 생각 등이 그렇다. 버틀러는 이렇게 덧붙인다. 권리를 얻기에 부적합한 사람들은 동맹을 형성해야 하며 외양의 영역에 긴장을 불러일으켜야 한다. 이 점에서 젠더 비순응자와 불법체류 이민자들은 자신들만의 독특한 방식으로 유사한 주장을 하는 셈이 된다. "정치 행위자가 된다는 건 다른 인간과의 평등이라는 관점에서 행동하는 특징을 가진 기능이다." 모습을 드러낼 자유는 월스트리트 시위, Black Lives Matter, 트랜스 가시성trans visibility을 위한 운동, 불법체류자를 위한 운동 등 모든 종류의 민주 투쟁의 중심에 있다.

버틀러의 정치는 육체를 규합하는 정치이지만, 여기서의 육체는 다수의 개인적 육체를 의미하지 않는다. 정치는 육체 사이에서 모습을 드러낸다. "법률 형태에 의한 기본적인 정치적 보호막 없이 급진적인 폭력에 노출된 사람들은 바로 그 이유로 정치 바깥으로 밀려나서는 안 되며, 모든 형태의 행위를 박탈당해서도 안 된다." 이렇게 말하는 건 이미 그들이 사람이 아님을(길로이가 말하는 인간 이하의 존재임을) 인정하는 것이다. 아감벤과 달리 버틀러는 배제된 육체를 헐벗은 삶bare life으로 축소하는 걸 거부한다. 이는 삶

정치가 위에서 육체를 내려다보는 방식일 수는 있지만, 배제된 사람들의 육체가 자신이나 이웃에게 모습을 드러내는 방식이라고는 할 수 없다.[13] "만약 빈곤한 이들이 탈정치화된 존재 형태로 축소되어 정치권 밖에 있다고 주장한다면, 이는 정치적인 것을 확립하고 제한하는 지배적 방법을 암묵적으로 옳다고 받아들이는 것이다."

버틀러는 아렌트에게서 누구도 지구상에서 살아갈 사람을 선택할 수 있는 권리는 없다는 원칙을 이끌어낸다. 우리에게는 타인들과 함께 살아갈 의무가 있다. 레비나스에게 선택되지 않는 윤리의 조건이 존재하는 것처럼 아렌트에게는 선택되지 않는 자유의 조건이 존재한다. 공동체는 비공동체적인 대량 학살을 거부해야 한다. 그런데 이러한 거부는 더 멀리 확장될 수 있을까? 아니면 그것이 보다 신학적인 다른 방향(레비나스)으로 비약되더라도, 우리는 타인들(아렌트)과 함께 시작하는 정치(아렌트)와 윤리(레비나스)에 여전히 얽매여 있을까? 비인격적인 것들, 살아 있지 않은 것들까지도 공존할 수 있게 하는 방법은 과연 존재하는가? 그 방법은 해러웨이가 원하는 윤리와 정치일지는 모르지만, 버틀러가 가고 싶어 하는 곳의 한계를 넘어서는 것으로 보인다.

지구 전체를 주장할 수 있는 유적 존재란 결코 존재하지 않는다. "따라서 아렌트는 선택되지 않은 동거co-habitation로부터 인간적인 삶을 유지하고자 하는 제도에 우리를 위임하는 보편성과 평등성의 개념을 이끌어낸다." 아렌트는 나치가 자행한 학살, 감금, 강탈의 교훈이 불법적인 국가 폭력의 사용에 반대하는 것이라고 생각했다. 평등은 언어, 민족, 종교를 초월하여 지금까지 누구도 가까이하려 하지 않았던 사람들에게까지 확장되어야 한다. 정치는 선택받지 못한 사람들에 대한 의무다. 버틀러는 이렇게 말한다. "모든 사람들은 위태롭다. 이는 의식주를 위해 서로 의존하는 육체적 존재로서의 인간의 사회성에서 비롯한다. 따라서 인간은 누구나 부당하고 불평등한 정치 상황 하에서 국적과 집을 잃고 궁핍한 상태에 처할 위험이 있다."

버틀러는 식민지에 강제된 선택하지 않은 동거라는 문제를 언급한다. 하지만 이 경우 분명 아렌트와 레비나스의 인식 틀에 있어 그들이 인정하고 싶어 하는 것보다 더 많은 압력으로 작용한다. 버틀러에 의하면 "우리의 위태로움은 경제적, 사회적 관계의 조직에 크게 영향을 받는다……. 따라서 실존적 주장은 그것이 구체적으로 표출되는 순간 실존적이지 않게 되고 만다". 버틀러에게마저 그것은 결코 역사적인 것이 되지 않는다.

살아갈 만한 삶의 가능성을 점차적으로 희박하게 제한하는 정치 형태에 맞서서, 버틀러는 정의와 평등을 향한 요구를 구체화하는 모임을 가치 있는 모임으로 대치시킨다. 그런데 이 두 가지가 혼합되지 않은 사례가 있는가? 기이하게 수용하고 거주하는 규범의 비틀기를 통해 스스로를 수행적으로 구성한다는 것은 일관되게 윤리적, 집단적 주체가 되지 않는다는 걸 의미한다. 이를테면 한 적대적 언론은 월스트리트 시위와 여성혐오적인 버니 지지자들Bernie-bros 사이에 있는 반유대주의자들의 존재를 대대적으로 다뤘다. 이들은 2016년 민주당 예비선거에서 힐러리 클린턴 상원의원에 맞선 샌더스 상원의원을 지지했다. 미디어는 그러한 시뮬레이션의 단편으로 거슬러 올라가야만 알 수 있는 상황에서 재료를 추출하여 익숙한 이야기를 재생산한다.

그러한 미디어는 버틀러의 육체 중심 정치 이론에 약간 남아 있다. 미디어는 젠더 수행에 필수적이다.[14] "젠더 인식은 기본적으로 젠더 표현 방식, 즉 그 외양에 대한 조건에 달려 있다. 우리는 이를 젠더의 미디어 또는 표현 방식이라 부를 수 있다." 미디어는 결속을 위해서도 필요하다. "언론 보도를 통해 볼 수 있는 영역에는 다른 육체와 함께 도달하는 육체의 지표적 힘이 있다." 그러나 우리는 미디어의 개념에는 결코 충분히 도달하지 못한다. 미디어의 개념은 그것이 만들어내는 관점에서는 제대로 파악할 수 없다.

버틀러의 입장에서 볼 때 "미디어는 국민이라는 바로 그 정의에 진입했다". 이 지점에서 작동하는 일종의 휴머니즘이 존재한다. 여기에 육체들이 모이면서 하나의 육체가 첫 번째로 등장한다. 이어서 기술적으로 매개된 그들의 이 배수double가 두 번째로 등장한다. 그러나 분명 그것은 어떠한 현대 정치 조직체에서도 다른 방향이다. 이들에게는 미디어가 주된 공간이며, 대중의 광장 같은 것은 미디어의 공연을 위한 부속 장치일 뿐이다. 이러한 미디어를 그리스 폴리스의 판타지에 단순히 추가할 수는 없으며 현대 정치라고 부를 수도 없다.

우리가 점유해야 하는 것은 바로 미디어의 시간이다. 점유를 실행하는 방법은 공간을 차지하는 것이다. "미디어가 장면scene을 확장한다"는 말이 항상 적용되지는 않는다. 장면은 미디어의 회고적 산물이다. 결속이 이루어졌음을 누구도 알지 못했다면 그것은 목소리를 낼 수 있었을까?

매개는 모든 현대 정치의 특징이지만 그다지 새로운 건 아니다. 즉 "거리와 미디어의 이러한 결합은 공적 영역의 매우 현대적인 버전을 구성한다"라는 말은 항상 옳지 않다. '현대적'이라는 표현이 지난 150년 동안의 '트위터 혁명'을 의미하지 않는다면 말이다. 이미 1840년에 전신telegraph이 사건의 *가상 지형*을 형성하기 시작했다.[15] 그 지형은 처음엔 인접하고 물리적이며 구체화된 공간에 추가된 것으로 보일 수 있지만, 실은 *원격투시telesthesia*에 의해 지배되는 사건의 새로운 지리학 또는 먼 거리에서의 지각을 구성한다.[16] "분명 공간과 시간의 물질성이 변한 까닭에 마르크스와 엥겔스의 유명한 말처럼 "하나의 유령이 유럽을 배회하고 있다." 이 시공간에서는 정보가 상인보다, 병사와 혁명가보다 더 빨리 움직이기 시작한다.

버틀러는 말한다. "미디어는 누가 그리고 무엇이 출연할 수 있는지를 선택하지 않는가?" 그건 사실이지만, 무엇이 선택 기준을 구성할 수 있는지에 대해서는 오랜 논쟁이 있었다. 즉 다음과 같은 논쟁 말이다. 미디어는 (벤야민에서처럼) 생산력을 복제하는가 아니면 (아도르노에서처럼) 생산관계를 복제하는가? 또는 (알튀세르에서처럼) 생산관계를 *재생산*하는가? 미디어는 (그람시에서처럼) 헤게모니적 타협을 표현하는가 아니면 (윌리엄스에서처럼) 지배적이고 잔존하고 출현하는 문화의 혼합체를 표현하는가? (앙Ang에서처럼) 적극적인 청중으로서, (홀에서처럼) 협상하거나 저항하는 독서를 통해, 혹은 심지어 (헵디지에서처럼) 하위문화적 소음을 주입함으로써 사람들이 미디어에서 의미를 만들어내는 방식에는 수행적인 것이 없는가?[17]

적어도 버틀러에게는 미디어 이론을 암시하는 시작이 존재한다. 얼마나 많은 정치 이론이 아직도 자신이 그리스 폴리스에 있다고 생각하는지, 또 진정으로 그리스 폴리스가 신화 이상의 장소라고 생각하는지를 기억해보자. 이를 감안하면 그런 시작은 내 생각에 분명 환영받을 만하다. 버틀러의 말을 들어보자.

물론 우리는 공식적인 프레임이 경쟁 이미지에 의해 해체되거나, 단일 세트의 이미지가 확고한 사회의 분열을 야기하거나, 저항을 통해 모인 사람들의 수가 프레임을 압도하는 경우를 살펴봐야 한다.

그런데 그런 경우란 무엇인가? 여기서 중요한 건 가상 지형의 시간성과 내러티브의 일관성을 차단할 수 있는 역량일지도 모른다.

매개된 내러티브는 사건에 선행한다. 벤야민이 이미 파악했듯이 뉴스는 사건들을 단순한 몇 가지 이야기의 틀에 맞추는 기능을 맡는다.[18] 사전에 공개된 내러티브 구조를 좌절시키는 사건은 미디어에서 일관성 없는 존재로 받아들일 가능성이 가장 크다. 적어도 한동안은 수행성의 기이한 행위에 가장 개방적일 것이다. 물론 이는 항상 바람직하지는 않다. 2001년 9월 11일 비행기가 세계무역센터에 충돌한 직후 첫 24시간은 해체된 프레임의 대표적 사례다. 그 후 해체된 프레임은 제자리에 되돌려졌고 끈질기게 지속되었다.

그건 내가 *기이한 세계적 미디어 사건*이라고 부르는 것의 사례다. 세계화가 진행됨에 따라 해석적 수행의 범위는 더 넓어질 수 있다. 버틀러는 이렇게 말한다. "수행의 지역성은 그 무대가 실제 이상으로 전달되어 전 세계 미디어에서 구성된다는 사실 때문에 부정되지는 않는다." 그러나 다시 한 번 강조하지만 사실은 정반대다. 수행의 지역성은 세계적 미디어 이미지의 특정 사례에서 그 장소가 가진 의미의 가변적 범위에 의해 결정된다. 세계적 미디어 이미지는 초국가적이지만 동시에 부분적이고 다면적이기도 하다.

특정 장소는 그곳에 있는 사람들에게 의미하는 것과는 아주 다른 걸 의미할 수 있다. 뉴요커들에게 세계무역센터는 2등급 사무용 부동산이었지만, 세계적 미디어 이미지 속에서는 그 이상을 의미했다. 아주 다른 예로 월스트리트 점령 운동이 시작된 주코티공원Zuccotti Park을 들 수 있다. 이 공원은 월스트리트에 전혀 가깝지 않다. 또 어떤 경우에 월스트리트는 추상적인 곳으로 인식된다. 어떻게 추상적인 곳을 점령할 수 있겠는가?[19] 요컨대 월스트리트 시위는 의미 생성에 있어 실제 지형이 아닌 가상 지형에 의존하는 근사한 수행 사례다.

반면 미디어에 대한 버틀러의 접근 방식은 표현적인 사고방식에 머물러 있다. 즉,

> '미디어'라는 용어는 외부에서 현실의 어떤 버전을 우리에게 전달하는 표현 방식 모두를 지칭한다. 미디어는 우리가 그것의 메시지라고 부를 수 있는 것을 가능케 하는 일련의 압류 수단을 통해 작동하며, 그 메시지는 우리에게 영향을 미친다. 여기서 내가 의미하는 메시지란 압류(편집된 것, 여백 바깥에 있는 것)와 제시된 것 모두를 가리킨다.

또는 드보르가 좀 더 경건하게 말한 것처럼 "모습을 드러내는 것은 선하며, 선한 것은 모습을 드러낸다".[20] 미디어에 대한 이런 사고방식이 버틀러가 다른 곳에서 주장하는 수행성에 반한다는 점에 주목하자. 우선 현실이 존재하고 뒤이어 그 현실의 선택된 표현이 존재한다. 여기에는 매개된 수행이 실재를 존재로 소환하는 방법은 알 수가 없다. 그러한 행위에 포함되는 것과 무시되는 것 모두를 지정하는 방법 또한 알 수가 없다.

이는 레비나스의 윤리를 매개된 이미지에 적용하려는 버틀러의 노력을 복잡하게 만든다. 거기서 우리는 "먼 고통의 이미지로부터 요청을 받는다". 버틀러에게 이러한 선택되지 않은 고통의 이미지는 타인들의 운명을 가까이로 가져온다. 나는 여기에 있지만 단순히 여기에 있는 걸 넘어선다. "그건 하나의 이산적 개체군discrete population이 특정 미디어의 순간을 통해 또 다른 개체군을 바라보는 것이면서, 그러한 반응이 분명 전 지구적 연결성의 한 형태가 된다는 걸 의미한다."

동의와 공동체는 의무의 범위를 나타내지 않지만 이런 질문은 던질 필요가 있다. 우리는 타인들의 고통에서 어떤 이미지를 보는가? 어린이의 이미지가 가장 자주 나타나지 않는가? 다른 것들은 인도적 의무의 내러티브 내에서 매개되는데, 이는 윤리적일지 모르지만 결코 정치적이지는 않다. 재키 왕Jackie Wang과 내가 서로 다른 맥락에서 논쟁을 벌였듯이 '죄 없는 자'만이 윤리적 책임의 주체가 된다.[21] 따라서 법과 사소한 다툼을 벌인 성인 난민이나 흑인 십 대 청소년은 살아갈 만한 삶의 영역에서 배제된다. 이에 대해 우리는 관심을 갖거나 슬퍼할지도 모른다.

버틀러의 관점에서 미디어는 수행적이지 않다. 혹은 일관되게 수행적이지 않다. 하부구조의 경우도 마찬가지다. 육체는 '환경에 의해, 영양분에 의해, 일에 의해, 사회성과 소속 방식에 의해' 지지된다. 육체는 또한 의존적이다. "육체와 같이 조직화된 생명체는 살아 있는 제도적인 프로세스와 하부구조의 조건에 의존하며, 함께 자신이 지속될 수 있는 조건에 대한 권리를 끈질기게 주장한다." 때로는 하부구조가 '협력적 행위자'가 되기도 한다. 그러나 대부분의 경우 "육체의 운동은 비인격적 객체와 그들의 특별한 행위 능력에 의해 지지되고 촉진된다".

버틀러에게 미디어가 수행적이지 않은 이유는 그가 아렌트에서 그리 멀리 벗어나지 않았기 때문이다. 아렌트에게 정치란 마음과 마음의 만남이라면, 버틀러에게는 육체의 만남이다. 그러나 이러한 육체의 정치학에 속하지 않는 것이 있으니 다름 아닌 노동하는 육체다. 하부구조는 정치 결사체 political bodies를 지지함으로써 나타나는 것이지 노동하는 육체가 건설하고 유지하는 것이 아니다. 미디어와 마찬가지로 하부구조는 실제로 수행적이지 않다. 버틀러에게 정치 결사체는 공적인 공간에서 수행하면서 그 공간을 자신들의 결속의 일부로 만든다. 하지만 상호적인 수행성이 부족한 까닭에 하부구조는 그 공간에서 노동을 자신의 일부로 만들어버린다. "그러므로 도로와 거리는 육체의 필요조건으로 이해되어야 한다." 반면 (노동하는) 육체는 도로의 필요조건이 되지 못한다.

공정하게 말하자면 버틀러는 육체의 결속을 넘어서는 세계를 인정한다. "우리는 폴리스라는 폐쇄되고 풍족한 공간을 당연한 것으로 여길 수 없다. 거기에서 모든 물질적 필요는 젠더, 인종, 지위로 인해 대중의 인정을 받지 못하는 존재에 의해 어떻게든 다른 곳에서 보호받는다." 그들의 계급은 말할 필요도 없다. 버틀러는 이렇게 말한다. "하부구조의 조직은 개인의 강조와 함께 개인적인 삶의 지속적인 감각에 긴밀히 연결되어 있다." 혹은 사르트르가 말했듯이, 죽은 노동으로 만들어진 세계의 실천적 타상태는 우리를 상호 의존성보다는 연속성의 관계로 정렬시킨다.[22] 물론 이 밖에 다른 목록도 존재한다. 파솔리니에게 하부구조는 대량 생산의 객체일 뿐만 아니라 라자라토가 착안한 사고방식의 주체이기도 하다.[23] 하부구조에의 의존성을

공격하는 결속의 형태—폭동의 형태—가 버틀러에서는 나타나지 않는 점이 흥미롭다.[24]

버틀러가 적대감, 미디어, 하부구조, 비인간적인 것 등 자신의 개념이 배제하는 이름을 포함하는 것은 이 텍스트 전체에 걸친 전략이다. 그런데 특이하게도 노동이라는 이름은 거의 나타나지 않는다. 버틀러의 말을 들어보자.

나는 기술적인 명명법에 저항하는 문제에 접근하는 방법으로 관련 용어 세트를 찾으면서 여러 단어를 앞뒤로 연결하여 사용하고 있다. 어떤 단어도 단독으로 이러한 인간적 노력의 성격과 목적을 적절하게 묘사하지 못한다. 정치 운동이나 동원mobilization의 의미를 형성하는 것으로 보이는 이러한 노력은 협력적으로 혹은 함께하는 것으로서 이루어져야 한다.

그럴지도 모른다. 하지만 그 노력의 많은 부분을 담당하게 될 용어는 다름 아닌 노동이다. 다양한 젠더의 노동, 다양한 종의 노동, 죽은 자들과 살아 있는 자들의 노동, 해러웨이의 사이보그 혼합체의 노동 등등. 따라서 나는 다음과 같은 버틀러의 주장에 부분적으로만 동의할 수 있다. "모든 의존성에서 해방된 자율성의 형태를 옹호하는 정치 저항의 형태는 의존성을 착취로 이해하는 실수를 범할지도 모른다." 착취를 제거한다는 건 자율적인 육체의 세계를 저버리지 않는 것을 뜻한다. 그러나 의존성이라는 개념은 실제로는 그리 멀리까지 나아가지 않는다.

버틀러에게 있어 위태로운 육체는 상호 의존적이지만, 그다음 지지 기반인 하부구조에 의존한다. 상호 의존성은 호혜적이지만 대칭적이지는 않은 일종의 윤리적 관계다. 이 관계에서 타인들은 내 의지와 상관없이 내게 영향을 미친다. 또한 상호 의존성은 오직 무한하고 근본적으로 신학적인 요구를 숨기고 있는 얼굴을 가진 타인에게만 적용되는 것으로 보인다. 그러나 이러한 사고방식은 인간에게서 벗어나 신으로 향하는 경향이 있으며, 다른 방향으로는 주의를 기울이려 하지 않는다. 선택되지 않은 윤리적 의무는 인간과 함께 시작하여 다른 형태의 삶으로 확장될 수 있다. 그리고 다른 형태의 삶에 대한 윤리적 요구는 인간 삶의 형태를 모델로 한다.

해러웨이와 스텐저스를 향한 약간의 손짓에도 불구하고 버틀러가 정말로 그런 요구에 귀를 기울였을 거라고 나는 생각하지 않는다. 윤리와 정치를 넘어 우리에게 영향을 주는 일방적 요구는 명분 없는 요구일 뿐이다. *생명 없는 것nonlife*에 대한 윤리적 의무는 버틀러의 입장에서는 전혀 생각할 수 없는 것처럼 보인다. 하부구조는 육체를 지탱하지만 육체는 하부구조에 아무런 책임도 지지 않는다. 얼굴 없는 것들은 어떤 보살핌도 요구하지 않는다. 그들은 그저 존재할 뿐이다. 노동을 육체의 존재와 행위의 범주로 남겨둔 채 하부구조는 육체의 일부로서, 노동하는 육체가 만들어낸 것으로서, 그리고 죽은 노동으로서 자신의 모습을 드러낼 수 없다.

그러므로 이제 우리에게 남겨진 건 로고스 중심주의logocentrism가 아닌 *육체 중심주의corporeocentrism*다. 그건 처음이자 끝인 이유나 말씀 또는 개개인의 육체는 아니지만, 여전히 인간의 육체다. 또한 적개심이 아닌 차이를 포용하는 자유주의이기도 하다. 육체 중심주의는 보편성을 향한 그 어떤 요구도 피하려 하면서도 여전히 그리스 폴리스를 보편적인 정치사상의 모델로 삼는다. 뿐만 아니라 육체의 노동 능력보다는 육체의 취약성을 강조함으로써 비인간적인 것을 육체의 지지 기반으로만 바라본다. 버틀러의 책은 이처럼 정치 이론을 얼마나 확장할 수 있는지에 관한 모범적 텍스트이지만, 폴리스의 부분적 범주에 의해 여전히 제한된 상태로 남아 있다.

14
아즈마 히로키

오타쿠 철학

Otaku Philosophy

아즈마 히로키Azuma Hiroki는 일본의 철학자이자 작가다. 도쿄에서 태어나 도쿄대학교 대학원에서 종합문화연구과 박사과정을 수료했다. 현대사상, 표상문화론, 정보사회론이 전문 분야다. 현재 주식회사 겐론의 대표이며 비평지 〈겐론〉을 간행하고 있다.

나는 1980년대 언젠가부터 도쿄에 가기 시작했다. 나중에 미디어 세상에서 큰 영향력을 발휘하게 될 사람 덕분에 좋은 위치에 있는 아파트에 입주할 수 있었다. 그 사람의 이름을 밝히기는 곤란하다. 나를 초청한 사람은 일 중독자였기에 나는 내 마음대로 돌아다녔다.

작은 마을 규모를 훨씬 넘어서는 유럽 도시가 생기기 수백 년 전부터 도쿄는 진정한 메트로폴리스였다. 80년대에 이르러 도쿄에서 만연한 미디어 문화에 커다란 변화가 일어났다. 다른 어느 곳에서도 수십 년 동안 나타나지 않았던 종류의 미디어 문화였다. 현대적인 미디어 도시 경관이 바로 여기서 탄생했다. 일본어를 말하지 않으면서도 도시를 걷거나 외국인들과 어울리며 내가 할 수 있는 걸 배웠다. 그 외국인들은 따분한 주부들에게 영어를 가르치거나 우유로 알몸 레슬링을 하며 생활비를 벌고 있었다.

내가 도쿄에 가도록 자극한 것은 한동안 도쿄에서 일했던 피터 캘러스Peter Callas의 비디오아트였다.[1] 크리스 마커Chris Marker의 에세이 영화〈선리스Sunless〉도 한몫을 했다. 그러나 포스트모던하고 매개화된 도쿄에 관한 읽을거리는 그다지 많지 않았다. 고전적인 근대 일본 예술 영화를 관람하고 수준 높은 일본 문학을 읽을 수는 있었지만, 외국 독자를 위해 일본의 일상 생활의 변화를 보여줄 수 있는 책은 거의 없었다.

아사다 아키라Asada Akira는 1983년에 《구조와 권력Structure and Power》이라는 놀라운 베스트셀러를 발표했다. 이 책은 일본 독자들에게 프랑스 이론을 소개하는 한편 현재 일어나는 일을 분석할 수 있는 도구를 제공했다. 그의 저작의 단편들이 온갖 종류의 아방가르드 잡지에서 다양한 유럽 언어로 번역되어 출간되었다. 일본 내에서는 그들의 미디어 문화가 다른 모든 것에 스며든 것과 같은 방식으로 이론에 흡수된 것처럼 보였다. 그 이론은 스펙터클한 하위문화 스타일로 변형된 것이었다. 하지만 안타깝게도 서구에서는 일본의 '신전통주의New Academism'에 별 관심이 없었다. 그건 부끄러운 일이었다. 우리가 80년대 일본에 관심을 기울였다면 20년 후에 서구에서 일어난 일들이 그렇게 놀랍지 않았을 것이다.

이 모든 건 일본 미디어 문화와 일본에 관한 이론에 기울어진 내 아마추어적인 관심을 설명하는 방법이다. 나는 이 방법이 전 지구적 소통의 더 큰 부분이 되어야 한다고 생각한다. 다행히 지금은 소수의 학자와 번역가들이 새로운 자료를 만들어 전 지구적 소통을 촉진하고 있다.[2] 하지만 유감스럽게도 일본은 대학에서 인문학을 폐지하려는 움직임이 미국보다 빨라지고 있어서 시간이 모자랄 수도 있다.

이런 상황이 나를 아즈마 히로키Azuma Hiroki 의 책으로 인도한다. 그의 책 중 두 권은 영어로 번역되었다. 1971년생인 그는 아사다(1957년생)와 가라타니 고진(1941년생)보다 젊은 세대로, 지금도 그의 주요 작품이 계속 번역되고 있다.[3] 아즈마의 저작은 1993년에 두 명의 또 다른 선배 이론가가 편집한 잡지에서 처음 주목을 받았다. 당시는 신전통주의가 본격적으로 진행되던 때였다.

1998년에 아사다는 아즈마를 소개하며 이렇게 말했다. "아즈마의 미래는 그의 '오타쿠otaku 철학'이 '철학의 오타쿠'와 전혀 다르다는 걸 증명할 것이다." 이 말은 몇 가지 견해를 담고 있다. 오타쿠는 대체로 애니메이션이나 만화에 강박관념이 있는 청년이지만 때로는 다른 것들에도 사로잡혀 있다. 이 용어는 1980년대 초 일본에서 생겨난 도덕적 공포에 관련된 것이었지만 일본 문화에만 국한되지는 않았다. 실제로 요즘 들어 이론으로서의 오타쿠는 부족한 것처럼 보이지 않는다. 그들은 소비자로서 모든 것을 알고 있으며 블로그에서 자신의 수집품을 관리한다.

아사다는 심오한 무언가에 손을 댔다. 비록 버려지는 한이 있더라도, 미디어로서의 이론을 강박적으로 다루는 것에서부터 오타쿠 문화의 고유 이론과 의사소통 방식을 생각하는 것에 이르기까지 가능한 길을 제시했다. 아사다가 우리의 레이더에 포착되긴 했지만, nettime.org 같은 리스트서브listserv에서 1990년대에 인터넷 비평netkritik을 시도한 사람들은 (또는 얼마 후 조디 딘처럼 자신의 블로그 이론을 가진 사람들은) 일본에서의 이런 병렬적 발전에 대해 많이 알지 못했다.[4]

아즈마의 《오타쿠: 일본의 데이터베이스 동물Otaku: Japan's Database Animals》은 아사다의 신전통주의와는 달리 아이러니한 거리감 없이 대중매체 세계에 완전히 몰입한다. 이 책은 매체를 이론으로 해석하는 게 아니라 이론을 매체로 해석한다.[5] 프랜시스 후쿠야마Francis Fukuyama의 《역사의 종말End of History》(1992)과 아사다의 '유아자본주의Infantile Capitalism'에 관한 에세이와 마찬가지로, 이 책은 알렉산더 코제브Alexandre Kojève의 마르크스주의적 헤겔주의Marxist-Hegelian 역사철학에서 출발한다.[6] 프랜시스 후쿠야마가 역사의 종말을 자유주의적 자본주의의 승리로 축복한 곳에서, 아즈마는 그런 시대에서 살아가야 하는 '최후의 인간last human, 1826년 메리 셸리가 21세기 말을 무대로 쓴 장편소설의 제목으로, 포스트아포칼립스 또는 종말소설의 시초로 여겨짐'에 오히려 더 많은 관심을 가졌다.

알렉산더 코제브는 전후 미국이 마르크스주의와 소비에트 사상가들이 오랫동안 예견해왔던 특정 종착점을 실제로 구현했다는 사실에 주목했다. 거기서는 모든 기본적인 필요가 즉시 충족될 수 있었고 따라서 욕망하고 투쟁할 일이 전혀 없었다. 역사가 끝나면 인간은 더 이상 자연을 부정하고 역사를 만들고 싶어 하지 않는다. 따라서 욕망은 배제되고 인간은 동물의 상태로 졸아든다.

예외가 있었으니 바로 전후 일본이었다. 그곳에서 지배계급은 무기를 내려놓고 순수한 예식과 의식 문화를 고양하는 데 헌신했다. 이는 욕망을 물질이 아닌 형식으로서 살아 있도록 유지하였다. 코제브는 전후 일본이 이러한 '세속적인snobish' 관습으로 되돌아감으로써 군국주의의 개입을 극복했다고 생각했다. 세속인은 계속 욕망을 유지하고 그럼으로써 세계의 부정을 통해 인간이 될 가능성을 유지한다. 그러나 부정된 세계는 더 이상 자연이 아니었고 그 결과는 더 이상 역사적인 행동이 아니었다.

아즈마는 (후쿠야마의 유명한 책 이후 일본에서 잘 알려진) 이 이야기를 다른 맥락으로 뒤틀어버린다. 그는 일본 문화가 철저히 '미국화'된, 즉각적 만족을 요구하는 소비자 문화라는 점에 주목한다. 80년대와 90년대의 오타쿠 문화는 그런 현상의 최전선이었다. 아즈마는 오타쿠를 병적인 것으로 보는 대신, 영국의 하위문화에 대한 헵디지의 반응처럼 현대의 미학적 실천으로 취급한다.[7]

아즈마에 의하면 오타쿠 하위문화는 세 가지 단계를 거친다. 오타쿠의 첫 번째 물결은 60년대 초에 탄생했다. 그들을 사로잡은 상징적 미디어 작품은 TV 애니메이션 〈기동전사 건담Mobile Suit Gundam〉(1979)이었다. 뒤이어 B급 몬스터 영화와 공상과학영화가 나왔다. 두 번째 물결은 아즈마처럼 1970년대에 태어나 〈메가존 23Megazon 23〉(1985)을 본 세대였다. 마지막 세 번째 물결은 1980년대에 태어난 세대였다. 그들에게 상징적인 작품은

TV 애니메이션 〈신세기 에반게리온Neon Genesis Evangelion〉(1995)이었고, 추리소설과 컴퓨터게임이 뒤를 이었다.

유명한 초평면superflat 시각예술가 무라카미 다카하시Murakami Takahashi 같은 몇몇 사람들은 오타쿠를 에도 시대의 일본 목판화 인쇄술에 연결된 것으로 생각한다. 예술가들이 서로 모티프를 재활용하는 파생 작품에 대한 독창적인 접근 방식 때문이다. 그러나 아즈마의 눈에 오타쿠는 다국적 포스트모더니즘의 산물로 이해된다. 그 기원은 2차 대전 후 미국에서 수입된 문화 형태로 거슬러 올라간다.

오타쿠 문화의 역사는 미국 문화를 어떻게 '자기 것'으로 만들 것인가라는 고민의 일환이다. 오타쿠는 에도 문화의 상속자일지도 모르지만, 둘은 결코 연속선상에 있지 않다. 오타쿠와 일본 사이에는 미국이 자리해 있다.

핵심 사례로 전후 미국의 기술을 도입한 애니메이션을 들 수 있다. 한 줄기는 디즈니와 루니툰즈Looney Tunes 캐릭터 애니메이션을 발전시켰고, 미야자키 하야오Miyazaki Hayao의 걸작으로 귀결되었다. 다른 줄기로는 제한적limited 애니메이션이 개발되었는데, 이는 TV의 적은 예산에 적합한 저렴한 방식이었다. 데즈카 오사무Tezuka Osamu의 〈우주소년 아톰Astroboy〉이 고전적인 초창기 사례였다. (나는 어린 시절 〈우주의 왕자 빠삐Prince Planet〉를 더 좋아했다.)

미국에서는 오직 캐릭터 애니메이션만이 높은 수준으로 발전한 반면, 일본에서는 제한적 애니메이션이 특히 〈기동전사 건담Mobile Suit Gundam〉에서 일종의 예술 형식이 되었다. 이는 미국 모델에서는 찾아볼 수 없는 TV 볼거리였다. 그러나 아즈마가 볼 때 이것은 순수한 일본 문화 형식이라기보다는 문화적 혼종의 사례다. 전후 일본 문화는 연속성이 없었던 탓에 일본적인 것Japanese-ness에 집착했다. "오타쿠 문화의 기저에는 가상의 일본을 만들고자 열망하는 강박관념complex이 숨어 있다." 이런 강박관념은 80년대에 이상한 전환을 가져왔다. 이는 신전통주의의 기치 아래 일본에서 포스트모더니즘 이론이 세계적으로 독특하게 인기를 얻은 이유를 설명해준다. 그 이유란 일본이 제대로 된 근대사회로 운영된 적이 없었기 때문에 포스트모던 사회로 곧장 뛰어넘을 수 있었다는 것이다. "근대성이 서구와 동의어라면 포스트모더니즘은 일본과 동의어다."

　내가 잘 기억하고 있듯이, 80년대 일본의 문화적 자신감에는 어떤 매력이 있었지만 의도적인 맹목 또한 존재했다. 아즈마의 지적처럼 코제브가 애매한 각주를 축복한 것은 그것에 아주 잘 들어맞았다. "이 선택보다 일본 포스트모더니스트들의 욕망의 현실을 더 잘 표현할 수 있는 건 없다." 적어도 경제 거품이 터지기 전까지는 최근의 과거를 잊고 현재와 미래를 축하하는 방법이 되어주었다. 이시구로 노보루Ishiguro Noboru의 애니메이션 〈메가존 23〉에서 80년대 도쿄는 미래의 우주선에서 창조된 컴퓨터 시뮬레이션 세계로 밝혀진다. 아즈마에 의하면 "80년대 일본은 완전히 허구였다. 그러나 이 허구는 그것이 지속되는 동안에는 편안하게 머물 수 있는 곳이었다". 경제 거품이 터지기 전까지는 말이다. 그러나 오타쿠에게는 시뮬레이션된 컴퓨터 그래픽 이미지CGI의 일본이 계속 진행되었다.

　시뮬레이션하기에 선호된 세계는 공상과학이나 에도 시대 일본이었다. 메이지유신(1868)과 미군정(1945)이라는 두 번의 단절이 없었다는 듯이 말이다. 아즈마는 시뮬레이션을 비틀기 작업이나 팬 기반의 파생 제품 제작에 연결한다. 그러곤 '공식적인' 제품들을 역으로 그것에서 빌려온다. 즉 "오타쿠 문화의 산물은 무한한 모방과 불법 복제의 연쇄 작용으로 태어난다". 따라서 시뮬라크르Simulacra, 모방는 역사적 시간의 개념과 독창적 작품의 권위 모두에서 자유로워진다.

아즈마는 오타쿠 문화 실천을 리오타르가 거대서사grand narrative의 쇠퇴라고 부른 것에 대한 응답으로 본다.[8] 이는 조디 딘과 다른 라캉주의자들이 상징적 효율성의 쇠퇴라고 부르는 것과 무관하지 않다. 리오타르의 버전에는 역사적 시간의 기저에 깔린 이야기 특히 마르크스주의 양식에 대한 믿음의 상실이 있다. 또는 이성, 기술, 평화로운 교역, 소비자 편의에 연결된 자유주의적 자본주의의 거대서사가 있을 수도 있다.

아즈마에게 거대서사의 쇠퇴는 가부장적이고 국가적인 권위의 품격이 상실된 것과 관련되어 있다. 거기에는 큰 그림도 공인된 이야기꾼도 존재하지 않는다. 후카사쿠 긴지Fukasaku Kinji의 영화 〈배틀 로얄Battle Royale〉(2000)에서 가장 귀찮은 학교 선배에게 서로를 죽이라고 강요하는 장면은 그런 상실의 또 다른 사례가 될 수 있다.

오타쿠는 스스로를 오타쿠otaku라고 부르는데, 이는 가정, 가족과 관련된 단어로 '또래친구homeboy'와 같은 의미인 듯하다. 잡지와 애니메이션과 인형 라이브러리를 통해 그들은 그 안에서 살아갈 수 있는 껍질을 만든다. 아즈마는 이렇게 말한다. "우리는 정크 하위문화의 물질에서 생겨난 오타쿠의 '그들만의 껍질'의 신경학적 구성을 행동 양식으로 볼 수 있다. 이는 거대서사의 상실에서 공백을 채우기 위해 생겨난 행동 양식이다."

아즈마는 이런 질문으로 나아간다. "어떤 종류의 문화가 시뮬라크르에서 만들어질 수 있는가, 그리고 그건 어떤 종류의 인간 또는 포스트휴먼의 삶을 위한 것인가?" 그의 설명에서 의아한 점은 거대서사의 쇠퇴가 시뮬라크르의 선행, 디코드된decoded 흐름, 열린 결말의 언어 게임 또는 공허한 패러디로 대체되지 않는다는 것이다. 이것들은 포스트모던의 몇몇 버전에 대한 암호 코드를 제공하기 위한 것이다. 개별 작품의 텍스트나 스크린 '뒤에 있는' 거대서사를 대체하는 것은 보이지 않는 거대한 이야기가 아닌 데이터베이스다.

오타쿠는 거대서사를 단계적으로 사라지게 만든다. 첫 번째 물결은 전후 진보의 공식적인 거대서사를 가상적인 서사로 대체했다. 두 번째 물결은 모든 특정 작품이 준수하는 대안 우주에 대한 세부적인 설명에 더 관심을 가졌다. 마지막 세 번째 단계에서는 데이터베이스 자체가 특정한 문화적 인공물의 조직 원리로 등장한다.

여기서의 핵심은 *캐릭터-모에*chara-moe의 출현이다. 일본어 'もえ(萌え, 燃え)'라는 단어에서 파생한 이 단어는 캐릭터의 디테일한 부분이 발산하는 감성적인 매력을 뜻한다. 즉 특정한 대상에 대한 열광 혹은 그러한 대상의 매력을 가리킨다. 〈기동전사 건담〉의 오타쿠 팬들이 다양한 애니메이션 시리즈와 부수적인 작품의 세계관의 안정성을 주장한 곳에서, 아즈마는 신세기 에반게리온을 만나면 상황이 달라진다고 생각한다. 〈신세기 에반게리온〉 팬들은 여주인공 아야나미 레이Ayanami Rei를 에로틱한 그림으로 묘사하곤 한다.

〈신세기 에반게리온〉은 독창적인 작품이라기보다는 그 자체로 이미 애니메이션 요소의 사본이며, '서사 없는 정보 집합체' 또는 '거대 비서사non-narrative'다. 이는 부분적으로 산업의 변화로 귀결된다. 90년대에 이르자 모든 작품이 다른 모든 작품을 낳을 수 있게 되었다. 즉 일련의 스티커나 회사 로고가 만화 시리즈, TV 또는 영화 애니메이션, 게임 등으로 번성할 수 있었다. 이제 서사는 '잉여 항목'에 지나지 않는다.

일정 수준의 팬들은 등장인물들이 모이는 모에 포인트에 관심을 집중한다. 에반게리온의 아야나미 레이 캐릭터가 대중화한 뾰족한 머리카락, 고양이 귀, 안경, 하녀 복장 또는 무감정flat affect 같은 것 말이다. 심지어 좋아하는 모에 포인트를 지정하여 캐릭터를 검색할 수 있는 tinami.com이라는 웹사이트도 있다. 캐릭터들은 과도한 모에 포인트와 함께 나타나기 시작한다. 종bell, 고양이 귀, 안테나 머리카락이 모두 같은 캐릭터에 등장한다. 관심이 서

사나 세계의 생산에서 캐릭터의 생산으로 이동하는 것이다. 같은 캐릭터가 통일된 이야기나 세계와는 독립적으로 다양한 작품 라인에 등장할 수 있다.

과거와의 단절에 대한 아즈마의 주장과는 다른 견해를 가진 사람도 있을 것이다. 〈신세기 에반게리온〉에서 레이 아야나미 캐릭터와 다른 캐릭터들은 2차 대전 일본 해군 전함의 이름을 땄다. 알레고리적인 것이 지금도 여전히 우리와 함께하는지도 모른다. 비판적 사고에서의 어려움 중 하나는 새로운 것의 모습을 과거의 양자택일적인 뒤집기가 아닌 다른 것으로 인식하는 것이다. 더 나쁜 것은 기저의 동일성이 보여주는 단순한 모습으로만 참신함을 지우는 것이다. 이 점에서 나는 아즈마의 생각이 어디로 향하는지 확인할 가치가 있다고 생각한다.

아즈마는 데이터베이스와 시뮬라크르라는 새로운 종류의 이중 표현이 있다고 여긴다. 시뮬라크르는 자유롭게 움직이지 않고 데이터베이스의 제약을 받는다. 여기서 그가 오래된 문화적 건축물의 상실이 야생적이고 무정부적인 것으로 이어지는 걸 보지 못한다는 점에서, 그것은 포스트모던 글쓰기와는 상당히 다르다. 데이터베이스 대 시뮬라크르 간의 긴장감은 거대 서사 대 알레고리 조각 간의 긴장감을 대체한다. 따라서 세계는 인지적으로 매핑될 수 없다.

여기서 우리는 시뮬레이션으로서의 인터페이스라는 갤러웨이의 개념에 더 가까워진다. "사본은 원본과의 거리가 아닌 데이터베이스와의 거리에 따라 판단된다." 그런 의미에서 발터 벤야민이 말한 사본과 원본의 대조는 더이상 많은 구매력을 발휘하지 않는다.[9] "오타쿠 문화의 외면 층은 시뮬라크르 또는 파생 작품으로 덮여 있다. 그러나 깊은 내면 층에는 설정과 캐릭터의 데이터베이스가 있으며, 더 아래쪽에는 모에-요소moe-element라는 데이터베이스가 자리한다."

이제 세상을 통한 이야기와 영화의 서사는 사라진다. 이는 파솔리니의 자유 간접 토론 이론과 실천으로 그 논리적 결론에 도달했다.[10] 그 결과 검색 엔진과 인터페이스에 의한 데이터베이스와 시뮬라크르의 매개에 관한 문제가 된다. 특정 작업의 배후에 있는 데이터베이스에 대해 오타쿠 문화는 초기 단계에 직감한 것을 실질적이고 물질적으로 만든다.

핵심은 이것이 조직화된 문화라는 점이다. "이 사회를 채우고 있는 시뮬레이션은 결코 혼란스러운 방식으로 전파되지 않았다……. 그들의 효과적인 기능은 데이터베이스 수준에 의해 우선적으로 가장 중요하게 보장된다." 저자는 더 이상 사본의 제작자가 아니다. 저자의 창조 능력을 대신하는 건 다름 아닌 모에-요소의 조합이다.

한때 거대서사가 제공했던 작품 뒤에 숨겨진 보이지 않는 깊이를 제거한 후, 마르크스주의의 총체성의 형식이든 계몽주의의 합리성 또는 산업화 이후 진보의 완성이든 간에, 저자만의 것이 아닌 인간의 것이 된 것은 무엇일까? 이 지점에서 아즈마는 코제브로 돌아온다. 인간은 단지 또 다른 동물일 뿐이기에 그 자체로는 인간이 될 수 없다. 우리를 인간으로 만드는 건 자연을 부정하고 자신을 다른 것으로 만드는 투쟁이다. 역사는 자연과 인간의 동물성을 부정하기 위한 투쟁에 다르지 않다.

아즈마는 코제브에서 이런 계급의 차원을 주목하지 않는다. 코제브에게 주인master은 죽음의 위협에 직면하여 다른 사람들을 자신 앞에 굴복하도록 강요하는 사람이다. 오직 주인만이 완전한 인간으로 등장해서 노예slave로 하여금 자연과 동물성으로 돌아가도록 강제한다. 노예는 주인의 필요를 충족하지만 주인의 욕망도 충족한다. 이는 다른 욕망 즉 노예의 욕망을 넘어서는 명령을 위한 것이다. 우리는 나중에 아즈마에서 코제브의 이 결여된 부분으로 돌아올 것이다.

코제브의 전후 근대성에 있어 문제는 '포드주의' 산업 생산이 즉각적인 동물적 필요를 완전히 충족해 자연에 대한 투쟁을 제거한다는 것이다. 심지어는 욕망과 역사를 만드는 행위를 가로막는 타자들의 인간성에 대한 투쟁도 제거한다는 점도 중요하다. 사실 코제브는 일본을 관광객의 시선으로 홀낏 보았을 뿐이며, 이를 통해 일본의 세속 문화가 나아갈 또 다른 길을 찾았다고 생각한 것이다. 세속인은 순전히 형식적인 욕망의 게임을 창조한다. 그러므로 할복Seppuku 또는 의례적 자살은 인간적 명예로 동물적 본능을 극복함으로써, 인간적 명예와 동물적 본능을 공식적으로 구별하는 세속인에 대한 코제브식 상징이 된다.

문화적 진부함은 제쳐둔 채 오타쿠는 일종의 형식적이고 인공적인 동물의 구성으로 인간의 세속인 형식의 구성을 뒤집는다. 오타쿠는 자신들이 시뮬라크르만을 다룬다는 걸 알고 있지만, 데이터베이스에서 추출된 모에 포인트는 실제 감정을 가능케 한다. 이 시뮬라크르는 자연을 극복하고 부정하려는 욕망의 형성을 배제하면서 정서적 욕구를 즉각적으로 만족시킨다. 역사 이후의 인간 또는 포스트휴먼 동물은 형식에서 내용을 분리하고 더 이상 내용을 변형하려 하지 않는다. 오직 형식, 즉 시뮬라크르만 변형하기를 추구할 뿐이다.

아즈마는 전후 문화를 이상의 시대(1945~1970년), 허구의 시대(1970~1995년), 동물의 시대(1995년 이후)라는 3단계로 평가한다. 그는 지젝과 슬로터다이크가 주제화한 거대서사에 대한 냉소적 관계, 또는 코제브의 일본인 추종자들에서 나타난 세속성을 두 번째 단계로만 한정한다. 따라서 오타쿠의 세번째 단계는 더 이상 거대서사와 부정적인 관계를 유지할 필요가 없다. 그들은 데이터베이스에 우호적이며 거대서사 없이도 유지될 수 있다. 그 결과 오타쿠와 함께 근대성의 붕괴가 완료된다. 그것이 일종의 가속이라면 근대성의 가속이 아닌 다른 어떤 것으로서의 가속일 것이다.

오타쿠에 어필하는 에로틱한 작품이 있음에도 불구하고 아즈마의 설명에서는 에로틱한 것이 감정적인 것에 종속되어 있다는 점이 흥미롭다. 이를테면 "키Key가 제작한 게임은 소비자에게 에로틱한 만족감을 주도록 디자인된 것이 아니다. 오타쿠에게 인기 있는 모에 요소의 철저한 조화를 통해, 오타쿠가 효율적으로 소리치고 느낄 수 있는 이상적인 수단을 제공하도록 디자인되었다".

그럼에도 불구하고 정서적인 보상을 가져오는 작은 서사 조각과 기본 데이터베이스 이해에 대한 관심 사이에는 오타쿠가 필요로 하는 긴장감이 있다. 어떤 이들은 심지어 해커 접근법을 취하기도 한다. 즉 게임이나 기타 콘텐츠 자료와 직접적으로 관련된 파생 작품을 만들기 위해 소프트웨어에서 콘텐츠 파일을 추출하는 것이다.

따라서 필요는 충족될 수 있지만 욕망은 충족될 수 없다. 욕망은 항상 다른 사람의 욕망을 향한 코제브식 욕망을 위한 것이기 때문이다. 아즈마의 관점에서 이것은 오타쿠의 다소 보수적인 성적 취향과, 그렇지 않다면 고도의 페티시즘적 소재로 간주될 수도 있을 것에 대한 그들의 취향의 차이점을 설명해준다. 후자의 취향은 사랑과 섹스와 욕망의 잔존 개념에서 벗어난 생식기적인 필요를 효율적으로 만족시킨다.

아즈마는 오타쿠 행위가 페티시즘적이라는 생각을 빗나가게 한다. 비록 그 생각이 공을 들일 만한 주제라 하더라도 말이다. 로라 멀비Laura Mulvey가 대중화한 고전적 프로이트 영화 이론Freudian screen theory에서, 남성의 시선은 보고 싶은 관음적 욕망을 추구하지만 여성적 이미지의 거세하려는 힘에 위협을 받는다.[11] 이러한 위협을 억제하기 위한 한 가지 전략이 페티시즘으로, 여기서 여성의 몸은 페티시적인 부분으로 축소된다. 아마도 아즈마는 2차 창작second-order development, 원작(1차 창작)의 설정과 인물을 차용하여 팬들이 2차적으로 창작한 것들을 총칭이 이루어지는 표현에 대해 이야기하는 듯하다. 여성 신체의 위협적인 이미지를 부분으로 축소함으로써, 2차 창작은 모에-포인트의 앙상블로서 자유롭게 데이터베이스에서 재구성될 수 있다. 영화 〈엑스 마키나Ex Machina〉인공지능과 관련해 중요하게 거론되는 SF 스릴러 영화(2015)는 이 주제의 가장 먼 종착점일 것이다.

거대서사와 알레고리 조각이라는 낡은 모델은 특정 작품의 단편을 더 큰 역사적 시간의 잃어버린 조각 또는 몰락한 조각으로 읽을 수 있는 해석학적 절차에 적합해졌다. 그러나 새로운 모델은 더 이상 수직적인 모델이 아니다. 아즈마는 이를 초평면성이라고 부른다. 그는 일반화된 메타미디어로서의 소프트웨어 계층에 대한 레브 마노비치Lev Manovich의 주장을 기대한다.[12] 아즈마의 경우에는 오직 뷰 컨트롤view control만아 있다. 데이터를 다른 방식으로 볼 수는 있지만, 데이터베이스로서가 아니라 그것이 속한 총체성의 내재된 진실에 대한 조각을 통해 읽는 방법은 없다.

오타쿠 책 읽기의 실천은 데이터베이스라는 하나의 관점에서 다른 관점으로 횡으로만 이동할 수 있다.

> 이러한 모든 정보는 다른 '창window'을 여는 것처럼 병렬적 등가물로 소비된다. 따라서 오늘날의 그래픽 사용자 인터페이스는 유용한 발명 이상의 의미로 우리 시대의 세계 이미지가 압축된 놀라운 장치가 된다.

화면에 보이는 것에서 실제 데이터베이스에 이르는 경로는 없다. 오직 데이터베이스 콘텐츠의 단편을 나타내는 다른 방법만이 존재할 뿐이다. 이후의 작업에서 아즈마는 데이터베이스의 정치적 함의를 탐구한다.《일반 의지 2.0: 루소, 프로이트, 구글General Will 2.0: Rousseau, Freud, Google》은 정치 기관에 대한 신뢰를 잃은 이후의 순간에 관한 이야기다.[13] 또한 코제브가 아닌 루소의《사회계약론The Social Contract》을 재사용하는 일종의 파생 작업, 비틀기 또는 시뮬라크럼simulacrum이기도 하다.

아즈마는 루소에게서 일반 의지 또는 대중 주권의 개념을 단절한다. 루소의 관점에서 그것은 허구적 구조를 의미한다. "그는 '일반 의지'의 질감을 보고 느끼는 게 가능해질 거라고 결코 꿈꾸지 않았을 것이다." 정치 이론에서 일반 의지는 비심의적non-deliberative 정부 형태에 대한 억압된 욕망의 징후를 나타낸다. 물질적 실현의 기술로 정보를 사용하는 것은 이제 잠정적 콘텐츠의 시작이 된다.

루소의 버전에서 사회계약은 사회성을 만드는데, 이 사회성의 주권이 다름 아닌 일반 의지다. 사회성이 먼저고 정부는 그다음이다. 주권과 정부에는 차이가 존재한다. 정부는 일반 의지의 도구일 뿐이다. 이런 방식으로 생각되는 사회계약은 기존의 모든 정부를 합법화하지 않는다. 반대로 정부가 일반 의지를 실망시킬 때 혁명의 가능성을 합법화한다.

일반 의지는 실제 정부의 부패에 대한 비판적 수요를 창출할 수 있는 이상적 구성 즉 거대서사의 일부다. 그러나 루소의 일반 의지는 여론을 뜻하지 않는다. 여론은 거짓일 수 있지만 일반 의지는 결코 거짓이 아니다. 일반 의지는 공통의 이익인 반면 여론은 특정 이익의 잡동사니에 지나지 않는다. 여론이 의지의 합이라면 일반 의지는 의지들 간 *차이*의 합이다.

아즈마는 "여론은 스칼라scalar지만 일반 의지는 벡터vertoral"라는 유용한 은유를 제시한다. 여론이 '대중'의 평균이라면 일반 의지는 속도 간 차이의 합이다. 루소는 일반 의지를 계산 가능한 수학적 실체인 것처럼 쓰는 경우가 많았다. 그는 집단 지성의 개념이 존재하기 수백 년 전에 이미 그것의 수학소matheme를 상상했다. 현재 루소는 대중의 의견에 반감을 가지고 대의 민주주의와 정당을 혐오하는 성향 탓에 민주주의 통치 이론가들의 골칫거리가 되고 있다. 일반 의지는 서로 의사소통하는 시민들에게서 나오는 것이 전혀 아니다.

루소에 따르면, 일반 의지는 차이를 제거하는 단일한 의지를 지지하는 집단 구성원들의 절차를 통해 생성되지 않는다. 반대로 공공 영역에 나타나는 다양한 의지가 각각의 차이점을 유지하도록 함으로써 생성된다.

일반 의지는 모든 차이의 합이다!

실제 정치를 뒷받침해주고 판단하는 숨겨진 이상적 모델은 소통이 없는 정치다. 일반 의지는 사회적 세계가 아닌 사물의 질서에 속한다. 다시 말해 사회에 의해 만들어진 정치가 아니라 자연에 순응하는 정치다. (이런 의미에서 루소는 코제브에게서 벗어난다.) 오타쿠와 마찬가지로 루소는 공적인 삶으로부터의 고독을 선호했다. 루소에게 (이어서 푸리에에게도) 문화적 인공물을 가진 문명은 모든 악의 기원으로 인식된다.

아즈마는 아렌트나 하버마스에서 발견할 수 있는 심의민주주의의 규범적 모델의 가치에 회의적이다.[14] 이 학파의 입장에서 볼 때, 노동으로부터 분리된 공적 영역에서 심의에 필요한 합리적 의사 전달의 조건을 발견할 수 있다. 이는 단순히 필요나 욕망의 집합이 아닌 합리적 심의를 통한 변형이다.

아즈마의 접근 방식은 심의민주주의는 물론 무폐를 중심으로 하는 또 하나의 매우 다른 정치적 아이디어와도 거리를 둔다. 후자는 피아(동지와 적)의 구별과 적의 존재론적 근절이라는 칼 슈미트의 정치 개념을 가리킨다. 일반 의지는 심의적이지 않은 것처럼 친구와 적을 구별하지도 않는다. 이는 보다 흥미로운 정치의 부분으로, 항상 친구도 아니고 적도 아닌 것에 관한 내용으로 보인다.

이처럼 심의민주주의도 죽음과의 싸움도 아니라면 일반 의지는 도대체 무엇일까? 루소에게 일반 의지가 규제적 이상향이었다면 아즈마에게는 빠르게 현실이 되고 있다. 현실이란 다름 아닌 데이터베이스다. 유비쿼터스 컴퓨팅은 시민들의 (또는 보다 엄밀하게는 사용자들의) 의식적 참여 없는 빅 데이터 형태로 환경으로부터 무의식적 욕구의 패턴을 직접 추출한다. 일반 의지는 구체화되면서 또한 사유화되었다. 구글Google이 대표적 사례다. "아무도 구글을 의식하지 않지만 모두가 구글에 서비스를 제공하고 있다. 이런 모순이 핵심 포인트다."

이를 통제 사회, 삶권력 또는 신자유주의로 곧바로 주제화할 수도 있다. 여기에 정당성이 없는 것도 아니다. 하지만 아즈마의 접근 방식은 그런 기존 아이디어와 관련해서는 적어도 새로운 것이다. 오타쿠는 무언가의 위에 있는 것처럼 보인다. 매력의 모에 포인트의 기저에는 무의식적인 데이터베이스가 존재한다. 사람들은 무언가가 되고 싶어 한다. "루소는…… 일반 의지가 시민들의 마음속에 새겨져 있음을 지적했다. 그러므로 일반 의지는 감지될 수 없다. 반면 일반 의지 2.0은 정보 환경에 새겨져 있다."

일반 의지 1.0이 신화적인 거대서사라면 일반 의지 2.0은 실제적인 데이터베이스다. "지금까지 일반 의지 2.0에 대한 접근은 사기업의 손에 독점되어 있다." 그러나 이 점에 아즈마는 오래 머물지 않기로 선택했다. 아즈마의 개념과 잘 어울리는 나의 개념적 언어로 이를 표현해보면 다음과 같다. 데이터베이스에서 추출할 수 있는 정부 권력은 지배계급의 손에 달려 있다. 나는 이를 벡터 계급이라 부른다.[15]

한편 아즈마는 벡터 계급의 기술 산업 영역인 팀 오라일리Tim O'Reilly와 기타 실리콘밸리 후원자들의 접근 방식과는 거리를 둔다. 그의 데이터베이스 일반 의지는 어느 정도까지는 여전히 규제적 이상향이며 진정 거대서사이기도 하다. 그것은 더 이상 제대로 기능하지 못하는 심의민주주의를 (실질적이라기보다는) 잠재적으로 보완하는 수단이다. 그의 관점에서 볼 때 정치는 모든 시민들의 심의를 위해 너무도 복잡해졌다. 그럼에도 불구하고 어쩌면 필요의 데이터베이스는 그들에게 도움이 될 수 있고, 합리적 심의와 '의식 없는 사람들에 의해 좌우되는 정부'를 결합할 수 있을 것이다.

이 지점에서 정치를 여전히 신성하고 초월적인 것으로 생각하는 지식인들의 반발을 예상할 수 있다. 그러나 그들은 과잉 개발된 세계의 많은 부분에서 실제 정치가 형편없음을 인정해야 한다. 우리 인간의 동물성은 특정 감각을 극복하고 보편적이 되려는 노력에 이성을 사용하는 것에 그다지 뛰어나지 않음이 증명되고 있다. 이성은 감정이입이나 보편성의 특수성 또는 소통의 사적인 관심을 능가하지 못한다.

소통은 보편성이 아닌 네트워크로 이어진다. 요즘 인터넷을 사용하는 사람이라면 누구나 알고 있듯이 소통은 고립된 세계와 반향실echo chamber을 만든다. 사람들이 미디어 도구에서 원하는 것은 끝없는 심의가 아닌 정보의 복잡성 감소다. 트롤troll, 고의적으로 논쟁적이거나 선동적이거나 불쾌한 내용을 공용 인터넷에 올려 사람들의 반응을 유발하고 생산성을 저하시키는 사람을 일컫는 인터넷 용어 말고는 누구도 의견을 내지도 읽지도 않을 때 어떻게 심의민주주의가 존재할 수 있을까? 우리에게는 완전히 새로운 정치적 건축물이 필요하다. 무의식적인 욕구와 욕망을 시각화할 수 있는 것 말이다.

정신분석이 주체에 있어 알려지지 않은 개인적 무의식 상태를 밝혀내는 방법이라면, 데이터베이스는 사람들에게 알려지지 않은 집단 무의식 상태를 밝혀내는 방법이다. 그리고 꿈의 분석에서처럼 거기에는 부정이 없다. 구글의 페이지랭크PageRank를 예로 들어보자. 페이지랭크는 주어진 페이지의 순위는 측정하지만 페이지의 내용을 판단하지는 않는다. 따라서 '유대교'와 같은 '민감한' 용어를 구글링하게 되면, 상위 검색 결과에 반유대주의 증오가 나타날 가능성이 높다. 유대교에 링크되어 그것을 공격하는 반유대주의 반대 사이트가 상위 검색 결과를 생성할 수도 있다.

여기에는 누가 데이터베이스를 소유하고 제어하는가라는 질문이 빠져 있다. 낡은 거대서사가 상부구조의 산물이라면, 파솔리니가 이미 파악했듯이 새로운 형태의 문화 권력은 직접적으로 하부구조적인 것이다. 내가 벡터 계급이라 부르는 집단은 일반 의지를 사회적 무의식으로 감지하는 수단이 될 수 있다. 벡터 계급은 시뮬라크르와 함께 우리의 동물적 필요에 대한 금전적 보상으로 일반 의지를 주로 사용한다. 라자라토의 지적처럼 이러한 종species의 정서적인 삶은 이제 일종의 기계적 노예화가 되고 있다.

지금도 아즈마의 글을 *읽을 때면* 데이터베이스에서 그걸 선택하는 데서 오는 즐거움이 있다. 그는 이론을 쓰는 것과 읽는 것의 물질적 조건이 스스로 변화하면서 데이터베이스의 일부가 된다는 사실을 다른 많은 사람들보다 빠르게 파악한 것으로 보인다. 그의 글쓰기는 오타쿠 실천처럼 작동하며, 애니메이션이든 철학이든 상관없이 시뮬라크르를 가로지르며 횡단한다.

제약-포르노 정치적 동일체

The Pharmo-Porno Body Politic

폴 B. 프레시아도Paul B. Préciado는 스페인의 철학자이자 큐레이터다. 뉴욕의 뉴스쿨에서 철학 석사 학위를 받았으며 프린스턴대학교에서 철학과 건축학 박사 학위를 받았다. 파리8대학교에서 신체의 정치사, 성 이론 및 공연 역사 교수로 재직했으며 바르셀로나 현대미술관의 독립 연구 프로그램 소장을 역임했다. 젠더 및 성 정치학의 선도적 연구자로, 2015년 남성으로 성전환한 후 이름을 폴로 변경했다.

"이거 읽어봐!" 타자로 친 원고의 더러워진 사본을 내 손에 밀어 넣으며 그가 말했다. "네 인생이 바뀔 거야!" 그러고는 공중화장실로 사라졌다. 이것이 푸코 저서와 나의 첫 만남이었다. 그건 '해적판' 번역본으로 자칭 '불쾌한 거리의 여왕'이 번역한 것이었다. 그 책은 정말로 내 삶을 변화시켰다. 내가 가장 재미있어 하는 것은 하부 이론에 관한 저작이다. 그 저작들은 세미나실의 상부 이론에서 교육받은 사람들이 쓸 수도 있겠지만, 이들은 그런 종류의 지적 자원을 받아들여서 삶에 직접 적용한다. 폴 B. 프레시아도Paul B. Preciado의 《테스토 정키Testo Junkie》가 그런 책이다.[1]

프레시아도는 프랑코 치하의 스페인이라는 죽어가는 시대에 성장했고 예수회 교육을 받았다. 그는 적어도 4개의 도시, 3개의 언어 그리고 2개의 성gender을 여행했다. 뉴 스쿨New School에서 철학을 공부하던 중 데리다Derrida를 만났다. 당시 데리다는 성 오거스틴St. Augustine에 관한 글을 쓰고 있었다. 변화하는 신앙에 대한 성 오거스틴의 《고백Confessons》은 프레시아도에게 변화하는 젠더에 대한 현대적 저술을 떠올리게 했다. 프레시아도는 한동안 파리에서 살았고, 그 후에 프린스턴대학에서 건축학 박사 학위를 받았다.[2]

《테스토 정키》에서 프레시아도는 테스토스테론 복용에 전념한 짧은 기간의 삶을 기록한다. 이 책은 그 경험의 의미를 생각하게 하는 놀라운 개념 틀을 만든다. 이 책은 회고록이 아니며, 감정 특히 사적이지 않은 감정에 대한 연구다. 그것은 '멸종 지도 제작의 단일 지점'이다. 프레시아도는 그들이 테스토스테론에 중독된 페미니스트인지 아니면 페미니즘에 중독된 트랜스젠더 육체인지 확실하게 규정하지 않는다. 테스토스테론에 관해 그는 이렇게 말한다.

나는 사회가 나를 만들고 싶어 했던 것을 저지하기 위해 테스토스테론을 복용한다. 그래서 포스트포르노그래픽이라는 즐거움을 쓰고, 실행하고, 느낄 수 있다. 나는 딜도dildo, 텍스트, 동영상으로 구성된 하부-기술low-tech 트랜스젠더 정체성에 분자형 인공 삽입물을 추가한다. 당신의 죽음에 복수하고자 그렇게 한다.

여기서 죽음이란 프랑스의 오토픽션autofiction 작가 기욤 뒤스탕Guillaume Dustan의 죽음을 가리킨다. 이 책은 그를 추모하는 것과 작가이자 영화제작자인 버지니아 데펜테스Virginia Despentes와 자신의 관계를 기념하는 것 사이를 넘나든다. "그녀와의 섹스는 공장 작업보다 더 힘들다. 하지만 그녀는 마치 반투명한 사정, 정치적 반짝임의 바다처럼 나의 페미니즘으로 뒤덮이게 된다."[3]

이 책의 대부분은 그런 내용이 아니다. 오히려 그러한 경험의 확장으로 생각할 수 있는 것을 다룬다. 이 책은 '섹스-젠더 산업 복합체'가 만들어내는 육체, 성, 정체성 또는 프레시아도가 '육체의 정치학somatico-political'이라고 부르는 것의 관리에 중심을 둔 상품경제를 매핑하는 방식에 관한 것이다. 이는 보그다노프가 대체substitution라고 부르는 실천으로, 어떻게 온 세상이 자신의 노동 경험에서 만들어지는지에 대한 은유적 설명을 제시한다. 그 중 가장 흥미로운 유형의 노동은 '종으로서 종의 생산'에 관련된 노동이다.

프레시아도는 "책에서 생존의 열쇠를 찾는다"고 쓴다. 《테스토 정키》에 흩어져 있는 것은 생존을 위해 비슷한 열쇠가 필요하다고 생각하는 사람을 위한 작가와 예술가의 유용한 목록이다. 장 주네Jean Genet, 발터 벤야민, 모니크 위티그Monique Wittig, 수잔 스트라이커Susan Stryker, 에드먼드 화이트Edmund White, 페이스 링골드Faith Ringgold, 페이스 월딩Faith Wilding, 질 존슨Jill Johnson, 발레리 솔라나스Valerie Solanas, 실비아 페드리치Silvia Federici, 엘렌 윌리스Ellen Willis, 케이시 애커Kathy Acker, 샌디 스톤Sandy Stone, 수 리아 챙Shu Lea Chang, 다이안 토르Diane Torr, 델 라그레이스 볼케이노Del LaGrace Volcano, 페드로 레메벨Pedro Lemebel, 미셸 티아Michelle Tea 등.

모든 하부 이론 저작이 그렇듯 이러한 독서 목록은 학문적 경계 유지보다는 삶의 필요에 따라 결정된다. 여기서 내가 관심을 갖는 것은 프레시아도가 어떻게 삶의 필요를 인식하는가 하는 점이다. 《테스토 정키》는 동성애적이고 보헤미안적인 경험의 영향에 대한 내러티브적 설명을 훨씬 뛰어넘는다. 이 책은 독자적인 개념을 만들어내기 시작한다.

젠더 또는 섹슈얼리티에서 발견할 수 있는 건 없다. 내재적이란 존재하지 않는다. 성에 관한 진실은 폭로가 아닌 섹스 디자인sexdesign이다. 제약-포르노Pharmaco-pornographic의 생명자본주의biocapitalism는 물질을 생산하지 않는다. 그건 유동적 아이디어, 살아 있는 신체기관, 기호, 욕망, 화학반응을 생산한다.

요컨대 생명자본주의는 개인적인 영향에 관한 것이기보다는 그것을 생산하는 체계적 효과에 관한 것이다.

섹스-젠더 산업 복합체의 주요 목표는 합성 스테로이드, 포르노 그리고 인터넷이다. 그 결과는 제약-포르노-펑크의 초근대성이다. 이는 포드주의 경제 하에서 감춰졌지만, 지금은 이른바 세계의 개발되지 않은 부분에 대한 후자의 치환에 의해 드러나고 있다. 길로이가 과잉 개발된 세계라 부르는 유럽, 미국, 일본에서 이러한 초근대성은 상품화의 엔진으로 부각되고 있다.

시스템 내에 주체가 있는 경우 자연적 육체로는 그걸 확인할 길이 없다. 그럼에도 불구하고 그물망의 안팎에는 정치를 가질 수 있는 주체가 존재한다.

> 다중의 탐욕스러운 육체(그들의 페니스, 클리토리스, 항문, 호르몬, 그리고 성적인 신경 시냅스)가 현대 경제에 부가된 가치 창조의 원동력이라면 어떻게 될까? 욕망, 흥분, 섹슈얼리티, 유혹, 다중의 즐거움이 그것의 원동력이라면? 그리고 협력이 뇌의 단순한 협동이 아닌 자위행위적인 협동이라면 어떻게 될까?

여기서 21세기에 노동이란 무엇인가를 다시 생각해보는 건 쉽지 않다. "오늘날 생산 과정의 원재료는 흥분, 발기, 사정, 즐거움 그리고 자기만족, 전지전능한 통제와 총체적 파괴의 느낌이다." 성적인 영향sex-affect의 생산은 다른 모든 생산방식의 모델이 되었다. "섹스는 자본주의와 전쟁의 필연적 결과이자 생산의 거울이다."

프레시아도는 노동력이나 일반지성이 아닌 생산자와 생산되는 것 모두가 오르가슴의 힘Orgasmic Force으로서 시스템의 행위라는 걸 확인한다. 여기서 오르가슴의 힘이란 서로를 흥분시키고 흥분당하고 함께 흥분하는 능력을 가리킨다. 자본은 '우리의 성적인 자원을 일로 바꾸는 것'에 관련된다.

자본은 오르가슴의 힘을 사유화하려 시도하지만 그건 사건, 실천 또는 진화 과정으로 존재한다.

오르가슴의 힘에 대해서는 나중에 다시 다루겠지만, 지금으로서는 프레시아도의 입장에서 그것이 기술과학 바깥에 존재하지 않음을 이해하는 게 중요하다. 그건 자연적 핵심이 아니다. 이 점에서 프레시아도는 빌렘 라이히Willem Reich의 《섹스폴Sex-pol》이나 모든 후속 저작들과 차이가 있다.[4] 시장은 주어진 어떠한 자연스러운 섹슈얼리티를 억누르거나 심지어 만들어내기까지 하는 외부의 힘이 아니다. 또한 육체는 지금의 경제 내에 존재하는 일관된 단위가 아니다. 성적인 육체는 각 신체기관이 하나의 기능으로 축소되는 일종의 신체 분할의 산물이다. 여기서 프레시아도는 웬디 전 등이 수행하는 미디어 고고학에 가까워지지만, 그가 다루는 건 감각기관을 포함한 성 기관 전부다.

나를 비롯하여 여러 사람들이 인터넷이 상품 형태의 특성을 어떻게 바꿔놓았는지 저술해왔다.[5] 프레시아도는 그것을 두 개의 다른 체제, 즉 약리학과 포르노그래피에 연결한다. 약리학 부분이 피임약, 프로작Prozac, 비아그라Viagra의 생산을 포함한다면, 포르노 부분에는 구강 섹스blow job, 성기 삽입penetration, 이 대 일 섹스spit roasting 등이 속한다. 인터넷과 제약과 포르노의 결합은 남성으로 코딩된 육체의 사정 기능에 주의를 기울이면서 여성의 육체를 독특한 방식으로 통제한다.

제약-포르노 자본주의가 객체를 생산하는 한 남성과 여성은 주체를 생산하는 도구에 지나지 않는다. 그 주체들은 겉으로 드러나는 것보다 덜 일관적이다. 이를테면 입 안에 고환 또는 남자 성기를 집어넣거나 여자 성기에 딜도를 집어넣고, 실리콘을 유방에 삽입하거나 팔에서 피부와 지방을 떼어내어 페니스로 이식하는 식이다. 또한 제약-포르노 복합체는 안구에 이미지를 분사하고 모든 종류의 신체에 호르몬을 도입하는 시스템이기도 하다.

이는 들뢰즈가 창안하고 갤러웨이가 확장한 《통제 사회Control Society》주제의 질퍽한 버전이다.[6] 프레시아도는 "정치적으로 프로그래밍된 사정은 새로운 분자적 정보 통제의 흐름"이라고 말한다. 지금은 부드러운 기계soft machine의 시대다. 푸코가 규율 권력disciplinary power이라 부른 것보다 더 세련된 권력 체제가 존재한다. "육체는 더 이상 규율 권력의 공간이 아닌 부드러운 기계의 공간에 거주한다."[7]

이 시스템에는 일정한 긴장이 있다. 한편으로 이는 젠더 이분법gender binary을 해체할 가능성이 있는 기술이지만, 다른 한편으로는 그러한 이분법을 정확히 생성하고 재현하려는 거대한 시도가 있다. 제약-포르노 자본주의는 섹스와 젠더의 자연주의가 생성/재현이라는 아이디어에 가까워지는 기술을 만들기에 더 좋다는 아이디어를 조작해낸다. 그래야 육체가 그 코드를 따르는 것처럼 보이게 하는 이미지와 화학 도구를 판매하기에 더 좋기 때문이다.

섹스와 젠더의 구분이 페미니즘이나 성소수자 공동체가 아닌 생명공학 산업에서 비롯하였음을 프레시아도는 효과적으로 상기시킨다. 육체적 섹스와 주체적 젠더를 개념적으로 구분하게 되면, 기술적으로 다른 산업과 함께 재편성된 전체 산업이 생겨날 수 있다. 그러나 확실히 프레시아도는 변형된 육체trans의 자연성 결여가 어떤 식으로든 그러한 육체를 실격시킨다고 생각하지 않는다. 모든 육체는 자연성이 결여되어 있으며 그건 나쁜 게 아니라는 것이다. 프레시아도는 아직 탐구되지 않은 행동 유도성을 가질 수도 있는 기술-육체에 반대하지 않는다. 그가 반대하는 것은 기술-육체의 상품화와 규율적 통제다.

기존의 섹스-젠더 산업 복합체는 남성/여성 형태의 플라톤적platonic 이상주의에 따라 육체를 생산하고 재생산한다.[8] 이들은 생산되고 다양화되지만 또한 젠더 미학, 인식 등의 규범적 코드의 생성에 감시를 받는다. 이 코드들은 기본형에 남성, 여성, 이성애자, 동성애자, 성전환자의 정체성을 지닌 주체를 허용한다. 성 할당 절차는 외부 형태뿐만 아니라 생식 능력과 사회적 역할에도 기초한다. 이는 섹스와 젠더의 복잡한 연결점을 이분법 형태로 줄이는 이미지를 끊임없이 생산하는 유동적이고 불안정한 지형이다.

모든 종류의 코드는 신체의 플라톤적 이상주의의 모든 성적 매력을 부여할 수 있는 영역을 위해 발명되고 재발명된다. 그런데 항문은 이 구조에 문제를 일으킨다.

그것은 성 역할 구분에서 단락을 만들어낸다. 원초적인 수동성의 중심이자 추함의 완벽한 장소로서 쓰레기와 똥에 가깝게 위치하는 이 부위는 젠더, 섹스, 정체성 그리고 자본이 질주하는 보편적 블랙홀의 역할을 한다.

항문 성교가 인터넷 시대의 포르노를 정의하는 장르 중 하나라는 건 놀랍지 않다. 항문은 모든 종류의 남성적 힘과 지배의 환상이 함께 존재하는 장소인 동시에 불안정한 가능성이 항상 존재하는 장소다.

남성과 여성이라는 플라톤적인 성적 이상향에서는 기술과 이미지 소품의 필요성이 갈수록 커지고 있다. '자연적'인 것과는 거리가 먼 이성애적 재생산은 거대한 기술 장치의 일부다. 여기엔 헐벗은 삶은 없으며 헐벗은 기술적 삶만이 있을 뿐이다.[9] 이성애는 정치적으로 지원되는 생식 기술이다. 프레시아도가 다룬 영역은 아니지만, 병원에서 '출생 계획'을 협의한 시스젠더Cisgender, 스스로의 심리적 성별gender과 생물학적 성별sex을 동일하게 여기는 사람 여성 또는 트랜스젠더Transgender, 심리적 성별과 생물학적 성별을 다르게 여기는 사람 남성은 이에 대해 많은 생각을 할 것이다! 이미 1950년대 말에 이르러 이른바 자연적 생식기관은 다른 것이 되고 있었다. 유아용 유동식은 모유를 대체하거나 보충했으며, 경구용 피임약은 가장 일반적으로 복용하는 처방 중 하나가 되었다.

여기서 프레시아도의 생각은 세계적인 영화이론가이자 대표적인 여성영화 기획의 주창자인 테레사 드 로렌티스Teresa de Laurentis에 기반한다. 특히 제2의 페미니즘 물결의 여성성 귀화에 대해 그녀가 비판하는 내용을 통해 성립된다.[10] 이제 우리가 알고 있듯이, 여성 범주의 보편성 아래에는 인종과 계급에서부터 젠더를 생산하고 유지하기 위한 기술에 이르기까지 다른 많은 것들이 숨겨져 있다. 드 로렌티스는 젠더 기술이 있다는 도발적인 개념을 도입했다. 젠더는 그것의 표현이 자기표현이 될 때 진정한 것이 된다. 그 표현은 산업적으로 생산되는 것이다.

섹스-젠더 산업 복합체의 제약과 포르노라는 두 날개 사이에는 긴장이 있다. 이미지 생산은 두 성별의 가차 없는 플라톤적 이상향을 핵심으로 삼으면서, 둘 사이의 모호한 이미지를 노출하고 범주화하는 데 상당히 많은 시간을 소비한다. 그러나 미디어 생산보다는 의약 생산의 관점에서 볼 때, 젠더 범주는 생의학적biomedical 개입이라는 자의적이고 건설적인 성격을 드러낸다.

예컨대 호르몬 요법은 여성의 '털 과다증hirsutism' 치료에 사용된다. 체모의 심각성 정도를 파악하는 표준 테스트는 여성들이 얼굴의 털 등을 줄이기 위해 호르몬 치료에 접근할 수 있도록 해준다. 그러나 털이 많다는 것에는 객관적인 기준이 존재하지 않는다. 백인 여성은 유대계 여성이나 남미계 여성과는 다른 체모 기준을 갖고 있다. 한마디로 의료-기술 체제는 육체에 경계를 복잡하게 적용한 결과다.

또 다른 예로 코 성형수술과 성기 성형수술에 다르게 적용되는 법적-의학적 권력이 있다. 당신의 코는 당신만의 사유재산이다. 코가 너무 크거나 넓거나 무언가 이상하다고 생각한다면, 그건 완벽한 코의 플라톤적 형태에 관한 복잡한 인종적 가정과 마찬가지로 당신의 개인적 관심사에 속한다. 그런데 코가 아닌 성기 성형수술을 원한다면? 얘기가 달라진다. 당신의 신체에 어떤 성기를 제거하거나 부착하는 건 당신의 사유재산으로서의 신체에 관한 문제가 아니다. 반대로 국가가 부여하는 규범적인 섹스와 젠더로서의 육체에 관한 문제다.

그런 일관된 것이 아닌 육체는 이미지, 기술, 법률 등의 그물망으로 가공된다. "우리는 신체기관이 없는 육체가 아니라 같은 피부 아래서 모일 수 없는 이질적인 신체기관의 배열이다." 제약-포르노 젠더는 단순히 이데올로기, 이미지 또는 기능 수행이 아니라 피부 속까지 지배하는 정치 기술이다. "국가는 우리의 포르노고어porngore 주체성을 생산하고 통제하는 데서 자신의 즐거움을 이끌어낸다."

한편 프레시아도가 가장 관심을 갖는 건 국가보다는 자본과 기술이다.

이러한 인공물은 순수한 상태로 존재할 수 없으며, 우리를 둘러싼 성적인 기술 시스템 내에서만 존재할 수 있다. 성적인 주체라는 역할 속에서 우리는 생명자본주의라는 놀이공원에서 살고 있다. 우리는 실험실의 남성과 여성이면서 일종의 정치적-과학적 생명플라톤주의bio-Platonism의 효과다.

프레시아도는 푸코적 사유를 상품화와 권력이 만나는 새로운 지형으로 유용하게 확장한다.

어떤 면에서 이 책은 리오타르의 이른바 *리비도 경제*libidinal economy에 관한 것이다. 리비도 경제는 이제 섹스, 젠더, 섹슈얼리티와 주체성을 생산하는 디지털 기술과 분자 기술에 작용한다.[11] 리비도 경제의 포르노와 제약 부분은 함께 그리고 그만큼 반대로 기능한다. 우선 포르노는 플라톤적인 성 구분을 선동한다. 젠더 코드는 주로 동일한 분기점을 중심으로 모여 지속적으로 돌연변이를 일으키면서, 배포되고 재배포된다. 반면 제약의 경우에는 점점 더 모호해지는 종류의 기술적 성별이 존재할 뿐이다. 사이클 선수 랜스 암스트롱Lance Armstrong과 여성에서 남성으로 전환한 트랜스젠더는 같은 종류의 실험실에서 나온 같은 종류의 호르몬의 산물이다.

프레시아도는 테스토스테론을 복용하며 이 책을 썼다. 당시에 그는 자신을 테스토걸testogirl이나 테크노보이technoboy가 아니라 호르몬을 삽입하기 위한 단자라고 생각했다. 이제는 테스토스테론이 남성성이 아니라는 걸 알고 있다. 이런 식으로 내분비 계통을 자기 주도적으로 재설정하는 건 특정한 정치 의제와 함께할 때만 의미가 있다. 프레시아도는 의학 체제에서 벗어나 그러한 행위를 실행했다. 왜냐하면 의학 체제에 참여한다는 것은 섹스와 젠더가 무엇이고 무엇이어야 하는지, 어떤 기술이 국가 자산의 여러 부분을 '적절하게' 조정할 것인지에 대한 국가의 결정에 자신의 신체를 제공한다는 의미가 되기 때문이다.

다만 그런 행위는 '중독자'를 잡기 위한 또 다른 징계의 그물망에 걸려들 위험성이 있다. 프레시아도의 테스토스테론 복용이 일종의 의학 담론의 허가를 받지 않으면 또 다른 위험으로 이어질 수 있다는 뜻이다. 프레시아도가 섹스와 젠더 사이에 부적응이 있다고 의사를 설득하기 원한다면 이를 다루는 체제가 존재한다. 그런데 누군가가 젠더의 중간에서 모호하게 남아 있기를 원한다면 어떻게 해야 할까? 또는 미용적인 이유로 호르몬을 복용하고 싶어 한다면? 물리적 육체를 직접적인 목표로 바꾸고 주체적 감각을 단지 이차적으로만 바꾸는 약을 복용하면 무엇이 위험해질까? 달리 말해 호르몬의 산업화에서 위험해지는 건 과연 무엇일까?

무의식과 호르몬은 비슷한 시기에 발견되었다. 무의식이 언어적 징후에 관한 것이라면 호르몬은 신체의 화학적 신호에 관한 것이다. 호르몬 연구(내분비학)는 의사소통과 정보 인식을 둘러싼 광범위한 지식의 기반이 되고 있다.[12] 새로운 과학이 그렇듯 호르몬 연구도 도중에 약간의 시행착오를 겪었다. (보그다노프마저도 원숭이의 내분비선을 활용하면 수명을 연장하고 활력을 증진할 수 있다고 주장하는 가짜 과학에 빠져든 적이 있었다.)[13] 돌이켜 보면, 내분비학에서 초자연적인 원숭이 내분비선이 등장했던 순간은 사실상 그 분야의 야심이 무엇인지를 암시해주었다. "호르몬 이론은 대중적 의사소통의 또 다른 형태를 제시한다." 호르몬은 원격으로 작동하는 투시법이다. 따라서 호르몬은 육체를 강제적이지 않은 방법으로 '길들일' 수 있다.

"호르몬은 탄소 사슬, 언어, 이미지, 자본, 집단적 욕망으로 만들어진 생물학적 인공물이다." 생화학적techo-molecular 제어 계통의 일부인 호르몬은 처음엔 여성(피임약)을 통제했다면 이제는 남성(테스토스테론, 비아그라 등)까지도 통제하고 있다. 모든 종류의 육체는 인공 호르몬을 통해 만들어질 수 있지만, 여전히 플라톤적인 두 개의 성을 중심으로 구성된다. 흥미롭게도 FDA 미국식품의약국는 처음에는 호르몬 피임약의 승인을 거부했다. 초기의 피임약은 여성의 월경을 완전히 중단시킴으로써 젠더를 너무 과격하게 바꿔버리는 역할을 한 까닭이다. 그래서 복용량을 줄여 생리 주기(혹은 생리 주기를 모방하는 것)를 회복시킨 이후에야 승인되었다.

프레시아도는 규율 장치에 대한 푸코의 사유를 넘어서는 것은 물론 *젠더 수행성*에 대한 버틀러의 생각도 넘어서고자 한다. 젠더는 제스처와 언어 수준에서만이 아니라 일종의 생체 모방 혹은 생체 위장bio-drag을 통해서도 수행성을 나타낸다. 분자 차원, 제약 차원의 수행성이 존재한다는 뜻이다. 어쩌면 우리 모두는 드레스 코드처럼 화학약품의 도움으로 자신의 육체를 지탱함으로써, 플라톤적인 젠더 이상향을 패러디하고 생체 모방 또는 생체 위장을 실행하고 있을지도 모른다. 이처럼 상대적으로 새로운 종류의 분자의 힘은 육체 자체를 살아 있는 플랫폼으로 변형한다.

우리는 여전히 다양한 사회 통제에 직면해 있지만, 지금 시대의 통제는

미키 마우스Mickey Mouse의 귀여운 귀와 브리짓 바르도Brigitte Bardot의 뇌쇄
적 모습을 한 화려하고 거품이 넘치는 유형으로 나타난다. 즉 푸코가 직관
적으로 묘사한 차갑고 규율적인 구조와는 대조를 이룬다.

이는 성인들을 대상으로 무기화된 유혹이다.[14] 이 점에서 영화 가상현실
속 세계를 배경으로 하는 SF 판타지 영화인 〈서커 펀치Sucker Punch〉는 할리
우드의 알레고리가 될 수 있다. 악몽의 이미지에서 프레시아도는 이렇게 말
한다.

새로운 유형의 하이테크 이성애의 상징인 테크노–바비 인형techno-Barbie
은 출산이나 생리와는 거의 무관하게 영원히 젊고 성적 매력이 넘쳐나지만,
항상 인공 수정을 위한 준비가 되어 있다. 또한 비아그라와 시청각 포르노
코드의 조합을 통해 기술적으로 발기되는 불임의 슈퍼 마초를 동반한다.

위의 말은 내게 시스젠더의 육체가 없다는 암시로 들린다. 왜냐하면 시
스–젠더란 모든 표준이 현재의 섹스–젠더 산업 복합체의 산물일 때 기존
표준의 '편side'에 설 수 있음을 의미하기 때문이다. 프레시아도의 연구에는
획기적인 면이 있다. 모든 성, 젠더, 정체성이 같은 수준에 있으며, 동일한 시
스템에 의해 모두 산업적으로 생산된다고 단호히 주장하는 점에서 그렇다.
프레시아도는 폐경기 여성을 위한 호르몬 대체 요법에 대해서는 언급하
지 않지만 그것도 이 그림에 추가할 수 있다. 섹스–젠더 산업 복합체의 다음
목표는 남성다움의 자존심을 훼손하지 않으면서 남성에게 호르몬을 광고
하는 것이다. 남성적 육체는 이른바 자연주의라는 고유한 명예 규율을 갖고
있다. 즉 비아그라는 남성 육체의 '발기부전'을 치료하는 화학물질로 허용
될 수 있지만, 운동 능력 향상을 목적으로 스테로이드를 복용하는 건 항상

'잘못된' 행위가 된다.

프레시아도의 관점에서 볼 때 자유주의 페미니즘은 국가 그리고 제약 산업과 협정을 맺었다. 그 협정이란 가족계획의 옹호가 나쁘다는 게 아니라, 출산에 대한 국가 개입이라는 검증되지 않은 구성 요소가 육체의 호르몬을 변형한다는 것이다. 프레시아도는 또한 국가에 연루된 페미니즘을 경계한다. 여기에는 음란물 문제가 포함된다. 국가가 음란물 단속을 강화할 때 일반적으로 불법화되거나 배격되는 것은 비정상적 성행위의 이미지다.[15]

"포르노는 스펙터클로 변형된 섹슈얼리티다." 포르노는 이제 문화 산업의 패러다임이 되었다. "문화 산업은 포르노를 질투한다porn envy." 포르노는 자극-좌절 회로를 관리한다. 문화 산업은 이제 포르노와 동일한 생리적 효과를 생산하고 싶어 한다. 포르노는 영화보다는 곡예나 서커스에 가깝다. "패리스 힐튼Paris Hilton은 럭셔리한 백인 암컷이라는 섹스-정치적 산물의 정점을 상징한다." 최근에는 킴 카다시안Kim Kardashian이 그 역할을 맡고 있다. 그러나 그녀들은 나른하고 쓸모없는 리얼리티 TV 쇼 안에서 살아가는 것으로 보일 뿐이다. 그녀들의 삶은 모두 관음증의 대상이 된다. 포르노는 이처럼 육체의 분출과 영향을 면밀히 조사하고 통제하는 방식으로 확장되고 있다.

포르노는 사정 장면만 사실이 되는 일종의 '정액 플라톤주의'에 의해 규율된다. 포르노에서의 흥분은 실제로는 비자발적 반응이지만 오르가슴의 힘이라는 환상을 만들어낸다. 그럼에도 불구하고 "포르노는 섹슈얼리티에 대한 수행적 진실을 말해준다". 포르노에서의 섹스는 퍼포먼스에 불과하며 따라서 비현실적이라고(혹은 비현실적 육체라고) 주장할 수도 있다. 하지만 바로 이러한 비현실성이 모든 섹스-젠더 산업 복합체를 순환시키는 플라톤주의의 규범적 형태를 이룬다.

섹스뿐만이 아니라 노동 또한 포르노화되고 있다. 과잉 개발된 세계에서 우리는 체액, 합성 호르몬, 실리콘, 각성제, 기분 조절제 그리고 디지털 신호에 의존하여 포르노적인 공장에서 노동을 한다. 성적 노동은 오르가슴의 힘을 상품으로 바꿔버린다. 그람시가 노동의 *유기적 지성*organic intellectuals이라 부른 것을 지금 찾고자 한다면 그건 포르노 제작자와 성 노동자 사이에 있을 것이다.[16] 성 노동자는 '존경받을 만한' 많은 사람들에게는 여전히 '타자'일 뿐이지만, 성 노동에 대한 더 넓은 정의는 우리의 논의에 도움이 될 것 같다.

비르지니 데스팡테Virginie Despentes와의 스파 데이spa day에서 프레시아도는 개인 향락 산업의 에로스를 발견한다. 어떤 사람들은 해피엔딩보다는 실제 마사지만 받으려 하겠지만 어쨌든 그것 역시도 성적인 노동이다. 또는 프레시아도의 사고방식을 좀 더 자세히 파악하려면, 성 노동자와 '젠더 노동자' 모두를 육체와 그들 정체성의 산업적 산물이라는 연속선상에서 생각할 필요가 있다.

이 점에서 맥로비와 생각이 다른 프레시아도는 노동의 여성화feminization of labor보다는 노동의 *포르노화*pornification of labor를 살펴보려 한다. 노동의 여성화는 여성성에 관련된 어떤 것을 가정하는 개념이다. 이를테면 '사정cum shot'을 생략하는 식이다. 그리고 플라톤주의적인 젠더 절대성을 구매한다. 즉 감성적 노동이 소녀적인 것이라면 효율적 노동은 소년적인 것이다. 유연성이 소녀적인 것이라면 안정성은 소년적인 것이다.

한편 프레시아도는 부탕, 비르노, 라자라토, 베라르디 같은 이탈리아 노동자주의 이론의 후예들의 생각에 들러붙어 있는 *인지노동 이론* 혹은 *비물질 노동 이론*에 적대적인 입장이다. "그들 중 어느 누구도 올바른 이미지를 수반하는 비아그라 복용이 자신의 철학적 음경cock에 미치는 영향을 언급하지 않는다." 비아그라 복용은 비물질 노동이기보다는 물질을 초월하는 노동의 시간일지도 모른다.

아울러 그건 노동의 '성적인 분화'가 아닌 포르노적인 분화이기도 하다. 노동의 성적인 분화에서 '성적인'이라는 용어는 생식의 이성애적 견해를 말없이 승인한다. 이성애적 생식만이 당연히 정상적이라는 듯이 말이다. 또한 이성애적 성행위의 비대칭성을 규범으로 삼는다. 기꺼이 관통될 수 있는 육체 유형의 목록에는 적어도 시스 여성, 트랜스 여성, 게이 남성의 육체가 포함된다. 뿐만 아니라 노동의 성적 분화는 그것을 생성하는 기술적 도구를 도외시하는 개념이기도 하다.

여기에는 비물질 노동도 일반지성도 존재하지 않는다. 일반적인 섹스만이 존재할 뿐이다. 이제 오르가슴의 힘은 또 다른 이름을 부여받는다. 즉 '흥분하는 자본의 생산자-육체의 총체를 전율하게 만들면서 다중 사이를 떠돌아다니는 공동의 향락을 위한 충동'이 된다. 근대성은 가정적인domestic 것의 성적 대상화인 동시에 성적인 것의 가정화다. 성적인 것과 가정적인 것의 결합은 주로 사유재산이라는 기호로 이루어진다. (부정infidelity은 도둑질이나 다름없다.) 하지만 또 다른 측면이 있으니 바로 섹스-젠더 산업 복합체가 생산하고 속박하는 오르가슴의 힘이다.

우리는 비물질 노동이 끔찍하고 쓸모없는 개념이라는 걸 인정할 수 있을까? 하부 이론이 신선한 점은 그것이 작동할 때 실제 경험에서 출발하여 경험의 표현에 적합한 개념을 채택하고 적용한다는 것이다. 이는 항상 다른 목적을 위한 상부 이론의 비틀기 또는 강탈highjacking의 일종이다.[17] 따라서 프레시아도는 수십 년 동안의 사회 이론을 무자비하게 단절한다. 예컨대 정신분석이 도움이 된다는 전통적인 이해 방식을 따르지 않는다.

아빠와 엄마는 이미 죽었다. 우리는 할리우드, 포르노, 피임약, 쓰레기 TV, 인터넷 그리고 사이버 자본주의의 아이들이다. 시스 소녀는 가장 많은 시선을 끌기 위해 자신의 육체를 소비할 수 있는 이미지로 변신시키려 한다…… 자신의 육체를 추상적 자본으로 바꾸기 위해 포르노화된 자신을 원한다.

버틀러와 달리 프레시아도는 동성애가 과도하게 상품화된 현상을 발견한다. 비판적인 생각과 실천은 계속되어야 하지만, 비판 이론은 이제 사변적 실재론의 중성화된 객체(모튼)와 영혼화된 주체의 메시아적 비약(지젝)에서 벗어나야 한다. 비판 이론은 또한 노동에 대해 이야기해야 하지만, 그 노동이 패션 같은 예쁜 일(맥로비)이나 비물질적 실천(베라르디)에 국한되어서는 안 된다. "우리 자신의 추락을 가치 있게 만들자. 그리고 새로운 포르노-펑크 철학의 구성 요소가 남겨질 때를 상상하자."

프레시아도의 프로그램은 소수의 지식을 집단 실험으로 변형하여 생체코드biocode, 지구상의 생명체들이 공통된 생물학적 암호로 구성되어 있으며 모든 유기체의 DNA가 연관되고 결합되어 있음을 뜻함를 공동 소유하도록 노력하는 것이다. 수리 롤닉 Suely Rolnik과 마찬가지로 프레시아도는 정신과학을 주체성 창출에 대한 미학적 반응을 배제하는 것으로 본다.[18] 프레시아도는 젠더 반대를 불쾌감, 병리학 같은 것이 아닌 미학적 맥락에 위치시킨다. 그는 테스토스테론 복용을 벤야민이 대마초를 피우거나 프로이트가 코카인을 복용하거나, 또는 보그다노프가 혈액을 교환하는 것에 비유한다. 이는 국가 또는 전문가가 승인하지 않은 실험을 위한 프로토콜이며, 더 크게는 일상의 삶에서 상황을 구성하는 것으로 이해된다.

정치 주체성은 자신의 표현에서 스스로를 인정할 때보다는 인정하지 않을 때 나타난다. 이러한 단절은 또 다른 종류의 표현을 위한 공간이 아닌 또 다른 삶의 공간을 창조한다. 이제 젠더 해적 혹은 젠더 해커가 되어야 할 때가 왔다. "우리는 성 호르몬을 자유롭고 개방된 생체 코드로 간주하는 카피레프트copyleft, 독점적인 의미의 저작권(카피라이트copyright)에 반대되는 개념으로 저작권에 기반을 둔 사용 제한이 아닌 정보 공유를 위한 조치를 가리킴 사용자다." 프레시아도는 '젠더의 분자 혁명'을 주창한다. 여기에는 돌아가야 할 자연적 행위 혹은 사적 행위란 존재하지 않는다.

그러므로 실천은 "다른 공통적이고 공유되며 집합적인, 카피레프트 형태의 지배적인 포르노 표현과 표준화된 성 소비를 창안하는 것의 문제"가 된다. 이러한 실천의 객체야말로 주체가 될 수 있다. 이 운동을 실천하는 유기적 지성은 이론가로서의 포르노 제작자와 성 노동자다. 그리고 실천에 있어 "70년대 이후 유일한 주요 혁명은 약에 취한 채 성행위를 하며 음악을 듣는 게이들에 의해 이루어졌다".

나는 프레시아도가 내가 쓴 《해커 선언》에서 (비판적으로) 인용한 다음 문장을 특히 좋아한다. "권력은 시행착오를 경험했다. 그들은 지난 세기 동안 농업에서 제조업으로, 그다음에는 정보와 생명life으로 방향을 수정했다." 그러나 프레시아도는 '생명'이라는 마지막 단어를 새로운 방식으로 생각할 수 있는 공간을 열어준다. 욕망과 섹슈얼리티는 정보와 마찬가지로 혹은 심지어 정보 그 자체로서 소유권을 거부한다. 약간의 정보(또는 욕망, 섹스, 젠더)를 소유한다는 건 다른 사람에게서 정보를 빼앗는 게 아니다. 공유는 욕망, 섹스, 젠더를 다층화한다.

그러나 성적인 해방이라는 개념은 이미 낡아버렸다. 우리 모두가 '거리'의 유인물이나 대학원에서 푸코를 통해 배웠듯이, 억압된 기존의 자연 상태의 성이란 존재하지 않는다. 이제 우리는 내부에서부터 제약-포르노 지배 권력을 해킹하는 방법을 생각해야 한다. 프레시아도는 이를 위해 펑크 밴드 또는 컨퍼런스의 이름으로도 잘 어울릴 것 같은 몇 가지 슬로건을 만들어냈다. 바이러스에 자유를FreeFuckware! 젠더에 개방을OpenGender! 육체에 펑크를BodyPunk! 국가에 삽입을PenetratedState! 포스트-포르노를!PostPorn!

여기에는 기괴한 재미가 있다. 새로운 육체와 섹스 디자인의 관련성도 있다. 하지만 이 모든 것은 유적 존재라는 이론적 이상향과 작별하고 실제적인 사이보그 결속을 실험적으로 가동하는 선행 단계에 관련되어 있다. 프레시아도는 이렇게 말한다. "휴머니즘은 성스러운 것의 기호 아래가 아닌……기괴한 것의 기호 아래에 존재한다."

프로그래밍 정치학

Programming Politics

웬디 전Wendy Chun은 캐나다의 여성 작가이자 교수다. 워털루대학교에서 시스템 디자인 공학 및 영문학 학사 학위를 받았으며, 프린스턴대학교에서 영문학으로 박사 학위를 받았다. 브라운대학교의 현대문화미디어학과 교수이자 학장을 역임했다. 현재 사이먼프레이저대학교의 연구위원장이며 SFU 커뮤니케이션스쿨의 뉴미디어 학부의 학장이다. 디지털 기술이 어떻게 사회적 통제의 형태를 재구성하고 인종과 성에 대한 새로운 경험을 생산하는지에 대한 연구로 유명해졌다.

아날로그와 디지털의 관계는 아날로그인가 아니면 디지털인가? 이 질문은 갤러웨이의 작업과 웬디 전Wendy Hui Kyong Chun의 작업 사이의 대비점을 생각하는 하나의 방법이 될 수 있다. 이데올로기의 시뮬레이션인 갤러웨이의 소프트웨어 개념에 대해서는 다음 장에서 설명할 것이다. 이번 장에서는 웬디 전의 책《프로그래밍된 시선: 소프트웨어와 메모리Programmed Visions: Software and Memory》를 읽으면서 이데올로기에 대한 비유인 웬디 전의 소프트웨어 개념을 알아보려 한다.[1]

비유로서의 소프트웨어는 다소 이상한 것이다. 소프트웨어는 알 수 없는 것을 통해 알려지지 않은 것을 보여준다. 소프트웨어는 정보의 몇몇 이상한 속성에 참여하여 그것을 구현한다. 웬디 전은 이렇게 말한다. "디지털 정보는 영속성에서 촉지성tangibility을 분리했다." 또는 내가《해커 선언》에서 기술한 것처럼 정보를 위한 지원으로서 물질 간의 관계가 자의적으로 나타난다.[2] 정보가 구체화되는 역사적 과정은 명백한 노동 과정과 재산 형태의 분리된 대상인 소프트웨어를 생산하는 역사를 거친다. 웬디 전은 이를 보다 푸코적인 용어로 다음과 같이 표현한다.

소프트웨어가 시간 내의 서비스에서 제품으로 변형되는 놀라운 프로세스, 관계의 사물로의 강화, 정보의 자아로부터의 외부화는 미셸 푸코가 통치성governmentality이라고 부른 것과 일치한다. 이것은 통치성 내의 더 큰 변화를 구현한다.

소프트웨어는 *신자유주의자*를 지칭함에 있어 웬디 전이 푸코와 브라운을 따르는 것과 일치한다. 나는 '신자유주의'가 일반적 개념으로 많은 영역을 보유하고 있다고 확신하지 않는다. 그럼에도 불구하고 보통의 방식으로 구분해보면, 자유주의에서 국가가 시장에서 배제되어야 한다면 신자유주의에서는 시장이 국가의 모델이 된다. 두 가지 모두에서 존재하지 않는 게 있다. 바로 '자유로운' 행동을 미리 알 수 없는 자기 활성화 주체를 생산하는 통치성에 상응하는 위로부터의 지배력이다. 그런 자유로운 주체를 생성하는 것은 인구의 관리, 즉 *삶권력*의 실천을 요구한다.

이는 사실 표준 모델에 대한 단순화된 설명일 수 있다. 여기에 웬디 전은 인구를 관리하고 개인을 '인적 자본'으로 키우는 데 있어 컴퓨팅의 역할을 추가한다. 과거의 사건들과 가능한 미래—사실상 미래 그 자체가 되는—에 대해 사용자에게 알려주는 컴퓨팅 관련 인터페이스를 통해, 신자유주의 주체는 숙달mastery과 '권한 부여empowerment'를 감지한다. 이러한 통치성 양식의 '소스'는 소스 코드 자체다. 코드는 로고스가 된다. 태초에 코드가 있었다. 어떤 수준에서 사용자는 코드가 자체적으로 마술처럼 작동하기보다는 기계를 제어한다는 걸 알고 있으면서도, 코드가 그런 능력을 가진 것처럼 행동한다. 여기서는 기계의 작업도 인간의 노동도 전혀 중요하지 않다.

로고스로서의 코드는 과거를 저장된 데이터로 조직하는 한편 그것을 인터페이스를 통해 제공한다. "사물로서의 소프트웨어는 메모리의 외부화와 분리될 수 없고, 끊임없이 재생산하고 퇴화하는 모든 것을 포괄하는 저장소의 꿈/악몽과도 분리될 수 없다. 그것은 우리를 앞으로 나아가도록 유혹하고 우리의 눈앞에서 사라진다." 베라르디와 다른 사람들이 지적했듯이 이는 보드리야르가 소통의 황홀함이라고 부르는 것과 같은 소외의 비극이 아니다.[3]

소프트웨어는 투명성의 외양을 생성하는 데 매우 중요한 구성 요소다. 여기서 사용자는 자신의 데이터를 관리할 수 있고 자신의 인적 자본에 대한 투자 결정과 관련된 모든 변수를 본다고 상상할 수 있다. 이상하게도 이러한 가시성은 자신의 작업을 숨기는 보이지 않는 무언가에 의해 만들어진다. 따라서 컴퓨팅은 우리가 눈에 보이지 않지만 가시적인 효과를 발생시킨다고 믿어지는 모든 것에 대한 대체 가능한 은유가 된다. 경제, 자연, 우주, 사랑은 모두 그것들의 인터페이스에서 가시화되는 데이터로 알 수 있는 블랙박스로 인식된다.

인터페이스는 일종의 인지적 매핑 장치로 나타난다. 프레드릭 제임슨은 염두에 두지 않았지만 그것은 자본주의 사회관계의 총체성에 대한 미학적 직관이 될 수 있다. 우리가 얻는 건 지도의 지도 즉 정량 가능한 단위 간 관계의 지도다.[4] 그 작동을 알지 못하는 장치의 화면에서 우리는 자신이 모르는 다른 것들의 작동에 관한 데이터를 명확하게 본다. 데이터를 표시하는 코드로 장치가 축소되는 것처럼, 그것을 모델링하는 다른 시스템 역시 데이터를 만드는 코드로 축소될 수 있어야 한다.

그러나 이는 컴퓨팅의 속성이라기보다는 그것의 특정한 역사적 버전에 속하는 것이다. 여기서 소프트웨어는 컴퓨터가 할 수 있는 일의 종류를 제시하는 두 번째 (세 번째, 네 번째) 순서 방식으로 나타났다. 웬디 전은 이렇게 말한다. "소프트웨어는 코드를 로고스로 만든 상용화와 상품화 과정을 거쳐 사물—반복 가능한 텍스트 프로그램—로 등장했다. 이는 소스로서의 코드, 행위의 진정한 표현으로서의 코드, 행위와 융합하고 행위를 대체하는 것으로서의 코드다."

소프트웨어 부상에는 한 가지 부작용이 있었으니 막강한 프로그래머라는 환상이었다. 나는 코더가 이상적인 신자유주의 주체라고 생각하지는 않는다. 오히려 이러한 특성은 기존의 원형적 특성에 흡수되어 미묘하게 변형되었다. 프로그래머는 통제하거나 반란을 일으키는 모습이 될 수도 있고 다른 어떤 모습이 될 수도 있다. 프로그래머는 때로는 질서의 상징이었지만, 때로는 낭만적인 사람 혹은 영웅적 행위를 추구하는 무법자이기도 했다.[5]

그러므로 나는 프로그래머 고유의 특성으로 추정되는 것에 집중하기보다는, 그들이 어떤 종류의 노동을 하고 있으며 그것이 다른 노동과 어떤 유사성이 있는지를 묻는 것이 더 도움이 된다고 생각한다. 정보의 매우 독특한 특성, 즉 정보가 부분적으로 기술적이고 과학적인 궤적의 산물이라는 점은 코더를 똑같이 특이한 종류의 노동의 기본 형태로 만든다. 그러나 웬디 전의 사유에서는 흥미롭게도 노동이 빠져 있다. 낭만적인 무법자 해커로서의 코더의 모습은 실제로는 대부분 신화일 수도 있지만, 푸코적 사유에서 코더는 전형적으로 나타나지 않는 권한에 대한 질문을 제기하는 사람으로 인식된다.[6]

갤러웨이와는 대조적으로, 웬디 전은 소프트웨어의 기술적 정체성을 그것이 제어하는 기계와 함께하는 제어 수단으로서 이미 주어진 것으로 다루는 걸 원치 않는다. 그녀는 기계의 물질성이 항상 시각적으로 유지되기를 원한다. 코드는 모든 것이 아니다. 코드가 우리를 그렇게 생각하게 만들지라도 말이다. "소스 코드의 힘의 이러한 증폭은 또한 코드의 결정적인 분석을 지배한다. 그리고 소프트웨어를 '추진 계층'으로 가치화하는 것은 소프트웨어를 깔끔하게 계층화된 것으로 개념적으로 구성한다."

해러웨이도 주장했듯 코드는 물신화된다.[7] 다만 종교, 상품 또는 성적인 물신과 전혀 유사하지 않은 이상한 종류의 물신이다. 이것이 상상적인 통제 수단을 제공한다고 여겨지는 곳에서 코드는 *사실상* 상황을 통제한다. 물론 누군가는 이 같은 주장을 뒤집을 수도 있다. 그런데 코드가 통제권을 가진 다는 점을 받아들이지 않는 것이 물신숭배의 표식이라면 어떻게 될까? 특히 추상적이고 보이지 않지만 실재하는 권력 관계의 부적으로서 특정 객체가 삽입되어야 하는 곳이라면?

내 생각에 이런 견해를 지지하는 사람이 있을 것 같다. 아울러 컴퓨터 역사에서의 중요한 순간과 텍스트에 대한 웬디 전의 매우 흥미롭고 설득력 있는 읽기의 많은 부분을 여전히 받아들일 수 있을 것 같다. 이를테면 웬디 전은 코드가 코드의 실행과 융합되어서는 안 된다고 주장한다. 즉 소스 코드 자체는 실행될 수 없으며 컴파일compile, 개발자가 작성한 소스 코드를 컴퓨터가 이해할 수 있는 기계어로 변환하는 작업되어야 한다. 소스 코드와 기계 코드는 단순히 기술적으로만 동일한 것이 아니다. "소스 코드는 사실 이후에야 소스가 될 뿐이다."

누군가는 이런 주장을 웬디 전보다 더 멀리 밀어붙일 수도 있다. 그녀는 기계 코드 내의 소스 코드와 기계 아키텍처 내의 기계 코드를 근거로 삼는다. 그러나 이것들은 에너지 '원천'이 존재하는 경우에만 차례대로 실행되며, 종종 극히 희귀한 자료로 제조된 경우에만 존재할 수 있다.[8] 오늘날 이 모든 것은 그러한 자료와 그것들의 노동을 함께 가져오는 전산화된 명령의 형식에 종속되어 있다. 컴퓨터가 명령 내리기를 줄이는 것, 컴퓨터뿐만 아니라 정치 경제 전체가 명령 내리기를 줄이는 것은 컴퓨터를 의인화하는 게 아니다. 반대로 정보가 *비인격적인* 것이 되고 있음을 인식하는 것이다.

나는 코드가 소스와 로고스로 나타나는 인터페이스와 소프트웨어를 통해 알려지지 않고 보이지 않는 장치에 명령을 하는 행위를 보려는 욕구야말로, 신자유주의의 정치 경제적 불투명성과 실제적인 비합리성을 이해하는 방식이라고 주장할 것이다. 그러나 어쩌면 명령어 자체는 그렇게 명령적이지 않으며, 단지 그 자체를 주체로 회복시키는 것처럼 보이는 제스처일지도 모른다. 다시 말해 어떤 것에 '권한을 부여'하는 것이 아니라 어떤 것 자체일지도 모른다. 정보는 주체와 객체 모두에 대한 통제권을 갖고 있다.

이 생각을 발전시키기 위해 웬디 전은 ENIAC girls최초의 범용 디지털 전자 컴퓨터 에니악의 탄생에 일조한 여성 소프트웨어 프로그래머들을 칭함라는 컴퓨팅 역사의 한순간을 유용하게 돌아본다. 초기 컴퓨팅은 성별이 구분된 노동 영역을 가지고 있었다. 여기서 남성들은 수학 문제를 해결했다면 여성들은 기계가 수행하는 일련의 단계에서 문제를 구체화해야 했다. "명령어 구조가 '소녀'에게 명령하는 것에서 기계에게 명령하는 것으로 바뀌었을 때, 프로그래밍은 프로그래밍다워지고 소프트웨어는 소프트웨어다워졌다고 말할 수 있다."

웬디 전은 그런 방식으로 소프트웨어를 구조화하지는 않지만, 소프트웨어의 전쟁 후 경력을 노동에 대한 투쟁의 결과로 볼 수도 있을 것 같다. 소프트웨어를 사용하면 모든 작업을 기계어로 직접 프로그래밍할 필요가 없다. 소프트웨어는 코더에게는 기계에 관한 지침을 쓸 수 있는 환경을 제공한다면, 사용자에게는 기계가 해결 가능한 문제점을 기록할 수 있는 환경을 제공한다. 소프트웨어는 기계를 보이지 않게 만드는 인터페이스를 통해 나타나지만, 인간이 보다 이해하기 쉽고 인간 능력과 시간 제약의 측면에서 보다 효율적으로 지침이나 문제를 생각할 수 있는 방법을 제공한다.

소프트웨어는 기계어로 작성해야 하는 필요성을 없앤다. 이로 인해 프로그래밍은 기계적인 작업보다는 수학적이고 논리적인 작업에 기반하는 고차원 업무가 되었다. 하지만 동시에 프로그래밍을 일종의 산업화된 노동으로서 이용 가능하게 만들었다. 특정 작업은 자동화될 수 있으며 기계의 정형화된 작동은 기계의 특정 작업 솔루션과 분리될 수 있다. 이를 심지어는

부분적인 탈숙련화로 볼 수도 있다.[9]

소프트웨어와 하드웨어를 분리하면 소프트웨어의 특정 프로그래밍 작업을 서로 분리하는 것이 가능해진다. 이에 따라 프로그래밍이 산업으로 될 때 품질과 노동 규율을 관리하는 방법인 *구조화된 프로그래밍*이 등장한다. 구조화된 프로그래밍은 노동 분업을 가능케 하고 정형화된 프로그래밍 작업에서 기계의 작동을 보장한다. 그 결과는 기계 '작업'을 조직화하는 관점에서는 덜 효율적이지만, 인간 노동을 조직화하는 관점에서는 더 효율적일 수 있다. 구조화된 프로그래밍은 기계가 기계 자신을 관리하는 작업을 채택한다. 이는 *객체 지향 프로그래밍*object-oriented program으로 나아가는 단계다. 이러한 프로그래밍은 기계를 감출 뿐만 아니라, 다른 객체의 내부를 프로그래머가 노동 분업에 맡긴 객체들로부터 드러나지 않도록 한다.

웬들링과 마찬가지로 웬디 전은 마르크스보다 찰스 배비지가 인지 작업이 산업화되고 그것에 노동 분업이 적용될 것을 예견했다고 지적한다.[10] 하지만 두 사람 모두 소프트웨어가 별개의 상품 혹은 (내가 추가하자면) 매우 다른 종류의 노동의 산물이 될지 모른다는 예견은 하지 않았다. 이들은 소프트웨어가 단순히 자연적으로 발생하는 수학적 관계를 기계 운영에 적용하는 서비스가 아닌 노동의 산물이 되도록 해주는 사유재산권 관계의 진화에 대해 더 많은 것을 말해줄 수 있다.

웬디 전의 분석에서 핵심은 소스 코드가 뷰view에서 실행execution을 제거하는 것이 되는 방식이다.[11] 이 방식이 기계 노동을 드러나지 않게 한 결과 기계 노동은 데리다의 유령spector과도 같은 것이 된다. 그것은 기계에서의 인간 행위를 강력한 관계로 보이도록 만든다. "컴퓨터를 자동화하는 원천이자 동력으로서 지시문의 개념에 내재되어 있는 (끊임없이 그들을 괴롭히는) 것은 해방과 권한 부여, 마법사와 (탈)노예화라는 끊임없이 반복되는 내러티브다."

나는 이것이 노동 과정의 일반적인 자질이 될 수 있을지 궁금해진다. 이를테면 자동차 정비사는 현대식 엔진 블록을 만드는 데 필요한 야금의 복잡성을 알아야 할 필요가 없다. 단지 고장 난 부품을 교체하는 방법을 알면 된다. 여기서 좀 더 특이한 것은 임의의 물질 표면이나 그 밖의 것에 저장된 정보로 만들어진 이러한 특정 '객체'가 사유재산의 형태로도 될 수 있는 방식이다. 또한 그것들이 사유재산을 거래하는 정보를 렌더링rendering, 그래픽에서 마지막 단계의 채색을 뜻하는 용어. 컴퓨터 분야에서는 도형 정보를 사실적인 화상으로 표현하는 것을 칭함하는 식으로 설계될 수 있는 방식이다. 코드 형식 단독보다는 코드 형식이 속성 형식과 상호작용을 하는 방식에 더 많은 특징이 있을 수 있다.

이러한 형태의 진화를 일련의 투쟁의 산물로 바라보면 그건 오늘날 장치의 특정한 윤곽을 설명하는 방법이 될 수 있다. 웬디 전은 이렇게 말한다. "컴퓨팅의 역사는 더 큰 혼란의 순간인 '컴퓨터 해방'의 순간과 함께 혼란스러워진다." 이 모든 것은 누가 무엇으로부터 자유로워졌는가라는 질문을 던져준다. 웬디 전의 경우 그건 투쟁이나 협상의 결과라기보다는 구조의 효과로 이해된다.

단계별로 사용자는 자신의 기계에 대해 알아야 할 의무에서 '자유로워'질 뿐만 아니라, 기계에서 실행되는 것의 소유권으로부터도 자유로워진다. 그다음에는 자신이 기계에서 생산한 데이터의 소유권으로부터 자유로워진다. 여기서 의문이 하나 생겨난다. 첫 번째 종류의 '해방'—기계에 대해 알아야 하는 것으로부터의 자유—이 필연적으로 또 다른 종류의 해방—생산한 정보를 소유하는 것으로부터의 해방—으로 이끄는가 하는 것이다. 오히려 그건 생산관계의 형태로서 지적 소유권을 지닌 소프트웨어로 구동되는 생산양식의 출현을 가져온 계급 갈등과 함께 행동할 수 있다.

간단히 말하면 프로그래머는 더 강력해졌지만 컴퓨터에서 더 멀리 떨어져 있는 것처럼 보이게 되었다. 사용자 역시 더 강력해졌지만 자신의 컴퓨터에서 더 멀리 떨어져 있는 것처럼 보이게 되었다. 프로그래머와 사용자는 기계의 물질성이 아닌 정보와 함께 작업한다.

다만 이러한 논쟁에서 젠더화된 가닥은 놓치지 않도록 하자. 한때 남성이 지배하던 직업에 여성이 진출한 시기에 프로그래밍은 다른 방향으로 나아가 한층 남성적인 영역이 되었다. 이 점에서 프로그래밍은 이상한 직업이다. 일종의 여성적인 사무 노동으로 시작했지만, (소프트웨어의 매개를 통해) 지금은 기술적이고 학문적인 직업이 되었기 때문일지도 모른다. 어쩌면 프로그래밍의 남성적 편향은 부분적으로 시간의 산물일지도 모른다. 프로그래밍은 다소 늦게 직업이 되었다. 내 생각에 프로그래밍은 약 백 년 전 산부인과 의사가 출산 사업에서 어떻게 산파를 밀어내고, 그 분야를 남성화하고 전문화했는지에 관한 잘 알려진 이야기에 비견될 수 있을 것 같다. 하지만 최근에 여성 전문가들이 재진입하면서 출산 분야가 남성 지배적 직업이라는 특성은 도전을 받고 있다.[12]

내 주장은 이렇다. 시기가 다르기는 하지만, 프로그래밍이 독점적인 숙련을 주장함에 있어 특정 재료와 실제 차원에서 붕괴된 프로토콜의 지식에 기초하는 그 밖의 전문직과 완전히 다를 수는 없다는 것이다. 예컨대 프로그래밍은 건축과 완전히 다른 분야일까? 이 지점에서 설명이 필요한 것은 프로그램이 건축과 다른 점이 아니라 소프트웨어가 모든 전문 직업에 개입하여 그것을 변형하는 방식이다.

그런 직업의 대부분은 정보 작업의 유형으로 다시 정의되었다. 많은 경우 탈숙련화와 임시직으로 이어질 수 있으며, 또는 고차원적이지만 정보 기반의 기능을 둘러싼 장벽으로 연결될 수도 있다. 이는 프로그래밍이 '신자유주의'의 한 가지 사례라기보다는, 신자유주의가 하나의 제어 층control layer으로서 정보 생산이라는 현재 형태의 컴퓨터의 역할을 포괄하는 용어가 되었음을 말해준다.

이와 같은 공식화에서의 모호함에 관련하여 나는 다음과 같은 문제를 제기해보려 한다. "소프트웨어는 공리가 된다. 첫 번째 원칙으로서 그것은 실행의 삭제와 프로그래밍의 특권화에 기초한 특정한 신자유주의 논리의 원인과 결과를 결합한다." 소프트웨어가 신자유주의를 가능케 하는 게 아니라, 오히려 신자유주의가 소프트웨어 중심의 생산방식을 설명하는 다소 부정확한 방법일 뿐이라면 어떻게 될까?

보이지 않는 기계는 보이지 않는 다른 연산자operator(노예, 여성, 노동자)의 목록에 포함된다. 그들 자신이 들은 것을 실행하는 한 그들은 눈에 보이는 모든 것이 될 필요가 없다. 그들은 자신이 실행하도록 되어 있는 일을 실행하는 것으로 보이기만 하면 된다. 비가시성invisibility은 권력의 또 다른 측면이다.[13] 소프트웨어가 권력을 가졌거나 권력 자체인 경우 그것은 가상의 페티시가 되지 않는다.

여기서 페티시와 이데올로기보다는 보그다노프가 대체와 기본 은유라고 부르는 몇 가지 개념을 사용할 수 있다.[14] 이런 사고방식에서 노동이 통제되는 실제 조직 형태는 다른 알려지지 않은 현상에 투사된다. 우리는 우리가 알지 못하는 조직 형태를 생명, 우주 등 이미 알고 경험하고 있는 조직 형태로 대체한다. 따라서 작동하는 기본 은유는 노동 조직의 지배적 형태와 같은 것일 수 있으며, 그것의 일상적인 모델은 전체 세계관이 될 것이다.

내가 볼 때 기본 은유는 코드, 소프트웨어, 정보가 뇌, 사랑, 자연 또는 진화를 이해하는 것에서부터 모든 문제로 대체될 수 있는 용어가 되는 방식을 잘 보여준다. 좋은 예로 기술사와 경제사가 제거된 객체 지향 프로그래밍이 선택되어 객체 지향 존재론ontology으로서 모튼과 다른 사람들에게 은유로 사용되는 것을 들 수 있다. 컴퓨터 연산은 정보가 객체와 주체를 제어할 수 있는 세계에서 권력 관계에 대해 생각하는 방법을 만들어낸다. 심지어는 그 관계를 매핑하는 방법까지도 만들어낸다.

웬디 전이 인정한 것처럼 컴퓨터는 이제 은유 기계가 되었다. 튜링Turing 의 수학적 의미에서뿐만 아니라 시적인 의미에서도 보편 기계가 되었다.[15] 컴퓨터는 웬디 전의 용어로는 일종의 유비analogy 또는 갤러웨이의 용어로 는 *시뮬레이션*이다. 이는 아날로그와 디지털의 관계가 웬디 전에게는 아날로그의 의미라면, 반대로 갤러웨이에게는 디지털의 의미임을 나타낸다. 기계 측면에서 볼 때 코드는 자신이 제어하는 세계에 대한 유비로 보인다. 반면 소프트웨어 측면에서는 제어 대상 세계의 디지털 시뮬레이션으로 보인다. 마르크스의 돈 → 상품 → 돈이라는 회로와 함께 조합된, 디지털 → 아날로그 → 디지털이라는 또 다른 회로가 존재한다는 뜻이다. 이제 문제는 전자가 어떤 방식으로 후자에 포함되는지에 관한 것이 되고 있다.

웬디 전에게 '정보 공동체'가 연산을 통해 '식견topsight'이라고 부르는 것을 약속한다는 것은 환상임이 드러난다. 연산을 통한 인지 지도의 제작은 그것이 생산되는 수단을 모호하게 만들어버린다. 그런데 외양의 진실이 외양이 만들어지는 재료를 드러내는 것에 존재하는 이곳에서 작동하는 일종의 근대적 미학은 없는가?

나는 웬디 전이 컴퓨팅 문헌을 읽는 방식을 조금 다르게 읽고 싶다. 나는 그것이 기계에 의해, 기계 내부에서 그리고 기계로서 실행되는 코드에 놓여 있는 진실의 문제라고 생각하지 않는다. 만약 그렇다면 왜 거기서 멈추는가? 기계를 왜 자신의 제조에 관련시키지 않는가? 그러한 사실 이후에도 소프트웨어가 신자유주의 논리를 코딩한다고 말할 수 있는지 나는 확신할 수 없다. 오히려 어떤 종류의 권력 정보가 되는 것에 대한 투쟁의 신호로 읽을 수도 있지 않을까.

이 지점에서 우리는 인터페이스의 역사를 볼 수 있다. 웬디 전은 지금까지 구축된 가장 큰 컴퓨터 시스템인 전설적인 세이지SAGE 방공망으로 시작한다. 그것은 6만 개의 진공관을 사용했고 운용에 3메가와트가 요구되었다. 1963년에 끝나 이미 구식이 되었지만 세이버SABER 항공 예약 시스템으로 이어졌다. 구형 세이지 하드웨어의 일부는 〈도망자 로건Logan's Run〉처럼 점멸하는 컴퓨터를 필요로 하는 영화 세트에서 사용되었다.

실시간 컴퓨팅와 인터페이스 설계 아이디어의 기원에 대한 이야기인 세이지는 사용자의 참여를 시뮬레이션하는 '직접' 조작을 허용한다. 이는 나중에 브렌다 로렐Brenda Laurel이 *극장으로서의 컴퓨터*라는 관점을 설명할 때 든 사례이기도 하다. 극장과 마찬가지로 컴퓨터는 폴 에드워즈가 상호작용의 *닫힌 세계*라고 부르는 것을 제공한다 그 세계에서는 불신을 멈추고 예측 가능한 세계의 쾌락으로 들어가야만 한다.[16]

인터페이스에 의해 제공되는 선택은 정형성을 변화시키고 가능한 것의 개념을 형성한다. 우리는 '폴더'와 '데스크톱'이 실제가 아니라는 걸 알면서도 실제로 존재하는 것처럼 사용한다. 종이 파일은 이미 은유가 되었음을 기억하자. 세계는 나의 디지털 '폴더'보다 나의 종이 폴더에서 더 좋거나 나쁘게 표현되지는 않는다. 비록 그 표현들이 유사하지 않다 하더라도 말이다.

웬디 전은 이렇게 말한다. "소프트웨어와 이데올로기는 완벽하게 어울린다. 왜냐하면 둘 다 무형의 것을 유형의 효과로 매핑하고 가시적인 단서를 통해 무형의 원인을 제시하려 하기 때문이다." 이는 포스트모던 시기의 혼란에 대한 하나의 반응일지도 모른다. 반면 갤러웨이는 소프트웨어가 이데올로기를 시뮬레이션한다고 말한다. 내 생각에 그것은 기본 은유로 떠오르는 소프트웨어의 문제이며, 알려지지 않은 프로세스로 대체된 시간의 주도적 노동 프로세스의 편리한 모델이다. 인지적 매핑은 이제 우리 모두가 항상 실행해야 하는 어떤 것이 되었다. 또한 상품화된 사회관계의 총체성을 파악하기보다는 다소 제한된 형태—비용과 이익, 위험과 보상에 대한 데이터를 매핑하는—가 되었다.

자신의 책에서 가장 대담한 직관을 통해 웬디 전은 컴퓨터 연산이 현대

사상에서 작동하는 일반적 성향, 즉 인식*episteme*의 일부라고 생각한다. 여기서 현재 현상의 불가해성은 어떤 의미에서는 부호화된 비가시적 과정의 가시적 산물로 이해될 수 있다. 그러한 프로세스는 저장소, 작업할 과거 그리고 과거의 정보로부터 미래의 진보가 나오는 프로세스를 필요로 한다.

전쟁 이후 컴퓨팅에서 J. C. R. 릭리더Licklider, 더글러스 엥겔바트Douglas Engelbart 같은 이들은 실시간으로 네트워크에 연결되고 사용자가 단계별로 배울 수 있는 인터페이스를 '운용'하는 동안, 복잡한 문제를 '탐색'할 수 있는 인터페이스를 갖춘 기계를 원했다. 웬디 전에 의하면, "엥겔바트의 시스템은 개인적 권한 부여—바라보고 조종하며 창조적으로 파괴할 수 있는 개인의 능력—라는 핵심적인 신자유주의적 자질을 살아 있는 사회 발전으로 강조한다". 하지만 평범한 '신자유주의'가 상징하는 징후가 보다 '엥겔바트적인' 생각이라고 말하는 것이 내게는 더 합리적으로 보인다. '지적 노동자'를 위한 그의 유명한 쌍방향 컴퓨팅 '시연demo'은 이제 진정으로 중요한 1968년의 문화 작품으로 간주하여야 한다.[17] 웬디 전의 말을 들어보자.

소프트웨어가 문화에 대한 상식적인 약칭이 되었다면, 하드웨어는 자연에 대한 상식적인 약칭이 되었다……. 우리의 이른바 탈이데올로기 사회에서 소프트웨어는 이데올로기와 이데올로기 비판에 대한 개념을 지지하고 비정치화한다. 사람들은 이데올로기를 부인할지도 모르지만 소프트웨어를 부인하지는 않으며, 이데올로기에 부여했던 거대한 힘을 소프트웨어에 은유적으로 부여한다. 소프트웨어와의 상호작용은 우리를 훈련시켰고 원인과 결과에 대한 일정한 기대치를 창조했다. 또한 우리가 다른 곳으로 옮겨갈 수 있다고 믿는 즐거움과 힘—신자유주의 세계를 헤쳐 나갈 수 있는 방법—을 제공했다. 아울러 소프트웨어는 또한 신자유주의로서의 세계, 특정 규칙을 따르는 경제 게임으로서의 세계를 향한 우리의 믿음을 키웠다.

그런데 소프트웨어는 정말로 '탈정치화'하는가? 혹은 현재의 정치 또는 미래의 정치를 변화시키는가? 디지털 미디어는 미래와 과거 모두를 프로그래밍한다. 이 기록 저장소는 사유재산에 관한 첫 번째이자 마지막 공적 기록이다. 이는 상황주의자가 비틀기를 실행하여 그것을 재산으로 취급하지 않고 공적인 것으로 취급하는 이유다. 구글이 명확하게 파악했듯이 정치권력은 저장소의 통제 또는 더 바람직하게는 메모리memory의 통제를 필요로 한다.[18]

웬디 전의 말을 들어보자.

이 새로운 미디어의 상존성there-ness은 그러한 미디어를 간편한 미래로서 미래에 연결한다. 과거를 저장함으로써 미래를 더 알기 쉽게 만들어야 한다. 미래는 기술이다. 왜냐하면 기술은 우리로 하여금 추세를 살펴보고 예측할 수 있도록 해주기 때문이다. 기술은 우리가 시간과 공간을 압축하는 저장된 프로그램과 데이터를 기반으로 미래에 개입할 수 있도록 해준다.

보그다노프는 우리 시대의 기본 은유를 다음과 같이 인식한다. "다시 한번 말하자면, 소프트웨어는 공리다. 첫 번째 원리로서, 소프트웨어는 특정 논리의 원인과 결과 즉 실행을 제거하고 프로그래밍을 저술 행위로 축소하는 일반적 즐거움을 고정한다." 마음, 유전자, 문화, 경제, 심지어 은유까지도 소프트웨어로 이해될 수 있다. 소프트웨어는 명령으로부터 명령을 생산하지만 또한 더 큰 인식의 일부이기도 하다.

소프트웨어—입법과 실행을 하나로 묶는 독립적인 프로그램—를 위한 구동은 컴퓨터 분야 내에서만 발생하지 않았다. 오히려 로고스로서의 코드는 다른 곳에 존재했으며 다른 곳에서부터 발산되었다. 그것은 삶정치 프로그래밍이라는 더 큰 인식론적 분야의 일부였다.

푸코의 생각도 이와 다르지 않았을 것이다. 특히 흥미로운 발전 과정에서 웬디 전은 컴퓨터 공학과 현대 생물학이 동일한 인식에서 비롯한다고 주장했다. 이는 생물학이 컴퓨터 공학의 영향 하에서 코드로서의 유전자에 대한 매혹을 발전시켰다는 의미가 아니다. 반대로 컴퓨터 공학과 유전학은 같은 개념의 공간에서 발전한다.

사실, 노버트 위너Norbert Weiner나 클로드 섀넌 같은 초기 인공두뇌 이론 가들에게는 소프트웨어의 개념이 존재하지 않았다.[19] 그들의 작업은 정보를 신호로 취급했다. 위너에게 신호가 피드백이었다면 섀넌에게는 잡음을 제거하는 수단이었다. 이처럼 코드와 제어로 여겨졌던 정보가 어떻게 인공 두뇌학과 생물학 모두에서 발전할 수 있었을까? 두 학문 모두 가시적인 것을 과거에서 현재를 이끌어내는 비가시적인 프로그램이 통제하는 것으로 이해하고, 집단과 개인 사이를 매개하려 한 정부 의도의 일부였다.

여기서 웬디 전을 위한 핵심 텍스트는 유전자를 일종의 '결정체'로 가정하는 에르빈 슈뢰딩거Erwin Schrodinger의 《생명이란 무엇인가?What is Life?》(1944)다.[20] 슈뢰딩거는 살아 있는 세포를 일종의 군대 또는 산업 거버넌스에 의해 운영되는 것으로 보았다. 거기서 각 세포는 동일한 내면화된 질서(들)를 따른다. 이는 네거티브 엔트로피negative entropy(무작위성의 척도)로서의 정보라는 섀넌의 개념과, 포지티브 엔트로피positive entropy(질서의 척도)로서 의 정보라는 위너의 개념에 상응한다.

슈뢰딩거의 텍스트는 생기론과는 다른 생명에 대한 관점—어떤 특별한 영혼도 환기되지 않는다는 관점—을 가능케 함으로써, 단백질 수준 이상으로 조직을 설명할 수 있었다. 이는 니덤과 다른 생화학자들이 당시에 설명할 수 있는 복잡성 수준에 관한 것이었다. 다만 그것은 유기체 자체를 '결정체' 또는 '형태'로 대체하는 대가에서 나온다.

초기의 푸코를 통해 웬디 전은 특정 인식의 몇몇 핵심 요소들이 슈뢰딩거의 텍스트에 구현되었다고 생각한다. 푸코의 관심은 불연속성에 있었다. 그의 '고고학'적 은유는 불연속 지층의 이미지를 우리에게 제공한다. 다만 푸코에서는 이러한 불연속성의 경계를 형성하는 '돌연변이'를 설명하는 것이 명확하지 않았다. '고고학'의 기본 은유는 지식 철학자의 작업을 저장소의 지질학적 지층에서 분리된 일종의 '현장 연구'로 제시한다.

웬디 전은 이렇게 말한다. "고고학 프로젝트는 가시적인 것과 분절적인 것을 매핑하고자 한다." 따라서 푸코의 연구가 특정 지식 양식에 대한 비판보다 더 훌륭한 표본인지를 물을 필요가 있다. 푸코는 마르크스를 가리켜 물에서 수영하는 물고기처럼 19세기를 수영한 사상가였다고 말했다.[21] 지금 우리는 푸코를 물속을 가로지르는 어뢰처럼 20세기를 가로지른 사상가라고 말할 수 있을 것이다. 컴퓨터 공학, 유전학, 푸코의 고고학 모두 불연속적이고 이산적인discrete 지식에 관한 것이다.

지금도 여전히 푸코는 나름의 용도가 있다. 웬디 전은 푸코가 우생학과 유전학에서 컴퓨팅의 개념 구조에 대한 전조가 어떻게 나타나는지 보여주고자 했다고 평가한다. 우생학은 유전학에 기초하여 인간 동물의 '사육'을 개선하려는 사명을 가진 정치 프로그램이었다. 그러나 인간을 프로그램하기는 힘들다는 것이 증명되었기 때문에 그러한 동력은 인간 대신 컴퓨터로 귀결되었을지도 모른다.

재발견된 그레고르 멘델Gregor Mendel의 실험은 보통 현대 유전학의 '근원'으로 여겨진다.[22] 멘델 유전학은 어떤 의미에서는 '디지털'이다. 그가 연구한 형질은 이진수의 쌍이다. 완두콩의 모양(표현형)은 코드(유전자형)에 의해 결정된다. 열성 유전자 개념은 우생학적인 선택 교배를 다소 어려운 아이디어로 만들었다. 그러나 그것은 자연이 전부이며 양육은 중요하지 않은 '경성'

유전hard inheritant에 속한다. 따라서 복지 정책보다는 우생학의 측면에서 삶
권력의 형식을 둘러싼 논쟁에 여전히 활용될 수 있다.

흥미롭게도 웬디 전은 멘델 유전학을 인공두뇌학의 원조인 우생학 이론
으로 (잘못) 사용하고 있다. "우생학은 인체의 인지 능력을 향한 근본적인 믿
음, 인체의 유전자를 '읽는' 능력, 그리고 그에 따라 인류를 프로그램하는 능
력에 기반하고 있다. 인공두뇌학과 마찬가지로 우생학은 자연을 '통치'하거
나 탐색하는 수단이다." 소스 코드로서의 정보 개념은 컴퓨터 공학이나 현
대 생물학이 등장하기 훨씬 전부터 이미 유전학에서 작동하고 있었다.

생명, 기관, 의사소통 그리고 자유롭게 행동하는 인적 자본의 자질을 육
성하는 수단인 코드에 의한 통제는 오랜 역사를 가진 아이디어다. 여기서
이 아이디어가 당시 노동조직의 특정 경향에 부합하였는지 질문해볼 수 있
다. 기계적 정보 시스템과 생물학적 정보 시스템을 연결하는 것은 소스 코
드가 시스템의 미래 상태를 분명히 나타내는 일종의 정보 저장소라는 아이
디어다. 그러나 기억은 저장소와 융합되었다. 망각하고 기억하는 활동적 프
로세스는 방대하고 끝없는 데이터 저장으로 바뀐다.

나는 다음의 두 지점에서 웬디 전과 갈라지기를 원한다. 하나가 정보의
존재론적 지위에 연결되어 있다면 다른 하나는 정보의 정치 경제적 지위와
관련이 있다. 웬디 전을 통해 나는 정보가 이미 자신의 기능을 수행하는 기
계로 축소되었다는 점에 이어서, 그 기계가 정치 경제가 아닌 통치성만을
바라보는 역사 프레임에 삽입된다는 점을 발견한다. 웬디 전에 의하면 "컴
퓨터를 통해 이동하는 정보는 1과 0이 아니다. 이진수와 논리 아래에는 지
저분하고 시끄러운 신호와 간섭의 세상이 놓여 있다. 정보는—만일 존재한
다면—기계든 동물이든 관계없이 항상 구현된다." 그렇다, 정보는 자율성이
없으며 존재에 선행한다. 이런 의미에서 웬디 전도 갤러웨이도 나도 플라톤
주의자가 아니다. 다만 나는 정보가 그것을 전달하는 물질적 기질基質, 결합 조

직의 기본 물질로 축소되지는 않는다고 생각한다.

유동적인 용어인 정보는 한편으로는 질서, 네거티브 엔트로피neg-entropy, 형식을 의미한다. 다른 한편으로는 신호나 통신 같은 것을 가리킨다. 이들은 서로 관련되어 있지만 똑같지는 않다. 내가 기술적-인지적 역사를 재구성하는 방식은 정보가 통제할 수 있는 기계 설계의 개념과 사실 모두로서 정보의 이중 생산을 강조한다. 여기서 정보는 신호라는 의미가 있으며, 신호로서의 정보는 질서와 형식을 만드는 수단이 된다.

그렇다면 기술사의 초창기에 에너지가 현실로서 생산된 것과 매우 유사한 방식으로 정보가 현실로서 생산된 방식에 대해 생각해볼 수 있다. 두 경우 모두 자연사의 일정한 특징이 기술사 내에서 발견되고 반복된다. 또는 반대로 기술사의 특징이 소급되어 자연사가 될 수도 있다. 우리에게는 항상 정보가 있었다. 빅토리아주의자들에게는 항상 에너지가 있었던 것처럼 말이다. (그러나 정보와 같은 건 없었다.) 비인격적인 것은 노동이 그것을 배치하는 기술의 비인간적 매개를 통해 인간의 역사로 진입한다.

따라서 나는 정보가 자유롭게 떠다니고 일종의 새로운 신학적 본질 혹은 '구름' 속에서 퍼져 나간다는 주장을 거부한다.[23] 정보가 물질성과 임의적이고 가역적인 관계를 맺을 수 있는 세계의 생산에 대한 특정한 역사적 진실이 존재한다. 정보와 정보의 기질 사이의 전례 없는 관계가 제어 관계일 때 특히 그렇다. 정보는 물질성의 다른 측면을 통제하면서 에너지 또한 통제한다. 물질, 에너지, 정보라는 물질성의 세 가지 측면 가운데 정보는 이제 다른 두 가지를 제어하는 형태로 나타나고 있다. 나는 정보를 통치성뿐만 아니라 상품으로 고려해볼 가치가 있다고 생각한다. 웬디 전의 말을 들어보자.

만약 상품이 마르크스가 주장한 것처럼 '감지할 수 있는 초감각적인 것'이라면 정보는 그것의 보완재, 초감각적으로 감지할 수 있는 것으로 보인다……. 정보가 상품이라면 그건 단순히 역사적 상황이나 구조적 변화로 인한 것이 아니라, 정보와 마찬가지로 상품이 유령과 같은 추상성에 의존하기 때문이다.

우리는 자연사가 사회사에 어떻게 진입하는지를 반추하는 독자로서 정보의 관점에서 마르크스를 다시 읽을 필요가 있다. 마르크스는 웬들링이 관찰한 것처럼 열역학을 상당히 잘 알고 있었지만, 당시엔 오늘날 우리가 알고 있는 정보는 존재하지 않았다.

정보는 어느 정도까지 상품의 누락된 '보완재'인가? 마르크스에게는 오직 하나의 (원형) 정보만이 존재하는데 일반적 등가물인 화폐가 그것이다. 물질—'외투'라고 해두자—의 사용가치인 물질성은 정보량(교환가치)에 의해 두 배가 되며 일반적 등가물 또는 양으로서의 정보와 교환된다. 하지만 여기서 빠져 있는 단계에 주목해야 한다. 돈과 '외투'를 교환하려면 그전에 '외투'라는 정보가 필요하다. 일반적 등가물이 시장에서 만나는 것은 물건이 아닌 다른 종류의 정보(일반적 비등가물이라고 부르자), 즉 물건의 품질에 대해 일반적이고 공유되고 합의된 정보다.[24]

위의 내용을 종합하면, 교환가치가 사용가치보다 우월할 뿐만 아니라 사용가치가 일반적 비등가물 또는 사용가치에 관한 정보보다 뒤처지는 정치경제(또는 탈정치 경제)의 등장에 컴퓨터가 어떤 역할을 하는지 의문이 들 수 있다. 그러한 세계에서 페티시즘은 육체를 정보로 오인하게 할 수 있지만 그 반대는 성립하지 않는다. 왜냐하면 육체를 통제하는 것은 다름 아닌 정보이기 때문이다.

따라서 우리는 육체가 중요하고, 삶이 중요하고, 물질이 중요하다고 생각하기를 원한다. 그것들이 단지 정보의 축적을 위한 소품이고 축적으로서의 정보라 해도 그렇다. 재산을 축적하기 위해 육체를 '자유롭게' 할 뿐만 아니라 육체로부터 정보를 자유롭게 하고 정보 그 자체를 재산으로 만드는 세계에서, '신'자유주의는 너무도 회귀한 용어다. 육체는 이제 한 종류 이상의 코드에 의해 형성될 것이다. 지금은 컴퓨터를 설명함에 있어 더 이상 푸코와 데리다를 사용할 시점이 아니라, 그들을 컴퓨터 시대 자체의 부작용으로 보아야 할 시점일지도 모른다.

인트라페이스

The Intraface

알렉산더 갤러웨이Alexander Galloway는 미국의 미디어 연구자이자 프로그래머다. 브라운대학교에서 현대문화와 미디어로 학사 학위를 받았으며 듀크대학교에서 문학 박사 학위를 받았다. 철학 및 미디어 이론, 현대 미술, 영화 및 비디오 게임에 관한 저서로 유명해졌다. 현재 뉴욕대학교의 미디어, 문화 및 커뮤니케이션학과 교수로 재직 중이다.

인터페이스interface에 관해 주목할 점은 그것이 원활하게 작동할 때 사람들이 그 존재를 거의 눈치채지 못한다는 것이다. 이는 이데올로기와 유사한 점이다. 특정한 방식에서 인터페이스는 이데올로기일지도 모른다. 이러한 생각이 알렉산더 갤러웨이Alexander Galloway의 책《인터페이스 효과Interface Effect》의 출발점 중 하나다. 갤러웨이는 프레드릭 제임슨의 인지적 매핑 개념을 재조명하고 수정한다. 인지적 매핑이란 우리의 상품화된 세계에서 사회관계의 총체가 그 자체와는 상관없이 문학, 예술 혹은 미디어의 특정 저작물에 어떻게 나타나는지를 추적하는 방법이다.[1]

TV 드라마 〈24〉를 예로 들어보자. 어떤 의미에서 그 드라마를 '정치적'이라고 말할 수 있을까? 그것은 확실히 '적색 국가red state'와 같은 방식에서 정치적으로 등장한다. 잭 바우어Jack Bauer라는 캐릭터는 '국가 안보'라는 이름으로 고문을 비롯하여 모든 종류의 범죄를 저지른다. 그러나 그 이상의 것이 있을 것이다. 갤러웨이는 내러티브와 편집의 특정한 정형화된 속성이 어떻게 다른 방식으로 우리가 〈24〉에서 '정치'를 보는 데 도움이 되는지에 주목한다.

〈24〉는 흥미롭게도 총체에 관한 드라마이지만 다소 반동적인 방식이다. 등장인물들은 자신의 사소한 관심사보다 국가 안보라는 더 큰 문제에 연결되어 있다. 국가 안보의 이름으로 그들의 최우선적인 윤리적 명령은 어떤 행동도 정당화한다. 이는 물론 보수 우파와 자유주의 중도파 모두 공산주의자와 포스트모더니스트를 비난한 것과 같은 '도덕적 상대주의'다.

주인공인 잭 바우어는 일종의 해커로서 기술과 기관의 프로토콜을 우회한다. 모든 것은 무기로서의 정보학에 관한 것이며 심문은 정보의 추출에 관련되어 있다. "육체가 데이터베이스라면 고문은 질의 알고리즘Query Algorithm이다." 시간의 항시적 압박을 이유로 단축키와 해킹이 항상 정당화된다. 편집은 종종 스크린 안에 여러 화면이 등장하는 '윈도잉windowing'을 선호한다. 거기서 화면은 서로 다른 사건을 동시에 보여주는 별도의 패널로 나뉘고, 연속이라는 몽타주의 오래된 논리를 가로지른다.

〈24〉의 내러티브는 일종의 네트워크화된 즉시성으로 실행된다. 다른 장소에 있는 캐릭터들은 모두 연결되어 있으며 똑같이 언제나 초초하게 흘러가는 시간에 맞서 작업한다. 이들에게는 내면성도 공동체적인 생활도 없다. 그들은 완벽한 포스트포드주의 노동자처럼 (거의) 24시간 내내 일하고 있으며, 그들과 마찬가지로 그들의 작업도 끊임없는 감시 하에 놓여 있다. 거기에 가족적인 공간은 존재하지 않는다. 그들은 일자리 말고는 가진 게 없으며, 베라르디와 맥로비가 보여주듯이 자신들의 노동 소유권을 고양하는 것이 영적 성취의 유일한 원천이다. "살아 있다는 것과 근무 중이라는 것은 이제 본질적으로 동의어다."

갤러웨이는 한 걸음 물러나 형식에 대한 더 광범위한 질문 형식과 드라마 내용의 관계를 살펴본다. 〈24〉 한 시즌의 24개 에피소드는 각각 한 시간 분량이고 스토리 속에서 연속적인 24시간으로 되어 있지만, 실제로는 16.8시간뿐이다. 이 드라마는 시청 시간의 약 30퍼센트가 광고 시청에 소모된다는 걸 고려하지 않는다. TV를 보는 것은 이제 '일'이 된다. 우리는 모든 종류의 스크린에서 우리 모두가 수행하는 방대한 양의 보다 상세한 비노동의 전조적 형태를 추가할 수 있다.[2]

갤러웨이는 말한다. "⟨24⟩는 정치적이다. 자신의 정형화된 기법에 통제사회의 핵심 문법을 구현하고, 특정한 정보 논리에 지배되기 때문이다." 누군가는 ⟨24⟩가 지금도 특정한 방식으로 시청되고 있을 거라고 덧붙일지도 모른다. ⟨24⟩가 큰 화면에서 재생되는 동안, 시청자는 문자 메시지를 확인하거나 노트북에 페이스북을 열어놓는 것과 같은 방식 말이다. TV 프로그램은 이제 다른 모든 인터페이스와 경쟁해야 한다. "오늘날의 '문화 산업'은 완전히 새로운 의미를 지닌다. 내부 소프트웨어의 경우 '문화적인 것'과 '산업적인 것'이 거의 동일하기 때문이다."

여기서 궁금증이 생긴다. 더 거대한 역사적이고 정치적인 세력이 개인의 경험과 감각을 더 거대한 세계에 표명할 때, 인터페이스는 어떻게 해서 자기 과시를 통해 감지되는 사이트가 될 수 있는가? 어떻게 하나가 다른 것 즉 일종의 평행 세계로 변형되어 그 너머에 있는 것들에 조율되고 눈이 멀게 되는가? 문화와 역사의 변증법은 무엇이며, 그 사이에 있는 것을 알레고리라고 부를 수 있는가?[3] 갤러웨이의 경우 알레고리는 오늘날 인터페이스의 특정 형태, 더 구체적으로는 인터페이스 내의 중심과 가장자리의 관계로 설명될 수 있는 인트라페이스intraface의 동작을 취한다.

전체로서의 사회적 삶이 (사회적-자연적 신진대사의 삶은 말할 필요도 없이) 직접적으로 표현될 수 없다는 점에서, 문화는 표현적 형태의 역사가 될 수 있다. 문화는 사회적 삶 그 자체의 표현이 아니라 표현의 불가능성에 대한 표현을 의미한다. ⟨24⟩의 30퍼센트가 광고가 삽입되어 사라지는 것과 같은 문화 작업 사례의 사각지대에 그만큼의 관심을 기울일 수 있는 것은 이 때문이다.

더 나아가 역사에서 대체로 작동하는 생산양식과 문화 작업 형태는 그 작업을 실행하는 방식 사이에 동질성이 있을 수 있을까? 이는 제임슨이 '포스트모더니즘'을 다룬 유명한 에세이에서 제안한 내용이었다.[4] 그러나 지금의 시대는 '포스트'가 아니며 단지 있는 그대로의 그 자체일 뿐이다. 따라서 갤러웨이가 들뢰즈에게서 빌려온 통제 사회라는 용어에서 인터페이스는 일종의 통제 알레고리가 된다.[5]

나는 이 모든 것을 여전히 뉴미디어라고 불렀던 시절을 기억할 수 있다.[6] 뉴미디어는 터무니없는 용어다. 의식적 삶 전반이 인터넷 시대 그리고 점증하는 웹과 휴대전화 시대에 학생으로 있었던 사람들에게는 특히 그렇다. 나는 또한 '뉴미디어'의 잠재력이 열려 있는 것처럼 보였던, 어떤 면에서는 실제로 열려 있었던 시절을 기억할 수 있다. 이제 그러한 과거는 통제와 감시 사회에서 비노동적인 이익을 취하는 거대 기업들에 의해 독점될 수밖에 없었던 일종의 목적론으로 종종 읽힌다. 그러나 이는 선택적인 기억에 불과하다. 한때 뉴미디어를 다르게 만들려고 시도했으나 실패한 전위예술가들은 분명 존재했다. 예술가들이 (혹은 우리가) 실패했다는 사실이 실리콘밸리의 공식적인 역사 이데올로기를 받아들여야 할 이유가 될 수는 없다.

이런 점을 내가 언급하는 데는 이유가 있다. 갤러웨이가 nettime.org와 rhizome.org 같은 리스트서브 형식에서 전위예술을 전달한 것을 회상하면서 (하지만 여기서 어떤 역할을 했는지는 언급하지 않는다), 《인터페이스 효과》를 시작했기 때문이다. RSGRadical Software Group, rhizome.org와 함께한 그의 작업은 그 이야기의 일부가 아니다. 전위예술의 세계는 레브 마노비치Lev Manovich의 《뉴미디어의 언어The Language of New Media》라는 개척자적인 시도의 첫 번째 도입 지점으로만 등장한다.[7]

마노비치는 캘리포니아 이데올로기의 기술적 후원자 혹은 서유럽의 정치-미디어 전위예술가들과는 매우 다른 곳에서 뉴미디어라는 주제를 가져왔다. 갤러웨이의 인용에서 볼 수 있듯 그의 발언은 선견지명이었다. "포스트공산주의 주체로서 나는 인터넷을 스탈린 시대의 공동 아파트로 볼 수밖에 없다. 거기에 프라이버시란 없으며, 만인이 만인의 스파이로서 화장실이나 부엌 같은 공동 영역에 항시 존재한다."[8] 미국국가정보국NSA의 도·감청 사실을 폭로한 에드워드 스노든Edward Snowden은 이것이 우리가 처한 상황임을 보여주었다. 그런 그가 푸틴의 포스트소비에트 러시아에서 망명 생활을 해야 한다는 건 얼마나 아이러니한가!

갤러웨이가 읽은 것처럼 마노비치는 '뉴미디어'의 형식 원리에 주목한 모더니스트였다. 그는 숫자 표현, 모듈화, 자동화, 변수화, 코드 변환이라는 다섯 가지 원리를 발견했다. 여기서는 선형 시퀀스에서 그것이 이끌어내는 데이터베이스로, 또는 계열체syntagm에서 통합체paradigm로 강조점이 이동한다. 마노비치의 개척자적인 업적 이후 미디어의 공식적인 성격은 종종 정치경제적 본질 즉 신자유주의를 포장하는 가면으로 간주된다. 그러나 뉴미디어의 형식은 그 본질에 대한 이해를 변화시키지 않을 뿐만 아니라, 형이상학적 기정사실로 남겨진 외양과 본질의 관계에 주의를 기울이지도 않는다.

갤러웨이의 독특하고 예리한 주장 중 하나는 디지털 미디어가 새로운 존재론이기보다는 하나의 시뮬레이션이라는 것이다. 여기서 '존재론'이라는 단어는 유동적이며 '있는 것what is'이라는 순수한 의미에서 가장 잘 받아들여질 듯하다. 영화 같은 매체는 '있는 것' 또는 '있었던 것'과 특정한 물질적 관계를 맺는다. 예컨대 영화 이전의 사건은 영화에서 일종의 흔적으로 끝난다. 혹은 다른 방식으로 표현하자면 영화는 과거 사건의 지표가 된다. 여기서 영화를 현실의 상징으로 만드는 것은 사건의 유사성이 아닌 연속성이다. 이는 마치 연기가 화재의 지표적 신호가 되는 것과 다르지 않다.

갤러웨이는 이렇게 말한다. "오늘날 모든 미디어는 지표성(여기부터 저기까지를 가리키는 것)의 문제가 아니라 제유법(부분을 전체로 확장하는 것)의 문제다." 여기서 그는 벤야민을 도입하지는 않지만, 영화에 대한 벤야민의 시각을 인간을 초월할 수 있는 인지 척도와 속도에서 나오는 지표적 신호—더 큰 세상을 가리키는 신호—의 조직화라고 생각할 수도 있다. 이를 견뎌내려면 특정한 마조히즘적인 자세가 필요하지만, 로라 멀비가 영화 관람 모드 중 하나로 생각한 그런 식의 마조히즘은 아니다. 어떤 관객에게 그것은 위대한 기계에 인지 능력을 부여하는 일종의 양도 행위로 여겨진다.[9]

디지털 매체를 마조히즘적인 것이 아닌 사디즘적인 것으로 가정해보면 어떨까? 언어 이진법을 통해 예리해짐으로써 종종 미묘하고 연속적인 변화를 인식하는 데 도움이 되는 정도까지 말이다. "세상은 더 이상 우리에게 자신이 무엇인지 나타내지 않는다. 우리는 세상에 우리 자신을 나타내며 그럼으로써 세상은 우리의 이미지 속에서 구체화된다." 미디어는 이제 세계의 지표에 관한 것이기보다는 미디어 사용자의 프로필에 관한 것이 된다.

하지만 갤러웨이는 이 길로 너무 깊이 들어서는 걸 원치 않는다. 그는 미디어 이론이 아닌 매개 이론으로 향한다. 또한 객체의 새로운 계급에 관한 이론이 아니라 매개, 알레고리, 인터페이스라는 관계의 새로운 계급에 관한 이론으로 나아간다. 우리는 기술적인 미디어에서 시작하여 끝내지 않고 미디어의 행동—저장, 전송, 프로세싱—을 다루고 있다. 해러웨이로부터 반본질주의를 배운 갤러웨이는 객체나 주체의 본질을 추구하지 않도록 주의를 기울인다.

요컨대 컴퓨터는 존재론이 아니지만 그렇다고 형이상학도 아니다. 그냥 '있을' 뿐만 아니라 그것이 왜 어떻게 존재하는지라는 더 큰 의미에서 그렇다. 흥미롭게도 갤러웨이는 컴퓨터를 형이상학적 배열이 아니라 그러한 배열의 시뮬레이션으로 제안한다. "컴퓨터는 다른 물리적 미디어가 아닌 형이상학 자체를 개량한다."

약간 축약된 사례를 제시하는 갤러웨이와 달리 나는 최선을 다해 구체적인 사례를 제시해보려 한다. 그 사례는 다름 아닌 *객체 지향 프로그래밍*이다.

객체 지향 시스템의 형이상학적-플라톤적metaphysico-Platonic 논리는 경이로움을 불러일으킨다. 클래스class(형식)가 객체(인스턴스화된instantiated 대상)를 정의하는 방식에서 특히 그렇다. 클래스는 프로그래머가 정의하는 템플릿template으로, (일반적으로) 고정적이며 객체가 데이터 유형을 정의하고 데이터를 처리하는 방법을 추상적 용어로 기술한다. 객체는 클래스의 인스턴스instance로서 클래스의 이미지로 생성되며, 유한한 시간 동안 지속되다가 파괴로 귀결된다. 객체는 한편으로 아이디어라면 다른 한편으로는 육체다. 한편으로 본질이라면 다른 한편으로는 인스턴스다. 한편으로 존재론적ontological이라면 다른 한편으로는 실체적ontical이다.

객체에 대해, 그리고 객체 지향 프로그램의 (정보과학적 의미에서의) '존재론' 또는 그것의 모든 다른 학파의 존재론이 어떻게 철학적 의미의 존재론이거나 그와 유사한지에 대해 조금 더 이야기해볼 수 있다. OOPObject-Oriented Programming, 객체 지향 프로그래밍는 데이터와 프로시저를 포함하는 객체에 기반하는 프로그래밍 패러다임이다. 대체로 객체가 클래스class의 인스턴스instance가 되는 클래스 기반이라는 특징이 있다. 클래스는 자신의 객체에 대한 데이터 형식과 프로시저를 정의한다. 클래스는 계층적으로 배열될 수 있으며 그 배열에서 하위 클래스는 '상위' 클래스의 특성을 계승한다. 그런 다음 객체는 블랙박스 형태로 상호작용을 한다.

OOP의 일부 버전에서는 이러한 박스들이 자신의 코드를 숨길 수도 봉인할 수도 있다. 무엇보다도 OOP는 코드를 모듈화하고 코더 간에 노동 분업을 가능케 한다. 이는 큰 프로젝트에서 일하는 무능한 코더가 자신이 작업하는 특정 부분을 뛰어넘는 많은 부분을 망칠 수 없다는 것을 의미한다. 더욱이 그것은 코더 간 노동 분업과 그것의 역사를 감출 수 있는 능력을 제공해준다. OOP 소프트웨어의 구조는 캘리포니아나 인도의 실리콘밸리로 불리는 방갈루루Bangalore에서 코드를 작성할 수 있는 사회적 현실을 가능케 한다.

OOP 기반의 프로그래밍 언어는 여러 가지가 있지만 상업적인 인기가 있는 것은 자바Java다. 이러한 언어들은 코드의 기능적 비트를 재사용하도록 권장하지만, 불필요한 복잡성에 대한 부담을 가중시키며 종종 투명성이 부족하다. 세계를 상호작용하는 사물의 집합으로 보는 것이 '존재론'인데 여기서 사물은 입력과 출력만을 공유할 수 있다. 공유가 실행되는 방식은 더 높은 수준에서 제어된다. 갤러웨이는 이것을 그들의 '형이상학적-플라톤적 논리'라고 부르지만, 내게는 라이프니츠Leibniz적인 논리처럼 들린다.

소프트웨어 구조—정보과학의 의미에서 소프트웨어의 '존재론'—는 더 거대한 사회적 현실을 가능케 한다. 물론 과거의 미디어와 같은 방식은 아닐 것이다. 영화는 20세기를 정의하는 미디어였다. 우리 시대의 게임 같은 인터페이스는 영화와는 다른 어떤 것이다.[10] 인터페이스 자체는 여전히 화면처럼 보이기에 영화와 같은 방식으로 작동한다고 상상할 수도 있다. 갤러웨이는 이렇게 말한다. "그것은 존재 배열을 용이하게 하거나 참조하지 않으며, 존재 자체의 조건을 개량한다." 컴퓨터는 논리적 관계를 가진 존재론적 평면을 시뮬레이션한다. "컴퓨터는 존재가 아닌 실천을, 객체가 아닌 효과를 예시한다."

어쩌면 컴퓨터는 존재론(있는 것)이기보다는 당위론(있어야 하는 것)일지도 모른다.

기계가 윤리적인 이유는 일련의 행동 원칙에 따라 객체가 정의되고 조작되어야 한다는 개념을 전제하기 때문이다. 따라서 당면한 문제는 세계를 알아가는 것이 아니라 세계를 형성하기 위해 구체적이고 추상적인 정의definition가 실행되는 방식에 관한 것이 된다.

(나는 이것을, 이를테면 형식 논리가 전기 전도성을 구성할 수 있는 방식 같은 다른 종류의 색인이라고 생각하고 싶다.)

"컴퓨터는 객체도 아니고 객체의 창조자도 아니다. 두 가지 상태를 조정하는 프로세스 혹은 임계값이다." 또는 두 가지 이상의 더 많은 계층이 있을 수 있다. "스펙터클 사회의 반사 광학catoptrics은 통제 사회의 굴절 광학dioptrics이 된다." 이제 우리가 가진 것은 거울이 아닌 렌즈다. 이 같은 세계의 근본적인 개편에도 불구하고, 갤러웨이는 마르크스(그리고 프로이트)의 지속 가능한 유용성과 더불어 해석에 대한 각각의 깊이 모델depth model을 고수한다. 이 모델은 무언가가 반대의 모습으로 나타날 수 있는 방법을 찾으려 시도한다.[11]

"예술의 가장자리는 항상 미디어 자체를 참조"하므로, 갤러웨이는 깊이 모델을 옆으로 기울이고 중심와 가장자리의 관점에서 인터페이스를 고려한다. 중심-가장자리 관계를 갤러웨이는 인트라페이스intraface라고 부른다. 인트라페이스는 중심과 가장자리 사이의 애매한 영역으로, 롤랑 바르트Roland Barthes의 이른바 스투디움studium, 사진을 볼 때 관객이 작가가 의도한 바를 작가와 동일하게 느끼는 것이나 푼크툼punctum, 사진을 볼 때 관객이 작가의 의도와는 관계없이 자신의 경험에 비추어 작품을 받아들이는 것과 유사하다.[12] 인트라페이스를 내부적으로 일관되게 만들기 위해서는 그것의 가장자리 문제에 대한 일종의 신경 억압이 필요하다. 다만 가장자리의 실제 존재를 인트라페이스에 신호하는 것은 작업 자체를 일관성이 없고 정신분열적인 것으로 만든다. 모리스 블랑쇼

Maurice Blanchot는 이를 작동 불가능한 것unworkable이라 불렀다.[13]

영화에서 강박적으로는 일관성 있지만 정신분열적으로는 일관성 없는 인트라페이스의 위대한 예술가는 히치콕Hitchcock과 고다르Godard일 것이다. 히치콕은 인터페이스를 믿는 일관성 있는 미학의 하나처럼 보이지만 그것을 규정하지는 않는다. 반면 고다르는 인터페이스를 규정하는 일관성 없는 미학의 하나처럼 보이지만 그것을 믿지는 않는다. 갤러웨이는 두 번째 종류의 인터페이스만을 '정치적'인 것으로 상정하는 걸 경계한다. 멀티 플레이어 컴퓨터 게임 〈월드 오브 워크래프트World of Warcraft〉는 고다르의 영화만큼이나 정신분열적인 인트라페이스의 대표적 사례다. "본질적으로 이 게임은 단순히 용과 영웅적 무기의 환상적인 광경이 아니라, 공장의 바닥이면서 정보화 시대의 노동력 착취 현장이다. 협력적이고 유희적인 노동을 위해 모든 세부 사항을 맞춘 관습이기도 하다."

갤러웨이는 일관성 있는 미학 대 일관성 없는 미학의 이진수를 두 배로 만든다. 이는 일관성 있는 정치 대 일관성 없는 정치를 4중 구조로 형성한다.[14] 이 가운데 일관성 있는 미학+일관성 있는 정치 사분면은 지금은 드문 것 같다. 갤러웨이는 건축을 언급하지 않지만, 르 코르뷔지에Le Corbusier는 새롭고 명확한 미학적 기하학이 현대 지배계급의 대표적인 형태로 여겨지는 훌륭한 사례가 될 것이다.[15]

반면 일관성 없는 미학+일관성 있는 정치 사분면은 활기에 차 있다. 이것은 베르톨트 브레히트, 알랭 바디우, 장 뤽 고다르 또는 펑크 밴드 푸가지Fugazi로 구체화된다. 이들은 모두 아주 다른 방식으로 자기 현시적 혹은 자기 말살적 미학을 고착된 정치적 열망—공산주의자든 극단주의자든 상관없이—에 결합한다. 〈월드 오브 워크래프트〉 인터페이스는 그것의 정신분열적 그래픽이 우리가 나중에 따를 정치 질서에 연결된다는 점에서, 이러한 사분면에 알맞을 수 있다.[16]

다음으로 예술을 위한 예술 또는 정치보다 미학을 우선시하는 것을 의미하는 일관성 있는 미학+일관성 없는 정치 사분면이 있다. 이는 그렇지 않았더라면 달랐을지도 모를 빌리 와일더Billy Wilder와 알프레드 히치콕의 영화, 그리고 질 들뢰즈의 미학을 우리에게 제공한다. 나는 여기에 오스카 와일드Oscar Wilde와 자신들의 '천재성' 말고는 선언할 게 아무것도 없는 사람들을 추가하려 한다.

가장 흥미로운 건 일관성 없는 미학+일관성 없는 정치 사분면이다. 이는 비인간적인 것, 허무주의, '부정의 부정'의 '더러운' 체제다. 갤러웨이는 진리의 인터페이스 또한 말할지도 모른다. 여기에는 니체, 바타유가 자리해 있으며, 나는 상황주의자들 혹은 《리비도 경제》의 저자인 리오타르를 추가하려 한다. 갤러웨이는 책의 끝부분에 이 사분면에 대한 자신의 접근 방식을 제시하겠지만, 조금 수고스럽더라도 나는 닉 랜드Nick Land, 인공두뇌학과 후기 자본주의의 주제들에 관한 가장 혁신적인 사상가들 가운데 한 사람와 그 아류들의 전략 또는 더 흥미롭게도 프레시아도의 《테스토 정키》가 여기에 속해 있음을 지적하고자 한다.[17]

요약하면 미학적-정치적 인터페이스에는 네 가지 양식이 존재한다. 첫 번째는 *이데올로기적인 것*으로 여기서는 예술과 정의가 거의 동일하다(지배적인 양식). 두 번째는 *윤리적인 것*으로 여기서는 정의를 위해 예술을 파괴해야 한다(특권화된 양식). 세 번째는 *시적인 것*으로 여기서는 예술을 위해 정의를 추방해야 한다(용인된 양식). 마지막 네 번째는 *허무주의적인 것*으로 이는 예술과 정의의 모든 기존 방식을 파괴하고자 한다. 마지막 것은 갤러웨이에게는 추방된 양식을 의미한다. 추방된 양식은 닉 랜드의 정신에서 자본주의 탈영토화의 양식으로 보지 않는다면, 사실상 지배적이고 새로운 이데올로기 양식이 될 수 있다. 이 양식의 아바타는 조지프 슘페터Joseph Schumpeter, 오스트리아 학파에 많은 영향을 준 미국의 경제학자로, '창조적 파괴'라는 용어를 경제

학에서 널리 퍼뜨림일 것이다.[18]

갤러웨이는 지금의 시대를 이데올로기적 양식에서 윤리적 양식으로의 전환으로, 그리고 (조디 딘과 마찬가지로) 일반화된 "이데올로기적 효율성의 쇠퇴"로 매핑할 수 있다고 생각한다. 반면 나는 이데올로기적 양식에서 허무주의적 양식으로의 전환일지도 모른다고 의심한다. 하지만 그것은 스스로를 선언할 수는 없으며, 약화되는 효과에도 불구하고 실행 가능한 이데올로기적 양식을 생성하려는 노력을 배가하는 것으로 이어진다. (블로그 영역의 철학자들 사이에서 닉 랜드의 은밀한 인기는 감미롭고 바람직한 상처와 징후로 설명된다.)

어느 쪽이든 간에, 이러한 효과를 생성하는—문자 그대로의 의미에서—메커니즘은 컴퓨팅에 의한 인터페이스 자체의 변형일 수 있다. 그리고 늘 그렇듯 이데올로기 조건에 시뮬레이션된 관계를 생성한다. 여기서 이데올로기 자체는 소프트웨어로 모델링된다. 컴퓨터 인터페이스는 일관성 있는 정치를 위해 봉사하는 일관성 없는 미학에 속한다(갤러웨이의 읽기). 또는 그런 방식으로 나타나기를 원하지만 실제로는 스스로 제대로 공언할 수 없는 일관성 없는 정치를 위해 봉사한다(나의 읽기).

갤러웨이는 미학 형태의 문제와 그것이 일부분을 차지하는 정치적-역사적 총체성의 문제 사이의 표면인 인트라페이스에 유용하게 초점을 맞춘다. 그는 인터페이스라는 현재의 미학적 정치가 두 번째 사분면과 세 번째 사분면을 오간다고 보지만, 나는 첫 번째 사분면과 네 번째 사분면에 관한 것이라고 본다. 또한 고다르와 히치콕 또는 이 세계에서의 바디우와 들뢰즈의 낡은 미학적-정치적 타협에 대한 평가절하를 수반한다고 생각한다. 내 생각에 지금 우리는 타협안을 수용하지 않는 이데올로기와 허무주의 사이의 단락을 갖고 있다.

갤러웨이에게 인터페이스는 알레고리적인 장치로 이해된다. 이는 "소프트웨어는 이데올로기에 대한 기능적 아날로그"라는 웬디 전의 생각과 관련 있지만 동일하지는 않다. 두 사람 모두 핵심 포인트에 도달했지만 분명 다른 점이 있다. 바로 소프트웨어를 하드웨어로 축소함에 있어 갤러웨이가 웬디 전과 키틀러를 따르지 않는다는 사실이다. 키틀러의 견해는 인터페이스 효과 자체에 의해 생성될 수 있는 전체 개념 영역의 일부분이다. 데이터는 비물질적인 아이디어로, 또 컴퓨터는 '기술'이라고 불리는 현실 세계의 기계로 여기는 일종의 차별이 존재한다. 데이터는 일종의 물질—트럼프trumps—비물질적인 움직임에 의해 컴퓨터로 축소될 수 있는 일종의 이상적인 잔여물처럼 보인다.

이것은 라자라토에서 나타나는 것과 같은 이상적인 편차를 수정할 수 있다. 여기서 '비물질적인 것' 또는 '알고리즘'은 컴퓨터가 연산하게 만드는 에너지원은 물론 물리적인 로직 게이트logic gate, 메모리 코어memory core를 참조하지 않아도 자신의 신비한 힘을 획득한다. 하지만 이는 데이터와 정보를 물질과 에너지보다 덜 실제적이고 물질적인 것으로 취급할 위험이 있다. 따라서 대체로 철학적 '유물론'만이 그것이 반대하고자 하는 이상주의를 재생산해낸다.

갤러웨이의 책이 직접 다루는 주제는 아니지만, 나는 갤러웨이가 정보에 좀 더 '물질성'을 부여하려 한다고 생각한다. 그럼에도 불구하고 이 책은 미디어 이론이기보다는 매개 이론 또는 행위와 프로세스, 사건에 관한 이론이다.[19] 아울러 갤러웨이는 노동에 대해 거의 언급하지 않지만, 노동은 인간만이 하는 것이라는 가정에서 분리될 수 있다면 그것은 유용한 용어가 될 수 있다. 이럴 경우 매개 이론은 정보 노동 이론이 될 수 있고 인터페이스는 노동 현장이 될 수 있다. 여기서 구체적 행동은 자신의 총체성을 통해 사회적, 추상적 노동을 충족한다.[20]

소프트웨어는 하드웨어로 적당히 축소될 수 없다. 이 점에서 나는 "하드웨어는 소프트웨어가 할 수 있는 것의 *한계*를 설정하지만, 더 강한 의미에서 소프트웨어가 무엇을 하는지 결정하지는 않는다"는 레이먼드 윌리엄스의 공식을 활용할 수 있다고 생각한다.[21] 소프트웨어는 '이데올로기'적인 것이기보다는 좀 더 복잡한 어떤 것이 된다. 갤러웨이의 경우, 소프트웨어는 단지 이데올로기를 위한 매개체가 아니라 "기술적 트랜스코딩과 페티시즘적인 추상화의 이데올로기적 모순이 소프트웨어 자체의 형태로 규정되고 '해결'된다".

물론 모든 인터페이스가 인간을 위한 것은 아니다. 사실 지금 대부분의 인터페이스는 기계와 다른 기계 사이의 인터페이스일 것이다. 소프트웨어는 이데올로기를 위한 기계적 전환으로 주로 기계에 관한 인터페이스로 볼 수 있다. 이 점에서 캐서린 헤이예스Katherine Hayles처럼 갤러웨이 역시 코드를 *비담화적 발화 행위* 같은 것으로 보는 사람들과 거리를 둔다.[22] 자연언어가 사회적 설정을 필요로 하는 것처럼 코드 역시 기술적 설정을 필요로 한다. 그러나 맥락을 넓혀 코드를 발화의 부분 집합(라자라토의 핵심 용어)으로 보는 것은 그것을 지나치게 의인화하는 것이다. 나는 갤러웨이가 다른 곳에서 사용했던 *알레고리즘*allegorithm, 알고리즘적인 형태를 취하는 알레고리이라는 용어를 여전히 좋아한다.[23]

한편 데이터를 *시각화한다*는 건 무슨 뜻일까? 데이터란 무엇일까? 간단히 말해 데이터가 '주어진 것'이라면 정보는 주어진 것에 (차례로) 어떤 형태를 부여하는 걸 의미한다. 데이터가 경험적인 것이라면 정보는 미학적인 것이다. 그러나 데이터 시각화는 주로 그 자체의 표현 규칙을 묘사한다. 여기서 갤러웨이가 드는 사례는 인터넷 자체의 시각화다. 이 밖에도 시각화의 많은 예가 있지만 거의 비슷하다. "데이터는 필수적인 정보를 갖고 있지 않다." 그러나 데이터에 적용되는 정보는 계속해서 같은 것으로 보인다. 즉 연결은 이끌어내지만 프로토콜, 노동 또는 힘은 배제하는 일종의 허브앤스포크hub-and-spoke, 바퀴 축과 바퀴 살 클라우드 미학으로 보인다.

아마도 조디 딘이 말하는 *상징적 효율성의 쇠퇴*의 한 가지 형태는 정보
미학의 감소와 나란히 진행되는 *미학적 정보*의 병렬적 증가일 수도 있다.
데이터에는 필수적인 시각 형식이 없지만 데이터가 취하는 형식은 소수의
사전 설정preset에서 나오는 것으로 보인다. 갤러웨이는 이것을 자크 랑시에
르의 *감성의 분할*distribution of the sensible을 통해 생각한다.[24] 과거 한때는 특
정 상황에서 특정 사물을 표현하는 형식이 주어져 있었지만, 이후 표현할 수
없는 것의 자취를 기록하려 시도하는 일종의 숭고한 체제가 생겨났다. 이것
은 예술의 주체와 표현의 형식 간 분열의 결과로 오래된 분할을 계승한다.

근대성의 허무주의는 실재론에서 유래한다. 실재론에서는 모든 것을 동
등하게 표현할 수 있기 때문에 표현 시스템을 평등하게 만든다. 실재론은
심지어 쇼아Shoah, 홀로코스트의 다른 말를 표현할 수도 있으며, 이 경우에는 그
것의 *표현 가능성*이 문제가 된다. 왜냐하면 그것이 표현되는 언어에 구체성
이 없다 보니 티파티tea party처럼 쉽게 표현될 수 있기 때문이다. 문제는 쇼
아의 표현 가능성이 아니라 그것의 표현이 가지는 중요성이 무시할 만한 것
처럼 보인다는 점이다. 표현이 윤리적 힘을 상실했기 때문이다.

한편 랑시에르는 현재의 통제 사회가 아닌 과거의 스펙터클 사회에 대해
서만 말하고 있었던 듯하다. 갤러웨이는 말한다. "통제 사회의 핵심적인 결
과 중 하나는, 단일 기계가 이미지의 확산을 생산하는 상태에서 다수 기계
가 단일 이미지를 생산하는 상태로 우리가 이동했다는 점이다." 우리에게는
통제 사회에 대한 적절한 그림이 없다. 통제 사회의 표현 불가능성은 생산
방식 자체가 시각적이거나 비시각적으로 되는 것과 관련이 있다.

갤러웨이는 이렇게 말한다. "표현 불가능성의 핵심이야말로 권력의 핵심
이다. 오늘날 권력의 핵심은 이미지가 아닌 네트워크, 컴퓨터, 알고리즘, 정
보와 데이터에 있다." 마크 롬바르디Mark Lombardi 그리고 뷔로 데튀드Bureau

d'Etudes의 연구는 알레고리즘에 대한 흥미로운 시도로 읽힌다.[25] 누군가는 '네트워크' 이미지에 대한 권력과 프로토콜의 질문을 복원할 수도 있다. 그러나 이들은 인터페이스인 지도 형식의 특정한 행동 유도성에 여전히 제한된다.

이런 연유로 우리는 통제 사회에 대한 시각적 언어를 (아직) 갖고 있지 않다. 물론 그 일부 효과에 대한 시각적 언어는 갖고 있지만 말이다. 갤러웨이는 기후 모델링에 대해서는 언급하지 않지만, 내가 볼 때 그건 분명 인류세에 등장할 *데이터 → 정보 → 시각화* 문제의 핵심 형식이다. 내가 《분자적 빨강》에서 제시하려 시도한 것처럼 데이터 → 정보의 인터페이스는 실로 상당히 복잡하다.[26] 기후 과학에서는 데이터와 정보가 서로를 함께 생성해낸다. 철학의 관점에서 데이터는 경험적인 것이 아니지만, 자신이 의식하지 않는 지표의 특정한 물질 환경에 고착되어 있다.

나는 기온 상승에 관한 자료가 있는 기존의 대륙 지도와 더불어, 새로운 대륙을 만드는 해수면 상승에 관한 지도—기후 예측이 생략된—를 많이 본다. 지금으로부터 60년 후에 육지 형태나 기후가 친숙하지 않은 GPS 좌표가 있다고 상상해보자. 그런 *미지의 영역*terra incognita 을 어떻게 시각화할 수 있겠는가? 대부분의 시각화는 하나의 변수를 일정하게 유지함으로써 다른 변수를 이해하도록 돕는다. 《게이머 이론》에서 나는 〈심어스SimEarth, 가상의 지구〉 게임이 이에 관련해 어떻게 진보하는지 보여주었다. 그런데 얼마 후 그 게임은 상업적으로 실패하고 말았다.[27]

네트워크와 기후변화의 시각화는 많이 존재한지만, 동시에 두 가지 모두를 보여주는 시각화는 거의 없다는 점이 흥미롭다. 그것들이 배제하려 하는 건 바로 행위다. 사회 노동과 생산관계는 둘 다 묘사되지 않는다. 오늘날의 사회 노동 이미지는 종종 다른 곳의 이미지로 귀착된다. 갤러웨이는 〈월드 오브 워크래프트〉 같은 게임에서 돈이 될 만한 아이템을 채굴하면서, (낮은)

임금을 받는 현실과 신화가 뒤섞인 창조물인 중국인 금 광부들에 대해 언급한다.[28] 또 다른 사례로 우리가 자주 대화하지만 결코 볼 수는 없는 콜센터 직원을 들 수 있다.[29] 이들은 오늘날 노동의 알레고리적 인물들일지도 모른다.

갤러웨이의 관점에서 보면, 컴퓨터화되고 네트워크화된 모든 활동이 가치 채굴에 연결된다는 의미에서 우리는 모두 중국인 금 광부인 셈이다. 또는 응답해야 하는 네트워크에 의해 자신에게 주어진 요구에 응답한다는 점에서 콜센터 직원이라고 할 수도 있다. 그러한 노동(과 비노동)이 보상을 받는 방식에는 엄청난 불평등이 존재하지만, 그 모두는 점차 비슷한 행태를 띠어간다.

모든 노동과 비노동까지도 추상화되고 가격화되고 있지만, 보다 완고한 범주인 인종은 소프트웨어가 이데올로기를 어떻게 시뮬레이션하는지를 잘 보여준다.[30] 〈월드 오브 워크래프트〉 같은 게임에서 계급은 일시적인 것으로 간주되며, 열심히 일함으로써 자신의 '지위'를 향상할 수 있다. 반면 인종은 근본적이고 철폐할 수 없는 것이다. '종족'은 '실제' 형태라기보다는 가상 형태이긴 하지만, 오직 인종만이 받아들여지고 현실화되는 가상 형태다. 통제 사회란 인종과 같은 차이점의 표식을 끊임없이 식별하고 강조하는 것을 조장하는 사회다. 길로이가 주장했듯 거기서는 사람을 세련된 수준의 노동과 소비로 연결할수록 더욱 바람직하게 여긴다.

"하위주체subaltern는 목소리를 낼 수 있는가?"라고 가야트리 스피박Gayatri Spivak은 질문을 던진다. 이에 대한 대답은 정형화된 스크립트script로 제한된 경우에도 하위 주체는 목소리를 낼 수 있고 또 *내야만 한다*는 것이다.[31] "하위주체가 목소리를 내면 어디선가 알고리즘이 듣는다." 갤러웨이가 말하는 *유희자본주의*가 벌이는 향연이 차이점으로 작용하는 시대에, 바디우와 지젝처럼 보편적인 것으로 되돌아가는 건 유혹적이다. 그러나 여기서 '보편적인 것이 삭제하거나 억압하는 건 무엇인가' 하는 질문은 그저 무시되고 만다.

보편적인 것으로 돌아가는 대신 갤러웨이는 뺄셈과 실종의 정치를 옹호한다. 이는 보편적인 주제도 차별화된 주제도 아니며, 오히려 언제나 존재했던 일반적인 주제다. 나는 이러한 형이상학적-정치적 회귀에 대해 적어도 지금까지는 완전히 확신할 수 없다. 《인터페이스 효과》의 대부분이 프레드릭 제임슨의 영향 하에서 쓰였다는 건 놀라운 일이다. 제임슨에게 정치는 분리된 영역이 아니라 자본주의 자체의 역사에 대한 알레고리로 이해된다. 그럼에도 불구하고 그의 결론적인 발언은 조디 딘이나 무폐 같은 포스트알튀세르주의자들의 징치 성향에 대한 급진적인 접근법에 더 큰 무게를 두고 있다. 이들에게 정치란 단지 경제 영역에 맞서는 자율 영역에 지나지 않는다.

이러한 급진적-정치적-철학적 관점에서 볼 때 경제 자체는 조금 구체화되기 시작한다. 따라서 갤러웨이는 게임 〈월드 오브 워크래프트〉의 논리를 자본 경제와 연관시킨다. 그 게임이 자원이 희소하고 정량화될 수 있는 세계를 시뮬레이션하고 있기 때문이다. 하지만 모든 생산방식은 당연히 정량화되어야 한다. 자본주의 이전의 생산 방식은 분명 그러했다.[32] 나는 사용가치를 수량화할 수 없는 질적 가치에만 관련짓고, 교환가치를 단순히 수량화와 동일시하는 것이 전적으로 도움이 된다고는 생각하지 않는다. 지구과학의 일부인 기후 과학은 교환가치가 가상의 가치를 정량화하려는 시도임을 보여주는 것이 교환가치 비판에 필수적인 방법이라는 교훈을 전해준다. 실로 문제가 되는 건 교환가치의 양이 아닌 '질'이다.[33]

이런 이유로 갤러웨이와 나는 일치하는 의견도 많지만 흥미로운 분기점도 있다. 갤러웨이는 이렇게 말한다. "가상적인 것(또는 새로운 것, 그 이후의 것)은 더 이상 해방의 장소가 아니다……. 오늘날 새로운 것에 관한 이론에서 유추될 수 있는 정치란 없다." 나는 가상적인 것이 신학이 우회로back door를 통해 비판 이론으로 다시 한 번 진입하는 방법이 되었다는 점에 동의한다.

나는 《해커 선언》과 《분열의 스펙터클》 사이에서 드보르의 전략 개념을 읽음으로써 그것을 바로잡으려 노력했다. 내게 드보르의 개념은 순수하게 수학적인 모델과 순수하게 낭만적이고 질적인 모델 사이를 매개하려는 시도로 보인다.[34] 가상적인 것은 또한 신비한 '사건'을 향한 갈망이라기보다는 예리한 감각으로 상황의 실제적 행동 유도성에 대해 생각하는 방식이기도 했다.

그러나 나는 공간화되고 급진적 혹은 '정치적'인 관점에 찬성하여 역사주의적(제임슨적인) 사고방식으로 실행했던 갤러웨이의 시도에는 문제가 있다고 생각한다. '포스트post-'라는 수식어를 '비non-'라는 수식어로 대체하려는 것은 여전히 시간적 연속을 함의한다. 갤러웨이와 달리 나는 다른 과거-현재 구조를 제시할 필요가 있다고 생각한다. 이는 (예를 들면 *마르크스-영역*의) 저장소의 데이터베이스로 되돌아가서, 그곳을 연속적인 이론의 몽타주가 아닌 가능한 경로와 분기점의 영역으로 이해하고 ('새로운 것'이 아닌) 다른 것을 선택하는 문제다.

"또 다른 세계는 불가능하다"는 갤러웨이의 주장은 분명 옳다.[35] 다만 나는 철학이 생각하는 사고의 파라미터parameter of thought보다는 자연과학이 주장하는 행위의 파라미터parameter of action를 통해 그 주장을 읽어낸다. 나는 우리가 차별화라는 소비자운동consumerism 모델로부터 벗어나야 한다는 주장에 전적으로 동의한다. 유희자본주의의 이익을 위해 항상 태그를 붙이고 우리 스스로를 생산해야 한다는 요구에서 벗어날 필요가 있다는 주장에도 공감한다. 《분열의 스펙터클》에서 나는 이러한 벗어남을 *재량discretion*의 언어라고 불렀다. 다만 아감벤이 재량의 언어에 제공하는 형이상학적 틀에 대해서는 약간의 이견이 있었다.[36]

나는 정치적-미학적 스펙터클의 네 번째 사분면을 채택하는 것은 조금 위험하다고 생각한다. 그것은 다른 모든 것들처럼 양면적인 의미를 지닌다.

물론 부분적으로는 다음과 같이 말할 수도 있다. "진리 체제의 전령은 그것이 무엇이든 공통적인 것으로 용해되면서 표현의 미학과 표현의 정치 모두를 지워버린다." 하지만 또한 네 번째 사분면은 오늘날 지배적인 벡터 계급의 공동체적 허무주의이기도 하다.[37] 나는 그것이 미학적-정치적 인터페이스의 네 번째 사분면을 제외하기보다는 네 가지 사분면 모두를 모호하고 양면적인 것으로 여기는 갤러웨이의 실제 사고와 더 일치한다고 생각한다.

유희자본주의는 한편으로는 실러Schiller와 하위징아가 사회적 총체성과 그 역사의 핵심으로 생각했던 놀이의 시기다.[38] 다른 한편으로는 인공두뇌적 통제의 시대이기도 하다. 예컨대 시학은 '법적-기하학적 고상함'에서 디자인을 만난다. 거기서는 스티브 잡스 같은 시인-디자이너가 스타 이데올로그ideologues가 된다. (영화 〈스티브 잡스Steve Jobs〉를 보라.) 여기서의 속임수는 바로 이러한 자본주의 실재론이라는 브랜드의 표면을 바꿔버리는 것이다. 자본주의 실재론은 일관성 있는 이데올로기 체제로 보이기를 원하지만, 실제로는 가장 완벽한 허무주의 중 하나로 다른 것과 교환될 수 없다.[39]

나는 철회라는 '좋은 허무주의'가 노골적이고 정당하지 못한 권력의 축복이라는 나쁜 허무주의로부터 완전히 격리될 수 있음을 확신하지 못한다. 이는 더 많은 주의를 기울일 필요가 있는 질문이다. 알렉스 갤러웨이, 유진 태커Eugene Thacker와 나는 철학에 특정한 입법적 권한을 부여하기를 거부하는 '허무주의자'라는 공통점이 있는 것 같다. 다만 내가 볼 때 갤러웨이는 철학을 해킹할 수 있는 방법, 철학 내부에서부터 철학 자체를 반대하게 만드는 방법이 있다고 생각한다.

이와 달리 나는 철학을 우회하여, 지적 노동의 분업을 가로지를 수 있는 연결과 단절 모두를 일으키는 은유적 기계로서 그것을 바라보는 접근법을 취한다. 그럼으로써 지식은 동지적인 것이 되는 방법을 찾아낼 수 있으며 교환가치를 통하지 않고서도 세계와 관계를 맺을 수 있다. 이 관점에서 보면 연결과 단절은 단지 동일한 프로젝트의 구성 요소에 불과할지도 모른다.

이제 소프트웨어는 스펙터클을 매우 효율적으로 시뮬레이션할 수 있는 까닭에 또 다른 논리, 즉 비지식의 심연이 놓여 있는 스펙터클의 시뮬레이션 자체를 포함할 수 있다. 그러나 나는 이것이 필연적인 결과였다고 확신하지는 않는다. 조디 딘과 마찬가지로 갤러웨이는 '뉴미디어'를 둘러싼 투쟁을 지워버리고, 그 결과를—본질이 아닌 것처럼—주어진 것으로 소급하여 보고 있다. 이는 부분적으로 분리 혹은 철회(혹은 비르노의 엑소더스의 언어)에 있어 나를 불안하게 만든다.

권력에 영향을 받지 않는 외부 주체는 위대한 정치 신화 가운데 하나다. 그러한 위치에 있는 사람이라면 노동자든 여성이든, 하위 주체든 상관없이 완전히 포섭된 것으로 간주될 수 있다. 하지만 나는 그것이 다시 밖으로 나가는 출구를 찾으려는 시도라기보다는, 내부에서부터 (이를테면 해러웨이의 사이보그적 인물을 통해) 이루어지는 하나의 작업을 의미한다고 생각한다.

객체 지향 존재론에서 객체 지향 실천으로

From OOO to P(OO)

티모시 모튼Timothy Morton은 영국의 영문학자이자 생태학자다. 옥스퍼드 맥달 런대학교에서 영문학으로 박사 학위를 받았다. 형이상학과 리얼리즘, 생태 학, 객체지향적 온톨로지 등 광범위한 분야의 연구를 지속하며 저서를 써왔 다. 캘리포니아대학교, 뉴욕대학교, 콜로라도대학교 등에서 강의를 해왔으 며, 현재 라이스대학교의 영문학과 교수이자 학장으로 재직 중이다.

나는 오랫동안 즐겁게 티모시 모튼Timothy Morton의 저작을 읽어왔다. 원래 낭만주의 영시 연구자였던 내게, 그의 저작은 세계에 대한 단일한 모튼적 전망으로서 시 또는 시학으로 가장 잘 읽힐 수 있다고 느껴졌다. 혹은 그의 책《하이퍼객체Hyperobjects》은 세계의 부재에 대한 전망으로 읽혔다.[1] 하지만 나는 이 책이 이론으로서는 몇 가지 문제가 있다고 생각한다. 이 장에서는 내 생각과 모튼의 생각이 어떻게 같고 다른지 설명해보려 한다.

어쩌면 책이라는 몸통은 모튼이 *하이퍼객체(초객체)*라고 부르는 것의 사례일 수도 있다. 하이퍼객체는 우리 안에 있는 동시에 우리가 그 안에 들어 있는, 유령 같고 비지역적이며 곳곳에 스며드는 존재다. 이 경우 앞으로 나아가는 가장 좋은 방법은 하나를 다른 하나에 단순하게 매핑하여 그들이 서로 공명하는 경계점을 찾아내는 것이다.

모튼 텍스트의 장점 중 하나는 21세기 문제에 대한 관심이다. 모튼은 이렇게 말한다. "진화론, 자본론, 무의식 등 빅토리아 시대의 위대한 발견에 이제 시공간, 생태학적 상호 연결과 비지역성을 추가해야 한다." 불신을 멈추고 그의 텍스트를 공상과학적 시학으로 읽는다면, 그건 시대의 공기(지나치게 따뜻하고 방사능을 내뿜을지도 모를 공기)를 들이마시기 시작하는 일이 될 수 있다. 알폰소 링기스Alphonso Lingis에게서 갈라져 나온 모튼은 점점 더 마주치는 것처럼 보이는 이상하고 때이른 객체(*하이퍼객체*)들에 대한 현상학을 제시한다.[2]

그전에 *객체*들부터 살펴보자. 모튼은 이렇게 말한다.

객체는 독특하다. 객체는 더 작은 객체로 축소되거나 위쪽의 더 큰 객체로 용해될 수 없다. 객체들은 서로에게서 멀어지고 자신에게서도 멀어진다. 객체에는 타디스Tardis, 영국 드라마 〈닥터 후〉에 등장하는 우주선이자 타임머신으로, 작아 보이는 크기에 비해 내부가 매우 넓은 특징을 가짐처럼 외면상의 자기 자신보다 더 큰 내면이 존재한다. 객체는 불가사의하다. 객체는 전체주의와 환원주의를 거역하고 총체화할 수 없는 비전체nonwhole를 구성한다. 그러므로 모든 객체에 가치와 의미를 부여하는 최상위 객체란 없으며, 모든 객체가 축소될 수 있는 최하위 객체도 없다. 최상위 객체와 최하위 객체가 없다는 건 총체보다 더 많은 부분이 존재하는 매우 이상한 상황에 우리가 처해 있음을 의미한다. 이는 어떤 종류의 전체주의도 완전히 불가능하게 만든다.

간단히 말해 모튼은 시인들의 승리를 미리 선언한다. 세상은 다른 어떤 종류의 앎도 회피하는 것들로 이루어져 있다. 이는 하이퍼객체의 경우에 보다 뚜렷해진다. 왜냐하면 *하이퍼객체*는 존재에 집착하고 끈적거리며 비국지적이고 일시적으로 이상하며, 좀 더 평범한 다른 객체들과 어긋나거나 동조되는 파동을 통해서만 감지될 수 있기 때문이다.

모튼의 시학은 메이야수의 실재론처럼 *사변적 실재론* 목order에 속한다고 주장하는 *객체 지향 존재론*object-oriented ontology(OOO) 속genus의 한 종이다. 나는 모튼의 책을 보다 시적인 실재론의 한 종류로 읽는다.[3] 거기서 실체는 마치 먹물을 내뿜으며 사라지는 문어처럼 수줍어하고 소극적인 모습을 보인다. 갤러웨이와 웬디 전에서 나타나듯 객체 지향 프로그래밍*oop*은 자신의 작업을 감추고 있는 객체의 세계다. 하지만 이는 산업적, 상업적 이유에서 비롯하는 것일 뿐이며 원초적 존재론의 문제는 아니다.[4]

은유적 *대체*의 빠른 비트를 통해 모튼은 객체, 특히 하이퍼객체의 불투명성이 많은 작업을 하게 만든다. 하이퍼객체 세계의 외부에는 초월적인 도약이 없으며, 그러한 '세계'는 밖으로 드러난다고 말해질 수 없다. 우리가 의미하는 세계라는 것이 내게 맞서고 나를 뛰어넘어 존재한다고 말할 수 있다면 말이다. 분리된 세계라는 가로막은 더 이상 존재하지 않는다. 왜냐하면 "우리는 더 이상 역사를 철저히 인간적인 것으로 생각할 수 없기" 때문이다.

외부란 존재하지 않는다. 우리는 항상 하이퍼객체 내부에 있으며, 그것이 방사성 폐기물이든 지구 온난화든 상관없이 하이퍼객체는 항상 우리를 가로지른다. 이러한 시학은 우리를 세상의 종말이라는 기이한 장소로 데려간다. 모튼의 목적은 세상이 끝날 거라는 꿈에서 우리를 일깨워 세상이 이미 끝났음을 깨닫게 하는 것이다. 여기에는 외부도, 분리도 존재하지 않는다.

하이퍼객체는 우리에 비해 너무나 거대하기 때문에 이러한 사물의 기이함을 우리가 파악할 수 있을 만큼 확대하였다. 하이퍼객체가 마침내 우리에게 '굴욕'이라는 단어의 진실을 깨닫도록 강요한다면, 그건 우리가 밑바닥 그 자체로 낮아지고 추락한다는 의미일까?

모튼은 현대 과학의 많은 사례를 활용하지만, 나는 OOO 내에 이러한 사례를 포함하려는 시도에 반대한다. 모튼에 의하면 "OOO가 무엇에 관한 것인지를 과학이 반드시 알아야 할 필요는 없다". 그러나 모튼도 대체로 인정했듯 과학은 반드시 알아야 할 필요가 있다. "당신은 지구 온난화에 관한 당신의 시가 정말로 하이퍼객체가 인간의 귀와 도서관에 자신을 전파하는 방법인지 의문을 가져야 한다." 하이퍼객체를 이해하기 위해서는 그것의 주요 사례인 기후 과학이 필요하지만, 그 역은 성립하지 않는다. 철학에서 종종 그렇듯이 OOO는 업무 지식을 생산하는 노동 이후에 나오고, 그런 다음 거기에 필요 이상의 과도한 해석을 덧붙인다.

사변적 실재론 목에 속하는 속으로서 OOO는 메이야수가 (메를로-퐁티 Merleu-Ponty에 이어) 상관주의correlationism라고 부르는 것의 대안을 원한다. 상관주의에는 사물에 대한 지식이 있어야 하기에 그에 상응하는 주체를 필요로 한다. OOO 종은 이러한 방식으로 모든 객체가 서로로부터 철회하는 것을 가정함으로써, 도구 기능을 수행하는 과정에서 도구 자체의 철회에 관한 하이데거적인 주제를 일반화한다.[5] 따라서 주체-객체 관계는 모든 객체-객체 관계의 단순한 하위 집합이 된다. 이 집합에서 객체는 항상 서로로부터 철회하고 자신들이 제시하는 일면을 통해 서로 미학적으로 연관된다.

이 점에서 모튼은 후설Husserl의 예를 사용한다. 한 사람이 동전을 들고 한쪽 면을 바라본다. 하지만 동전의 다른 면은 *다른 면인 까닭*에 볼 수가 없다. 동전을 뒤집어서 이쪽 면으로 만들어야만 다른 면을 볼 수 있다. 내 생각에 이러한 예에서 주의를 기울여야 하는 것은 다른 면의 미스터리 혹은 한쪽 면만을 보는 한계가 아니라 뒤집기라는 노동이다. 그러므로 나는 OOO의 관조적contemplative 사고에서 OOO가 허용하면서도 끊임없이 억압하는 점에 있어 인정할 수밖에 없는 것, 즉 어떤 것이 알려지는 과정의 노동이나 방식으로 옮겨가고자 한다.

하지만 '노동'이라는 말이 '주체'를 뜻하지는 않는다. 그건 상관주의로 돌아가는 게 아니다. 왜냐하면 노동에는 항상 인간적인 것과 비인간적인 것이 섞여 있기 때문이다. '도구'를 말하는 것은 부분적으로 노동을 말한 다음 노동을 지워버리는 것과 같다. 특히 세계를 이해하기 위한 현대적인 수단에 이르면 노동과 *기술의* 도구는 광대하고 비인간적인 것이 된다. 이는 기후 과학과 같은 적절한 예에서 두드러진다.[6] 기후 과학에는 위성, 컴퓨터, 지구 기상 관측소, 과학 노동의 국제 협력 형태, 정교하게 합의된 표준 등이 배열되어 있다. 모든 현대 과학과 마찬가지로 *비인간적* 장치인 기후 과학을 통해 *비인격적* 세계는 인간이 그것을 이해할 수 있는 방식으로 매개된다.

모튼과 반대로 나는 양자역학에 대한 닐스 보어Niels Bohr의 '코펜하겐 해석Copenhagen interpretation, 양자역학의 수학적 서술과 실제 세계의 관계에 대한 표준 해석'이 상관주의가 아니라고 생각한다.[7] 모튼은 보어가 양자 현상을 마치 인간의 도구와 상관관계가 있다고 보는 것으로 기술한다. 그런데 왜 도구가 '인간적'이란 말인가? 도구는 비인격적인 것을 인간적인 것으로 매개하는 비인간적인 것이 아닌가? 다시 말하지만 여기서는 실천이 일어나는 공간이 붕괴되어 있다.

모튼의 관점에서 보면 우리는 항상 객체 내부에 존재한다. 우리는 중심이나 가장자리에 존재하지 않는다. 객체가 하이퍼객체라면 그건 거대하고 보편적이고 기이할 것이다. 그러나 나는 철회하는 것이 객체라고 생각하지 않는다. 나는 OOO를 객체가 처음으로 알려지는 방식을 가로막는 것으로 생각한다. 이는 다음의 3단계로 진행된다.

첫째, 지식을 생산하는 특별한 실천이 있다. 그러한 실천은—노동이든 과학이든 상관없이—항상 인간적 노력과 비인간적 장치의 사이보그 혼합이다. 둘째, 은유와 이미지의 형태로 이루어지는 실천의 일반화가 있다. 이는 또한 일종의 노동, 지적 노동, 인간적 대화와 비인간적 의사소통 도구의 혼합이다. 마지막 세 번째 단계는 다른 두 단계를 삭제하는 것이다. 정리해보면 첫 번째로 양자역학이나 기후변화에 관한 과학을 수행하는 실천이 존재한다. 두 번째로 하이퍼객체의 은유가 생성된다면, 끝으로 이전의 실천에 대한 이러한 은유의 의존성이 삭제된다. 이 경우 은유는 그것이 실질적으로 나중에 파생될 때 *대체*하는 다른 단계보다 선행하는 단계로 주장될 것이다.

그렇게 되면 객체 그리고 하이퍼객체마저도 우리 주변에서 순환하는 관조의 대상으로 나타난다. 이런 방식으로 그들의 지식을 생산한 노동으로부터 자유로워진다. 이 점에서 나는 모든 버전의 사변적 실재론이 메이야수의 작업과 동일한 한계가 있다고 생각한다. 메이야수가 절대성의 스펙터클을 생성하는 곳에서 모튼은 오랜 지속성이라는 환경과의 관조적 관계를 생성한다. 다만 모튼의 버전이 상당한 진전임은 분명하다. 모튼이 현명하게 지적했듯이 영원을 상상하는 것보다 오랜 지속성을 상상하는 것이 훨씬 더 어렵기 때문이다.

메이야수에 따르면 현상학은 지식의 객체와 관련 있는 인간 주체의 유한성에 관한 문제다. 모튼은 그것을 특권화된 초월적 영역이라고 생각한다. 모튼의 말을 들어보자.

> 칸트의 상상에 의하면, 비록 우리가 이런 식으로 제한되어 있지만 우리의 초월적 능력은 우주의 가장자리를 넘어 공간에서 적어도 은유적으로 떠다니고 있다. 이에 대한 논거로서 메이야수는 실재가 최종적으로 (인간의) 주체성에 의해서만 배타적으로 알 수 있다는 주장을 고수한다. 그것은 바로 인간중심주의라고 불리는 문제다.

메이야수의 인간중심주의 대신 모튼은 낯설고 이상한 내재성에 대한 관조적 접근을 제시한다. 그러나 우리는 OOO가 사변적 실재론과 공유하는 문제에 사로잡혀 있으며, 사변적 실재론은 적어도 '실천의 삭제'라는 현상학의 몇몇 단계를 공유한다.

우리는 불가해한 사물의 본질에 대비되는 감각의 현상과 감각의 관조 사이에 존재하는 영원한 간극의 일부 버전에 남겨진다. 흥미롭게도 모튼은 본질과 외양의 간극에 관한 관조에 집중하기를 선택한다. "그건 단지 사물의 본질과 겉모습의 균열일 뿐이다." "단지 ~일 뿐just is"이라는 말은 우리가 처음에 관조의 대상으로 생성한 비인간적 실천을 삭제할 경우 성립하는 것이다.

이 지점에서 모튼의 작업은 하나의 미학으로서 가장 흥미로워진다. 감각의 주변부, 주변의 분위기, 간섭 패턴에 주의를 기울여보면 일상생활에서 특정한 하이퍼객체를 발견할 수 있다. (단, 이미 다른 수단을 통해 그들이 거기에 있다는 걸 알고 있는 경우에만 그렇다.)

존재의 근거가 흔들린다. 산업, 자본 그리고 기술의 시대를 서성거리던 우리는 갑자기 외계 존재alien로부터 정보를 받았다. 그건 가장 냉정한 사람조차 무시할 수 없는 정보였다. 왜냐하면 정보가 전달된 형태가 정확하게 근대성 자체의 도구와 수학 공식이었기 때문이다. 근대성이라는 타이타닉 호는 하이퍼객체라는 빙산과 충돌한다.

이는 플라톤 신화와도 같다. 정보는 '외계 존재'가 아닌 자연과학에서 나왔다. 근대성이 충돌한 것은 (예를 들어) 인위적인 기후변화에 대한 자연과학의 실천이 만들어낸 정보였다.

하이퍼객체라는 빙산에는 이미 인류세라는 이름이 붙어 있다. 우리가 만들어내지 않은 이 이름을 거부하려는 인문학자들—심지어 해러웨이와 스텐저스 같은 매우 훌륭한 이들마저 그렇다—의 충동과 함께하는 것은 무엇인가? 언어는 물론 우리의 직업이다. 여기에 관련된 데이터가 외부에서 다른 앎의 방법에서 나왔다는 사실을 인정하는 건 짜증나는 일이다. 이는 그들에게 이름을 짓는 다른 방법과 함께, 누가 이름 지을 권리가 있는지에 대한 다른 관행을 가져온다.[8]

내 생각에는 우리가 발견하지 않은 것들의 이름 짓기를 주장한다고 해서 많은 얼음을 깨뜨릴 수 있을 것 같지는 않다. 누군가는 (모튼과 함께) 인류세를 비인격적인 것이 더 이상 배제되지 않는 새로운 역사 시기로 생각할 수도 있다. 반대로 지구과학이 도달한 지점, 즉 인간이 포함된 지질학의 새로운 단계로 생각하는 도전적인 시각도 존재한다. 내게는 이것이 참으로 이상하게 여겨진다. 우리의 유적 존재는 암석 맨틀의 일부, 아마도 동물 똥 *화석*의 일종일지도 모른다…….

반면 모튼이 볼 때 20세기의 분리에 대한 비판에는 유용한 요소들이 존재한다. 그는 그 요소들이 어디에서 나왔는지에 많은 의문을 제기하지는 않지만, 사회적인 것과 자연적인 것, 자아와 세계, 전경과 배경을 미리 구분하는 사고방식에는 강경함을 보인다. 심지어는 이러한 분리된 어떤 것, 홀로 남겨져야 하는 것의 필요성에 사로잡힌 '환경주의' 형식까지도 존재한다. 그러나 이는 더 이상 실제로 가능하지 않다. "우리는 *세계*라는 개념에 구멍을 뚫어 불태운 석유oil에 감사해야 한다." 석유의 산물은 이제 어디에나 존재하며, 인류세의 상징이자 세계적인 플라스틱 쓰레기의 하이퍼객체로도 여겨진다. 지질학자들은 우리가 이야기하는 것처럼 바닥에 깔린 플라스틱 암석층도 발견하고 있다.

모튼은 석유 기반 세계의 끈적거리고 만연하는 특성에 적합한 미적 감각을 간략하게 보여준다. 이는 잭슨 폴록Jackson Pollock, 존 케이지John Cage, 윌리엄 버로스William Burroughs의 모더니즘에서 나타나는 특정 순간에 대한 끈기 있고 만연한 현장 기반 예술이다. 이것의 현대적 확장판은 레자 네가라스타니Reza Negarastani의 놀랄 만한 저작 《사이클로노피디아Cyclonopedia》일 것이다. 이 책은 중심 문자, 악의적인 얼룩, 햇빛의 기억인 석유가 역사적 과정을 바꾸고자 지구 내장에서 분출하는 내용을 다룬다.[9] 모튼에 의하면 "근대성은 어떻게 석유가 모든 것에 스며들어왔는지에 관한 이야기다".

내 생각에 여기서 모튼의 작업은 비판받을 점이 있다. 이러한 시학을 다른 지식의 실천보다 더 진실하게 만드는 제스처가 그것이다. 영화 〈매트릭스Matrix〉의 이미지를 빌려 모튼은 이렇게 쓴다. "과학이라는 거울은 녹아버리고 우리 손에 들러붙는다." 그는 끈적거리는 하이퍼객체가 어떻게든 과학 영역의 이전과 이후 모두에 존재하기를 원한다. 카렌 바라드Karen Barad가 그러했듯, 과학 영역은 관찰이 장치 내에서 생성되고 반복되며 기록되고 전달될 수 있는 밀폐된 공간이라는 일종의 안정화를 필요로 한다.[10]

물론 특정 과학의 특수한 결과를 취하여 실험적으로 일반화한 (다수의) 시학을 갖는 게 유용할 수도 있다. 이는 보그다노프가 구조과학이라고 불렀던 것이다.[11] 그러나 시학을 보다 큰 힘이라고 가정할 때 우리에게 문제가 생기기 시작한다는 것이 내 생각이다. 모튼은 과학적 앎의 방식의 한계에 비해 시의 한계에는 그다지 주의를 기울이지 않는다. 그렇다면 좋다, 잭슨 폴록에 주목하자. 하지만 동시에 전후 미국에서 그의 작품을 홍보하는 것이 계급투쟁이나 인종차별을 직접적으로 다루는 예술의 억압과 어떤 관련이 있는지에도 주목해보자. 또는 그의 작품이 현장의 산물이나 환경으로부터의 출현 같은 창조에 대한 접근과는 정반대인 남성 천재의 숭배에 어떻게 기여했는지에도 관심을 갖자.[12]

모튼이 비지역성을 은유로 사용하는 건 특정 과학의 특수한 결과에 대한 시적이고 은유적인 확장의 활용과 한계를 보여주는 좋은 사례다. 여기서 그는 원자력 방사선과 내분비계 장애 물질 같은 것들을 염두에 둔다. 이것들은 근대성의 쓰레기 부산물이지만 분리되지 못한 채 모든 것에 스며들고 있다. 또 다른 사례는 대기 중의 탄소일 것이다. 탄소는 내가 존 벨라미 포스터를 따라 신진대사 균열이라 부르는 것의 사례다.[13]

이러한 은유적 대체를 처음으로 언급했던 마르크스는 분리된 유기체의 신진대사라는 생각에서 벗어나 전체 행성이 하나의 신진대사라는 생각으로 나아갔다. 마르크스는 이미 신진대사 과정의 붕괴를 생각하기 시작했다. 마르크스 시대에 신진대사 과정은 인과 질소의 흐름이었다. 이제는 그러한 구조과학 형식의 대체 방법을 대기의 탄소, 복잡한 탄화수소 화합물, 또는 핵반응이 생성한 방사성 동위원소로 확장할 수 있다. 신진대사 균열을 생각함으로써 지구화학의 과학에 근접할 수도 있다. 여기에 너무 많은 개념을 더할 필요는 없을 것 같다.

아직도 유령처럼 기이하게 보이는 과학의 한 종류는 바로 양자역학이다. 다만 문제 있고 모순적인 현실을 지적하는 관점에서 양자역학을 바라보는 19세기 실재론의 방식을 고수하는 경우에만 그렇다. 닐스 보어는 이에 대한 해결책을 가지고 있었지만, 그건 19세기 실재론을 고수하는 사람들의 강한 저항에 부딪히는 방식이었다. 보어를 읽는 한 가지 방법은 지식의 *객체*라는 실재론이 아닌 지식의 실천이라는 실재론을 제시하는 것으로 읽는 것이다. 여기서 실천은 장치의 *비인간적* 공간 내에서 이루어진다.

이는 하나의 장치가 하나의 결과를 얻고 다른 장치는 그와 양립할 수 없는 결과를 얻는 보어의 *상보성*complementarity 원리를 나타낸다. 결과는 장치의 산물이다. 여기서 분리되는 것은 인공적인 공간과 장치의 시간이다. 누군가는 실험의 실천이 그 자체에 대해 말할 수 있는 것을 넘어서는 실재하고 분리된 세계라는 우리의 상상에 대해, 장치 내에서 오는 결과가 말할 수 있는 것을 너무 많이 말하려는 유혹에 저항하고자 한다.

그러나 모튼은 장치가 현상, 즉 사실의 상태를 가진 어떤 것을 생성함을 확증하기보다는 반대 방향으로 나아간다. 다시 말해 장치가 *생성*할 수 있는 객체의 제한된 기록을 고수하기보다는 실제 객체의 철회에 대해 말하려 한다. 그건 바람직하기는 하지만 본질적으로 어떤 지식 이상의 것, 관찰 이상의 것을 말하려는 시도에 불과하다. 즉 시적인 예술이나 사변적 담론의 효과일 뿐이다.

모튼의 시학은 지금의 사회관계를 우주 규모에 무의식적으로 복제하는 은유를 단순히 대체하는 커다란 위험을 감수하는 시학이다. 이는 분명 진실이 아닌 다음과 같은 진술로 이어질 수 있다. "OOO는 이용 가능한 물리적 실재에 대한 가장 심오하고 정확하며 검증 가능한 이론과 일치한다. 그걸 다른 방향 즉 '양자 이론은 객체 지향적이기 때문에 작동한다'고 말하는 게 낫다." 모튼의 진술에서 주장되는 일치성은 명령에 의해 그러한 진술의 기반이 된다.

때로는 과학의 실천이 우리의 세계관으로 통하는 구멍을 간단히 날려버리는 경우도 있다. 따라서 나는 "일단 양자의 비지역성 같은 것을 어설픈 일반인의 수준에서라도 파악하게 되면, 더 이상 자신을 유물론자나 심지어 '새로운' 유물론자라고 부르기 힘들어진다"는 모튼의 말에 동의한다. 마르크스-영역에는 이에 대한 세 가지 응답이 있었다. 첫 번째는 유물론이 과학적 세계관으로서 의미하는 것과 사회적, 역사적 형성에 적용될 때 의미하는 것의 연결을 단절하는 것이었다. 두 번째는 과학에 보조를 맞출 수 있는 '변증법적 유물론'을 공식화하는 것이었다. 마지막 세 번째는 세계의 유물론에 대한 진술을 세계에 관한 지식 생산의 유물론에 대한 비판으로 전환하는 것이었다.

첫 번째 길은 서구 마르크스주의와 오늘날의 많은 비판 이론이 향하는 방식이었다. 나는 모튼이 하이퍼객체, 인류세 또는 신진대사 균열이 그 길을 쓸모없게 만든다는 점에 동의하리라고 본다. 사회적인 것에 분리된 세계란 존재하지 않는다. 두 번째 길은 엥겔스의 방식이었다. 이것은 들뢰즈적인 맥락에서는 새로운 유물론에 의해, 또 헤겔적인 맥락에서는 OOO에 의해 재탄생하였다. 두 번째 길은 자신을 과학에서 분리하기보다는 과학에 선행하는 어떤 것으로 주장한다.

마지막 세 번째 길은 보그다노프의 구조과학으로, 해러웨이와 카렌 바라드에 의해 다른 방식으로 재탄생하였다.[14] 이것은 두 번째 길과 마찬가지로 과학과의 접촉을 통해 비판적 사고를 유지하면서도 과학의 야망을 제한한다는 장점이 있다. 과학의 방법론을 존중하는 이 길은 우월한 실재에 대한 접근을 요구하지 않는다. 사회적 세계에서 나온 아이디어가 어떻게 과학에서 끝나는지를 비판적으로 바라보지만, 또한 과학이 은유적으로 다른 영역으로 확대될 수 있는 특성을 생성하는 방법에 대해서도 창조적으로 작동한다. 하지만 이러한 은유의 2차적 생성이 과학 지식이 알 수 있는 것보다 더 근본적인 것에 대한 1차적 지식이라는 주장을 하지는 않는다.

모든을 읽는 특별한 즐거움은 시적인 것에 있다. "비인격적인 것은 사진을 찍는 신처럼 우리를 바라본다." 그리고 "우리는 하이퍼객체 지구에 관한 시다". 모든 생명체는 생명이 아닌 것에 대한 시가 되고 존재의 지리적 트라우마geo-trauma, 시공간에 얽매여 있음을 뜻하는 단어에 대한 노래가 된다. 아주 좋다. 이런 구절도 나온다. "여기에 나오는 시보다 시를 더 생생하게 설명할 수 있을까? 그런 방법은 없다." 그렇게 말하는 방법은 존재하지만 지엽적이며 오류가 있다. 이 방법은 다양한 종류의 지식과 노동의 실천으로, 언제나 그렇듯 관조적 영혼에게 보이지 않도록 만들어진다. OOO에서 철회되는 것은 항상 노동이다. 그것이 없으면 마법적 생각이 되돌아온다.

멋진 은유로 모든은 이렇게 주장한다. 상대성이론 이후 "시간과 공간은 성게나 문어의 물결치는 육체 같은 것들로부터 나온다". 여기서 다시 한 번 실험적 증명의 중요성이 잠시나마 인정받는다. "하이퍼객체는 시간과 공간이 개체들이 들어 있는 텅 빈 컨테이너라는 아이디어를 종결한다." 아니 그렇지 않다. 물리학은 한때 이론으로서 수행되었지만, 그 후 이론은 아주 특별한 실험 장치에 의해 확인되었다.

하이퍼객체는 공간적으로나 시간적으로나 기이할 뿐만 아니라, 모든에게는 심지어 더 높은 차원으로 존재한다. 그들은 보다 일상적인 객체를 만날 경우 위상phasing, 주기적으로 반복되는 현상에 대해 어떤 시각 또는 어떤 장소에서의 변화의 국면을 가리키는 물리학 용어 또는 간섭 패턴을 통해 분명해진다. 이 모든 주장은 유비에 의존한다.

사과가 2차원 세계를 침략한다면, 막대기 인간들은 사과의 아랫부분이 그들의 우주에 닿는 순간 처음에는 약간의 점들을 보게 될 것이다. 그런 다음 빠르게 연속적으로 팽창하고 수축하는 동그란 방울처럼 보이는 모양들을 보게 될 것이고, 그것들이 작은 원에서 하나의 점이 되어 사라지는 걸 보게 될 것이다.

커트 보니것Kurt Vonnegut의 《제5도살장Slaughterhouse 5》에 나오는 트랄파마도리안Tralfamadorian처럼, "충분히 높은 차원의 존재는 지구온난화 자체를 정적인 객체로 볼 수 있다. 우리가 지구온난화라 부르는 이러한 고차원 객체는 어떤 무섭고 복잡한 촉수를 갖게 될 것인가?"

모튼에게 있어 수학적 설명은 그 객체의 근간을 이루는 것이 아닌 일종의 의역이다. 나는 그런 질문에 대해서는 플라톤주의자가 아니기에 상당 부분 동의할 수 있다. 하지만 객체의 시학을 더 높은 실재의 암시로 만들려는 모튼의 시도에는 동의하기 어렵다. 이러한 시도가 우리 세계의 계급적, 사회적 관계로부터 자신들의 지적 노동 실천을 '승자top dog'로 바꾸려는 습관은 포기해야 한다. 하지만 보그다노프와 마찬가지로 나는 다른 구조보다 우월한 한 가지 지식 형태의 계급 구조를 주장하는 것이 목표가 아니라고 생각한다. 그것이 과학이든 철학이든 시든 상관없이 말이다. 반대로 노동 방식의 하위 집합으로서의 앎의 방식을 동지적 관계로 협력하는 것이 진정한 목표다.

따라서 나는 모튼의 다음과 같은 은유적 도약이 보여주는 문학적 품격에 감탄을 금치 못한다. "하이퍼객체는 표현주의 그림 속의 광대를 혼란케 한다. 광대는 그림의 모든 가능한 표면을 뒤덮으면서 끊임없이 우리 세계를 곁눈질한다." 그렇다고 해서 나는 세상의 지식을 주장하는 이 방법에 선행적 진리의 가치를 부여할 수는 없다. 모튼과는 달리(다른 맥락에서는 갤러웨이와 달리), 나는 한 가지 형태의 지식 실천이 수행하는 것에 일관되게 지표적으로 또는 환유적으로 접근하기를 원한다. 알려진 것은 알려지지 않은 것들의 지표이지만, 세계로부터 지표적 신호가 만들어지는 수단을 항상 살펴보아야 한다. 그리고 지표가 추적하는 것 이상으로 그 세계에 대해 최소한의 것을 가정해야 한다.

혹은 많은 객체 심지어는 '철회된' 객체도 관조적으로 상상할 수 있다. 다만 그들에게 언어의 그물망 속에 있을 가능성 외에는 어떤 실재도 부여해서는 안 된다. 그러므로 이렇게 말할 수 있다. "심연은 텅 빈 컨테이너가 아니라 격동하는 존재의 군중이다." 혹은 모튼과는 반대로, 메이야수가 말라르메Mallarme의 문체를 따라 우주에 대해 썼듯이 우주는 언제든지 붕괴될 수 있고 아무런 이유도 없이 존재 가능하다고 쓸 수 있다. 마치 우주가 거대 금융의 사회관계를 모델로 삼아 만들어진 것처럼 말이다.[15] 존재가 자신을 그러한 언어로, 심지어 숨겨지거나 철회된 상태로 드러낸다고 생각하는 것은 진정 로고스를 부정하는 길일 뿐이다.

존재를 더 많은 어떤 것으로 바라보고자 모튼은 다시 한 번 대체에 의지한다. 하이퍼객체와 정신의 관계가 기초와 상부구조의 관계라면 어떻게 될까? "따라서 나의 생각은 그저 상징적인 것만이 아니라 문자 그대로 기후, 생물권biosphere, 진화론이라는 하이퍼객체에 대한 정신적 번역이다." 다시 한 번 주목할 것은 여기서의 시야에서 철회된 것이 다름 아닌 실천이라는 점이다. 정신은 있는 그대로의 자신을 반영함으로써 세계의 패턴을 이끌어낸다.

한편 하이퍼객체는 물질도 현재도 없는 생태계를 제시하면서, (누군가가 가정하는) 본질의 미래상futurity에서 살아간다.

현재는 미래와 과거, 본질과 외양 사이의 벌어진 균열 입구에서 발견될 수 없다……. 현재란 정말로 존재하지 않는다. 우리는 힘의 영역, 즉 많은 객체들이 발산하는 미학적-인과적 영역들이 교차하는 걸 경험한다……. 시간은 객체들 스스로가 외치는 주문spell과 반대 주문의 소용돌이다……. 사물의 알려지지 않은 영혼 즉 본질은 여전히 이쪽 편에 남아 있다.

여기서 우리는 자아/타자 혹은 객체/주체라는 이진법을 벗어나 생각하는 방법을 갖게 된다. 문제가 있는 이원론이 다른 관점에서 다시 언급된다고 해도 말이다. 이원론의 외부에는 분리된 것으로서의 환경이 존재하지 않는다. "안전한 동굴에 틀어박힌 작은 호빗hobbit처럼 우리가 현상학적 삶의 세계에 안착되어 있다는 생각은 허구로 드러났다." 오히려 방사능이나 다이옥신처럼 우리를 훨씬 초월하여 관통하는 하이퍼객체들과 과도하게 밀착된 관계가 존재한다.

나는 '지속 가능성' 또는 '회복성'이라는 미사여구로 이 모든 것에 대응하는 건 불충분하다는 모튼의 생각에 동의한다.[16] 반면 모튼과 달리 이러한 용어가 석유 또는 석유 기반의 폴리머polymer 같은 분자 흐름에 더 많은 관심을 가지는 걸 의미할 수도 있다고 생각한다. 지구과학 시스템은 특정 장치가 수행하는 분리에 의존하는 검증 가능한 지식과 마찬가지로, 결코 우리에게 완전한 해답을 주지 않을 것이다. 지금은 그 분야에 더 많은 관심을 갖도록 전술적으로 주장해야 할 때다.

한편 모튼은 자연이라는 범주를 포기해야 한다고 생각한다. 그에게 자연은 환경, 배경, 떨어져 있는 것 등을 의미한다. 그의 유명한 슬로건, '자연 없는 생태학ecology without nature'이 등장하는 이유다.[17] 나는 이런 수사적 전술을 긍정적으로 평가하지만 장기적으로 좋은 전술인지는 모르겠다. 생태학이 훨씬 더 문제가 많은 용어라고 생각할 수도 있다. 오이코스oikos, 집와 로고스logos가 결합됨으로써 마치 인간의 사회적 욕구가 충족되는 신진대사의 논리나 진리가 존재하는 것처럼 느껴지기 때문이다. 나는 하이퍼객체 이론을 사실상 '생태학이란 존재하지 않는다'는 의미로 받아들인다. 인간의 간섭을 배제함으로써 복원될 수 있는 생명체의 항상성 주기란 존재하지 않는다.

자연nature은 생태학보다 더 혼란스러운 용어다. 레이먼드 윌리엄스에 따르면 자연의 원래 의미는 출생natality과 관련되어 있었다.[18] 이는 적어도 다음과 같은 상이한 세 가지 의미를 지녔다. 첫째, 물건의 품질. 둘째, 세상을 지도하는 힘. 셋째, 물질 세계 그 자체. 인간은 이러한 정의에 포함될 수도 있고 반대로 포함되지 않을 수도 있다. 생태학은 자연 자체가 가질 수 있는 공간에서 한 부분에 불과하기 때문에 자연 없는 생태계를 생각하는 건 불가능할지도 모른다. 모튼 자신이 말한 것처럼 "오이코스는 불안정한 집이다". 그러나 하이퍼객체는 여전히 자연의 이론이다.

자연이라는 말에 대한 모튼의 저항은 워즈워스Wordsworth의 자연 식민지화와 관련 있는 것으로 보인다. 그는 키츠Keats가 객체에 보이는 관심을 선호한다.[19] 그러나 이는 자연을 파괴하는 게 아니라 단지 자연 시nature poetry를 다르게 쓰는 방법일지도 모른다. 그리고 자연 시는 자연 자체의 문제와 함께 등장하는 방식일지도 모른다. "OOO에서 구체화reification란 실제 객체를 감각적인 외양으로, 즉 다른 객체로 정확하게 환원하는 것이다. 다시 말해 하나의 개체를 그것에 관한 다른 개체의 환상으로 환원하는 것을 말한다. 이런 의미에서 자연은 일종의 구체화다."

그러나 OOO는 이에 대해 부정적인 구체화로 반응한다. 미래적이고 본질적이며 철회된 객체는 특정한 감각적인 것을 희생시킨다. 뿐만 아니라 이러한 부분적이고 매개된 우려를 작동하는 데 필요한 협력적 실천을 희생시킴으로써 스스로 페티시가 된다. 그러한 우려는 서로에게 작동하는 관계로 실현된다. 이상하고 섬뜩하고 기이한 미학을 고집하는 것은 그 자체로 부정적인 페티시의 산물이다. 이것은 실천에 대한 관심을 억압하고 떠다니는 사물의 *만화경*phantasmagoria을 응시한다.[20]

"인간을 존재의 중심으로 본 지 200년이 지난 지금 객체들은 복수를 시작한다. 두려울 만큼 거대하고, 오래되고, 질긴 생명력을 가진 그들은 위협적인 순간에 우리 몸의 모든 세포를 침범한다." 그렇다. 노동과 장치가 결합된 비인간적 세계가 교환가치의 미적분을 회피하는 모든 사물을 비롯하여 자연을 제2의 본성(어쩌면 제3의 본성)으로 바꿔버리는 실천에 관심을 기울이지 않는다면 그렇게 될 것이다. 이 사물들은 가장 희박해진 페티시 객체들과 비슷한 것, 즉 예술로 나타난다.

셸리Shelley와 마찬가지로 시적인 전망에 윤리적이고 정치적인 것을 도입하려는 도박이 존재한다. "(인간) 세계 너머로부터 오는 이러한 운명은 세계의 종말을 선포 혹은 선언한다. 이 선언은 인간이 비인격적인 것을 파악하여 더 큰 정의로 지구의 운명을 판단하는 지구 역사에서의 결정적 지점을 표시한다." 이는 셸리가 시와 대중 그리고 대중과 행동 사이의 간극을 해소하기 위한 방법으로, 열기구에 자신의 자극적인 시를 붙인 일화를 떠올리게 한다.[21] 모든 것은 전망을 가진 세계관이 잘려 나가는 것에 대항하는 다소 이상주의적인 프로젝트로 축소된다. "이런 태도는 기업이나 개인이 아닌 생태적 비상 상황에 직접적인 책임이 있다. 그러나 그 태도는 기업이나 개인 모두에게, 그리고 기업과 개인에 대한 비판에 내재된 것이다."

OOO에 전통적인 멋을 불어넣는 건 이 낡은 형이상학적 전략에 새로운 생명을 부여하려는 시도다. 모튼의 지적처럼 우리는 오래된 가능성의 공간

안에서 제한된 선택에 직면해 있다. 모튼은 그중 세 가지 선택을 열거한다. 첫째, 본질은 어디에나 존재한다. 둘째, 본질은 존재하지 않는다. 셋째, 본질은 바로 여기에 존재하지만 철회된다. 여기서 나는 다른 지식의 형태 안에서 만들어진 객체보다 먼저 그리고 더 많이 존재하는 특별한 객체를 주장하려는 철학적 시도의 종결을 선언하는 두 번째 진영에 보그다노프와 함께 나 자신을 위치시킨다. 우리는 진화론, 생태학, 양자역학 또는 기후변화를 이해하기 위해 기이한 존재를 상정할 필요가 없을 것이다. 어쩌면 이러한 것들을 평범한 것으로 *받아들여야* 할지도 모른다.

반면 모튼은 우리에게 '숨겨진 신hidden God'의 변형을 제공했다('본질은 어디에나 존재한다'는 첫 번째 선택 버전). 뤼시엥 골드만Lucien Goldman의 《숨겨진 신》은 블레즈 파스칼Blaise Pascal과 그의 동시대인들에 관한 연구로 우리 시대에 유익한 가르침을 준다.[22] 파스칼은 비극적인 삶의 전망을 갖고 있었다. 그는 행동해야 할 세계를 받아들이지만 그 세계의 가치는 그를 만족시키지 못한다. 그는 사회의 내부와 외부 모두에 존재한다. 사회의 정의는 진정한 정의가 아니지만 파스칼은 신비주의자처럼 그걸 내버려두지 않는다. 그는 우월한 영역을 향한 믿음을 고수하지만, 이는 중세의 언제나 존재하는 신을 가리키지 않는다. 신은 자신의 창조에 직접적으로 나타나지 않는다.

골드만이 볼 때 파스칼은 권력이 약해지는 행정 계급의 세계관을 갖고 있다. 행정 계급은 권력의 제도 내에 있지만 통치하지는 않는다는 점에서 오늘날의 인문학자들과 비슷하다. 더 높은 실재에 대한 주장을 통해 세계를 *지배하려는* 의지는 숨겨져 있다. 파스칼의 경우 그것이 신이라면 모튼의 경우에는 객체들이다. 후자—객체들—는 전자—신—의 공식화를 토대로 세워지는데, 이는 골드만이 볼 때 칸트의 업적이었다. 칸트는 철학을 사고의 정당한 객체, 즉 외양에 속하는 것과 본질에 속하는 것의 정당한 객체로 간주했던 것의 입법자로 만들었다. 칸트와 달리 모튼은 발언할 수 있는 것에 대해 논하면서, 자신이 나타난다고 주장하는 외양을 약간 초월하는 기이한 영역 사이의 균열에 관해 다룬다.

모튼의 작업은 전통적 형태의 휴머니즘 지식이 지속될 수 있는 환영을 창조하는 데 가치가 있을지도 모른다. 그리고 환영이 고유한 용도를 갖는 건 그것을 잃어버리는 위험이 너무 클 때일 것이다. "이러한 조건에서 예술은 슬픈 작업이다. 우리는 중립적인 혹은 자비로운 대자연에 빠져드는 존재의 판타지를 잃어가고 있다. 판타지를 잃은 사람은 지극히 위험한 인물이다." 새롭고 절박한 상황에서의 영향과 인식에 대한 옛 방식을 부활시키는 모튼의 공헌은 중요한 프로젝트임에 분명하다.

다만 내 경우에는 해러웨이가 가고 있는 길에 더 가깝다. 그 길은 모튼과 마찬가지로 우리 시대의 고난 속에 머무르려 하지만, 동시에 외양의 세계에도 머물러 있다. 시학을 앎의 방법으로 주장할 수 있는 건 없다. 영역 간 소통 능력 특히 휴머니즘적이고 사회적인 사유의 공간에서 활동하는 비인격적인 것에 대한 실질적 지식을 획득하는 능력을 제외하고는 말이다.

이런 맥락에서 나는 모튼 프로젝트의 다음과 같은 버전에 동의할 수 있다. "비인격적 존재는 구조과학에 엄청난 충격을 가한다. 이 충격은 다윈이 발견하고 마르크스가 찬사를 보낸 것이다. 마르크스는 목적론에 반대하는 다윈에게 팬레터를 보냈다. 목적론의 종말은 세상의 종말이다." 다만 비인격적 존재는 인간 노동의 사이보그 장치와 비인간적 기술을 지닌 지식의 실천이라는 세계에서 엄밀하게 생각될 수 있다.

나는 이러한 작업 방식을 OOO(객체 지향 존재론)가 아닌 (객체 지향) 실천 praxis(object oriented) 또는 간단히 P(OO)라고 부르려 한다. 나는 해러웨이의 고난과 함께 머물기를 똥과 함께 머물기로 바꿀 것이다. 이는 실천과 함께 머무는 것뿐만 아니라 똥과 함께 머무는 것을 의미한다. 버려진 것, 무시된 것, 나쁜 부산물과 함께 머물기 말이다. 여기서 나는 객체 지향을 계속해서 은유적으로 사용하고 있다. 이는 갤러웨이, 웬디 전 그리고 다른 사람들이 지적한 것처럼 컴퓨터 계산의 역사에 출현하는 특이한 순간이다. 하지만 나는 그 순간을 존재론적 주장이 아닌 은유로만 간직하려 한다.

19
퀭탱 메이야수

절대성의 스펙터클

The Spectacle of the Absolute

퀭탱 메이야수Quentin Meillassoux는 프랑스 출신의 철학자로 인류학자 클로드 메이야수의 아들이다. 파리1대학교에서 박사 학위를 취득하고, 알랭 바디우, 이브 뒤루와 함께 국제 현대 프랑스 철학 연구 센터CIEPFC의 창립에 참여했다. 영국의 골드스미스 칼리지에서 레이 브래시어, 그레이엄 하먼 등과 함께 상관주의 철학을 비판하고 절대를 복권시키려는 새로운 철학 운동을 주창함으로써 오늘날 '사변적 실재론'이라 불리는 철학 조류를 이끌고 있다. 현재 파리1대학교 팡테옹—소르본의 교수로 재직 중이다.

세계에서 가장 오래된 암석은 약 44억 년 전에 만들어진 지르콘zircon, 규산 지르코늄으로 구성된 규산염광물이다. 45억 년 또는 46억 년 전에 만들어진 우리의 특별한 행성은 가장 오래된 암석인 지르콘보다 조금 일찍 탄생했다. 지르콘은 태고대Hadean Eon, 太古代에 만들어졌다. 태고대가 저승의 신 하데스Hades의 이름을 따서 명명된 것은 인간의 관점에서나 다른 어떤 생명체의 관점에서나 뜨겁고 불쾌한 시대였기 때문이다. 또는 일반적으로 그런 시대였다고 여겨진다.

지구화학자geochemist인 마크 해리슨Mark Harrison과 브루스 왓슨Bruce Watson이 이 작은 지르콘을 연구했을 때 이상한 것을 발견했다. 그것은 결정체였는데 일반적인 결정체가 성장하듯이 성장했다. 그 과정에서 주변에 나타나는 다른 원자를 자신의 내부에 고착시켰다. 다른 원자란 티타늄titanium을 가리킨다. 대부분의 티타늄은 지르콘보다 온도가 높을 때 지르콘 내부에서 소멸된다. 따라서 내부의 티타늄 농도를 측정해보면 지르콘 암석이 형성될 때 얼마나 뜨거웠는지를 알 수 있다.

왓슨과 해리슨이 발견한 것은 지르콘이 섭씨 약 680도에서 결정화되었다는 사실이다. 이는 지르콘이 물의 존재 하에서 형성되었음을 의미한다. 왓슨은 이렇게 설명한다. "물의 존재 하에서 가열된 암석은 (어떤 시간, 어떤 상황, 어떤 암석이든 상관없이) 650~700도 사이에서 녹기 시작합니다. 이것은 예측 가능한 유일한 지구화 과정입니다."[1]

지구화학자가 아닌 나로서는 왓슨의 말을 그대로 받아들이려 한다. 이 이야기에서 내가 주목하는 건 두 가지다. 우선 인간이 존재하기 수십억 년 전에 일어났던 일에 대한 정보를 얻는 게 가능하다는 점이다. 작은 지르콘은 퀑탱 메이야수Quentin Meillassoux가 원화석arche-fossil이라고 부르는 것의 사랑스러운 예다.[2] 원화석은 우리의 유적 존재와는 전혀 관련이 없는 세계를 증명해준다.

메이야수는 별 관심을 갖지 않겠지만 나의 관심을 끄는 또 다른 것이 있다. 바로 무엇이 원화석에 대한 지식을 갖는 걸 가능케 하는가, 하는 질문이다. 나는 원화석에 대해 생각할 수도 글을 쓸 수도 있다. 그러나 생각과 언어 모두 그 존재에 핵심적인 것은 아니다. 대학의 학과로 존재하고 동료의 평가를 받는 학술 저널과 학술회의를 통해 소통하는 지구화학이라 불리는 과학이 있다는 사실을 원화석의 존재에서 차단해보자. 그러면 어떤 의미에서 그건 사회학적으로 이해된 원화석의 지식에 관한 생각과 언어 부분으로만 남는다.

메이야수에게 중요한 것은 수학, 즉 우주에 관한 수학적 설명으로서의 지르콘 원화석이다. 빅뱅에서부터 은하, 행성, 심지어 작은 암석의 형성에 이르기까지 우주는 수학적으로 묘사될 수 있다. 이는 메이야수에게 우주가 생각이나 언어의 외부에 존재한다는 걸 의미한다. 수학 자체를 실재적인 것으로 생각하는 한, 우주는 생각하거나 글을 쓰는 앎의 주체 외부에 존재할 수 있다.

원화석에 대한 메아야수의 관점은 나의 관점과 다르다. 나의 관점은 원화석이 노동과 기술을 결합하는 장치, 다시 말해 우주 프로세스에 관한 수학적 설명—심지어는 지구화학적 설명—을 *시험*하는 장치를 통해 존재한다는 것이다. 지르콘은 이 두 가지 시험의 대상이 되어왔다. 적어도 한 가지 과학 절차가 화석의 연대를 측정한다면, 또 다른 과학적 절차는 화석 내부에서 결정화되는 티타늄의 양을 측정한다.

세계에 대한 수학적 설명을 *비인격적인* 것, 즉 인간 주체가 없는 상태로 존재하는 것으로 상상할 수도 있다. 원화석에서 지식을 생산하는 기술 작업은 어떤 의미에서는 주체를 배제하는 것이면서, 노동과 기계의 조합인 *장치*에 의존하는 것이다. 장치에 의존하는 속성을 *비인간적인* 것이라고 부를 것이다. 차차 살펴보겠지만 비인간적인 것은 수학적 설명의 비인격적 특성과 똑같지 않다.

기술 부분을 살펴보기 시작하는 사람들은 어느새 하드코어hardcore하고 전문적인 기계를 다루는 회사의 웹사이트 세계에까지 들어서는 경우가 종종 있다. 내 경우에는 재료공학과 지구과학 분야에 사용되는 전자 탐침 분석기를 만드는 카메라 컴퍼니Cameca Company라는 회사였다.

SXFive에는 W 및 LaB6와 호환되는 다용도 전자총이 장착되어 있습니다. 빔 전류는 지속적으로 조절되어 12시간당 0.3%의 안정성을 달성하므로 신뢰할 수 있는 장기 정량 분석이 가능합니다. 빔 세기는 환상 패러데이 컵과 정전기 편향으로 정확하게 측정됩니다. 고전압 시스템은 원자 번호가 높은 성분에 대해 최대 30kV에서 작동합니다.[3]

솔직히 무슨 말인지 전혀 모르겠다. 그런데도 내가 이런 기기들을 다루는 수많은 웹사이트 가운데 이곳을 선택한 데는 이유가 있다. 카메라 컴퍼니가

'유성영화talkie' 초창기에 음향 필름을 투사할 수 있는 영화 영사기 제작에서 출발한 회사이기 때문이다. 그 후에 회사는 과학 장비 분야로도 진출했으며, 1960년대에는 스코피톤Scopitone이라는 유명한 영화 주크박스 장비로 관객을 대상으로 하는man-to-man 미디어 사업에 잠깐 복귀하기도 했다.[4]

러시아의 영화감독 지가 베르토프Dziga Vertov가 보여주듯이 영화는 인간의 시야를 키노-아이kino-eye, 카메라의 렌즈로 대체한다.[5] 영화가 인간의 눈에 보여주는 건 이미 비인간적인 어떤 것이다. 과학 도구는 인식 가능한 감각의 범위를 더욱 확장하여 모든 종류의 척도와 시간을 관통하는 비인간적 인식 형태를 창조한다. 무엇보다도 인간 감각의 대역폭이나 기억과는 완전히 이질적인 원화석을 감지하고 측정할 수 있다. 기계적 인식은 *비인격적인 것*의 *비인간적* 저장소가 됨으로써 인간적인 것을 인간적인 것으로부터 소외시킨다.

이러한 기계의 시야라는 비인간적 미디어를 무시한다면 냉혹한 선택에 직면하게 된다. 한편으로 우리는 인간의 생각과 언어를 갖고 있으며, 여기에 인간의 지각을 더할 수도 있다. 이는 다소 유한하고 제한된 영역이다. 다른 한편으로 우리는 수학이라는 비인격적 영역을 갖고 있다. 수학이 인간에만 국한되지 않는 절대성에 도달할 수 있는 순간을 가정해보자. 그러면 메이야수가 원했던 것처럼 원화석을 수학만이 알고 있는 비인격적인 것 이상의 절대 존재의 상징으로 간주할 수 있다.

하지만 인간의 유한성과 수학의 절대성 사이에는 다른 어떤 것이 존재한다. 그건 바로 메이야수가 언급조차 하지 않는 것, 즉 *장치*다. 장치는 인간적이지도 비인격적이지도 않으며 제한적이고 결정 불가능한 비인간적 공간에 존재한다. 장치는 인간의 노동을 필요로 하지만 과학 담론이라는 상호주체적 영역으로 축소될 수 없다. 또한 인간의 영역을 훨씬 뛰어넘어 감지하고 측정하는 기계 즉 '광활한 대자연'의 존재를 기록하는 기계를 포함하지만, 절대성에 가 닿지는 않는다.

이러한 장치의 문제를 가지고 앞의 장면으로 되돌아가보자. 그러면 수학이 절대성에 가 닿는다고 주장할 때 그 절대성이 실재하는 세계의 절대성에 가 닿는지를 묻는 게 가능해진다. 메이야수는 근본 속성primary property과 2차적 속성secondary property의 구분을 부활시키는 방식으로 이 문제에 접근한다. 모든 2차적 속성은 감지할 수 있는 속성이다. 나는 객체를 보고 느낀다. 그러나 그게 정말로 그 객체에 관해 중요할까? 어쩌면 나의 감각에만 나타나는 게 아닐까? 반면 객체의 근본 속성 즉 수학적 본질은 외관과 독립적으로 존재한다. 로크와 데카르트에 기반하는 메이야수는 그렇게 주장하려 할 것이다.

제이 번스타인Jay Bernetein의 지적처럼 2차적 속성의 격리에는 근대성에 관련된 근본적인 것이 존재한다는 주장이 있을 수 있다.[6] 근대성, 특히 사물을 파악하고 변형하기 위한 근대성의 전체 장치 생산에는 비인간적인 것이 존재할지도 모른다. 거기서 2차적 속성은 그다지 중요하지 않다. 아도르노 이후 번스타인에게 2차적 속성은 예술의 영역에 속한다. 예술은 계산에서 감지된 것을 보완한다.

혹은 근본 속성이라는 아이디어에 연관된 약간의 영향이 존재한다고 주장할 수도 있다. 메이야수의 버전에서 그러한 영향은 수학의 형태로 사물에 본질적으로 존재하는 것으로 간주된다. 따라서 근본 속성은 철학적 의미에서 실재적으로 유지될 수 있다. 그러나 그것 역시 측정될 수 없다면 과학적 의미에서는 실재하지 않는 것이 된다. 근본 속성을 측정하려면 기계와 노동 장치가 필요하다. 이 장치를 통해 근본 속성을 2차적 속성으로 이해할 수 있는 수준으로, 예컨대 눈으로 볼 수 있는 수치 판독 또는 그래프로 나타낼 수 있다. 사실 근본 속성이 과학적 의미에서 실재하려면 3차적 속성을 통해 2차적 속성으로 읽을 수 있도록 만들어져야 한다고 말할 수도 있다. 사물의

3차적 속성이란 장치가 그 사물을 인지하는 방식을 가리킨다.

인간의 2차적 속성을 통해 비인격적인 근본 속성을 읽을 수 있게 만드는 것은 다름 아닌 비인간적인 인식이다. 메이야수가 현상학적 제약으로부터 사변철학speculative philosophy을 풀어놓을 수 있게 된 것은 세 번째 종류의 사고가 부재하기 때문이다. 나는 이러한 사고를 잠시 동안 명칭 없는 상태로 놓아두려 한다. 그것이 집착하는 것은 절대적인 것도 의식적인 것도 아니며, 비인격적인 것과 인간적인 것 사이에 존재하는 비인간적 미디어라는 장치다.

여기에는 내가 피하고 싶은 것이 하나 있다. 바로 대자연 즉 원화석과 그것이 나타내는 뚜렷한 사실에서 후퇴하여 현상학으로 되돌아가는 것이다. 왜냐하면 "그것이 '우리를 위한 것'이 되지 않으면 우리는 '그것 자체'를 표현할 수 없기 때문이다". 나는 절대성을 배치하여 실재의 사변철학을 열어놓은 메이야수의 우아함을 존경한다. 하지만 다른 한편으로는 그러한 프로젝트가 관조적 실재론에 불과하며, 따라서 미학적 실재론일 수밖에 없다고 주장하고 싶다. 그건 결국 철학적으로 제대로 된 명분을 갖지 못한 프로젝트가 되어버린다.

메이야수 주장의 핵심에는 그가 '상관주의correlationism'라고 부르는 것에 대한 공격이 놓여 있다. "상관주의는 주체성과 객체성의 영역을 각각 독립적으로 고려할 수 있다는 주장을 무력화하는 것으로 구성되어 있다." 주체와 객체—예를 들면 사고와 존재—의 차이가 있을 수도 있지만, 상관주의자의 생각은 순환논법으로 진행된다. 메이야수의 말을 들어보자.

의식과 언어는 분명 세상을 향해 자신을 초월하지만, 의식이 세상을 향해 자신을 초월하는 한도 내에서만 세상은 존재한다. 결과적으로 이러한 외재성의 공간은 단지 우리가 직면하는 것, 다시 말해 우리 존재의 상호관계로서만 존재하는 것의 공간일 뿐이다.

이는 '세상과 격리된' 생각으로 귀결된다. 거기서 원화석은 더 이상 진정한 경이로움을 안겨주는 비인격적 객체가 아니다. 똑같지는 않겠지만 또다시 사라지는 건 칸트 이전 사상가들을 그토록 매혹시켰던 절대성이다. 메이야수의 프로젝트는 독단적 방식보다는 사변적 방식으로 전비판precritical 철학을 부활시키는 걸 목적으로 한다. 태고의 암석은 절대 세계에 대한 그의 아바타avatar다. 여기에는 문제가 하나 있다. 진정으로 선조적인ancestral 것으로서 또한 어떤 인간 세계보다도 선행하는 암석의 지식, 우주 자체의 기원으로까지 거슬러 올라가는 지식을 구성하는 건 무엇인가? 요컨대 '붕괴 속도에 있어 우리가 알고 있는 방사성 동위원소'가 문제라는 뜻이다. 글쎄, 우리가 그걸 어떻게 아는가? 장치를 통해서 안다.

메이야수는 이렇게 말한다. "그런 진술을 공식화하기 위해 사용되는 기술의 신뢰성을 평가하는 건 명백히 우리 소관이 아니다." 명백히? 여기서 혼선이 생겨난다. 나는 틀림없이 지구화학이라는 과학을 메이야수보다 더 잘 알지 못한다. Cameca SXFive나 다른 장치의 신뢰성을 평가하는 건 내 영역이 아니다. 나는 그것이 심지어는 이런 특정한 경우에 관련된 장치가 아닌 것으로 확신한다. 바꿔 말해 장치 일반apparatus in general을 생각하는 이론의 영역으로 여긴다.

우리가 장치 일반에 관해 말할 수 있는 건, 3차적 속성을 감지하고 측정할 수 있는 그러한 장치의 비인간적 능력을 통과하지 못하는 선조성에 대한 언급이 없다는 점이다. 상관관계는 없지만, 객체가 주체로부터 독립적으로 생각될 수 있기 때문은 아니다. 반대로 주체, 의식, 언어—원하는 대로 불러도 좋다—가 '2차적'이 되는 어떤 것을 통해 객체가 생성되기 때문이다. 이런 다른 관점에서 보면 근본 속성과 2차적 속성은 모두 3차적 속성의 산물이 된다.

그러므로 우리는 "선조적인 증인은 엄격한 상관주의 관점에서 보면 불법"이라고 인정할 수 있다. 그리고 그만큼 상관주의에 좋지 않다. 하지만 장치를 무시하면서 상관주의의 원환circle에서 원화석을 자유롭게 만드는 메이야수는 독자적인 철학 종류인 대자연으로 개방된다. 외양과는 달리 이것은 과학의 대자연이 아니다. 과학은 주어진 것에 앞서는 시간과 거기에 무관심한 시간을 생각할 수 있다. 반면 사변적 실재론은 그 시간을 미학적(모튼)으로 또는 수학적(메이야수)으로만 사유할 수 있으며, 어느 경우이든 생각되지 못한 채로 남아 있는 장치의 결과로 여겨진다. 이는 메이야수가 특정 종류의 관계로부터 철학을 면제하는 유일한 방법은 아닐지도 모른다.

메이야수의 관점에서 볼 때 상관주의에는 적어도 한 가지 미덕이 있다. 바로 독단론으로부터 사고를 분리한다는 점이다. 전비판 철학은 모든 종류의 형이상학적 절대성을 제시했다. 비판적 사고는 자체적인 한계의 매핑에 스스로를 책임 지운다. 이에 비해 독단론에 맞서는 생각은 메이야수가 광신주의라고 부르는 또 다른 악vice에 열려 있었다. 신비적 수단은 의식(사물 그 자체)에 나타난 그대로 사물의 반대편에 있는 것을 위해 스스로를 광고모델로 재배치한다.[7] 이른바 대자연으로 제한된 비판적 사고는 특정 종류의 신비적 사고만을 가능케 한다. 메이야수의 말을 들어보자.

우리가 독단론에 맞서려면 모든 형이상학적 절대성의 거부를 지지하는 게 중요하다. 그러나 다양한 광신주의의 합리화된 폭력에 맞서기 위해서는 사상에서 최소한의 절대성이라도 재발견할 필요가 있다. 어느 경우든, 자신을 오직 몇몇 계시에 의해 특권을 부여받은 수탁자trustee로 제시하려는 사람들의 주장에 맞서야 한다.

일원론 사상, 세속적 혹은 유물론적 사상을 원하는 사람들에게 이 주장은 장점이 있다. 그러나 계시로 향하는 문을 닫은 메이야수는 그 주장을 또 다른 종류의 신성divinity과 또 다른 종류의 (주사위 놀이를 하는) '수탁자'를 향해 열어놓았을 것이다.

메이야수는 상관주의에서 벗어나면서 객체에 대한 사고를 구성하는 자기-관찰 주체의 중심성을 주장하는 것에서도 벗어난다. 그러면서 상관관계의 외부에서 생각했던 객체를 향해 다른 방향으로 나아간다. 하지만 동시에 여기에 최소한의 절대성 이상의 것을 적용한다. 메이야수의 관점에서 볼 때, 원화석이 선조성을 의미하고 생각 가능한 것이라면 절대성도 생각 가능한 것이 된다.

하지만 여기서도 과학으로 나타나는 원화석에서부터 메이야수가 그 화석으로 만들고자 하는 것에 이르기까지 오류가 존재한다. 원화석은 인간의 시간을 초월하는 것이지만, 절대성이 그 안으로 들어갈 필요는 없다. 원화석의 지식은 장치의 산물이다. 그 화석은 나의 사례에서처럼 44억 년 전 또는 심지어 우주가 시작할 때에 나왔을 수도 있지만, 어쨌든 측정 가능한 것이다.

메이야수는 이렇게 말한다. "그렇다면 생각은 어떻게 자체적으로 외부로 향한 길을 개척할 수 있을까?" 대부분의 철학자들과 마찬가지로 그는 장치의 길을 택하지 않는다.[8] 대신 독단적이지 않은 절대성이라는 합리주의를 원한다. 이러한 합리주의는 한편으로는 상관주의의 원환에서 스스로를 뽑아내야 한다. 다른 한편으로는 그가 본사실성facticity이라 부르는 것, 혹은 이유와 존재를 발견할 수 없는 사고의 무력함의 주변을 배회하지 않아야 한다. 달리 말하면 절대성은 어떻게 사고나 언어의 외부에 존재할 수 있을까? 그럼에도 불구하고 왜 다른 세상이 아닌 이 세상일까?

적어도 이러한 제약의 첫 번째 조건에서 벗어날 수 있는 경로가 이미 여기에 표시되어 있다. 그건 바로 "칸트의 초월주의를 향한 최초의 형이상학적 반격"이다. 이러한 반격의 가장 흥미로운 버전은 지금은 거의 알려지지 않은 에른스트 마흐Ernst Mach 등이 주창한 *경험비판론empirio-criticism* 학파다.[9] 내가 메이야수의 연구에 접근하고 있는 '3차적' 위치는 이 학파에서 계승된 것이다. 3차적 위치는 현재는 잘 알려져 있지 않지만, 한 세대 전 프랑스 철학의 여러 학파에서는 분명 알려져 있었다. 그 이론의 이름은 경험일원론Empiriomonism이며 중심인물은 보그다노프다.[10]

메이야수의 설명처럼 이 학파의 원래 목표는 상관관계 자체를 절대성으로 바꾸는 것이었다. 이 목표는 "사물 그 자체는 어떤 도그마dogma 등에 의하지 않으면 알 수 없다"는 칸트적 제약을 인정하는 데서 시작된다. 하지만 그 자체만으로도 알 수 있는 것이 있으니 상관관계가 그것이다. 메이야수는 이렇게 말한다. "그들은 근본적인 모름ignorance을 진정한 절대성으로 스스로를 드러내는 앎knowledge으로 전환했다."

나는 절대성이라는 용어를 이렇게 사용하는 것에 반대한다. 왜냐하면 마흐는 전혀 생각할 필요가 없다고 볼 뿐만 아니라, 상관관계를 절대성으로 만드는 점에서도 보그다노프보다 덜하기 때문이다. 그러나 마흐의 *감각sensation*과 보그다노프의 관점에서 내가 장치라고 부르는 것이 이원론적 상관관계를 일원론의 개념으로 대체한다는 건 맞는 말이다. 또한 이 장치는 장치의 실천을 넘어 실재에 대해 미리 주장함에 있어 스스로를 제약한다. 하지만 이 장치는 외부의 자기 관찰자가 되는 의식이나 언어를 유지하지는 않는다. 이러한 관찰자는 장치가 세계를 아는 노동 속에서 생산하는 것을 무관심하게 여길지도 모른다.

어느 경우든 메이야수의 관점에서 볼 때 이러한 접근법은 상관관계를 회피하면서 첫 번째 테스트는 통과하지만, 본사실성이라는 두 번째 테스트에서는 실패한다. 메이야수에게 사고는 본사실성에서 자신의 한계를 경험하는 게 아니라 반대로 자신의 진실을 경험한다. 메이야수가 생각하기에 마흐와 보그다노프가 그랬던 것처럼 '필연성'의 미덕을 만들어냄으로써 자신의 사변적, 비독단적 철학을 발견했다. 전자(마흐)의 경우 필연성은 상관관계의 문제를 넘어 생각하는 것이었다면, 후자(보그다노프)의 경우에는 본사실성의 문제를 넘어 생각하는 것이었다.

원래의 목표에서 메이야수는 본사실성의 궁극적 속성인 이유의 부재를 만들어낸다. 무엇이든 존재하거나 지속될 이유가 없다. 즉 모든 것은 우연적contingency이다. 메이야수의 말을 들어보자.

> 나무에서 별, 별에서 법칙, 물리 법칙에서 논리 법칙에 이르기까지 모든 것이 실제로 붕괴할 수 있다. 이러한 붕괴는 모든 것이 멸망하도록 운명 지어진 우월한 법칙이 존재하기 때문이 아니다. 반대로 어떤 멸망으로부터도 모든 것을 보존할 수 있는 우월한 법칙이 부재하기 때문이다.

여기서 우연성이란 사물이 지속되거나 멸망하는 방식을 의미한다. 메이야수는 절대성을 우연성 그 자체의 형태로 부활시키지만, 독단론의 방식을 통해서는 아니다. 우연성은 본사실성의 문제에 대한 새로운 독단론적 대답이 아니다. 반대로 본사실성은 필연성도 우연성도 아닌, 우리가 어느 것을 적용해야 하는지를 모르는 것이다. 심지어는 우연성조차도 우연적이다.

흥미로운 것은 상관주의가 우연성의 절대성을 전제한다고 메이야수가 계속해서 설득력 있게 주장한다는 점이다. 배후에 독단론적 형이상학이 없는 사물을 파악하려는 생각은 자신의 절대적 우연성이 존재할 가능성을 (잠시뿐일지라도) 포용하는 것이기 때문이다. 따라서 우연성의 절대성은 최소한 거기에 독단적 유형의 절대적 환상을 없애는 상관주의가 있다고 여겨질 수 있어야 한다. 메이야수는 이렇게 말한다. "이러한 이유의 부재는 개체의 궁극적 속성에 불과하다."

좀 더 자세히 살펴보자.

첫째, 우연성에는 상관주의를 깨뜨리는 것의 가치가 분명 존재한다. 상관주의의 한계 중 하나는 이를테면 비인격적 세계에 대한 선조적 증거 같은 불가사의한 생각을 추방하지 않고서는 현대 과학을 생각할 수 없다는 점이다. 그러나 새로운 절대성을 상정하려는 메이야수의 생각에는 문제가 있다. 즉 사물의 *비인격적*이고 수식화mathematize할 수 있는 특성은 주체의 외부, 따라서 상관관계 원환의 외부에 있는 것으로 생각될 수 있다. 하지만 그 특성은 또한 탐지와 측정의 문제를 배제하는 대가로만 생각될 수도 있다. 이 점에서 나는 적절하게 장치에 속하는 비인간적 감각의 3차적 속성을 요구한다.

둘째, 메이야수는 상관관계에서 벗어난 두 가지 경로를 인정한다. 하나는 내가 쓰는 용어로 장치를 통한 경로를 가리킨다. 이는 비인간적인 지각 기계와 측정 기계의 생각에 의한 것이다. 또 하나는 해리슨과 왓슨 등 많은 사람들이 주장하듯 우리에게 주어지는 노동의 경로다. 이를 상관관계에서 벗어나는 경험주의적 출구라고 부를 수 있다. 메이야수는 경험주의적 출구 대신 합리주의적 출구라는 용어를 사용한다.[11]

이 경로는 본사실성을 상관관계와 같은 실재하는 문제로 생각하고 원래의 방식으로 그 문제에 답하는 것에 달려 있다. 무엇이 존재하는 데에는 특별한 이유란 없다. 더구나 왜 어떤 건 우연적으로 보이고 또 어떤 건 그렇게 보이지 않는지를 알 수 있는 방법도 없다. 이는 결과적으로 개방적 상관관계를 모범적으로 만드는 도구다. 메이야수에 따르면 이러한 상관관계는 우연적 세계의 가능성을 포용해야 한다. 비록 그 가능성이 상관관계의 원환이라는 격리된 세계에 정착하더라도 독단적인 생각을 하지 않으려면 말이다.

앞에서 원화석의 특별한 예를 통해 시작했던 것처럼 (조금 다를 수도 있지만) 결론도 그렇게 내리도록 하자. 어쩌면 이 결론은 지르콘처럼 영광스럽 지 않을 수도 있고 물질만큼 식별 가능하지 않을 수도 있다. 그러니 우주론 을 떠올리지 말고, 우리에게 아주 적절한 유형의 붕괴를 증명하는 기후 과 학을 떠올려보자. 기후 과학은 우리에게 하데스대 기후 같은 과거의 사건뿐 만이 아니라 임박한 인류세의 기후 같은 장래의 사건도 말해준다.[12]

기후 과학은 이미 발생한 미래의 사건을 우리에게 보여주고자 특정 지역 화된 규모(생물권의 규모)로 특이하고 우연한 행위의 페티시즘으로부터 추상 화된다. 이미 시작된 대기권 탄소량의 증가는 벌써 미래의 지구 기온을 상 승시키고 있다. 기후 과학은 우리를 둘러싼 느린 변화에서 펼쳐지는 사건에 경종을 울리지만, 그 사건은 인간의 생각이나 인식의 규모와 기억을 넘어선 다. 또한 그 사건의 완전한 경이로움은 상관관계의 원환을 벗어난다.

기후 과학은 그 어떤 절대성도 알지 못한다. 그것은 장치에 의존한다. 실 제로 기후 과학의 주요 역사 중 하나는 광대한 기계Vast Machine라고 불린 다.[13] 기후 과학은 날씨 예측, 기후 모델링, 날씨와 기후의 작용 방식을 다루 는 물리학이라는 세 가지 요소를 갖고 있다. 이 세 가지를 결합하는 데에만 수십 년이 걸렸다. 서로 다른 위치와 고도에서 시기적절한 기상 데이터를 수집하려면 전 지구적 규모의 엄청난 기반 시설이 필요하다. 더욱이 정확한 물리학 모델을 사용하여 그 데이터를 계산하려면 엄청난 양의 계산 능력이 요구된다. 데이터 통신과 컴퓨팅 연산의 마찰은 기후 연구를 20세기 후반 까지 지연하였다. 기후와 기후변화에 대한 현대 지식의 기초에는 진화론이 놓여 있다. 이처럼 시스템에서부터 네트워크와 웹에 이르기까지 전 지구적 기후 지식의 기반 시설이 발전하려면 조화로운 전 지구적 노동이 필요한 것 이다.

기후 과학은 전투에서 승리한 우리 시대의 나폴레옹이다. 즉 말에 올라 탄 세계정신이 아니라 콤샛Comsat, 상업 위성 통신체계를 발전시키고자 1962년 연방의 회의 인가를 받아 설립된 미국의 통신위성 회사 통신위성으로 연결된 생물권의 총체다. 주저할 시간이 없는 긴급 현안의 목록이 있다면 거기에는 분명 기후 과학이 들어 있을 것이다. 하지만 철학은 그런 현안에서 갈수록 멀어지고 있다.[14] 철학은 주체를 이중으로 속박하면서 점차 지루해졌으며, 이 세상을 향해 자신의 눈을 들어올리기보다는 *절대적 객체*의 세계라는 다른 세계를 바라보는 데 몰두했다. 이러한 *관조적 실재론*은 사실상 붕괴하고 있는 세계의 아름다움을 관찰하는 창window과 함께, 인간이 존재하지 않더라도 세상은 계속될 거라는 인식의 위안을 제공할 뿐이다. 우리를 둘러싼 사이렌 소리가 점점 커지고 개념적이고 현실적인 불길이 번져가는 동안, 철학은 다시 한 번 역사의 외부에서 스펙터클을 발견한다.

내가 마흐, 보그다노프와 함께 다시 (그러나 다른 곳에서) 시작하는 것은 이 때문이다. 상관관계의 원환에서 벗어나 현상학을 넘어서는, 그러나 절대성의 비인격성과 암시에는 미치지 못하는 비인간적인 것을 향해 아주 다른 길을 택한 이유도 이것이다.[15] 다른 길은 장치와의 관련성에 있어서는 철학이 아닐 수도 있지만 약간의 장점은 가지고 있다. 장점이란 한마디로 현 시대를 특징짓는 노동과 기술의 융화로 요약된다.

이 이론은 그러한 장치가 기후변화 같은 당면한 문제를 감지하는 것에 근접한다. 이것은 이 세상과 다른 세계를 연결하는 입구의 수탁자가 될 거라고 주장하지 않는다. 또한 자신 혹은 자신의 주체가 희소한 사건이라는 주장도 하지 않는다. 그보다는 일상의 삶에 자신의 존속과 노력을 위한 도구를 갖추는 것만을 추구한다. 그러므로 이 이론은 관조적 스펙터클을 절대적이고 영원한 것으로 만드는 데에는 관심이 없으며, 오직 스펙터클을 완전히 없애는 데에만 관심을 갖는다. 이 점에 있어 이 이론은 어떠한 주저함도 없다.

20
이자벨 스텐저스

가이아 침입

Gaia Intruding

이자벨 스텐저스Isabelle Stengers는 벨기에의 역사가인 진 스텐저스의 딸로, 과학사학자이자 과학철학자다. 리브르 드 브뤼셀대학교에서 화학을 전공했다. 이론물리학의 철학을 기반으로 현재와 미래의 탐구에 있어 기술과 관련된 철학적 문제들을 연구하고 있다. 현재 리브르 드 브뤼셀대학교에서 과학철학과 교수로 재직 중이다.

솔직히 말하면, 누구도 스스로를 발견하는 느린 변화의 비상 상황에 대처하는 방법을 알지 못한다. 언어 수준에서조차 그렇다. 명확성을 위해 운명 지어진 수사적 장치란 존재하지 않는다. 《분자적 빨강》에서 나는 인류세의 언어를 진지하게 받아들이기를 택하면서, 그것과 만나기 위해 아카이브에서 새로운 계보를 찾고 있었다. 해러웨이와 제이슨 무어Jason Moore는 지구를 죽이는 인류세의 역사 형태를 *자본세*Capitalocene라고 부르기를 선호한다.[1]

모튼은 자연 없는 생태학을 제안한다. 자연이란 더 넓고 역사적으로 변하기 쉬운 용어이기 때문에, 《분자적 빨강》에서 나는 생태계 없는 자연을 생각하는 게 더 합리적이라고 보았다. 하지만 *집*oikos이라는 의미로서의 생태학의 로고스logos는 더 이상 존재하지 않는다고 할 수 있다. 한편 존 벨라미 포스터는 마르크스 이후의 *신진대사 균열*에 관해 말하기를 좋아한다. 롭 닉슨Rob Nixon은 느린 폭력에 대해 이야기한다. 그렇다면 이자벨 스텐저스Isabelle Stengers는 어떨까? 그녀는 *가이아*Gaia라는 인물을 되살려 새로운 배역을 맡긴다.[2] 그게 더 나은 수사적 전략일지는 아무도 모르지만 흥미로운 전략임은 분명하다.

로자 룩셈부르크는 "미래의 선택은 사회주의와 야만주의barbarism 사이에 놓여 있다"는 유명한 말을 남겼다.[3] 스텐저스에게 그러한 선택은 "야만 중에서 어떤 야만을 택할 것인가"라는, 보다 끔찍한 지옥 같은 대안으로 좁혀졌다. 친환경 운동과 사회운동이 결합된 반대 제안이 없다면, 그건 급격한 기후변화 그리고 민간 이익을 위해 공공 재정을 동원하는 *지구공학화된geo-engineered* 미래 사이의 선택이 될 것이다.[4] 그 결과 지구는 기업 이익의 인질이 되어버린다.

지금은 사회와 자연으로 생각되는 것 모두를 다루는 새로운 종류의 운동을 고려해야 할 때다. 스텐저스의 경우 새로운 운동의 원형은 이미 펠릭스 가타리의 저서 《세 가지 생태학》에 나타나 있지만, 다른 사례도 생각해볼 수 있다.[5] 앞으로 살펴보겠지만 스텐저스에게 이것은 *가이아 이름 짓기, 주의를 기울이기, 어리석음을 외치기, 인공물을 창조하기*라는 네 부분으로 구성된 계획이다. "이는 앞으로 우리가 알고 있는 것 속에서 살아가는 법을 배우는 것에 관한 문제이면서, 우리에게 일어나는 과정에서 우리가 해야 할 일을 배우는 것에 관한 문제다."

우리는 두 개의 역사 사이에서 멈춰 있다. 첫 번째 역사는 시간의 화살과 지속적인 개발로 이루어지는 현대적 성장이다. 두 번째 역사는 더 모호한 것으로 아직 명칭이나 이미지가 없다. 이는 더 이상 자연을 환경으로서 보호하는 문제가 아니라 우리의 사고와 행동방식에 도전하는 자연에 관한 문제다. 이것은 우리가 알고 있는 것과 우리가 할 수 있는 것 사이의 어리석은 대조에서부터 시작된다.

스텐저스는 자본에 맞서는 투쟁의 역사를 이어가는 경로를 원하지만, 이제 진리와 진보라는 거대서사는 없다. 어쩌면 이것은 *자본세*의 모습에 대한 문제일지도 모른다. 자본세는 자본에 대한 표준적 사고방식으로 초기화되는 경향이 있으며 극복해야 하는 프로젝트를 먼 미래로 미뤄놓는다. 이제는 더 이상 그럴 시간이 없다. 스텐저스는 새로운 생산방식을 이미 실험하고 있는 사람들에게 다가가고 싶어 한다. 새로운 생산방식이 슬로푸드slow food 든 영속 농업permaculture이든 상관없이 말이다.

스텐저스가 수호자guardian라 부르는 이들에게는 그다지 기대할 만한 것이 없으며, 이에 대해서는 그들 자신도 잘 알고 있다. 선출되었든 지명되었든 관계없이 수호자는 단지 '냉혹한 공황cold panic' 상태를 관리할 뿐이다. 그들의 권고는 일관성조차 없다. "계속 소비하라! 다만 '친환경green'적인 소비여야 한다!" 최근에는 상품화라는 보일러실에 불쏘시개로 공급되기 위해 박살날 기관 목록에 학교와 대학을 추가했다.[6] 학교와 대학마저 열린 질문과 협업이 갈수록 어려워지는 이유다. 그럼에도 불구하고 스텐저스는 흥미롭게도 수호자가 맹렬한 비난을 받기보다는 조롱, 막말, 풍자 정도만 받으면 된다고 생각한다.

스텐저스가 염두에 두고 있는 생각과 행동 모델은 유럽에서 어느 정도 성공을 거둔 유전자 변형 식품GMO 반대 운동이다. 이 운동은 수호자의 인식 방식은 물론 선한 의도도 받아들이기를 거부했다. 자체적인 질문을 생각해 냈고 학습의 진정한 역동성을 창조했다. 또한 기술의 권위에 의문을 던졌으며, '영업 비밀'을 정보 공개 거부의 이유로 받아들이려 하지 않았다.

GMO 쟁점은 '전문가'적인 견해로 나뉘었지만, 스텐저스가 볼 때 너무도 많은 과학기술 연구가 결과물의 특허를 통한 사적 이익과 협력함으로써 어떤 의미에서든 '공공성'에서 벗어났다. 따라서 GMO가 정말로 더 많은 저항성 변종을 일으키는지는 물을 수도 없고 그에 답할 수도 없다. 저항 자체가 농기업이 더 많은 제초제와 살충제를 판매하여 이익을 얻을 수 있는 어떤 것이 될 때 특히 그렇다. 공공 질의에 대한 농기업의 일반적인 정책은 다음과 같이 깔끔하게 요약된다. "먼저 거짓말을 하고, 그다음에는 너무 늦었다고 말하라."

이에 맞서서 우리는 스텐저스가 가이아의 침입intrusion of Gaia이라 이름 지은 방식으로 대응해야 한다. 우리는 이러한 이름 짓기를 존재를 성립시키는 방식으로 생각해야 한다. 헤시오도스Hesiod의 《신통기Theogony, 神統記》에서 가이아는 우라노스Uranus를 낳은 최초의 어머니로 타이탄 족과 그들의 지도자인 크로노스Chronos도 탄생시켰다. 크로노스는 우라노스를 무찌르고 황금시대Golden Age를 통치하지만 아들인 제우스Zeus에게 패하고 만다. 스텐저스가 볼 때 가이아는 눈멀고 무관심한 신, 다시 말해 그리스 신들이 양심의 가책을 느끼기 이전의 시기를 상징한다.

가이아는 고대 신화를 불러일으키는 이름으로 히피족의 주문Mantra 같은 게 되었지만, 이상하게도 제임스 러브록James Lovelock과 린 마굴리스Lynn Margulis가 제시한 과학 이론에 의해 대중화되었다. 이 이론에서 유기체는 환경과 결합하여 '생태적, 자기 규제적 시스템'을 형성한다.[7] 스텐저스에게 용어 배치를 둘러싼 복잡한 역사는 그 매력의 일부로 받아들여진다.

스텐저스는 취약하지도 위협적이지도 않고 또 착취당하지도 않는 자연의 이름을 원하지만, 자연은 우리에게 아무것도 묻지 않는다. 가이아는 '초월의 망각된 형태'다. 가이아는 매개자나 보증인 또는 원천이 아니기에 부정적인 존재일 수도 있다. 가이아는 인간의 삶과 인식에 침투하지만 호혜성은 없다. 어느 곳에도 내가 외부-소통xeno-communication이라 부르는 통로는 없으며[8], 누구도 가이아에게 대제사장high priest의 역할을 요구할 수 없다. 그럼에도 불구하고 우리가 마음대로 그녀를 무시할 수 있는 미래는 존재하지 않는다. "우리는 우리의 정당성에 귀 기울이지 않는 단호한 존재에 직면하여 우리가 약속한 것에 대해 지속적으로 답해야 한다."

이는 수사적으로 위험한 행위가 아닐 수 없다. 특히 미국에서는 가이아

이야기가 자연스럽게 히피의 낭만적 신비주의로 연결될 수도 있다.[9] 하지만 수사적으로만 위험한 행위일 뿐이므로 시도할 만한 가치가 있을 것이다. 스텐저스는 가이아의 호출이 과학에 반대하는 건 아니며, 오히려 과학자들에게 새로운 생각을 불러일으킬 수 있다고 주장한다. 그러나 일반적으로 볼 때 가이아가 현재의 위협이 된다면, 과학자들은 우리가 처한 상황을 경고하는 임무를 이미 수행했다는 것이 나의 생각이다.

수사적 전술에 대한 감각은 무엇보다 지역적인 비상 상황에 대한 인식의 산물일 수 있다. 스스로를 찾으려는 맥락에서 나는 세계를 이해하는 과학 형태를 존중하는 노력을 해야 한다. 미국의 경우, 기후 과학자와 지구과학자들에게 맞서는 데 사용되는 전술은 단지 맥카시즘적인 마녀사냥으로만 인식될 수도 있다.

그러나 스텐저스가 분명히 말했듯이 '과학'이라는 말에는 다른 많은 의미가 있을 수 있다. 그중 일부는 앎의 실제 형태나 앎의 실천이 전혀 아니다. 늘 그렇듯 사업을 정당화하기 위해 배치되는 경제 '과학'에는 부족함이 없다. 상품화의 영원한 전진에 자신의 영혼을 바치는 사람들은 공포를 느끼지 못하거나 반성을 하지 못한다. 상황이 아무리 암울할지라도 그들의 입장에서 '기회'가 아닌 상황이란 존재하지 않는다. 스텐저스의 말을 들어보자.

> 음흉하고 만족스러운 미소를 지으면서 우리에게 "마르크스가 역사"라고 말하는 사람들은 마르크스가 묘사한 자본주의가 왜 더 이상 문제 되지 않는지 이야기하기를 꺼린다. 그들은 단지 자본주의가 쉽사리 무너지지 않는다는 걸 암시할 뿐이다. 오늘날 자본주의에 맞서는 투쟁의 허영심에 대해 말하는 사람들은 사실상 "야만은 우리의 운명"이라는 말을 하고 있는 셈이다.

자본주의는 자체적인 필요성을 만들어내는데, 이는 마르크스의 입장에

서는 교환가치의 원칙이 기본적으로 지니는 것이다. 자본주의는 필연적이
지 않을 뿐만 아니라 근본적으로 무책임한 초월의 방식이다. "자본주의는
소음을 좋아하지 않는다." 시장의 신호가 아닌 신호는 자본주의에게 소음에
불과하기에 자본주의는 그러한 신호를 필사적으로 제거하고자 한다.

그럼에도 불구하고 스텐저스는 모든 것을 자본의 모습으로 무너뜨리기
를 꺼린다. 자본세에 대해 말하는 건 스텐저스가 가이아의 침입이라 부르는
특정한 새로운 정보를 무시할 위험을 무릅쓰는 일이 되기 때문이다. 그래서
나는 좀 더 일반적인 명칭인 인류세를 고수하고 있다. 스텐저스의 말을 들
어보자.

> 나는 또한 지구온난화가 사실상 새로운 문제라는 생각에 립 서비스를
> 제공하기를 거부하는 사람들을 선동할 수도 있다는 사실이 두려워진다. 이
> 어서 다른 모든 사람들처럼 이 문제에 대해 자본주의가 비난을 받아야 한
> 다는 시위가 일어난다. 그다음에는 그러한 결론에 따라 우리는 투쟁의 전
> 망을 뒤집어서는 안 되는 진리로 고통받는 걸 스스로에게 허용하지 않으면
> 서 우리의 지향점을 유지해야만 한다.

요컨대 인류세는 가이아와 함께 살아가기를 배우는 것에 관한 문제다.
"가이아에게 침입이라는 말을 붙이는 건 그 이후란 없음을 나타낸다." 그건
자연이 인간 정복을 위한 자원으로 존재한다는 서사시적epic 유물론을 버리
는 걸 의미한다. 거기에서 장애물은 아이들의 동화처럼 오직 프로메테우스
적 도약을 위한 서사시적 명분으로서만 존재한다.[10] 더 이상 누구도 가이아
가 의미하는 모든 것에 관심을 기울이지 않을 권리를 주장할 수 없다. 자본
이 부정될 수 있다고 생각하는 사람들과 반대로 가속화될 수 있다고 생각하
는 사람들 모두 자신들의 부주의를 설명하도록 요구받는다.

변변찮은 지금의 문명은 전임자들만큼이나 눈먼 것으로 밝혀진다. '환경'에 관심이 있더라도, 사용되기보다는 보존되어야 할 자원의 문제로 여겨지는 경우가 적지 않다. 위험한 제품에 대한 예방 조치는 '기업가의 신성한 권리'에 진정으로 도전하지 않는다. 그 권리는 브랜드의 명성, 경쟁자의 전술, 주주 가치의 극대화 말고는 주의를 기울이지 않는다. 위험은 진보의 대가다. 기업가는 프로메테우스적인 도약을 이뤄낸다. 더 이상 그러한 도약이 다른 모두에게 이익이 될 거라고 믿는 사람이 없더라도 말이다.

여기에는 추악한 진실이 존재한다. 바로 이익 기계 안에서 살아가는 기업가들이 실은 위험을 감수하고 싶어 하지 않는다는 점이다. 그들은 안전을 원한다. 브라운이 볼 때 이는 신자유주의의 특징이며, 거기서 국가의 역할은 경제 외적인 위험을 최소화하면서 이익을 확보하는 것이 된다. 기업가들은 자신의 행동 결과에 보상받기를, 모든 것이 자신을 위한 기회가 되기를 원한다.

스텐저스가 기업가라고 부르는 이들을 나는 *벡터 계급*이라 부른다.[11] 벡터 계급은 더 이상 무언가를 만드는 데엔 관심이 없으며, 무언가를 성장시키는 데엔 더더욱 관심이 없다. 오직 *정보의 비대칭적 흐름*에서 사람들의 관심을 빼앗고 싶어 할 뿐이다. 그들은 국가에 기초 연구비를 지불하도록 요구하지만 그것이 특허로 민영화될 때 따로 보상금을 챙긴다. 그들은 정부가 자금을 지원하는 연구 의제를 자신의 이익을 위한 기반으로 만들기를 원한다. 또한 국가가 정보 공유를 사유화하고 침해를 단속하는 데 특별한 주의를 기울이기를 원한다. 나의 관점에서 벡터 계급은 웬들링이 마르크스의 열역학적 자본 모델로 인식한 것에 대비되는 완전히 새로운 상품화 권력 체제로 이해된다.

스텐저스의 책은 이 같은 체제 하에서 과학에 일어난 일에 대한 흥미로운 내용을 담고 있지만, 여기서는 지면 관계상 간략하게 다루고자 한다.[12] 그 내용을 표현하는 한 가지 방법은 그녀가 과학Science, 복수에 첫 알파벳이 소문자인 과학sciences과 구분하기 위해 이하 이탤릭체로 표기함에 대항하여 과학sciences을 방어한 다고 말하는 것이다. 스텐저스는 이렇게 말한다. "그건 과학적 실천을 공격 하는 게 아니라, 과학의 생산력과 상대적 신뢰도에 기여하는 것과는 무관한 권위의 이미지에 대항하여 과학을 방어하는 문제였다."

그녀의 관점에서 볼 때 갈릴레오는 다소 제한적이고 이상화된 과학적 방 법을 대신하여 매우 성공적인 선전 임무를 수행했다. 이후에는 단순한 '의 견'에 맞서 행사되는 일종의 권위로 승격했다. 이는 객관적으로 해결할 수 있는 실제 질문을 결정하는 역할을 자본 과학capital-S Science에 맡기는 불행 한 결과를 가져왔다. 한편 앙드레 브르통은 과학이 여러 가지 문제의 해결 책으로 유용하다는 걸 과감하게 주장했지만, 불행히도 그런 문제들은 부차 적 관심거리에 지나지 않았다.[13]

문제는 많은 과학이 스스로를 국가에 그리고 국가가 일부분 설정한 의제 에 정렬시켰다는 점이다. 그런데 정부에게서 벗어나게 되면 그들은 새로운 관리 체제에 맞서 자신을 방어할 수가 없다. 자신들의 작은 역할을 잃어버 린 연구자들은 분노한 나머지 국가에게 배반당했다고 느낀다. 하지만 국가 는 가이아의 침입 혹은 상품화의 요구에 맞서는 보호막이 되지 못한다. 국 가는 더 이상 진보를 언급하지 않으며 상품화를 촉진한다. 뿐만 아니라 여 전히 규칙과 규범을 만들어낸다. 그 과정에서 지역, 전통, 공유지를 제거하 고 관심의 예술에 영양분을 공급할 수 있는 자원을 파괴한다.

그럼에도 불구하고 스텐저스는 과학의 실천이 아닌 제도화된 과학을 경 계한다. "우리에게는 야만적이지 않은 미래의 가능성이 달려 있는 해답을 제시할 수 있는 연구자들이 필요하다." 그녀는 우리가 처한 모든 곤경의 책 임이 추상적, 기술적 합리성에 있다는 식으로 비판하지는 않는다. "모든 걸 기술 합리성으로 돌리는 건 너무 섣부르다. 실무자로서 기술자들은 기술의 결과에 무관심한 범주로 움직이는 모든 것을 다루는 일보다 더 많은 다른 일들을 할 수 있다."

하지만 이는 중요한 문제다. 공론화의 자격 조건은 스텐저스는 기업가로 또 나는 벡터 계급으로 부르는 이들의 관심에 따라 미리 결정된다. "모든 이들을 위해 정복된 것은 누구에게나 적용되는 범주, 즉 기억 상실을 일으키고 자본주의가 만들어낸 지옥 같은 대안에 취약한 범주에 따라 재정의되었다." 여기서는 어느 누구의 특정한 필요, 관심, 희망도 고려되지 않는다. 정부가 공공질서를 유지한다면 기업가들은 책임에 따르는 권리를 유지한다. 그 사이에서 그들은 주의를 기울이는 것에 대한 적개심을 만들어낸다.

그러므로 집합적으로 회복되어야 하는 건 주의를 기울이는 기술이며, 이는 국가가 도울 수 없는 것이다. 우리에게는 중요하다고 인정되는 것에 대해 합의된 내러티브가 필요하다. 스텐저스는 공유지를 지속적으로 사유화하는 것enclosure에 대한 내러티브를 강조한다. 이른바 지식 경제(나는 이를 자본주의적 생산방식보다는 벡터적 생산방식이라 부른다)가 공공 연구와 민간 연구의 경계를 지운다. 정부는 벡터 계급이 공적인 지식 생산을 전용하도록 허가하면서 그것의 '지적재산' 버전을 시행할 책임을 국가에 부여한다. 혹은 TPPTrans-Pacific Partnership, 환태평양경제동반자협정나 이와 유사한 조약에서 나타나듯이 그것을 수행할 준정부적 기구를 창설한다. 이제는 이러한 사유화에 대한 새로운 저항 모드를 개발하는 것이 필요하다.

스텐저스의 입장에서 볼 때 여기에는 언급할 만한 두 가지 이야기가 있다. 한 가지 버전은 마르크스주의의 '개념 극장conceptual theater'을 재구성하는 것이다. 부탕이나 라자라토에서 찾아볼 수 있는 이것은 사용가치가 즉각적으로 사회화되는 무형의 프롤레타리아에 대한 이야기다. 즉 인지자본주의가 탈산업화된 익명적이고 추상적인 공동체의 이러한 사회성 자체를 착취한다면, 다중과 같은 새로운 인간상은 노동자를 해방의 동인으로 대체한다는 것이다.

나는 이런 식의 내러티브에 항상 반대해왔다. 나는 '비물질적immaterial'의 범주가 무의미하며, '인지cognitive'나 '징후semio-' 같은 수식어가 우리 시대의 생산과 재생산의 힘이 지닌 특징을 제대로 포착하지 못한다고 생각한다. 또한 생산 과정 내의 매우 상이한 경험과 함의에 대해 이야기할 때 일종의 집단적 또는 계급적 통합을 미리 가정하지 않는 게 가장 좋다고 생각한다. 이런 이유로 나는 《해커 선언》에서 해커와 노동자를 문화적, 정치적, 조직적 수단을 통해 자신의 이해관계를 결합하는 방법을 찾아야 하는 대상으로 보도록 신경을 썼다.

그럼에도 불구하고 내 생각에 비르노, 부탕, 라자라토, 베라르디 같은 이탈리아와 프랑스 저술가들은 적어도 올바른 질문을 던지고 있다. 또한 개념화된 그물망에서 상품화 단계의 일부 특징을 포착하려 노력하고 있다. 스텐저스 역시 여기서 공유된 일부 영역을 수용하는 것으로 보인다. 그녀는 그 자신들에게 공통적인 것을 전용하는 자들에 맞서는 저항 형태를 발명한 컴퓨터 연산 작업자들에게 주목한다. 그중에서 리처드 스톨만과 자유 소프트웨어 운동Free Software movement이 가장 중요한 요소가 될 수 있다.[14] "자신들을 프로그래머가 되도록 만든 요소라고 그들이 정의한 것은 비물질적 유목민이 아닌 '보통 사람들commoner'이었다."

하지만 스텐저스에게 보통 사람들은 반대를 초월한 보편성의 새로운 개념적 보증인이 아니다. 그녀는 공유지의 사회화가 사유재산의 족쇄를 통해 폭발해야만 하는 내러티브의 목적론 버전—진보된 '지적 재산' 형태마저도—을 재도입하는 것에 저항한다. 《해커 선언》에서 나는 소유에 적대적인 것으로서의 정보, 그리고 공유되는 것으로서만 필연적으로 존재해야 하는 정보의 본질에 대한 존재론적 주장에 의존했다. 나는 그 주장을 포기할 준비가 되어 있지 않지만, 스텐저스는 노동자주의자들과 자율주의자들의 논쟁에서 그렇듯 이 사고방식의 문제에 주의를 기울이게 만든다. 내가 볼 때 그녀는 우리에게 보장 없는 세상과 맞설 의무를 부과한다. 그 세상에서는 야만성이 정치 경제적 선택에 대한 정확한 묘사일 수 있다. 우리에게 주어진 과제는 야만적이지 않은 방식으로 가이아의 침입에 대응하는 것이며, 이미 주어진 결과에 호소하지 않는 것이다.

야만의 한 형태는 예술과 과학이 전문적인 '움직임move'을 위한 동일한 게임 공간gamespace의 끝없는 버전으로 변모함으로써 야기되는 집중력의 감소에 영향을 미친다.[15] 특히 과학은 "새로운 존재와 작인으로 현실을 채울 수 있는 능력을 갖고 있다". 그러나 과학이 자본 과학에 의해 국가와 벡터 계급을 위한 일종의 문지기 역할로 제한될 경우에는 그렇지 않다. 과학은 자연의 모든 것을 자원으로 바꾸기 위해 모든 장애물을 제거할 수 있는 프로메테우스적 인간을 위한 일종의 토템totem이다.

이 때문에 스텐저스는 실천과 신념의 방식으로서의 과학에 너무 많은 걸 양보하기를 꺼린다. 그건 가장 창조적인 과학의 모습이 아니며, 앎과 조직화의 다른 방식을 배제하는 것이다. 그러므로 한편으로 과학은 과학을 향한 믿음에서 벗어나야 한다. 다른 한편으로 '거리에서' 조직화되는 다른 형태는 자발성의 신념 또는 해방의 거대서사시에서 벗어나야 한다.

스텐저스는 이렇게 말한다. "우리는 파괴된 실천과 집단 지식을 위한 진정한 공동묘지에서 살고 있다." 그러나 새로운 형태 혹은 부활한 형태의 공유를 창조하려 시도하더라도 그것이 반드시 보장되지는 않는다는 걸 기억해야 한다. 커먼스에도 역시 위험성이 존재하는데 그중 하나가 파시즘이다. 무페가 우리에게 상기시켜주듯이, 공유된 물질에 대한 민주적 헌신은 누가 그것에서 제외되는지에 대한 강한 인식과 함께 나타난다. 또한 배제된 자들을 인간 이하의 존재로 다루는 모든 위험이라고 길로이가 파악한 것과 함께 나타난다.

우리는 파르마콘pharmakon, 독인 동시에 약이 되는 것의 모습을 충분히 가지고 있을지도 모르지만, 스텐저스는 그런 모습을 판단 불가undecidable라는 이름으로 여기에 배치한다. 왜냐하면 그것이 좋은 영향을 미칠지 아니면 나쁜 영향을 미칠지는 누구도 미리 알 수 없기 때문이다.[16] 컴퓨팅 세계라는 상대적으로 협소한 상품화 세계에서 무료 소프트웨어로 저항하는 사람들은 자신의 실천을 파르마콘으로 생각하는 사람들이다. 이는 스텐저스가 열거하는 사례 중 하나다.

그런데 왜 과학은 몇몇 프로그래머와 같은 방식으로 대응하지 않았는가? 왜 과학은 스스로를 국가와 벡터 계급에 그토록 완전하게 결부시켰는가? 사실 이는 웬디 전이 상기시켜주듯 오늘날 프로그래밍의 실상 그 자체다. 하지만 문제는 여전히 남아 있다. 결정 불가의 파르마콘을 향한 증오도 그 중 하나다. 이는 과학이 실행 가능한 방법을 갖지 못한 곳에서도 과학주의scientism를 향한 열망으로 나타난다. 또 다른 문제는 서구적 합리성으로서의 과학에 대한 자민족 중심적 믿음이다. 조지프 니덤이 과학 없는 중국이라는 시화를 폭로했음에도 불구하고 그럼 믿음은 지금도 여전히 존재한다.[17]

그것은 과학이든 일종의 정치적인 것의 존재론이든 간에 무페, 버틀러, 비르노에서는 다른 방식으로 발견될 수 있다. 그러므로 앞선 보증에 집착하지 않는 방법으로 관심을 기울여야 한다. "모든 창조는 친숙한 세상이 아닌 불건전한 환경으로 나아가려는 지식을 통합해야 한다." 이제는 그런 실험의 시대가 되어야 한다. "투쟁의 시간이 창조의 시간을 연기할 수 없기 때문에 약리적 기술이 필요하다. 더 이상 위험이 없을 때까지 '나중으로' 미룰 수는 없다."

이는 계몽된 시대일 수도 있지만, 계몽주의가 자유로운 사고에 대한 취향으로 또 상상력이 저항으로 여겨질 때에만 그럴 것이다. 그러한 시대는 확립된 특권의 대표자로서 계몽의 신호 아래 어떤 유용한 방법으로도 지속될 수 없다. 또한 신비화 혹은 회귀라는 어떤 형태의 비판과도 싸울 수 있지만, 이는 국가와 교환가치라는 이유로 완전히 사라지지 않은 사회적 삶의 형태에 대한 공격을 희생시키는 것이다. 스텐저스는 들뢰즈의 방식에 따라 보다 건설적이고 구성주의적인 생각의 이름으로 비판에 대한 비판을 충분히 역설적으로 제시한다.

이제 '과학 전쟁'에 휴전을 선포할 때가 되었다. 해러웨이에서 그러했듯, 지식의 '사회 건설'에 대한 비판은 어떻게 과학이 동시에 사회적이고 역사적인 형태로 포화될 수 있는지를 이해하지 못했다. 그런데도 비인격적 세계를 지향하는 안정적 결과를 여전히 결정crystal화한다. 반면 과학은 산업에 영합하고 국가와 공모한 사실을 해명하기 위해 유보될 필요가 있다.

휴머니즘 사고와 과학의 열린 탐구에 맞서는 적enemy은 일종의 어리석음이다. 이 어리석음은 이제 계몽을 수호하는 사람들에게까지 영향을 미친다. 이들은 사실상 특권을 수호하면서 모험과 위험에 대한 모든 감각을 상실해버렸다. (스텐저스는 사례를 제시하지 않지만 리처드 도킨스Richard Dawkins의 슬픈 궤도를 떠올리지 않을 수 없다.) 스텐저스는 뿌리나 본질까지 혹은 최초의 것의 존재론으로 다른 모든 것들을 바닥까지 꿰뚫어보라는 비판보다는, 들뢰즈처럼 두 번째와 세 번째 것들의 세계를 선호한다. 또한 중간이나 환경을 통해 생각하는 세계를 선호한다.[18]

요컨대 지금은 사소한 지식minor knowledge이 요구되는 시대다. 사소한 지식은 프로메테우스적 근대화라는 질서에 질문을 던진다.[19] 질문의 홍수를 막고자 수문floodgate을 걸어 잠그는 수호자들과 달리 우리는 우리 자신의 질문을 제기하는 법을 배워야 한다. 그리고 그들이 내놓는 답이 우리를 위한 대답이 아니라면, 누구를 위한 대답도 아니라면 거절해야 한다. 우리는 자신이 무슨 일을 벌이는지 안다는 믿음을 지나치게 신뢰해서는 안 된다. "그건 우리를 바꾸는 문제가 아니라 우리 상상력의 황폐화된 사막을 다시 채우는 문제다."

우리가 피해야 하는 덫에는 전문 지식에 사로잡히는 것도 있고, 지형을 양극화하고 반대 진영의 이익 말고는 모든 걸 무의미하게 만드는 대립도 있다. 우리는 어리석음으로 중독된 환경에서 '전문가들이 벗어나도록' 노력해야 한다. 단순히 차이를 존중하는 신뢰가 아니라 외부로 퍼져 나가는 신뢰를 만들어야 한다. 우리는 같은 길을 가지 않으며 앞으로도 그럴 것이다. 차이를 합치는 방법은 없다. 외양을 '관통'하는 길도 없고 사전에 총체적 진실을 알 수 있는 방법도 없다. "'자연적인' 것이 어떠한 인공물도 필요치 않게 되도록 하는 필사적인 노력만이 앞으로 영원히 파르마콘의 증오, 그것의 사용이 기술을 암시하는 증오를 언급하게 될 것이다."

나는 (나 자신을 그렇게 여기듯이) 스텐저스를 지식의 객체보다는 절차의 현실주의자로 여길 것이다. 우리는 결과를 얻은 방법에 대해서는 어느 정도 알 수 있지만, 존재론이나 자연 또는 실재에 대해서는 많은 것을 알 수 없다. 내가 메이야수와의 논쟁에서 주장했듯이 *비인격적인* 것을 인간적으로 보이게 만드는 데는 *비인간적인* 장치가 필요하다. 스텐저스는 이렇게 말한다. "과학적 해석은 실험적 조작과 인공물 없이는 스스로를 강제하지 못한다. 그러한 발명은 '진리'보다 훨씬 더 그들 자신을 흥분시킨다." 스텐저스는 최근의 존재론적 사유와는 다른 곳을 지향하지만, 인식론에 대한 낡은 강박관념으로 돌아가지는 않는다. 존재론이 공개된 객체에 적합한 방식의 방법론을 원했던 것처럼, 그 강박관념은 적절한 앎의 방법에 대한 규칙을 원하는 경향이 있었다.

인공물을 향한 증오는 파르마콘을 향한 증오다. 그건 진실과 선을 미리 보증하려는 욕망이며, 특히 민주주의 인공물을 향한 증오일 수 있다.[20] 스텐저스는 이렇게 말한다. "스스로 책임감을 느끼는 사람들은 정치 행동을 위한 유일한 합법적 수단이 어린아이 장난감처럼 위험하지 않을 거라는 보장을 요구한다." 그러한 정치는 '자연' 질서와 분리된 것이다.

이중 어느 것도 가이아를 달래지는 못하지만 덜 야만적인 미래를 만드는 데에는 도움이 될 수 있다. *가이아라고 이름 붙이는 것, 어리석음과 맞서는 것, 주의를 기울이는 것, 차이를 존중하는 것, 인공물을 창조하는 것은 야만 행위의 출현을 가능한 한 막기 위한 방안 또는 알고리즘일지도 모른다.* (내가 *파르마콘*을 의미 있는 것으로 생각하는 이유도 이것이다.)

비인간적 코미디

The Inhuman Comedy

도나 해러웨이Donna Haraway는 미국 출신의 여성 사상가이자 교수다. 예일
대학교에서 생물학 박사 학위를 취득했으며 현재 캘리포니아대학교의 의
식사학과 교수로 재직 중이다. 1985년 〈사회주의 평론〉 80호에 처음 발
표된 〈사이보그들을 위한 선언문: 1980년대의 과학, 기술, 그리고 사회주
의적 페미니즘〉으로 국제적인 명성을 얻었다.

내 딸이 어렸을 때, 유치원에 가는 길에 우리는 도그 푸 카운트Dog Poo Count, 개똥 세기라는 게임을 했다. 아이와 놀아줄 때 흔히 하는 숫자를 세는 게임이었지만, 딸아이에게 오르는 계단을 조심하도록 일깨워주는 작은 뉴요커를 위한 게임이기도 했다. 뉴욕 사람들은 매일같이 개의 배설물이 쏟아져 나오는 걸 보는 즐거움을 기대할 수 있다. 그래서《해러웨이 선언Manifestly Haraway》에서 도나 해러웨이Donna Haraway가 캘리포니아에서 〈뉴욕타임스〉의 파란색 비닐 포장지로 강아지 똥을 수거했다는 사실을 알게 된 건 나로서는 재미있는 일이었다.[1]

개를 바라보는 관점이 다르다는 것 말고 나는 내 감수성이 흥미로운 방식으로 해러웨이와 많이 다르다는 걸 발견했다. 그녀는 자신을 '스푸트니크 카톨릭Sputnik Catholic'으로 묘사한다. 그녀는 종교적으로 키워졌지만, "내 가톨릭 소녀의 두뇌는 내가 낙태 반대주의자인 어머니의 열 번째 아이가 된 것과는 반대되는 교육을 받았다. 나는 스푸트니크 이후 국가 자원이 되었기 때문이다. 내 두뇌는 귀중한 존재가 되었다". 나는 나 자신을 수성Mercury 마르크스주의자라고 묘사할 수 있다고 생각한다. (내가 기억하는 건 수성 우주 프로그램이 아닌 아폴로지만, 어쨌든 그건 잘못된 신이다.) 냉전 시대의 우주 탐사를 둘러싼 적대적 경쟁심은 인간이 다른 어떤 것이 될 가능성을 보여준다.

해러웨이의 세속적 가톨릭교에 맞서는 세속적 개신교도로서 나는 특성을 매개하는 데 별로 관심이 없다. 총체성의 문제에 노골적으로 대립하는 건 개신교의 감수성으로 견뎌내는 것이라고 나는 생각한다.[2] 자신의 노동에 헌신하는 것은 그 자체로 목적이 아니라, 세계의 숭고한 이질적 타자성에 열려 있기에 충분할 만큼 육체를 편안하게 만드는 수단이었다.

이런 이유로 나는 해러웨이가 쓴 글의 일부 주제에 대해 약간 경도된 상황에서 읽었다. 덕분에 그녀의 책 읽기는 무척 재미있었다. 《해러웨이 선언》은 진화하는 작업을 통해 세 가지 순간을 제시한다. 이는 선언에 대해 세 가지 명상의 형태를 취한다. 이 책은 유명한 《사이보그 선언》(1985년 출간)과 《반려 종 선언Companion Species Manifesto》(2003년 출간), 그리고 《크툴루세 선언Cthulucene Manifesto》에 대한 주석으로 읽을 수 있는 캐리 울프Cary Wolfe와의 신선한 대담을 엮어서 재발행한 것이다.[3] 나는 이를 최근 책부터 역순으로 읽으려 한다.

인류세라는 명칭을 다른 것으로 바꾸려는 충동은 (그게 무엇이든!) 강력하고 심지어는 병리학 자체일 수도 있다. 인류를 중심에서 벗어나게 하기 위해 너무나 오랜 시간을 보낸 휴머니스트들로서는, 앤트로포스Anthropos, 그리스어로 '인류'라는 뜻에 다시 집중되기를 원하지 않는 데에는 합당한 이유가 있다. 그러나 그런 이름을 붙인 사람들은 생물학자와 지구과학자들이었기에 그 명칭을 존중하는 지속적인 대화가 유지될 수 있었다. 해러웨이는 이렇게 말한다. "나는 그것이 그들의 용어가 아니었기를 바랐지만 그건 분명 그들의 용어다……. 우리는 핵심적인 면에서 우리의 긴급성을 더 잘 나타내는 다른 명칭뿐만 아니라 이러한 산만한 물질성 안에서 계속 작업해 나가야 할 것이다." 자연과학에서 사용되는 언어로 자연과학과 이야기할 수 있다는 건 도움이 된다.

어쨌든 해러웨이가 말했듯이, "나는 하나의 용어를 선택할 필요는 없다". 만약 그녀가 그런 선택을 한다면 제이슨 무어가 그것을 *자본세*라고 부르는 것과 관련될 것이다. "자본세의 참여자player들은 최소한 식물, 동물, 인간, 미생물 등 이 모든 것의 내부와 그 사이의 다층적인 기술에 위치하고 있다." 자본세는 기후변화, 해양 산성화, 대량 멸종과 그 밖의 삶과 죽음의 징후에서 작동하는 권력을 매우 불충분하게 나타내는 명명법이다. 그 명칭에서 내가 망설이는 건 그것이 미래에 폐기될 자본이고, 단순히 부정만 해서는 아무것도 해결되지 않는다는 점뿐이다.[4]

그러니 다른 이름을 생각해보자. 크툴루세Chthulucene에서도 살아가자. 해러웨이는 러브크래프트Lovecraft, 미국의 호러, 판타지, 공상과학 소설가의 열성 팬이 아니다. 그녀에게 크툴루Chthulu, 러브크래프트가 창조한 가공의 신화로, 과거의 지구에서 이 세계를 공포와 광기로 지배했던 초고대 악신들에 관한 신화는 러브크래프트의 인종차별적 판타지와는 거리가 먼 궁극적인 괴물성의 명칭이다.[5] 그녀가 크툴루세라는 명칭을 선택한 이유는 그것이 자신이 사는 캘리포니아 지역의 거미 종에게 붙여진 이름이기 때문이다. 공상소설의 언어와 과학적 분류 언어가 이렇게 교차되고 연결되는 방식이 무척 흥미롭다.

해러웨이는 다음과 같이 그 언어를 더욱 혼란에 빠트린다.

나의 크툴루세는 서로를 위험에 빠트리는 치명적 구성 요소들의 시간이다. 이 신기원은 뒤틀린diffracted 무수한 촉수를 가진 땅terra, 시간성과 공간성과 물질성이 거미줄처럼 뒤엉킨 지구라는 지속적인 힘의 카이노스kainos, 새로운 시작다. 카이노스는 고대이면서 고대가 아닌, 두껍고 울퉁불퉁한 '현재'의 시간성이다.

여기서 '뒤틀린'이라는 단어를 주목해보자. 이는 수많은 지상의 신처럼 행세하는 작은 존재godlet들이 거주하는 각본이지만, 그들의 관계는 철회되지 않는다. 반대로 서로를 깨트리고 분열시키는 파도와도 같다.

그것은 겉보기에는 비슷한 것들을 향해 기울어진 더듬이를 가진 세계로 진입하는 방법이다. 즉 새로운 유물론이 아닌 아주 고대의 유물론인 것이다.[6] 그것은 포스트휴머니즘이 아니다. 거기에는 인간에 관해 말할 것이 거의 없기 때문이다. 또한 생태학도 아니다. 건강한 재생산에 대한 생태학의 집착과는 동떨어져 있기 때문이다. 그것은 스텐저스가 말한 가이아Gaia가 아니라 헤시오도스Hesiod가 훌륭한 신으로 만들기 이전의 광포한 가이아다. 크툴루세는 뱀의 머리를 한 고르곤Gorgon, 거울을 깨트려버릴 수 있는 괴물에 더 가깝다. "나는 지속되고 끝이 없고 두려운 지구의 힘에 내 운명을 던지고 싶다. 그곳에서는 위험, 테러, 그리고 분류할 수 없고 치명적이며 지속적인 약속이 여전히 나타날 수 있다."

해러웨이는 함께 모여서 세상을 만드는 실천에 관심을 갖는다. "나는 퍼져 나가는 나의 단어와 인물들이 살을 가진 존재로 많은 일을 한다고 생각한다." 그러나 그것은 단어와 육체의 비동일성nonidentity, 즉 페티시, 대역, 이중성을 고수하고 또 그렇게 되는 그러한 이름에 맞서는 저항이 된다. 이는 종교 사상가가 지향하는 부정의 길via negativa의 버전이지만, 무한성이 아닌 유한성이 존재할 수 있는 그 길의 부재에 의해 표시되는 몸짓을 지향한다.[7] 이러한 의미의 부정의 길은 겸손에 대한 명령으로서, 대표성은 물론 지표성과 전체성도 거부한다. "당신은 둘 또는 다수로부터 하나가 되지 않을 것이다. 왜냐하면 그것은 정확하게 부정의 길이 차단하고자 하는 우상숭배이기 때문이다."

이는 해러웨이가 스텐저스, 라투르와 공유할 수 있는 가톨릭의 물질 기호학이 남긴 잔재일지도 모른다.[8] 해러웨이는 이렇게 말한다. "내 입장에서 성육신incarnation과 성찬 중시주의sacramentalism는 압도적으로 육체 그 자체에서 공유된 식사에 관한 것이었다. 세속성carnality은 정말로 가톨릭적인 것이다. 사이보그와 개, 두 가지 선언은 모두 그것의 증거다!" 공백, 실재, 또는 사물의 최종적인 의미를 말할 수 있는 아버지 이름의 부재에 있어 단어와 사물의 유동적 공존은 끝이 없다.

그건 스위스 언어학자 소쉬르Saussure가 주창한 기호학의 구조적 (혹은 개신교의) 전환을 거부하는 것이다.[9] 이는 언어가 지칭하는 사물과 사건의 평면에서 상징의 추상적 평면을 분리한다. 대신 여기에는 '기호화와 육체화 과정이라는 놀라운 촉수와 같은 친밀감'이 존재한다. 이는 가위바위보 게임과도 같아서 다른 모든 것을 이기는 결정적인 동작이란 존재하지 않는다. 또한 신호와 손은 분리할 수 없지만 그렇다고 하나가 되지는 않는다.

그런데 여기로 갈 수 있는 또 다른 방법이 있다. 그 방법은 해러웨이에게 자신의 흔적을 남겨두었다. 자본세와 크툴루세라는 그녀의 대안적 명명법에 말이다. 후자(크툴루세)는 미끄럽고 육체적이고 변화무쌍한 세계의 전경foreground을 지향한다. 반면 전자(자본세)는 여전히 보다 추상적이고 비실체적인 총체성의 특성, 특히 *나쁜* 총체성의 특성이라는 배경background을 지향한다. 나쁜 총체성은 스스로를 재앙의 순간을 넘어서는 충만과 배제로 이끌고자 한다.

전경의 세부 사항이 아닌 배경의 일반성을 다수화하는 점은 다소 흥미롭다. 자본주의의 일반성이 존재하는데—아직도 이러한 혼란이 의미한다면—그건 상품 형태로 또 그 안에 사물들이 서로를 둘러싸도록 강제해왔다.[10] 하지만 그다음에는 기후 과학의 보편성, 즉 대기와 해양을 통한 탄소의 실제 분자 흐름의 경로가 존재한다. 이러한 두 가지 추상화가 이름 붙이려 시도하는 것이 무엇이든 그 사이의 맹렬한 바람 속에서 뒤엉키는 세부적인 것들의 춤을 볼 수 있다.

그리스와 로마에는 셀레네Selene, 포이베Phoebe, 아르테미스Artemis, 헤카테Hecate, 루나Luna, 트리비아Trivia 등 달의 여신들이 있었다. 달 탐사선의 이름이 아폴로가 아닌 트리비아라고 지어졌다고 상상해보라! 교차로의 여신인 트리비아는 개가 짖는 소리만으로 자신의 존재를 알릴 수 있다. 윤리와 정치가 단지 땅속 진흙 신들뿐만 아니라 더 넓은 주변 신들의 '세속적' 버전이었다면 어떤 모습이었을까? 크툴루세의 윤리는 해러웨이가 최근 연구에서 중점을 두는 부분이기도 하다. 다만 크툴루세의 윤리와 자본세의 정치 둘 다 필요할지도 모른다. 그것을 인류세라고 부르는 사람들과 함께 작업하기 위한 수사적 관대함이 필요한 건 말할 것도 없다.

윤리학과 윤리학의 질문으로 시작하기: "우리 모두는 어떻게 '순결하지 않음' 속에서 살아가는가?" 그리고: "우리 시대를 진정으로 사랑하는 방법, 어떻게든 여기서 함께 잘 살고 잘 죽는 법은 무엇인가?" 이 질문들은 변증법적으로 해결되지 않는 차이를 넘어서는 만남의 문제이지만, 각각의 영토를 분리하도록 회귀하지는 않을 것이다. "그러한 어려움 속에서 함께 잘 살고 잘 죽기 위해서는 반드시 존재론적 안무를 가져와 춤을 춰야 한다." 해러웨이는 이를 묘하게 뒤튼다. "아기 말고 친족을 만들어라!" 나는 그 말을 이렇게 바꾸고자 한다. "친족kin 말고 친구kith를 만들어라!" 해러웨이는 이렇게 말한다. "우리는 젠더의 스펙트럼에 대해 그랬듯이 (그리고 여전히 그렇듯이) 반려 종의 친족 장르를 명명하는 다른 명사와 대명사가 필요하다." 혹은 친족 장르 말고 친구 장르가 필요할 수도 있다.

부분적 관계의 윤리는 정치로까지 확장될 수 있을까? 또는 정치는 무페가 취했던 존재론이 아니라 하나의 전술, 즉 타자에 대한 경쟁적 관계를 수반해야 하는가? 어쩌면 우리 모두는 탄소 해방 전선이 공기와 바다를 장악하는 걸 반대하는지도 모른다.[11] 사실 이는 해러웨이가 정치에 접근하는 방식이 아니다. "나는 긍정적인 삶정치가 유한성에 관한 것, 더 나은 삶과 죽음에 관한 것, 잘 살고 잘 죽는 것에 관한 것이라고 생각한다. 또한 무자비한 실패에 대한 일종의 개방성에서 우리가 할 수 있는 최선을 다해 양육하고 살육하는 것이라고 생각한다." 이는 정치에 초점을 맞춘 버틀러와 브라운 이후의 삶정치라기보다는, 생물학에 초점을 맞춘 린 마구이스Lynn Marguis와 에블린 허친슨Evelyn Hutchinson에게서 나온 것이다.[12] 그러므로 그것은 살육하는 권력이나 죽음의 타자성에 고정되어 있지 않다. "문제는 죽음이 아니다. 지속성의 조직tissue을 단절하는 것이 문제다."

긍정적인 방식에서 해러웨이의 접근법은 쾌락의 프레시아도가 공개적으로 살았던 것과 같은, 기묘한 행동주의에서 나온 정치일지도 모른다. 다소 재미없는 방식에서는 '잘 살아갈 가능성이 적극적으로 차단될 때 생계 수단으로서의 폭력'으로서 삶정치에 맞서는 것에 관한 것일 수도 있다. 여기서 해러웨이는 '슬픔에 잠길 수 있는'이라는 버틀러의 범주와 연결되지만, 삶과 죽음의 연결을 통해 육체를 넘어 오히려 더 광범위하게 확장된다.

기후변화는 다양한 세계에 매우 불균등한 영향을 미친다. 어떤 것은 천천히 움직이지만 또 어떤 것은 빠르게 심지어는 너무 빠르게 적응한다. 무엇을 죽고 살게 할 것인가, 무엇을 죽이고 살릴 것인가라는 질문이 압력이 되고 있다. 무언가를 침입성 종이라고 부르는 것은 정확히 무얼 의미하는가? 해러웨이에 의하면 "생태계 집합에 관한 이러한 질문은 지구상의 삶이라는 게임을 가리키는 이름이다". 정치는 단순히 어떤 추상적인 것에 대한 비판의 문제가 아닌 '세계화와의 긍정적 관계'일 수도 있다.

해러웨이에게 정치는 '끊임없이 굴절하는 세계 속에서 가능한 지속성을 구성하는 방법을 배우는 것'과 항상 연관된다. 여기서 우리는 세계주의 실천을 계속 진행해 나가면서, 공통 세계를 건설할 수 있는 그러한 실천에 집중할 필요가 있다. 여기서의 핵심 단어는 배려와 배움, 다시 회귀하는 것, 그리고 부분적 연결을 포함한다.[13] "회복과 부분적 연결, 부활에 관심이 있는 우리 모두는 우리 방식대로 모든 걸 자르고 묶기를 추구하기보다는 촉수의 뒤엉킴 속에서 살고 죽는 법을 배워야 한다."

크툴루세의 관점에서 '반려 종 선언'을 되돌아보면, 내게 그건 알레고리를 중심으로 구성된 텍스트로 읽힌다. 이 알레고리는 친구이지만 같은 종은 아닌 개와 인간의 사랑에 관한 것이다. 그건 완벽한 단결, 대칭성, 정체성, 순수성과 같은 낡고 가부장적인 천상의 신의 잔재로서의 사랑이 아니다. "뿐만 아니라 당신은 올바른 사랑을 가진 적이 없다. 왜냐하면 사랑은 항상 부적절하며, 결코 합당하고 깨끗한 적이 없었기 때문이다."

다른 사람들이 오늘날 자유 또는 평등이 의미하는 바를 다시 생각하려 시도하고 있음에도, 해러웨이가 현대 유럽 사상의 좀비 매트릭스undead matrix에 머물러 있는 한 그건 '박애'에 관한 것이 된다. 혹은 하나님 아버지만이 죽은 게 아니라 자신들이 세상을 생각할 수 있고 자신의 위치에서 세상을 정돈할 수 있다고 생각했던 인간 형제들도 죽었을 때, 그 자리에 들어갈 수 있는 어떤 것이다.

그러므로 '반려'는 바로 이런 뜻이 된다. "우리는 함께 식탁에서 빵을 나눠 먹는cum panis 동반자다. 우리는 서로에게 위험하고, 서로의 육체이며, 서로 먹고 먹히면서 소화불량에 걸리는 존재들이다." 반려 종은 살flesh을 통해 서로를 채운다. 또한 끈끈하고 축축한 감각을 가진 친구이면서, 이웃이고 지역 주민이며 서로에게 익숙한 존재다. 반려 종은 함께 먹고 서로에게 기생하며 서로를 잡아먹지만, 또한 서로 공모하고 협력한다.[14]

종species은 실재적이기보다는 명목상의 용어일지도 모른다. 다양한 의미를 지닌 이것은 생물학에서는 유전자 흐름, 선택, 변이, 개체군을 가리킨다. 그러나 거기에는 토마스 아퀴나스Thomas Aquinas로 거슬러 올라가는 오래된 의미가 있다. 토마스 아퀴나스에게 종은 일반적이고 일련의 추상적 형태를 통해 차이점을 정의하는 단어였다. 이러한 두 가지 의미는 개의 번식 같은 행위에서 충돌한다. 번식 행위에서 유전자는 일반 품종을 생산하도록 만들어진다. "순수한 피와 고결함에 대한 담론은 좀비처럼 현대의 품종을 쫓아다닌다."

마르크스와 프로이트 이후 종은 좀 더 추상적인 것을 가리키게 되면서 다시 포괄적인 개념으로 다루어진다. 금 같은 종과 똥 같은 종, 그리고 유적 존재인 인간이 다양한 함의를 가질 수 있는 일반 경제가 등장한다. 그러나 해러웨이는 너무 빠른 비행flight을 통해 독자를 항상 추상성으로 되돌려 버린다. 그녀의 개념과 특징은 유한성, 불순물, 역사성, 복잡성, 동거, 공진화coevolution 그리고 종간 연대cross-species solidarity에 관한 것이다.

알튀세르를 유쾌하게 비틀면서, 해러웨이는 우리가 자연과 문화라는 구조로 동물을 부르듯이 동물들도 우리를 그렇게 부르는지 묻는다.[15] 알튀세르의 호명은 이데올로기적이고 상상적인 관계로 스스로를 부르는 인간에만 적용되는 게 아니라, 동물에도 적용될지도 모른다. 인간이 부름을 받았을 때 자신을 자신으로 알게 되고 그 부름의 주체가 된다면, 개 역시 그렇게 될 것이다. 그런데 개의 짖음이 인간을 부를 때는 어떨까? 인간과 개의 관계가 모든 학대를 비롯하여 다수 종의 삶에 관한 보다 일반적인 알레고리라면?

여기에는 개의 이야기와 개의 역사가 모두 담겨 있다. 개의 이야기가 해러웨이가 키우는 개에 관한 것이라면, 개의 역사는 그 개의 품종이 어떻게 미국에 오게 되었는지에 관한 것이다. 먼저 개의 이야기는 개의 이상한 성적 쾌락에 대해서는 조금밖에 다루지 않는다. 주로 다루는 것은 개와 인간이 어떻게 서로를 훈련시키는지에 대해서다. 즉 민첩성 운동을 위해 서로를 훈련시키는 개와 인간에 관한 것으로, 인간은 일련의 장애물을 통해 개를 훈육한다. 이는 인간과 개 사이의 '무조건적인 사랑'이 아닌 존중과 신뢰에 관한 이야기다. 다시 말해 동물을 인간의 대용물로 만들지 않는 비대칭적 관계에 관한 것이다. 그건 '상황 지어진 부분적 연결'에 관한 것으로, 개와 조련사는 추상적인 존재가 아닌 구체적인 존재로서 우수성에 도달한다.

개의 역사는 어떨까? 여기에는 개, 코요테, 늑대, 정부 부처, 목축업자, 과학자 그리고 개 사육사를 비롯하여 여러 행위자가 등장한다. 특정 수준과 역사적 수준 모두에서 종은 유연하고 우발적인 움직임을 통해 서로를 형성한다. "관계는 다각적이며, 위태롭고, 미완성이고, 중대하다." 기술 낙관론자와 특이하게도 심오한 생태학자도 믿는 것처럼 보인다는 점에서, 그건 인간이 자연을 사신의 뜻에 종속시키는 문제를 넘어선다.

해러웨이는 모든 종의 역사적 행위자들을 자본이나 제국을 위한 원재료로 보는 견해에 저항하지만, 가끔씩 전경에 있는 관계나 인물의 조밀한 그물이 배경을 뒤덮는 경우가 있다. 역사를 공동의 역사로 써 내려가는 경우에도 서술자는 역사의 스펙터클에 항상 연루되어 있다. "나의 선언에서 거듭 말하듯이 나와 내 지지자들은 역사에서 거주하는 법을 배워야 한다. 특히 청교도적 비판이라는 비열한 속임수를 통해 역사와 절연해서는 안 된다." 나는 내 청교도 친족을 대변할 수는 없지만, 다른 모든 것들을 포함하는 것의 핵심을 강조하기 위해 우리를 배제하도록 요구하는 포괄성의 아이러니를 지적할 수 있다.

이는 추상적 근거가 해러웨이에서 빠져 있다는 말이 아니다. 다만 그녀가 사랑에 대해 쓸 때 그것이 특정한 것에 관한 사랑이며, 또 분노에 대해 쓸 때는 추상성에 관한 분노라는 의미다. 흥미로운 점은 기호학적인 사각형을 완성하는 것이다. 이는 특정한 것 중에서, 심지어 추상성이라는 난해한 사랑에서마저 분노의 핵심을 찾는 것을 의미한다.[16] 추상성과 분노는 *사이보그*의 모습으로 함께 등장한다.

돌봄, 번성, 권력 차이, 시간 규모—이것들은 사이보그에게 중요한 문제다. 예를 들면, 어떤 유형의 시간 척도를 만들어야 정보 기계의 세대 시간은 인간, 동물, 식물 공동체 그리고 생태계의 세대 시간과 양립할 수 있는 노동 시스템, 투자 전략, 소비 패턴을 형성할 수 있는가?

반려 종 텍스트가 상황 지어진 부분적 연결에 중점을 둔다면, '사이보그 선언'은 상상으로 이루어진 총체성에 조금 더 의지한다. 사이보그는 여전히 *상황 지어져 있다.* 그들은 상황의 전경이 아닌 오직 상황의 배경에만 맞춘다. 저항하려는 유혹은 존재론의 의미에서 상상에 의한 총체성을 지면으로 내려다본다. (모튼과 마찬가지로) 마치 상황 이전에 존재하는 그 무엇인 것처럼 말이다. 그러한 총체성은 오히려 이차적이고 추정적인 것이다.

사이보그는 여성 경험의 한 측면인 일상적인 인물로 나타나며, 또한 노동 경험에 대해 말할 수도 있다. 사이보그를 상상하는 보다 일반적인 방법은 타자, 침입하는 존재로 상상하는 것이다. 이에 맞서 인간은 자신의 본질을 보존하기 위해 국경 전쟁을 벌인다. 우리는 스스로를 인간에게서 비인간적 요소를 없애는 〈블레이드 러너Blade Runner〉의 주인공인 특수 경찰 데커드Deckard라고 상상하도록 되어 있지만, 사실은 육체와 기술로 적층된 총합으로서 복제 인간Replicant 레이첼Rachel일지도 모른다. "우리는 모두 키메라chimera다." 이런 이유로 우리는 혼란스러운 경계 사이에서 삶과 사랑의 즐거움과 책임을 떠맡을 수 있다.

무엇보다도 사이보그 선언은 장르 간 선택의 문제다. 그건 미끼 또는 침입자가 노출되는 내러티브에서 벗어나 상실된 총체성의 회복으로 이어지는 것을 의미한다. 에덴동산은 더 이상 존재하지 않는다. "사이보그는 편파성partiality, 아이러니, 친밀감, 도착성perversity에 단호하게 전념한다. 그건 반발적이고 유토피아적이면서 순결함이 전혀 없다." 사이보그는 인간과 동물, 유기체와 기계, 물질과 정보의 골치 아픈 경계에 연루되어 있는 *비인간적*

코미디*inhuman comedy*다.

해러웨이는 육체에 관한 것과 관계에 관한 것이라는 두 가지 관점 사이의 미끄럼 영역에 가깝게 머물러 있다. 관계에 있어 그녀는 사본script과 종속된 육체를 완전히 뒤집지 않는다. 만약 약간 뒤집어보면 어떻게 될까? 그것도 도덕적이거나 비판적인 장르가 아닌 추정적이고 아이러니한 장르로 뒤집는다면? 이는 해러웨이의 후기 작업에서는 덜 일반적이긴 하나 '사이보그 선언'에서 진행되고 있는 연구 주제 중 하나다. 여기에는 나름의 용도가 있을 수 있다.

해러웨이는 이렇게 말한다. "선진 자본주의는 이러한 역사적 순간의 구조를 전달하기에는 부적합하다." 대담하고 선견지명이 있는 주장이 아닐 수 없다. "나는 참신함과 시야에 있어 산업자본주의가 창안한 것과 유사한 신흥 세계 질서 시스템에서 계급, 인종, 젠더 성격의 근본적인 변화에 관련된 주장에 뿌리를 둔 정치를 옹호한다." 그것은 나쁜 총체성의 형태를 서술하는 것, 그리고 더 거주하기 쉬운 곳으로 향하는 경향이 있는 그 형태에 맞서 내부에서 동맹을 맺는 용어를 전파하는 것 모두에 의미가 있다.

한 가지 관점에서 볼 때, 사이보그 세계는 행성에 대한 제어 그리드grid of control의 최종 부과에 관한 것이다…… 또 다른 관점에서 볼 때, 사람들이 동물과 기계에 연결된 친족 관계를 두려워하지 않고 영구히 부분적인 정체성과 모순된 입장 또한 두려워하지 않는 사회적이고 육체적인 현실을 살아가는 것에 관한 것일 수 있다. 정치 투쟁은 이 두 가지 관점에서 동시에 바라보려는 의지다.

또는 정치 투쟁은 네 가지 관점에서 동시에 바라보려는 의지일 수도 있다. 거주할 수 없는 특정한 것과 거주할 수 없는 일반적인 것, 거주할 수 있는 특정한 것과 거주할 수 있는 일반적인 것 말이다.

따라서 거기에는 나쁜 총체성에 맞서는 좋은 특정성particulars 이상의 것이 존재한다. 특정성이 나쁜 총체성의 형태가 된 시대에는 특히 그렇다. "우리는 무한한 차이로 빠져드는 위험을 감수하며 부분적이고 실제적인 연결을 만드는 혼란스러운 작업을 포기한다. 어떤 차이는 장난스럽지만 또 어떤 차이는 세계 역사 지배 시스템의 버팀목이 된다. '인식론'은 그 차이를 아는 것에 관한 것이다." 이렇게 덧붙일 수도 있겠다. 총체성에 관련해 상황 지어진 어떤 추측은 지배의 일부일 수 있지만, 또 다른 어떤 추측은 그렇지 않을 수도 있다고 말이다.

해러웨이는 경계를 넘나드는 작업을 훌륭하게 해내는데, 이는 생각을 약화하는 특정한 습관을 형성한다. 내가 볼 때 그러한 혼합에는 다시 도입할 가치가 있는 용어상의 이중성이 있다. "기초와 상부구조, 공적인 것과 사적인 것, 또는 물질과 이상ideal의 경계를 유지하는 이미지는 결코 더 약화된 것처럼 보인 적이 없다." 대비되는 쌍의 첫 번째 용어들이 두 번째 용어들과 같지 않은 방식이 존재한다. 하부구조의 개념을 질문으로 열어두는 한, 기초 또는 하부구조에 상황 지어지는 방식에 대해 생각하는 것 자체가 이중성을 거부하는 방법이 될 수 있다. 어쩌면 우리는 탄광과 용광로는 물론 심지어는 정보 벡터 상에서 움직이는 세계에서 하부구조가 무엇인지도 모를 수 있다. 누구의 노동이 자신의 작업에 연결되어 있는지도 모를 수 있다.

'사이보그' 텍스트는 내가 벡터 구조라 부르는 새롭게 부상하는 하부구조에서는 아주 좋다. 벡터 구조는 경계를 모니터링하고 흐름을 측정하며, 갤러웨이가 프로토콜이라고 부르는 것을 관리한다. 프로토콜은 무엇과 무엇이 연결될 수 있는지 감시하는 기능을 한다.[17] 벡터 구조는 자연적인 객체의 완전성에는 관심이 없으며, 모든 친구나 친족의 객체에 도달하여 자신의 가치를 추출하고 연결과 연결 해제를 승인한다.

벡터 구조는 2차적 현상으로서 *객체*의 모습뿐만 아니라 라자라토가 보여주듯 주체의 모습도 만들어낸다. 해러웨이는 이미 이렇게 말했다. "다른 구성 요소 혹은 하위 시스템과 마찬가지로 인간은 기본 동작 모드가 확률적이고 통계적인 시스템 아키텍처에 현지화되어야 한다." 육체는 물론 상황 역시 벡터에 종속된다. 가정, 직장, 시장, 대중, 육체 이 모든 것들은 벡터에 의해 횡으로 연결된다. 이러한 연결은 기본적으로 군대가 C^3I라고 부르는 명령, 통제, 통신, 정보를 민간인에게 적용한 것이다.

이건 여전히 자본주의일까 아니면 더 나쁜 어떤 것일까? 해러웨이는 이미 자신의 '사이보그' 텍스트에서 이를 가리키는 새로운 언어와 씨름하고 있었다. 무엇으로 불리든 간에 그건 새로운 세계 프롤레타리아, 민족과 섹슈얼리티의 새로운 분포, 새로운 형태의 가족을 만들어낸다. 그때도 이미 해러웨이는 실리콘밸리의 초창기에 관한 글을 쓰고 있었다. 칩 제조의 중심지였던 당시의 실리콘밸리에서는 주로 유색인종 여성이 산업 노동력으로 활용되었다. 이후 생산력의 상당 부분은 오염된 슈퍼펀드Superfund 지역을 남겨둔 채 다른 곳으로 옮겨갔지만, 디지털 생산수단을 만들어내는 노동은 전 세계로 분산되어 여전히 확장되고 있으며 세계화된 규모로 존재한다.[18]

*위태로움*이라는 단어는 아직 만들어지지 않았지만 해러웨이는 이미 그것을 설명하고 있었다. 작업은 역설적인 방식으로 여성화되었다.[19] 한편으로 여성들은 일자리를 얻지만, 다른 한편으로 작업은 위태로워지고 무력해지며 독성toxic을 띤다. 벡터는 노동자가 지렛대로 활용할 수 있는 조업 중단이나 파업을 우회하는 능력이 있다.[20] "상대적으로 특권을 지니고 있고 거의 백인 남성으로 구성된 노동조합 직종에 대한 공격이 성공하는 것은, 광범위한 분산과 분권화에도 불구하고 노동을 통합하고 통제하는 새로운 통신 기술의 힘에 달려 있다."

해러웨이는 이러한 세계의 몇몇 중요한 징후를 확인했다. 그 징후에는

'이중 양식의 사회구조' 또는 우리가 이제 불평등이라고 부르는 것이 포함된다. 여성 노동자들에게 특히 그렇다. 지금은 열광적인 거대 교회가 사람들의 옥시콘틴OxyContin, 마약성 진통제일지도 모른다. 그다음엔 '영구적이고 첨단 기술화된 군사 체제' 혹은 감시 국가라고 불리는 것이 존재한다. 감시 국가는 부분적으로 '사회 생물학적 기원에 관한 이야기'인 이데올로기를 낳는다. 이제 이데올로기는 에인 랜드Ayn Rand, 러시아 태생의 미국 작가로 객관주의라는 철학적 시스템을 발전시킨 것으로 유명함와 뒤섞인다. 해러웨이가 이미 지적했듯이, 이러한 세계의 제한된 시야는 이미 비디오 게임의 형태로 가장 잘 표현될 수 있었다. 《게이머 이론》에서 나 역시 그러한 비디오 게임의 가능성에 대해 덧붙인 바 있다.[21]

해러웨이는 이렇게 말한다. "대부분의 마르크스주의는 지배를 최선으로 본다." 이건 일상적 삶에서는 그다지 좋지 않다. 하지만 일종의 총체적인 비관론 하에서 모든 나쁜 신호를 포함하기보다는, '새로운 쾌락과 경험과 힘에 대한 예리한 이해' 위에서 동시에 작업하는 것은 도움이 된다. 변증법은 현실에 대한 마법의 열쇠가 아닌 꿈의 언어일지도 모른다. 다만 그것이 꿈이라는 걸 알게 되면 추정적이고 총체화된 시야는 나름의 용도를 가질 수 있다. 해러웨이는 주로 유토피아적인 공상과학소설에서 그 용도를 발견한다. 하지만 어쩌면 이론은 그러한 생각과 느낌의 사분면 중 하나에 모든 것을 몰아넣지 않으면서도 유용함과 해로움, 전경과 배경 상에서 똑같이 상황 지어진 몇몇 관점을 제공할 수 있을 것이다.

해러웨이는 소음과 오염의 사이보그 정치를 채택하지만, 내 생각에 그건 소음과 오염이 가능케 하는 전술 형태 중 하나에 불과하다. 게임 공간으로서의 벡터에 둘러싸인 세계에서 사이보그는 참여자, 훼방꾼, 사기꾼은 물론 농담꾼이 될 수도 있다. 참여자가 규칙과 목표를 수용할 수 있다면 훼방꾼은 그것을 거부할 수 있다. 사기꾼은 목표는 수용할 수 있지만 규칙은 수용할 수 없다. 반대로 농담꾼은 규칙은 수용할 수 있지만 목표는 수용할 수 없다.

각각의 전술은 몇 가지 셰어웨어의 용어, 개념, 이야기와 관련 있을 수 있다. "인종, 젠더, 자본은 전체와 부분에 관한 사이보그 이론을 필요로 한다. 사이보그에는 총론total theory을 만들려는 추진력은 없지만 그것의 건설과 해체라는 경계에 연결된 익숙한 경험이 있다." 어쩌면 그건 단 하나의 방식일지도 모른다. 양면적인 경계 또는 양면적인 벡터를 생각할 수도 있겠다. 사이보그도 총설을 쓰겠지만 그걸 가볍게 받아들일 것이다. 좋은 사실은 특정한 어떤 것에 관해 대부분 진실이지만, 좋은 이론은 많은 것들에 관해 일부만 진실이다.

따라서 해러웨이가 "보편적이고 총체적인 이론을 만드는 건 커다란 실수"라고 말할 때, 누군가는 보편적인 것에서 총체적인 것을 분리할 수도 있다. 앙리 르페브르가 제안했듯, 총체화한다는 건 그것이 보편적이지 않다는 걸 알도록 상황 지어진 행위일 수 있다. 이는 다른 총체화와 우호적이거나 적대적인 관계가 된다.[22] 부분성 간의 관계는 부분적으로는 특정한 표현으로 구성되지만, 더 넓은 세계관이라는 다소 유희적인 조우에서 비롯하기도 한다. 모든 사람은 자신의 외부를 향해outward 일하며, 자신이 있는 곳과 자신이 하는 것을 절대성을 향해 나아가는 것으로 대체한다.

보그다노프가 구조과학이라고 부른 것은 특정 상황에서 발생하는 다양한 세계관들 사이의 구성 요소를 공유하고 비교하며 테스트하는 걸 말한다.[23] 우리 모두가 동의해야 하는 것은 살기 좋은 세상을 만드는 공유된 작업이다. 기질적으로 '저항적인protestant' 우리에게 절대로 나타나지 않을 세계와 맞서기를 회피하는 것에는 동의할 필요조차 없다.

크툴루세에서는 살기 좋은 세상을 만드는 공유된 작업에, 자연과학에서 일하는 사람들과 함께 그러한 종류의 노동에서 벗어나 외부를 향해 성장하고자 하는 사람들을 포함해야 할 것 같다. 해러웨이는 이렇게 말한다. "과학과 기술의 사회적 관계에 책임을 지는 것은 반과학 형이상학이라는 기술의 악마학demonology을 거부하는 걸 의미한다."

이는 "과학과 기술의 사회적 관계를 이상하게 에둘러 말하기"라는 해러웨이의 표현을 통해 생각하도록 요구한다. 이런 세계가 이상하지 않았던 시절도 있었다. 1930년대의 대표적인 운동이었던 *과학의 사회적 연관*은 J. D. 버널, 조지프 니덤, J. B. S. 홀데인Haldane처럼 한때 유명했던 마르크스주의자와 좌파 과학자들에 의해 시작되었다. 여기에는 도로시 니덤Dorothy Needham, 샬럿 홀데인Charlotte Haldane, 도로시 홋킨Dorothy Hodgkin, 캐슬린 론스데일Kathleen Lonsdale도 포함되었다.[24] 하지만 그들은 냉전 시대에 벌어진 지식인 숙청에서 살아남지 못했다.

과학 연구는 *과학의 사회적 연관*의 많은 주제를 부활시켰으며 여러 면에서 발전시켰다. 그러나 해러웨이의 지적처럼, '토머스 쿤Thomas Kuhn과 함께 시작된 모든 자유주의적 신비주의'는 *과학의 사회적 연관*의 근본 역사를 너무도 많이 지워버렸다. 도나 해러웨이와 그녀의 동료들이 그 역사를 부활시켰다는 건 우리에게 크나큰 행운이다.

더 나은 삶을 위해 해야 할 일
—'일반지성'이라 불리는 사상가 21인의 생각

박정희(문학평론가)

매켄지 와크와 사상가 21인은 누구?

이 책의 저자 매켄지 와크는 뉴욕 뉴스쿨 미디어학과 교수이며 기술과 미디어 분야의 세계적 전문가로 알려져 있다. 그의 저서《해커 선언A Hacker Manifesto》과《게이머 이론Game Theory》은 아직 번역되지 않았는데도 우리나라 미디어 연구자들 사이에 인기가 많다고 한다. 우리나라를 방문해 강연을 하기도 하고, 삼성과 디스커버리 채널이 공동 제작한 미래 디지털 산업에 관한 다큐멘터리 〈Digital Cool〉에 대담자로 출연한 적도 있다. 이래저래 우리나라와 인연이 있지만 미디어 분야 외에는 거의 알려져 있지 않다.

저자뿐만이 아니다. 책에 나오는 21인 중 슬라보에 지젝, 가라타니 고진, 샹탈 무페, 주디스 버틀러 정도를 제외하고는 우리에게 거의 소개되지 않은 사상가들이다. 우리말로 번역된 책이 전혀 없는 사람도 아홉 명이나 된다. 이들의 전공 분야는 정치학, 철학, 과학, 의학, 문화사회학, 생태학, 여성학, 미디어학, 컴퓨터과학, 인종사회학 등 다양하다. 당연히 중요하게 다루는 용어와 주제도 조금씩 다르다. 때문에 독자들은 이 책에 만만찮은 진입장벽이 존재한다고 지레 짐작할지도 모르겠다.

21세기 현대 사상가들에 관한 따끈따끈한 지형도

그렇다고 책을 '집어던질' 필요는 전혀 없다. 저자는 이 사상가들에 대한 진입 장벽을 낮추고자 최대한 명료하고 이해하기 쉬운 문체로 이 책을 썼다. 한마디로 이 책은 21세기 현대 사상가들에 관한 따끈따끈한 지형도이면서, 21가지나 되는 현대 사상을 입맛대로 맛볼 수 있는 사상의 성찬과도 같다. 난해하기 짝이 없는 현대 사상가들의 생각을 이렇게 일목요연하고도 흥미롭게 정리·기술하기란 결코 쉽지 않은 일이다.

가령 난해하기로 소문난 무페에 관한 장에서 저자는 무페가 말하는 '정치적인 것'의 의미를 현실 정치의 사례에 접목하여 설명한다. 2016년 힐러리 클린턴과 버니 샌더스, 도널드 트럼프 등이 등장했던 미국 대통령 예비선거는 '정치적인 것'의 함의가 현실화된 살아 있는 현장이었다. 무페를 경유하면서 저자는 후보자들이 반대하는 건 서로 다르지만, 모두 "미국인 우리American us 대 미국인이 아닌 그들un-American them"의 버전일 뿐이라고 말한다.

사상가 21인은 모두 대학 교수라는 안정되고 인정받는 직업을 갖고 있지만 '강단 사상가', '강단 철학자'에 머무르지 않는다. 우리 시대 곳곳에서 끊임없이 발생하는 세계사적 사건들에 대해 적극적인 개입을 시도하고 있는 '현장 사상가'들에 가깝다. 이들은 강단과 대학이라는 안정된 자리를 넘어 가장 첨예하고 위태로운 현장으로 시선을 돌리고, 진보적인 사유에 기반한 질문들을 우리에게 끊임없이 던진다. 지금 우리가 몸담고 살아가는 세계에서 더 나은 삶이란 존재하는가, 더 나은 삶을 위해서는 무엇을 해야 하는가 등이 그것이다. 한마디로 위태로움이 만연한 현 시대에 꼭 필요한 질문을 던지고 사유케 하는 현자들이라 하겠다.

저자가 일반지성을 두 가지 의미로 나눈 이유

저자는 이 책을 통해 우리 시대 사상가들의 생각을 보통의 지성인들에게 소개하는 매개 역할을 톡톡히 해내고 있다. 저자는 책 제목이기도 한 '일반지성general intellects'의 개념을 정의하는 데서 출발한다. 그는 일반지성이 두 가지 의미가 있다고 말한다. 하나는 상품 생산에 포섭된 지식인이라는 의미로 마르크스가 사용한 용어라면, 다른 하나는 사회문제에 대해 발언하는 다수의 대중 지식인 또는 지식 노동자를 가리킨다.

개념조차 낯선 일반지성이라는 용어를 어째서 저자는 굳이 두 가지 의미로 나눈 걸까? 지금의 신자유주의 체제 내부에 있으면서 그 체제에 포획되지 않은 채 균열을 내고자 하는 지식인들이 세계 곳곳에 존재함을 강조하기 위해서다. 저자는 이 책에서 소개되는 사상가 21인을 이런 의미의 일반지성에 속한다고 본다. 저자와 마찬가지로, 이 일반지성들은 특히 마르크스의 생각에 대한 '비틀기(인용, 조합, 재배치 등)'를 통해 마르크스를 창의적으로 해석해내려 애쓴다. 다시 말해 우리 시대의 문제를 해석하거나 해결할 수 있는 비판적 마르크스주의를 생성해냄으로써, 신자유주의로 명명되는 현 자본주의 체제에 균열을 내고자 고투한다. 이들은 마르크스의 생각을 특정 대안에 경도된 사상이 아니라, 끊임없이 재해석하고 현실에 적용해야 하는 진화하는 사상으로 본다. 따라서 지금 어떤 마르크스주의가 필요한지 질문하고 모색하는 것은, 결국 지금의 시대가 어떤 위태로움을 안고 있으며 어떤 대안이 존재하는지 모색하는 것과 다르지 않다.

어쩔 수 없이 바깥으로 밀려난 아웃사이더들

이 사상가들이 주로 관심을 가지는 존재들은 임시직, 프리랜서, IT 노동자, 감정 노동자 등이다. 모두 신자유주의의 필요와 요구에 의해 발생하거나 유지되고 있는 직업군이다. 이와 관련해 얀 물리에 부탕은 '인지노동cognitive labor'이라는 용어를 사용하기도 한다. 육체노동에 기반한 산업자본주의와 달리 지식과 서비스에 기반한 인지자본주의의 시대에 새롭게 정의

되고 형성된 하위 계층의 일종이라 할 수 있다.

이들은 신자유주의의 효율과 유연성을 위해 시간 단위로 자신들의 지식과 정보를 파는 것은 물론 감정과 내면까지도 판다. 이들이 일하는 곳은 우리 주변에 존재하는 공장이나 회사가 아니라, 타인에게 보이지 않거나 심지어는 감춰져 있는 장소들이다. 미국 TV 드라마 〈24〉를 보라. 등장인물들은 모두 다른 장소에 있지만, 모두 보이지 않게 연결된 채 초조하게 흘러가는 시간에 맞서 거의 24시간 내내 작업한다. 내면성도 없고 공동체적인 생활도 없이 오로지 보이지 않는 감시와 명령 하에서 일만 할 뿐이다. 이들에게 '살아 있다는 것과 근무 중이라는 건 본질적으로 동의어'가 된다.

기존 직업군에 속하지도 않고 마르크스가 말하는 노동계급의 범주로도 설명되지 않는 이들을 가리켜 손쉽게 아웃사이더라고 부를 수도 있겠다. 정확히 말하면, 세계의 다른 가능성을 탐색하는 자발적인 아웃사이더라기보다는 어쩔 수 없이 바깥으로 밀려난 아웃사이더에 가깝다. 이들은 조직에 속해 있지 않음에도 자유롭지 못하고, 유연하게 이동하는 듯하지만 24시간 일에 속박되어 있다. 뿐만 아니라 엄연히 노동자이면서도 노동자로서의 권리를 인정받지 못한다.

신자유주의는 이처럼 노동자를 모이게 하기보다는 파편화된 개인들로 흩어놓는다. 또한 노동을 '비노동'으로 만들어버리고, 노동자의 신체를 기계화를 넘어 '비신체'로까지 만들어버린다. 한마디로 '인간 이하의 존재infra-human'로 취급하는 것이다. 기계로의 물화나 노동으로부터의 소외를 걱정해야 했던 과거와 달리, 이제 노동자들은 체제로부터의 소외, 나아가 인간 존재라는 정체성의 박탈을 걱정해야 하는 시대가 되었다.

과거를 삭제하는 오타쿠 문화가 우리에게 전하는 함의

끝으로 이 책에서 소개되는 사상가들 가운데 한 사람을 간략히 소개해보려 한다. 바로 이웃 일본의 사상가 아즈마 히로키다. 다행히 그가 쓴 책들은 6권이나 번역되어 있다(공저도 2권 있음). 아즈마는 지금은 너무도 흔해빠진 '오타쿠otaku'라는 용어를 사유의 대상으로 삼은 20세기 일본의 대표적 사상가이자 소설가다. 저자는 한때 일본 문화에 경도되었던 자신의 관심을 이야기하면서, 21세기 들어 서구에 널리 퍼진 포스트모더니즘이 20년 전인 1980년대 일본에서 이미 생겨났음을 지적한다.

아즈마는 일본 문화를 철저히 '미국화된', 즉 즉각적 만족을 요구하는 소비자 문화로 보면서, 팔구십 년대 오타쿠 문화를 '그런 현상의 최전선'으로 설명했다. 한마디로 오타쿠란 다국적 (또는 무국적) 포스트모더니즘의 산물이라는 것이다. 그에 의하면 "오타쿠 문화의 기저에는 가상의 일본을 만들고자 열망하는 강박관념complex이 숨어 있다". 저자는 오타쿠 문화가 가상의 일본을 열망한 것은 일본 역사에 제대로 된 근대사회가 없었기 때문이며, 그로 인해 일본은 가상으로 구축된 포스트모던 사회로 곧장 넘어올 수 있었다고 설명한다.

오타쿠들이 즐겨 시뮬레이션한 세계는 공상 과학이라는 아직 오지 않은 미래이거나 에도 시대 일본이라는 오래된 과거였다. 마치 "메이지유신과 미군정이라는 두 번의 단절이 존재하지 않았던 듯" 말이다. 오타쿠들은 19세기와 20세기에 존재한 이 두 번의 시기를 전혀 일본적이지 않은 것으로 받아들인다.

이 지점에서 이런 생각을 해볼 수는 없을까. 즉 오타쿠 문화는 과거의 망각 또는 과거와의 단절을 넘어 과거 자체를 삭제하려는 지금 일본의 모습과 연장선상에 있다고 말이다. 21세기 일본을 바라보는 서구 사상가의 시선이 반드시 옳다고 보기는 어렵겠지만, 역사적으로도 그렇고 지리적으로도 일본과 깊은 관련이 있는 우리에게는 그 함의가 분명 있을 것 같다.

어떻게 더 좋은 삶을 살아갈 수 있는가?

옮긴이로서 이 방대한 책을 번역하기 위해 처음 한 일은 여기에 소개된 21인의 사상가들의 저서들이 국내에 얼마나 소개되었는지를 확인하는 것이었다. 요약된 내용을 파악하고 용어를 일치시키기 위해서였다. 번역된 책은 모두 8권이었다.

가라타니 고진의 《세계사의 구조》, 파올로 비르노의 《다중: 현대의 삶 형태에 관한 분석을 위하여》, 마우리치오 라자라토의 《기호와 기계: 기계적 예속 시대의 자본주의와 비기표적 기호계 주체성의 생산》, 프랑코 '비포' 베라르디의 《노동하는 영혼: 소외에서 자율로》, 슬라보예 지젝의 《분명 여기에 뼈 하나가 있다》, 샹탈 무페의 《민주주의의 역설》, 웬디 브라운의 《민주주의 살해하기―당연한 말들 뒤에 숨은 보수주의자의 은밀한 공격》, 아즈마 히로키의 《일반 의지 2.0: 루소, 프로이트, 구글》. 즉 13권의 저서는 국내에 소개되지 않았다는 이야기가 된다.

이중 여기에 등장하는 책은 아니지만 다른 책으로 국내에 번역된 저자는 4명이었다. 주디스 버틀러, 퀭탱 메이야수, 이자벨 스텐저스, 도나 해러웨이가 그들이다. 나머지 아홉 명은 아직 우리나라에 제대로 소개되지 않았다.

그만큼 많은 연구와 수고가 필요한 번역 작업이었다.

지식인들이 해야 할 일

장 폴 사르트르는 지식인들이 해야 할 일을 이렇게 제시했다.

첫째, 대중 계급 내에서 영원히 되풀이되어 나타날 이데올로기와 싸워야 한다. 지식인은 모든 이데올로기를 폐기해버리는 데 힘써야 한다. 둘째, 지배계급에 의해 주어진 자본으로서의 지식을 민중 문화를 고양시키기 위해 사용해야 한다. 셋째, 혜택받지 못한 계층 안에서 실용 지식 전문가가 배출되도록 함으로써 자신의 계층과 유기적인 지식인이 될 수 있도록 힘써야 한다. 넷째, 지식인 고유의 목적(지식의 보편성, 사상의 자유, 진리)을 되찾아 인간의 미래를 전망해보아야 한다. 다섯째, 눈앞의 당면 과제를 넘어서 궁극적으로 성취해야 할 목표를 보여줌으로써 진행 중인 행동을 근본적인 것으로 만들어야 한다. 마지막으로, 지식인은 모든 권력에 대항하여 대중이 추구하는 역사적 목표의 수호자가 되어야 한다.

더 좋은 삶을 살아가기 위해

사르트르가 내준 숙제를 지식인들은 잘 해내고 있을까?

이 책의 저자 매켄지 와크가 볼 때는 그렇지 않은 것 같다. 오히려 와크는 이 책의 서문에서 이렇게 단언한다. "더 이상 사르트르와 보부아르는 없다." 그가 이러한 냉정한 평가를 내린 이유는 진실과 거짓이 뒤섞인 풍경 속에서 우리 시대 학계가 맡은 불확실한 역할 때문이다. 그런 풍경 속에서 전문가와 지식인은 의심받거나 철저히 경멸당한다.

하지만 이 책의 21개 장에서 와크는 오랫동안 길을 잃은 대중 지식인의 모습을 비난하는 대신, 현대 세계의 혼란스러운 상황 속에서 지식 노동자의 잠재적인 역할을 재구성한다. 이를 통해 대중 지식인과 달리 '일반지성'이라 불리는 사상가 21인의 각각에 대한 감상문을 제공한다. 뿐만 아니라 서로 교차하는 영역을 찾아내어 일관된 '일반지성'의 밑그림을 그려내고 있다. 이는 갈수록 험난해지는 세상살이 속에서 우리가 어떻게 존재해야 하고 어떻게 더 좋은 삶을 살아갈 수 있는가, 라는 질문에 대한 해답을 찾기 위함이다.

새로운 대안의 모색

와크의 선정 기준은 우리 시대의 당면 과제인 신자본주의, 소비의 과잉, 그리고 기후 변화에 중점을 두고 있다. 사상가 21인의 저서는 이렇게 진행 중인 자연과 사회의 재앙의 그늘에서 인간 존재의 본질에 대한 질문에 답하기 위해 사용된다.

와크는 이를 비틀기détournement라고 표현한다. 비틀기는 서로 다른 정보 원천의 요소들을 적절히 활용하여 서로 긴장 상태로 유지시키는 방식으로 작동한다. 이러한 방법론을 통해 와크는 이 책 전체에 걸쳐 잘 알려진 고전적 텍스트(마르크스, 파솔리니, 사르트르 등)에 대한 독자의 관점에 미묘한 변화를 제공할 뿐만 아니라, 현대 세계의 암울한 스펙터클을 뛰어넘어 새로운 대안을 모색할 수 있게 한다.

와크의 설명에 따르면 '일반지성'이라는 용어는《요강》에서 발견된 칼 마르크스의 텍스트에서 유래했고, 기계 속에서 '죽은 노동'이 전개되는 개념을 묘사하기 위해 사용되었다. 실제로 마르크스와 그의 지적 후계자들이 제시한 사유들은 본문 내에서 상당히 참신한 방식으로 배치된다. 마르크스에 대한 이러한 재해석을 통해, 지식인의 역할은 현대 마르크스주의자들의 실패로 인해 줄어들지 않았으며 오히려 노동 과정과 분리된 정보의 상품화 속에서 더욱 중시되고 있음을 보여준다.

이 책에 나오는 사상가 21인의 생각이 21세기를 사는 우리에게 삶의 윤택함을 선물해주기를 기대한다.

| 주석 |

들어가는 말

1. Russell Jacoby, 《The Last Intellectuals: American Culture in the Age of Academe》, New York: Basic Books, New York, 2000.

2. Regis Debray, 《Teachers, Writers, Celebrities: The Intellectuals of Modern France》, London: Verso, 1981.

3. Bill Readings, 《The University in Ruins》, Cambridge, MA: Harvard University Press, 1997.

4. McKenzie Wark, 《The Spectacle of Disintegration》, London: Verso, 2013.

5. Paul Edwards, 《A Vast Machine: Computer Models, Climate Data and the Politics of Global Warming》, Cambridge, MA: MIT Press, 2013.

6. Louis Althusser, 《For Marx》, London: Verso, 2006. 그러나 나는 웬들링이 마르크스에서의 제반 문제를 변화시키는 사고방식을 선호한다. 우리는 앞으로 이를 살펴볼 것이다.

7. 길로이는 '과잉 개발된 세계'라는 용어를 앙드레 고르André Gorz와 머레이 북친Murray Bookchin으로부터 차용했다고 내게 밝혔다.

8. 이는 Étienne Balibar, 《The Philosophy of Marx》, London: Verso, 2014, 2 – 6에 대해서도 놓치지 않아야 할 지적이다.

9. McKenzie Wark, 《The Beach Beneath the Street》, London: Verso, 2015; McKenzie Wark, 《Molecular Red》, London: Verso, 2015.

10. 이는 내가 〈Public Seminar〉, May 14, 2016, at publicseminar.org에서 펼친 주장이다.

11. Kostas Axelos, 《Introduction to a Future Way of Thought: On Marx and Heidegger》, Meson Press, 2015.

12. 하부 이론에 대해서는 Judith (aka Jack) Halberstam, 《The Queer Art of Failure》, Durham, NC: Duke University Press, 2011을 참조하라.

13. Karl Marx, "Fragment on Machines", in Robin MacKay and Armen Avanessian (eds), 〈#Accerate: The Accelerationist Reader〉, Falmouth: Urbanomic, 2014.

14. 과학 연구에 대해서는 Mario Biagioli, 《The Science Studies Reader》, New York: Routledge, 1999를 참조하고, 과학의 사회적 연관에 대해서는 Gary Wersky, 《The Visible College: The Collective Biography of British Scientific Socialists of the 1930s》, New York: Holt, Reinhart & Winston, 1979를 참조하라.

15. Asger Jorn, 《The Natural Order and Other Texts》, New York: Routledge, 2016, 123ff.

16. McKenzie Wark, 《A Hacker Manifesto》, Cambridge, MA: Harvard University Press, 2004.

17. J. D. Bernal, 《The Social Function of Science》, Cambridge, MA: MIT Press, 1967.

18. John Bellamy Foster, 《Marx's Ecology: Materialism and Nature》, New York: Monthly Review Press, 2000.

19. Andreas Malm, 《Fossil Capitalism: The Rise of Steam Power and the Roots of Global Warming》, London: Verso, 2016.

20. Herbert Marcuse, 《Eros and Civilization: A Philosophical Inquiry into Freud》, Boston: Beacon Press, 1974.

1. 에이미 웬들링: 마르크스의 형이상학과 육류물리학

1. 독일 이상주의 철학에 대해서는 Frederic Beiser, 《After Hegel: German Philosophy 1840 - 1900》, Princeton, NJ: Princeton University Press, 2014가 매우 유용한 안내서가 되리라고 생각한다.

2. Amy Wendling, 《Karl Marx on Technology and Alienation》, New York: Palgrave, 2009.

3. '비틀기'에 대해서는 Guy Debord, 《The Society of the Spectacle》, New York: Zone Books, 1994, chapter 8을 참조하라.

4. Louis Althusser, 《For Marx》, London: Verso, 2006.

5. 혹자는 이를 마르크스의 텍스트가 어떤 의미에서는 집단적으로 저술되었다고 생각하는 보그다노프Bogdanov의 통찰력과 연결시킬 수도 있다.

6. 하지만 프로메테우스라는 인물을 좀 더 흥미로운 방법으로 읽고 싶다면 Jared Hickman, 《Black Prometheus: Race and Radicalism in the Age of Atlantic Slavery》, New York: Oxford University Press, 2016을 참조하라.

7. 이는 Evgeny Morozov, 《Click Here to Save Everything》, New York: PublicAffairs, 2014에서 나타나는 문제점이다.

8. 달리 말하자면, 브뤼노 라투르Bruno Latour는 비판이 항상 자연과 문화의 분리와 관련된다고 생각하는 점에서 옳지 않다. 제인 베넷Jane Bennett도 자신의 다중-주체 관점이 마르크스 영역에서 생각할 수 없는 것을 제공한다고 상상한다는 점에서 마찬가지로 옳지 않다. Jane Bennett, 《Vibrant Matter》, Durham, NC: Duke University Press, 2010을 참조하라.

9. Kathi Weeks, 《The Problem With Work》, Durham, NC: Duke University Press, 2011을 참조하라.

10. McKenzie Wark, 《A Hacker Manifesto》, Cambridge, MA: Harvard University Press, 2004.

11. Beiser, 《After Hegel》을 참조하라.

12. 여기서 웬들링은 Anson Rabinbach, 《The Human Motor》, Berkeley: University of California Press, 1992의 직관을 확인한다.

13. Karl Marx, 《Collected Works》, vol. 1, London: Lawrence & Wishart, 1975, 25ff.

14. Donna Haraway, 《Crystals, Fabrics and Fields》, Berkeley: North Atlantic Books, 2004.

15. Paul Lafargue, 《The Right to Be Lazy》, Hard Press, 2013; Charles Fourier, 《Theory of the Four Movements》, Cambridge: Cambridge University Press, 1996.

16. Jean-Paul Sartre, 《Critique of Dialectical Reason》, vol. 1, London: Verso, 2004.

17. Georges Bataille, 《The Accursed Share》, vol. 1, New York: Zone Books, 1991.

18. 이런 입장 중 가장 급진적인 인물은 아마도 콩스탕Constant일 것이다. Mark Wigley, 《Constant's New Babylon》, Rotterdam: 010, 1999를 참조하라.

19. 그중에서 안드레이 플라토노프Andrey Platonov가 특히 뛰어난 비평가였다. 《The Foundation Pit》, New York: NYRB Classics, 2009를 참조하라.

20. Moishe Postone, 《Time, Labor and Social Domination》, Cambridge: Cambridge University Press, 1996.

21. Nick Dyer-Witheford, 《Cyber-Marx》, Champaign, IL: University of Illinois Press, 1999.

22. Fredrick Jameson, 《Postmodernism, or, The Cultural Logic of Late Capitalism》,

London: Verso, 1991.

23. Donna Haraway, 《Modest Witness》, New York: Routledge, 1997, 213ff.

24. 혹자는 이를 《리비도 경제Libidinal Economy》에서 마르크스와 '어린 소녀'를 예리하게 읽어낸 리오타르에 연결할 수 있을 것이다. 마르크스는 자기 시대의 빅토리아적 불안을 공유했다.

25. E. P. Thompson, 《The Making of the English Working Class》, New York: Vintage, 1966.

2. 가라타니 고진: 세계의 구조

1. Kojin Karatani, 《The Structure of World History: From Modes of Production to Modes of Exchange》, Durham, NC: Duke University Press, 2014.

2. Marx, 《Contribution to the Critique of Political Economy》의 '서문'.

3. Marcel Mauss, 《The Gift》, Chicago: HAU Books, 2016.

4. Lewis Morgan, 《League of the Iroquois》, New York: Citadel, 1984.

5. Karl Marx, 《Early Writings》, Harmondsworth: Penguin and New Left Review, 1975, 243ff.

6. Immanuel Wallerstein, 《World System Analysis: An Introduction》, Durham, NC: Duke University Press, 2004.

7. Gopal Balakrishnan, 《The Enemy: An Intellectual Portrait of Carl Schmitt》, Brooklyn: Verso, 2002.

8. John Bellamy Foster, 《Marx's Ecology: Materialism and Nature》, New York: Monthly Review Press, 2000.

9. Andrey Platonov, 《The Foundation Pit》, New York: NYRB Classics, 2009.

10. Karl Wittfogel, 《Oriental Despotism》, New Haven: Yale University Press, 1957.

여기서 나는 Joseph Needham, 《The Great Titration》, Toronto: University of Toronto Press, 1969, 190ff를 따르고자 한다.

11. 그러나 중국의 관점에서 이 모든 범주를 재구성하는 것에 대해서는 Wang Hui, 《China: From Empire to Nation-State》, Cambridge, MA: Harvard University Press, 2014를 참조하라.

12. Benedict Anderson, 《Imagined Communities》, London: Verso, 2006. 그러나 Harold Innis, 《The Bias of Communication》, Toronto: University of Toronto Press, 2008도 참조하라.

13. Alexander R. Galloway, Eugene Thacker & McKenzie Wark, 《Excommunication: Three Inquiries in Media and Mediation》, Chicago: University of Chicago Press, 2013.

14. Alexander Bogdanov, 《The Philosophy of Living Experience》, Leiden: Brill, 2015.

15. As in David Graeber, 《Debt: The First 5,000 Years》, New York: Melville House, 2014.

16. Gilles Deleuze and Felix Guattari, 《Anti-Oedipus》, London: Penguin, 2009.

17. Graeber, 《Debt》.

18. Raoul Vaneigem, 《La Resistance au Christianisme》, Paris: Fayard, 1993.

19. 성 바오로에 대한 가라타니의 입장과 Alain Badiou, 《Saint Paul: The Foundation of Universalism》, Stanford University Press, Stanford CA, 2003을 비교해보라.

20. Karl Marx, "The Eighteenth Brumaire of Napoleon Bonaparte", in Karl Marx, 《Surveys From Exile》, London: Verso, 2010.

21. 이를 Gilles Deleuze and Felix Guattari, 《Anti-Oedipus》, London: Penguin,

2009에서 나오는 수메르의 도시국가에 대한 구절과 비교해보라.

22. McKenzie Wark, 《The Spectacle of Disintegration》, London: Verso, 2013, chapter 8.

23. Kojin Karatani, 《Transcritique》, Cambridge, MA: MIT Press, 2005.

24. McKenzie Wark, "Spinoza on Speed", 〈Public Seminar〉, November 19, 2014, at publicseminar.org.

25. Bogdanov, 《Philosophy of Living Experience》.

26. McKenzie Wark, "The Drone of Minerva", 〈Public Seminar〉, November 5, 2014, at publicseminar.org.

3. 파올로 비르노: 문법과 다중

1. Paolo Virno, 《Grammar of the Multiude》, Los Angeles: Semiotext(e), 2004.

2. Christian Marazzi and Sylvère Lotringer (eds), 《Autonomia: Post-Political Politics》, Los Angeles: Semiotext(e), 2007을 참조하라.

3. Hito Steyerl, 《The Wretched of the Screen》, New York: e-flux, 2013.

4. Raymond Williams, 《Culture and Materialism》, London: Verso, 2006.

5. Guy Debord, 《Society of the Spectacle》, New York: Zone Books, 1994.

6. Gilbert Simondon, 《On the Mode of Existence of Technical Objects》, Minneapolis: Univocal, 2016.

7. Paolo Virno, 《Multitude: Between Innovation and Negation》, Los Angeles: Semiotext(e), 2008; Noam Chomsky and Michel Foucault, 《The Chomsky-Foucault Debate: On Human Nature》, New York: New Press, 2006.

8. Giorgio Agamben, 《The State of Exception》, Chicago: University of Chicago Press, 2005.

9. Paolo Virno, 《When Word Becomes Flesh》, Los Angeles: Semiotext(e), 2015; Paolo Virno, 《Déja Vu and the End of History》, London: Verso, 2015.

10. Johan Huizinga, 《Homo Ludens》, Kettering, OH: Angelico Press, 2016; Asger Jorn, 《The Natural Order and Other Texts》, New York: Routledge, 2016; Charles Fourier, 《Theory of the Four Movements》, Cambridge: Cambridge University Press, 1996.

11. Adorno, 《Minima Moralia》, London: Verso, London, 2006과 J. D. Bernal, 《The Social Function of Science》, Cambridge, MA: MIT Press, 1967을 비교해보라.

12. Benjamin Bratton, 《The Stack》, Cambridge, MA: MIT Press, 2016.

4. 얀 물리에 부탕: 인지자본주의

1. McKenzie Wark, "The Sublime Language of My Century", 〈Public Seminar〉, May 14, 2016, at publicseminar.org.

2. Michel Aglietta, 《A Theory of Capitalist Regulation: The US Experience》, London: Verso, 2015.

3. Yann Moulier Boutang, 《Cognitive Capitalism》, Cambridge: Polity, 2012 그리고 잡지 〈다중Multitudes〉을 참조하라.

4. Christian Marazzi and Sylvère Lotringer (eds), 《Autonomia: Post-Political Politics》, Los Angeles, Semiotext(e), 2007을 참조하라.

5. Mike Davis, 《Planet of Slums》, London: Verso, 2007.

6. Paul Burkett, 《Marx and Nature》, Chicago: Haymarket Books, 2014.

7. McKenzie Wark, 《Telesthesia: Communication, Culture and Class》, Cambridge: Polity Press, 2012.

8. Gary Werskey, 《The Visible College》, New York: Holt Reinhart & Winston,

1979.

9. McKenzie Wark, 《A Hacker Manifesto》, Cambridge, MA: Harvard University Press, 2004.

10. Ursula Huws, 《Labor in the Digital Economy》, New York: Monthly Review Press, 2014.

11. Wark, "The Sublime Language of My Century".

12. Richard Barbrook with Andy Cameron, 《The Internet Revolution》, Amsterdam: Institute of Network Cultures, 2015.

13. Trebor Scholz (ed), 《Digtial Labor: The Internet as Playground and Factory》, New York: Routledge, 2014.

14. Manuel Castells, 《Communication Power》, Oxford: Oxford University Press, 2009.

15. McKenzie Wark, 《The Spectacle of Disintegration》, London: Verso, 2013.

16. Pekka Himanen, 《The Hacker Ethic》, New York: Random House, 2001; Gabriella Coleman, 《Coding Freedom: The Ethics and Aesthetics of Hacking》, Princeton, NJ: Princeton University Press, 2012.

17. Luc Boltanski and Eve Chiapello, 《The New Spirit of Capitalism》, London: Verso, 2007.

18. Asger Jorn, 《The Natural Order and Other Texts》, New York: Routledge, 2016.

5. 마우리치오 라자라토: 기계 노예

1. Maurizio Lazzarato, 《Signs and Machines: Capitalism and the Production of Subjectivity》, Los Angeles: Semiotext(e), 2014.

2. Althusser, 《For Marx》, London: Verso, 2006.

3. Lewis Mumford, 《The Pentagon of Power》, New York: Harcourt Brace Jovanovich, 1974.

4. Felix Guattari, 《The Anti-Oedipus Papers》, Los Angeles: Semiotext(e), 2006, 418.

5. Felix Guattari, 《Chaosmosis》, Sydney: Power Publications, 2012, 133ff.

6. Paul Burkett, 《Marx and Nature》, Chicago: Haymarket Books, 2014.

7. Gilles Deleuze and Felix Guattari, 《A Thousand Plateaus》, Minneapolis: University of Minnesota Press, 1987; Louis Hjemslev, 《Prolegomena to a Theory of Language》, Madison: University of Wisconsin Press, 1961.

8. 혹자는 버널Bernal과 니덤Needham의 마르크스주의 과학을 자연스러운 반기호학적 코드로 읽을 수도 있다.

9. 혹자는 이를 문자 그대로의 모국어 장치와 그것에 대한 '기계적' 지원을 위해 프리드리히 키틀러Friedrich Kittler가 실시했던 유명한 작업에 연결시킬지도 모른다. 키틀러는 엄마가 아기에게 다양한 모국어 소리의 발성법을 가르치는 데 필요한 도표가 들어 있는 교과서를 발행했다.

10. 일반적 비등가물에 대해서는 McKenzie Wark, 'Capture All', 〈Avery Review〉, 2015, at averyreview.com을 참조하라.

11. Eduardo Viveiros de Castro, 《Cannibal Metaphysics》, Minnesota: Univocal, 2014.

12. 이 점에 있어서 나는 Tiziana Terranova, 《Network Culture: Politics for the Information Age》, London: Pluto Press, 2004가 기계의 형성에 대한 중요성을 더 잘 이해하고 있다고 생각한다.

13. Melissa Gregg and Gregory Seigworth, 《Affect Theory Reader》, Durham, NC:

Duke University Press, 2010.

14. Daniel Stern, 《The Interpersonal World of the Infant》, New York: Basic Books, 2000.

15. Gilbert Simondon, 《On the Mode of Existence of Technical Objects》, Minneapolis: Univocal, 2016.

16. Pier Paolo Pasolini, 《Heretical Empiricism》, Washington, DC: New Academia Publishing, 2005.

17. McKenzie Wark, "Pasolini: Sexting the World", 〈Public Seminar〉, July 15, 2015, at publicseminar.com.

18. Antonio Negri, 'On Pasolini', in 《Animal Shelter》, No. 3, 2013을 참조하라.

19. Felix Guattari, 《The Three Ecologies》, London: Bloomsbury Academic, 2008; McKenzie Wark, "Four Cheers for Vulgar Marxism!!!!", 〈Public Seminar〉, April 25, 2014, at publicseminar.com.

20. 여기서 몇 가지 세부 사항은 마싱카 피룬츠Mashinka Firunts의 학회 논문에서 발췌한 것이다.

21. L. A. Kauffman, 《Direct Action》, Brooklyn NY: Verso Books, 2017을 참조하라.

22. Christian Marazzi, 《Capital and Language》, Los Angeles: Semiotext(e), 2008.

23. J. L. Austin, 《How to Do Things with Words》, Cambridge MA: Harvard University Press, 1975.

24. Alberto Toscano and Jeff Kinkle, 《Cartographies of the Absolute》, Winchester, UK: Zero Books, 2015.

25. Raymond Willams, 《Culture and Society》, New York: Columbia University Press, 1983.

6. 프랑코 '비포' 베라르디: 상품이 된 영혼

1. Franco "Bifo" Berardi, 《The Soul at Work: From Alienation to Automony》, Los Angeles: Semiotext(e), 2009.

2. Karl Marx, "Fragment on Machines", in Robin MacKay and Armen Avanessian (eds), 《#Accerate: The Accelerationist Reader》, Falmouth: Urbanomic, 2014.

3. David Rowley, 《Millenarial Bolshevism 1900-1920》, London: Routledge, 2017.

4. Christian Marazzi and Sylvère Lotringer (eds), 《Autonomia: Post-Political Politics》, Los Angeles: Semiotext(e), 2007을 참조하라.

5. Pier Paolo Pasolini, 《Heretical Empiricism》, Washington, DC: New Academia Publishing, 2005; Zenovia Sochor, 《Revolution and Culture》, Ithaca, NY: Cornell University Press, 1988에서는 보그다노프가 헤게모니 이론에 대한 그람시Gramsci 의 원천 중 하나라고 주장한다.

6. Herbert Marcuse, 《One-Dimensional Man》, Boston: Beacon Press, 1991.

7. Mario Tronti, 《Ouvriers et Capital》, Paris: Christian Bourgeois, 1977.

8. McKenzie Wark, "Althusserians Anonymous: The Relapse", 〈Public Seminar〉, February, 26, 2016, at publicseminar.org.

9. Louis Althusser, 《Philosophy and the Spontaneous Philosophy of the Scientists》, London: Verso, 2013.

10. Georges Perec, 《Things: A Story of the Sixties》, Boston: David Godine, 2010, is an excellent guide to this moment.

11. Nanni Balestrini, 《We Want Everything!》, London: Verso, 2016.

12. 이탈리아 작가 집단 Wu Ming의 소설 《54》, London: Harcourt, 2006은 이러한 잃어버린 세계를 생생하게 묘사한다.

13. Jean-François Lyotard, 《Libidinal Economy》, Bloomington, IN: Indiana

University Press, 1993.

14. 안드레이 플라토노프와 마찬가지로 베라르디는 영혼을 유용하고 흥미로운 마르크스주의적 개념으로 만든다.

15. Alexander R. Galloway, 《Laruelle: Against the Digital》, Minneapolis: University of Minnesota Press, 2014.

16. Gilles Deleuze and Felix Guattari, 《What is Philosophy?》, London: Verso Books, 1994, 204ff.

17. Jean Baudrillard, 《Seduction》, New York: Palgrave, 1991.

18. Dominic Pettman, 《Love and Other Technologies》, New York: Fordham University Press, 2006.

19. McKenzie Wark, "Birth of Thanaticism", 〈Public Seminar〉, April 3, 2104, at publicseminar.org.

20. Steven Shaviro, 《Post Cinematic Affect》, Winchester, UK: Zero Books, 2010.

21. Franco "Bifo" Berardi, 《Heroes: Mass Murder and Suicide》, London: Verso, 2015; Bernard Stielger, 《Acting Out》, Stanford, CA: Stanford University Press, 2008.

7. 앤절라 맥로비: 공예의 위기

1. Chris Kraus, 《I Love Dick》, Los Angeles: Semiotext(e), 2006.

2. Stuart Hall and Tony Jefferson (eds), 《Resistance Through Rituals》, London: Routledge, 2006.

3. Angela McRobbie, 《The Aftermath of Feminism》, Thousand Oaks CA: Sage, 2008.

4. Angela McRobbie, 《Be Creative》, Cambridge: Polity, 2016.

5. John Hartley, 《Creative Industries》, Hoboken, NJ: Wiley-Blackwell, 2005.

6. C. H. Waddington, 《The Scientific Attitude》, Harmondsworth: Penguin, 1941. 이 책은 파시즘에 맞선 전쟁에서 진보적 과학자들이 참여한 가장 유명한 저작은 아니지만, 프리드리히 하이에크Friedrich Hayek가 《노예의 길The Road to Serfdom》에서 공격하기로 선택한 책이다.

7. Richard Florida, 《The Rise of the Creative Class》, New York: Basic Books, 2014.

8. Loic Wacquant, 《Punishing the Poor》, Durham, NC: Duke University Press, 2009.

9. Richard Sennett, 《The Craftsman》, New Haven, CT: Yale University Press, 2009.

10. Richard Lloyd, 《Neo-Bohemia》, New York: Routledge, 2010; Andrew Ross, 《No Collar》, New York: Basic Books, 2002.

11. Jacques Rancière, 《Proletarian Nights》, London: Verso, 2012.

12. Simon Frith and Howard Horne, 《Art into Pop》, Methuen, London, 1988.

13. Raymond Williams, 《Culture and Society》; E. P. Thompson, 《The Making of the English Working Class》, London: Penguin, 2013.

14. E. P. Thompson, 《William Morris: Romantic to Revolutionary》, Oakland: PM Press, 2011.

8. 폴 길로이: 인종의 존속

1. Aimé Césaire, 《Discourse on Colonialism》, New York: Monthly Review Press, 2011.

2. Paul Gilroy, 《Darker than Blue》, Cambridge, MA: Harvard, 2010.

3. E. P. Thompson, 《The Making of the English Working Class》.

4. C. L. R. James, 《American Civilization》, Brooklyn: Verso, 2016.

5. James Baldwin, 《Notes of a Native Son》, Boston: Beacon Press, 2012, 13ff.

6. Giorgio Agamben, 《Homo Sacer》, Stanford, CA: Stanford University Press, 1998.

7. Primo Levi, 《The Drowned and the Saved》, New York: Vintage, 1989.

8. Hannah Arendt, 《The Human Condition》, Chicago: University of Chicago Press, 1998.

9. Marvin Surkin and Dan Georgaka, 《Detroit: I Do Mind Dying》, 3rd edition, Chicago: Haymarket Books, 2012.

10. Kodwo Eshun, 《More Brilliant Than the Sun》, 2nd edition, London: Verso, 2016; Rachel Kaadzi Ghansah, 'When the Lights Shut Off', 〈Los Angeles Review of Books〉, 31st January 2013, at lareviewofbooks.org.

11. Frantz Fanon, 《Towards the African Revolution》, New York: Grove Press, 1969.

9. 슬라보예 지젝: 절대적 반동

1. Louis Althusser, 《On Ideology》, London: Verso, 2008.

2. Keenga-Yamahtha Taylor, 《From #BlackLivesMatter to Black Liberation》, Chicago: Haymarket Books, 2016.

3. On psychogeography: McKenzie Wark, 《The Beach Beneath the Street》, London: Verso, 2015.

4. Jean-Paul Sartre, 《Being and Nothingness》, New York: Washington Square Press, 1993.

5. Slavoj Žižek, 《Absolute Recoil》, London: Verso, 2015.

6. Andy Merrifield, 《Metromarxism》, London: Routledge, 2002.

7. 이는 파스칼에 있어서 신념과 유사하다.

8. McKenzie Wark, "Joseph Needham, the Great Amphibian", 〈Public Seminar〉, September 5, 2014, at publicseminar.org.

9. Alain Badiou, 《Being and Event》, London: Contunuum, 2007; Badiou, 《Logic of Worlds》, London: Continuum, 2009.

10. G. V. Plekhanov, 《Fundamental Problems of Marxism》, New York: International Publishers, 1992.

11. Ray Brassier, 《Nihil Unbound: Enlightenment and Extinction》, New York: Palgrave, 2010.

12. G. K. Chesterton, 《The Man Who Was Thursday》, London: Penguin, 2012.

13. McKenzie Wark, 《Molecular Red》, London: Verso, London, 2015; Slavoj Žižek, "Ecology Against Mother Nature", Verso blog, May 26, 2015.

14. Leibig; Karl Marx, 《Capital》, vol. 3, London: Penguin, 1993; John Bellamy Foster,《Marx's Ecology: Materialism and Nature》, New York: Monthly Review Press, 2000.

15. 이에 대한 심리 지리학은 Bradley Garrett (ed), 《Subterranean London》, New York: Prestel, 2014를 참조하라.

16. Donna Haraway, 《Staying with the Trouble》, Durham, NC: Duke University Press, 2016; Jason W. Moore, 《Capitalism in the Web of Life》, Brooklyn: Verso, 2015.

17. Alexander Bogdanov, 《The Philosophy of Living Experience》, Leiden: Brill, 2015.

18. Paul Edwards, 《A Vast Machine》, Cambridge: MA, MIT Press, 2013.

19. Eduardo Viveiros de Castro, 《Cannibal Metaphysics》, Minnesota: Univocal, 2014; Karen Barad, 《Meeting the Universe Halfway》, Durham, NC: Duke University Press, 2007.

20. Judith (aka Jack) Halberstam, 《Queer Art of Failure》, Durham, NC: Duke University Press, 2011.

21. Alexander R. Galloway, Eugene Thacker & McKenzie Wark, 《Excommunication: Three Inquiries in Media and Mediation》, Chicago: University of Chicago Press, 2013.

22. Barad, 《Meeting the Universe Halfway》; Edwards, 《A Vast Machine》.

10. 조디 딘: 상징적 효율성의 쇠퇴

1. Jodi Dean, 《Blog Theory》, Cambridge: Polity, 2010.

2. Peter Sloterdijk, 《Critique of Cynical Reason》, Minneapolis: University of Minnesota Press, 1988.

3. Alexander R. Galloway, Eugene Thacker & McKenzie Wark, 《Excommunication: Three Inquiries in Media and Mediation》, Chicago: University of Chicago Press, 2013; McKenzie Wark, 《Molecular Red》, London: Verso, London, 2015.

4. Paolo Virno, 《Déjà Vu and the End of History》, London: Verso, 2015.

5. Bernard Stielger, 《What Makes Life Worth Living: On Pharmacology》, Cambridge: Polity, 2013.

6. Fred Turner, 《From Counterculture to Cyberculture》, Chicago: University of Chicago Press, 2008; Richard Barbrook with Andy Cameron, 《The Internet Revolution》, Amsterdam: Institute of Network Cultures, 2015.

7. J. D. Bernal, 《The Social Function of Science》, Cambridge, MA: MIT Press, 1967; Richard Stallman, 《Free Software, Free Society》, Boston: GNU Press, 2002. 실험실에서의 자유로운 협력으로서 연구를 추구하기 위해 거의 자신들만 남겨졌을 때 두 사람 모두 과학을 일종의 '공산주의'로 경험했다.

8. Paul Edwards, 《The Closed World: Computers and the Politics of Discourse in Cold War America》, Cambridge, MA: MIT Press, 1997.

9. Antoine Bousquet, 《The Scientific Way of Warfare》, New York: Columbia University Press, 2009.

10. Iris Chang, 《Thread of the Silkworm》, New York: Basic Books, 1996.

11. Bruno Latour, 《The Pasteurization of France》, Cambridge, MA: Harvard University Press, 1988.

12. McKenzie Wark, 《A Hacker Manifesto》, Cambridge, MA: Harvard University Press, 2004.

13. 아이러니하게도 마크 피셔Mark Fisher, 니나 파워Nina Power, 라스 아이어Lars Iyer, 케이트 잠브레노Kate Zambreno 모두 책 형태로 문서화되었다.

14. Josephine Bosma et al (eds) 《Readme!: ASCII Culture and the Revenge of Knowledge》, Autonomedia, New York, 1999.

15. McKenzie Wark, 《Telesthesia: Communication, Culture and Class》, Cambridge: Polity Press, 2012.

16. Michel Foucault, 《The Use of Pleasure》, New York: Vintage, 1990.

17. Felix Guattari, "Three Billion Perverts on the Stand", in Gary Genosko (ed), 《The Guattari Reader》, Cambridge, MA: Blackwell, 1996, chapter 16.

18. Giorgio Agamben, 《The Coming Community》, Minneapolis: Minnesota University Press, 1993.

19. Jean Baudrillard, 《Fatal Strategies》, Los Angeles: Semiotext(e), 2008.

20. McKenzie Wark, "Metadata Punk", in Tomislav Medak and Marcell Mars (eds), 〈Public Library〉, Zagreb: Svibanj, 2015.

21. Tiziana Terranova, 《Network Culture: Politics for the Information Age》, London: Pluto Press, 2004.

22. Wark, 《Molecular Red》.

23. Friedrich Kittler, 《Gramophone, Film, Typewriter》, Stanford CA: Stanford University Press, 1999.

24. Henry Jenkins, 《Convergence Culture》, New York: NYU Press, 2008.

25. Guy Debord, 《Comments on the Society of the Spectacle》, London: Verso, 2011.

26. Guy Debord, 《Society of the Spectacle》, New York: Zone Books, 1994; Debord and Gil Wolman, "A User's Guide to Détournement", in Ken Knabb (ed), 《Situationist International Anthology》, Berkeley: Bureau of Pulblic Secrets, 2006.

27. McKenzie Wark, 《The Spectacle of Disintegration》, Brooklyn NY: Verso Books, 2013, p105ff.

11. 샹탈 무페: 민주주의 대 자유주의

1. Chantal Mouffe, 《Agonistics: Thinking the World Politically》, London: Verso, 2013; 《The Democratic Paradox》, London: Verso, 2005.

2. Eyal Weizman and Fazal Sheikh, 《The Conflict Shoreline》, Göttingen: Steidl, 2015.

3. Gopal Balakrishnan, 《The Enemy: An Intellectual Portrait of Carl Schmitt》,

Brookllyn: Verso, 2002.

4. Chantal Mouffe and Ernesto Laclau, 《Hegemony and Socialist Strategy》, London: Verso, 1985.

5. Louis Althusser, 《For Marx》, London: Verso, 2006.

6. 그러나 Erik Olin Wright, 《Understanding Class》, Brooklyn: Verso, 2015를 참조하라.

7. 나의 단순한 요약보다 훨씬 진지한 설명은 Bruno Bosteels, 《Badiou and Politics》, Durham, NC: Duke University Press, 2011에서 찾을 수 있다.

8. 하르트Hardt와 네그리Negri에 관해서는 McKenzie Wark, "Spinoza on Speed", 〈Public Seminar〉, November 19, 2014, at publicseminar.org를 참조하라.

9. A. J. Greimas, 《On Meaning: Selected Writings in Semiotic Theory》, Minneapolis: University of Minnesota Press, 1987.

10. Bruno Latour, 《We Have Never Been Modern》, Cambridge, MA: Harvard University Press, 1993.

11. Charles Fourier, 《Theory of the Four Movements》, Cambridge: Cambridge University Press, 1996.

12. Johan Huizinga, 《Homo Ludens》, Kettering, OH: Angelico Press, 2016.

12. 웬디 브라운: 신자유주의에 맞서다

1. Wendy Brown, 《Undoing the Demos: Neoliberalism's Stealth Revolution》, New York: Zone Books, 2015.

2. Naomi Klein, 《Shock Doctrine: The Rise of Disaster Capitalism》, New York: Picador, 2008; Philip Mirowski, 《Never Let a Serious Crisis Go to Waste》, Brooklyn: Verso, 2014.

3. McKenzie Wark, 《A Hacker Manifesto》, Cambridge, MA: Harvard University Press, 2004.

4. Peter Linebaugh, 《The London Hanged: Crime and Civil Society in the Eighteenth Century》, London: Verso, 2003.

5. 조르조 아감벤Giorgio Agamben의 《Homo Sacer》, Stanford: Stanford University Press, 1998에서 대중이 총체적 정치체인지, 아니면 그저 가난한 사람들일 뿐인지에 대해 모호함이 있다. 자크 랑시에르Jacques Rancière의 《Dissensus》, London: Bloomsbury, 2015에서 대중은 그 어느 쪽도 아니고 오히려 계수되지 않은, 부분이 없는 부분이다.

6. Karl Marx, 《Capital》, vol. 3, London: Penguin, 1993, ch. 48, "The Trinity Formula"를 참조하라.

7. McKenzie Wark, 《Gamer Theory》, Cambridge, MA: Harvard University Press, 2007.

8. Jean Baudrillard, 《For A Critique of the Political Economy of the Sign》; Jorn and Lefebrvre, Beach.

9. Philip Mirowski, 《The Road From Mont Pelerin: The Making of Neoliberalism》, Cambridge, MA: Harvard University Press, 2009.

10. Michel Foucaut, 《The Birth of Biopolitics》, New York Picador, 2010.

11. Nicos Poulantzas, 《Fascism and Dictatorship》, London: Verso, 1974.

12. R. H. Coase, 《The Firm, the Market and the Law》, Chicago: University of Chicago Press, 1990.

13. Sandra Braman, 《Change of State: Information, Policy and Power》, Cambridge, MA: MIT Press, 2009.

14. Wark, 《Gamer Theory》, 8ff.

15. Bernard Stiegler, 《Technics and Times》, vol. 1, Stanford, CA: Stanford University Press, 1998.

16. Foucault, 《The Order of Things》, New York: Vintage, 1973, 387.

17. A brief reading list: Max Weber, Selected Writings; Herbert Marcuse, 《One-Dimensional Man》, Boston: Beacon Press, 1991; Adorno & Horkheimer.

18. Sylvère Lotringer and Paul Virilio, 《Pure War》, Los Angeles: Semiotext(e), 2008.

19. Noam Chomsky et al, 《The Cold War and the University》, New Press, New York, 1978.

20. Wark, 《Gamer Theory》, MEC; Wark, 《Telesthesia: Communication, Culture and Class》, Cambridge: Polity Press, 2012.

21. Wark, 《Telesthesia》, 163ff.

13. 주디스 버틀러: 위태로운 육체

1. Judith Butler, 《Notes Towards a Performative Theory of Assembly》, Cambridge, MA: Harvard University Press, 2015.

2. Judith Butler, 《Gender Trouble》, New York: Routledge, 2007; 《Bodies That Matter》, New York: Routlege, 2011.

3. Louis Althusser, 《On Ideology》, London: Verso, 2008.

4. Jacques Derrida, 《Difference and Repetition》, New York: Columbia University Press, 1995.

5. Lauren Berlant, 《Cruel Optimism》, Durham, NC: Duke University Press, 2011.

6. Taylor, 《From #BlackLivesMatter to Black Liberation》.

7. Laura Mulvey, 《Visual and Other Pleasures》, London: Palgrave, 2009.

8. '비틀기'에 대해서는 Guy Debord, 《The Society of the Spectacle》, New York: Zone Books, 1994, chapter 8을 참조하라.

9. McKenzie Wark, 《Virtual Geography》, Bloomington il: Indiana University Press, 1995.

10. Achille Mbembe, 《On the Postcolony》, Berkeley: University of California Press, 2001; Ruth Wilson Gilmore, 《Golden Gulag》, Berkeley: University of California Press, 2007.

11. Sean Hand (ed), 《The Levinas Reader》, London: Blackwell, 1989.

12. Hannah Arendt, 《The Human Condition》, Chicago: University of Chicago Press, 1998.

13. Giorgio Agamben, 《Homo Sacer》, Stanford, CA: Stanford University Press, 1998.

14. McKenzie Wark, 《Telesthesia: Communication, Culture and Class》, Cambridge: Polity Press, 2012, chapter 17.

15. James Carey, 《Communication as Culture》, 2nd edition, New York: Routledge, New York, 2008; McKenzie Wark, 《Virtual Geography》, Bloomington IN: Indiana University Press, 1995.

16. Wark, 《Telesthesia》.

17. 이 모든 고전적 텍스트들은 Meenakshi Gigi Durham and Douglas Kellner (eds), 《Media and Cultural Studies: Keyworks》, 2nd edition, Hoboken, NJ: Wiley-Blackwell, 2012에서 찾을 수 있다.

18. Walter Benjamin, "The Storyteller", in 《Selected Writings》, vol. 3, Cambridge, MA: Harvard University Press, 2002, 143ff.

19. Wark, 《Telesthesia》, 207.

20. Guy Debord, 《Society of the Spectacle》, Zone Books, New York, 1994, 15.

21. Jackie Wang, "Against Innocence", 《LIES》 1, 2012; Wark, 《Telesthesia》, 16ff.

22. Jean-Paul Sartre, 《Critique of Dialectical Reason》, vol. 1, London: Verso, 2004.

23. Pier Paolo Pasolini, 《Heretical Empiricism》, Washington, DC: New Academia Publishing, 2005; McKenzie Wark, "Pasolini: Sexting the World", 〈Public Seminar〉, July 15, 2015, at publicseminar.org.

24. Joshua Clover, 《Riot Strike Riot》, Brooklyn: Books, 2016.

14. 아즈마 히로키: 오타쿠 철학

1. Peter Grilli (ed), 《Peter Callas 1973-2003》, New York: Earth Enterprise, 2003.

2. 〈Mechamedia〉 journal from University of Minnesota Press, Minneapolis를 참조하라.

3. Kojin Karatani, 《History and Repetition》, New York: Columbia University Press, 2011.

4. Josephine Bosma et al eds, 《Readme!》, New York: Autonomedia, 1999.

5. Hiroki Azuma, 《Otaku: Japan's Database Animals》, Minneapolis: University of Minnesota Press, 2009.

6. Akira Asada, "Infantile Capitalism", in Massao Miyoshi and Harry Harootunian (eds), 《Postmodernism and Japan》, Durham NC: Duke University Press, 1989. A text clearly riffing on Kojève and Fukuyama.

7. Dick Hebdige, 《Subculture: The Meaning of Style》, London: Routledge, 1979.

8. Jean-François Lyotard, 《The Postmodern Condition》, Minneapolis: University of Minnesota Press, 1984.

9. McKenzie Wark, "Benjamedia", 〈Public Seminar〉, August 27, 2015, at

publicseminar.org.

10. McKenzie Wark, "Pasolini: Sexting the World", 〈Public Seminar〉, July 15, 2015, at publicseminar.org.

11. Laura Mulvey, 《Visual and Other Pleasures》, London: Palgrave, 2009.

12. Lev Manovich, 《Software Takes Command》, London: Bloomsbury, London, 2013; McKenzie Wark, "On Manovich", 〈Public Seminar〉, September 15, 2015, at publicseminar.org.

13. Hiroki Azuma, 《General Will 2.0》, New York: Vertical Books, 2014.

14. Jürgen Habermas, 《The Theory of Communicative Action》, Boston: Beacon Press, 1985.

15. McKenzie Wark, 《A Hacker Manifesto》, Cambridge, MA: Harvard University Press, 2004.

15. 폴 B. 프레시아도: 제약-포르노 정치적 동일체

1. Paul B. Preciado, 《Testo Junkie》, New York: Feminist Press at CUNY, 2013.

2. Béatriz Préciado, 《Pornotopia》, New York: Zone Books, 2014.

3. Guillaume Dustan, 《In My Room》, New York: High Risk Books, 1998; Virgine Despentes, 《King Kong Theory》, New York: Feminist Press at CUNY, 2010.

4. Wilhelm Reich, 《Sex-Pol: Essays, 1929-1934》, London: Verso, 2013.

5. McKenzie Wark, 《Gamer Theory》, Cambridge, MA: Harvard University Press, 2007.

6. "Postscript on Control Societies", in Gilles Deleuze, 《Negotiations 1972-1990》, New York: Columbia University Press, 1997.

7. 규율 사회에 대해서는 Michel Foucault, 《Discipline and Punish》, New York:

Vintage Books, 1995를 참조하라.

8. Wark, 《Telesthesia》, 176ff.

9. Giorgio Agamben, 《Homo Sacer》, Stanford, CA: Stanford University Press, 1998.

10. Teresa de Laurentis, 《Technologies of Gender》, Bloomington IL: Indiana University Press, 1987.

11. Jean-Francois Lyotard, 《Libidinal Economy》, Bloomington IL: Indiana University Press, 1993.

12. Jean Baudrillard, 《Forget Foucault》, Los Angeles: Semiotext(e), 2007를 어떻게 잊을 수 있겠는가?

13. Nikolai Krementsov, 《A Martian Stranded on Earth》, Chicago: University of Chicago Press, 2011.

14. Rachel Law and McKenzie Wark, 《W.A.N.T.: Weaponized Adorables Negotiation Tactics》, Iceland: Oddi, 2013.

15. Carol Vance (ed), 《Pleasure and Danger》, New York: Routledge, 1984.

16. Antonio Gramsci, 《Selections from the Prison Notebooks》, New York: International Publishers, 1971.

17. Debord, 《Society of the Spectacle》, 129ff.

18. Felix Guattari and Suely Rolnik, 《Molecular Revolution in Brazil》, Los Angeles: Semiotext(e), 2008.

16. 웬디 전: 프로그래밍 정치학

1. Wendy Hui Kyong Chun, 《Programmed Visions: Software and Memory》, Cambridge, MA: MIT Press, 2011.

2. McKenzie Wark, 《A Hacker Manifesto》, Cambridge, MA: Harvard University Press, 2004. the chapter "Information"을 참조하라.

3. Jean Baudrillard, 《The Ecstasy of Communication》, Los Angeles: Semiotext(e), 2012.

4. Alberto Toscano and Jeff Kinkle, 《Cartographies of the Absolute》, Winchester, UK: Zero Books, 2015.

5. Alexander R. Galloway and Eugene Thacker, 《The Exploit: A Theory of Networks》, Minneapolis: University of Minnesota Press, 2007.

6. Gabriella Coleman, 《Coding Freedom》, Princeton, NJ: Princeton University Press, 2012.

7. McKenzie Wark, 《Molecular Red》, London: Verso, 2015, 132ff.

8. Jussi Parikka, 《A Geology of Media》, Minneapolis: University of Minnesota Press, 2015.

9. Harry Braverman, 《Labor and Monopoly Capital》, New York: Monthly Review Press, 1998.

10. Nick Dyer-Witheford, 《Cyber-Proletariat》, London: Pluto Press, 2015.

11. Jacques Derrida, 《Specters of Marx》, New York: Routledge, 2006.

12. Silvia Federici, 《Caliban and the Witch》, New York: Autonomedia, 2004.

13. Nicholas Mirzoeff, 《The Right to Look》, Durham, NC: Duke University Press, 2011.

14. Wark, 《Molecular Red》, 13ff.

15. Andrew Hodges, 《Alan Turing: The Enigma》, Princeton, NJ: Princeton University Press, 2014.

16. Paul Edwards, 《The Closed World》, Cambridge MA: MIT Press, 1997; Brenda

Laurel, 《Computers as Theater》, Upper Saddle River NJ: Addison Wesley, 2013.

17. Easily found online as Douglas Engelbart, 'The Mother of All Demos', 1968.

18. Siva Vaidhayanathan, 《The Googlization of Everything》, Berkeley: University of California Press, 2011.

19. Norbert Weiner, 《Cybernetics》, Cambridge MA: MIT Press, 1965; Claude Shannon and Warren Weaver, 《The Mathematical Theory of Communication》, Bloomington IL, University of Illinois Press, 1971.

20. Erwin Schroedinger, 《What is Life?》, Cambridge: Cambridge University Press, 2012.

21. Foucault, 《Order of Things》, pp. 261-262.

22. 이는 매우 풍부한 주제이지만 여기서는 J. B. S. Haldane, 《The Causes of Evolution》, Princeton NJ: Princeton University Press, 1990만 언급하겠다. 이 책은 인구 유전학의 기초가 된 텍스트 중 하나로서, 그 분야가 의미하는 바가 무엇인지에 대해 선견지명을 보여준다.

23. Tung-Hui Hu, 《A Prehistory of the Cloud》, Cambridge, MA: MIT Press, 2006.

24. McKenzie Wark, 'Capture All', 〈Avery Review〉, 2015, at averyreview.com.

17. 알렉산더 갤러웨이: 인트라페이스

1. Alexander R. Galloway, 《The Interface Effect》, Polity, Cambridge: 2012; Alberto Toscano and Jeff Kinkle, 《Cartographies of the Absolute》, Winchester, UK: Zero Books, 2015.

2. Dallas Smythe, 《Counterclockwise: Perspectives on Communication》, Boulder, CO: Westview, 1994; Sut Jhally, 《The Codes of Advertising》, New York:

Routledge, 1990.

3. Fredric Jameson, 《The Political Unconscious》, Ithaca, NY: Cornell University Press, 1982.

4. Fredric Jameson, 《Postmodernism, or, The Cultural Logic of Late Capitalism》, London: Verso, 1991.

5. Gilles Deleuze, "Postscript on Control Societies", in 《Negotiations, 1972–1990》, New York: Columbia University Press, 1997.

6. Wendy Hui Kyong Chun et al. (eds), 《New Media, Old Media: A History and Theory Reader》, 2nd Edition, New York: Routledge, 2015.

7. Lev Manovich, 《The Language of New Media》, Cambridge, MA: MIT Press, 2000.

8. Lev Manovich, "On Totalitarian Interactivity", 〈Telepolis〉, April 3, 1996.

9. Laura Mulvey, 《Visual and Other Pleasures》, London: Palgrave, 2009.

10. McKenzie Wark, 《Gamer Theory》, Cambridge, MA: Harvard University Press, 2007.

11. Alexander R. Galloway, Eugene Thacker & McKenzie Wark, 《Excommunication: Three Inquiries in Media and Mediation》, Chicago: University of Chicago Press, 2013에서 갤러웨이는 해석의 깊이 모델에 다소 회의적이다.

12. Roland Barthes, 《Camera Lucida: Reflections on Photography》, New York: Hill & Wang, 2010.

13. Maurice Blanchot, 《The Space of Literature》, Lincoln NE: University of Nebraska Press, 1989, 13.

14. 실제로는 A. J. Greimas, 《On Meaning: Selected Writings in Semiotic Theory》, Minneapolis: University of Minnesota Press, 1987에서 등장한다.

15. 코르뷔지에|Corbusier에 대해서는 McKenzie Wark, 《The Beach Beneath the Street》, London: Verso, 2015를 참조하라.

16. 《World of Warcraft》에 대해서는 Mikko Vesa, 《There Be Dragons》, Helsinki: Edita Prima, 2013을 참조하라.

17. Nick Land, 《Fanged Noumena: Collected Writings 1987-2007》, Falmouth: Urbanomic, 2011.

18. Joseph Schumpeter, 《Capitalism, Socialism and Democracy》, New York: Harper Perennial, 2008.

19. Galloway et al., 《Excommunication》.

20. McKenzie Wark, 《A Hacker Manifesto》, Cambridge, MA: Harvard University Press, 2004.

21. Raymond Williams, 《Culture and Materialism》, London: Verso, 2006.

22. N. Katherine Hayles, 《How We Became Posthuman》, Chicago: University of Chicago Press, 1999.

23. Alexander R. Galloway, 《Gaming: Essays on Algorithmic Culture》, Minneapolis: University of Minnesota Press, 2006.

24. Jacques Rancière, 《The Politics of Aesthetics: The Distribution of the Sensible》, London: Bloomsbury, 2006.

25. Patricia Goldstone, 《Interlock: Art, Conspiracy and the Shadow Worlds of Mark Lombardi》, Berkeley: Counterpoint, 2015; Bureau d'Etudes, 《An Atlas of Agendas》, Onomatopee, 2014.

26. McKenzie Wark, 《Molecular Red》, London: Verso, 2015. the chapter "Climate Science as Tektology"를 참조하라.

27. Wark, 《Gamer Theory》, 145ff.

28. Julian Dibbell, 《Play Money》, New York: Basic Books, 2007.

29. 콜센터 노동자에 대해서는 the Kolinko Group, "Hotlines: Call Center Inquiry", 2010, available at libcom.org를 참조하라.

30. Lisa Nakamura, 《Cybertypes: Race, Ethnicity and Identity on the Internet》, New York: Routledge, 2002.

31. Gayatri Spivak, "Can the Subaltern Speak?", in Lawrence Grossberg and Cary Nelson (eds), 《Marxism and the Interpretation of Culture》, Champaign, IL: University of Illinois Press, 1988.

32. V. Gordon Childe, 《What Happened in History》, Harmondsworth: Penguin, 1985.

33. Paul Burkett, 《Marx and Nature》, Chicago: Haymarket Books, 2014.

34. McKenzie Wark, 《The Spectacle of Disintegration》, London: Verso, 2013, chapters 18 and 19; 또한 Alexander R Galloway, "The Game of War: An Overview", 〈Cabinet〉, Spring 2008, at cabinetmagazine.org도 참조하라.

35. McKenzie Wark, "There is Another World", 〈Public Seminar〉, January 14, 2014, at publicseminar.org를 참조하라.

36. Alice Becker-Ho, 《The Essence of Jargon》, New York: Autonomedia, 2015; Giorgio Agamben, 《Means Without Ends: Notes on Politics》, University of Minnesota, Minneapolis, 2000, 63-73; Wark, 《The Spectacle of Disintegration》, chapter 17.

37. Schumpeter, 《Capitalism, Socialism and Democracy》.

38. Friedrich Schiller, 《Letters on the Aesthetic Education of Man》, Mineola, NY: Dover, 2004; Johan Huizinga, 《Homo Ludens》, Kettering, OH: Angelico Press, 2016.

39. Mark Fisher, 《Capitalist Realism》, Winchester, UK: Zero Books, 2009.

18. 티모시 모튼: 객체 지향 존재론에서 객체 지향 실천으로

1. Timothy Morton, 《Hyperobjects》, Minneapolis: University of Minnesota Press, 2013.

2. Bobby George and Tom Sparrow (eds), 《Itinerant Philosophy: On Alphonso Lingis》, Brooklyn: Punctum Books, 2014를 참조하라.

3. Levi Bryant et al. (eds), 《The Speculative Turn》, Melbourne: repress, 2011을 참조하라.

4. McKenzie Wark, 《Molecular Red》, London: Verso, 2015, 235를 참조하라.

5. Graham Harman, 《Towards Speculative Realism》, Winchester, UK: Zero Books, 2010을 참조하라.

6. Wark, 《Molecular Red》. the chapter "Climate Science as Tektology"를 참조하라.

7. Ibid. the chapter "From Bogdanov to Barad"를 참조하라.

8. 이 경우 명명법은 제4기 층위 소위원회의 '인류세'에 대한 실무 그룹의 심의를 필요로 한다.

9. Reza Negarastani, 《Cyclonopedia》, Melbourne: repress, 2008; Reza Negarastani et al. (eds), 《Leper Creativity》, Brooklyn: Punctum Books, 2012.

10. Karen Barad, 《Meeting the Universe Halfway》, Durham, NC: Duke University Press, 2007; Paul Edwards, 《A Vast Machine》, Cambridge, MA: MIT Press, 2013.

11. Alexander Bogdanov, 《Essays in Tektology》, 2nd edition, Seaside, CA: Intersystems Publications, 1984.

12. 냉전 시대의 예술에 대한 억압과 편지에 대해서는 Frances Stonor Saunders,

《The Cultural Cold War: The CIA and the World of Arts and Letters》, New York: New Press, 2013을 참조하라.

13. John Bellamy Foster, 《Marx's Ecology: Materialism and Nature》, New York: Monthly Review Press, 2000.

14. Wark, 《Molecular Red》, Part II, Section 3을 참조하라.

15. Quentin Meillassoux, 《The Number and the Siren》, Falmouth, Urbanomic, 2012를 참조하라. 이는 말라르메Mallarmé에 관한 책으로, 와일드Wilde의 "The Portrait of Mr. WH"의 프랑스 버전이라 할 수 있다. McKenzie Wark, "The Nothingness That Speaks French", 〈Public Seminar〉, November 13, 2014, at publicseminar.org.

16. 회복성에 대해서는 McKenzie Wark, "Heidegger and Geology", 〈Public Seminar〉, June 26, 2014, at publicseminar.org를 참조하라.

17. Timothy Morton, 《Ecology Without Nature》, Cambridge, MA: Harvard University Press, 2009.

18. Raymond Williams, 《Keywords》, Oxford: Oxford University Press, Oxford, 2014, 164ff.

19. Timothy Morton, 《The Ecological Thought》, Cambridge, MA: Harvard University Press, 2012를 참조하라.

20. Walter Benjamin, 《The Arcades Project》, Cambridge MA: Harvard University Press, 2002.

21. Ricahrd Holmes, 《Shelley: The Pursuit》, New York: New York Review Books Classics, 2003, 149ff.

22. Lucien Goldmann, 《The Hidden God》, London: Verso, 2016.

19. 퀭탱 메이야수: 절대성의 스펙터클

1. Robert Krulwich, "The Oldest Rock in the World Tells Us a Story", NPR.com, January 11, 2012에서 인용.

2. Quentin Meillassoux, 《After Finitude: An Essay on the Necessity of Contingency》, London: Continuum, 2008.

3. www.cameca.com/instruments-for-research/sxfive.aspx를 참조하라. 또한 the "Early Earth" special issue of 〈Elements: An International Magazine of Mineralology, Geochemistry, and Petrology〉, vol. 2, no. 4, August 2006도 참조하라. 과학적 글쓰기는 장치의 특성도 규칙적으로 제한하지만, Rigaku, Australian Scientific Instruments, 이름도 멋진 Rockware and Comeca 등의 광고를 통해 잡지에서 그 존재를 발견할 수 있다.

4. Jean-Charles Scagnetti, 《L'aventure scopitone (1957-1983)》, Paris: Editions Autrement, Coll. Mémoires/Culture, 2010.

5. Dziga Vertov, 《Kino-Eye》, Berkeley: University of California Press, 1985.

6. Jay Bernstein, 《Against Voluptuous Bodies: Adorno's Late Modernism and the Meaning of Painting》, Stanford, CA: Stanford University Press, 2007.

7. 예를 들면 Eugene Thacker, 《In the Dust of This Planet: Horror of Philosophy》, vol. 1, Winchester, UK: Zero Books, 2011에서 이러한 사고방식을 재현할 수 있는 현대적인 방식을 찾아보라.

8. 이러한 알레르기 철학이 장치 또는 기술에 끼친 영향에 대해서는 Bernard Stiegler, 《Technics and Time, 1: The Fault of Epithemus》, Stanford, CA: Stanford University Press, 1998을 참조하라.

9. 비판적 평가에 대해서는 John T. Blackmore, 《Ernst Mach: His Life, Work, and Influence》, Berkeley: University of California Press, 1972를 참조하라.

10. Alexander Bogdanov, 《La Science, L'Art et La Classe Ouvrière》, trans. Blanche Grinbaum and Henri Deluy, Paris: Maspero, 1977. 루이 알튀세르Louis Althusser의 지도하에 이론 시리즈로 발간되었다.

11. 갤러웨이도 마찬가지다. 그의 책 《Laruelle: Against the Digital》, Minneapolis: University of Minnesota Press, 2014를 참조하라. 또한 McKenzie Wark, "Laruelle's Kinky Syntax", 〈Public Seminar〉, April 23, 2015, at publicseminar. org도 참조하라.

12. Intergovernmental Panel on Climate Change, 《Climate Change 2014》, Cambridge: Cambridge University Press, 2015.

13. Paul N. Edwards, 《A Vast Machine: Computer Models, Climate Data, and The Politics of Global Warming》, Cambridge, MA: MIT Press, 2010을 참조하라.

14. 하지만 Tom Cohen, 《Telemorphosis: Theory in the Era of Climate Chance》, London: Open Humanities Press, 2012를 참조하라.

15. 이는 McKenzie Wark, 《Molecular Red》, London: Verso, 2015의 프로그램이다.

20. 이자벨 스텐저스: 가이아 침입

1. Jason W. Moore, 《Capitalism in the Web of Life》, Brooklyn: Verso, 2015.

2. John Bellamy Foster, 《Marx's Ecology: Materialism and Nature》, New York: Monthly Review Press, 2000; Rob Nixon; Isabelle Stengers, 《Catastrophic Times》, London: Open Humanities Press, 2015.

3. Helen Scott (ed), 《The Essential Rosa Luxemburg》, Chicago: Haymarket, 2007, 24.

4. Clive Hamilton, 《Earth Masters》, New Haven, CT: Yale University Press, 2013.

5. Felix Guattari, 《The Three Ecologies》, London: Bloomsbury, 2003.

6. Stefano Harney and Fred Moten, 《The Undercommons: Fugitive Planning and

Black Study》, Wivenhoe: Minor Compositions, 2013.

7. James Lovelock 《Gaia: A New Look at Life on Earth》, Oxford: Oxford University Press, 2000.

8. Alexander R. Galloway, Eugene Thacker & McKenzie Wark, 《Excommunication: Three Inquiries in Media and Mediation》, Chicago: University of Chicago Press, Chicago, 2013.

9. 예를 들면 Starhawk, 《The Fifth Sacred Thing》, New York: Bantam, 1994 등을 참조하라. 이러한 사례는 해러웨이Haraway로 하여금 자신은 여신보다는 사이보 그가 될 거라고 주장하게 만들었다.

10. J. B. S. Haldane, 《Daedalus》, London: EP Dutton, 1924. 이 책은 과학기술적인 도약을 위해 그리스신화의 초자연적 인물보다는 유한한 인간을 선호한 것으로 유명하다.

11. McKenzie Wark, 《A Hacker Manifesto》, Cambridge, MA: Harvard University Press, 2004.

12. 더 상세한 내용을 알고 싶다면 Isabelle Stengers, 《Cosmopolitics》 I and II, Minneapolis: University of Minnesota Press, 2010 and 2011을 참조하라.

13. 이는 André Breton, 《What is Surrealism?: Selected Writings》, Atlanta: Pathfinder Press, 1978, 166의 내용을 바꿔 표현한 것이다.

14. Richard Stallman, 《Free Software, Free Society》, Boston: GNU Press, 2002.

15. McKenzie Wark, 《Gamer Theory》, Cambridge, MA: Harvard University Press, 2007, the chapter "Agony"를 참조하라.

16. Jacques Derrida, 《Of Grammatology》, Baltimore: Johns Hopkins University Press, 2016. My reading of it is in 《Gamer Theory》, sections 219-22.

17. Joseph Needham, 《The Grand Titration: Science and Society in East and

West》, Toronto: University of Toronto Press, 1969.

18. Gilles Deleuze and Claire Parnet, 《Dialogues II》, New York: Columbia University Press, 2002.

19. Gilles Deleuze and Felix Guattari, 《Kafka: Towards a Minor Literature》, Minneapolis: University of Minnesota Press, 1986.

20. 여기서 스텐저스Stengers는 Jacques Rancière, 《Hatred of Democracy》, London: Verso, 2014를 향해 제스처를 취한다.

21. 도나 해러웨이: 비인간적 코미디

1. Donna Haraway and Cary Wolfe, 《Manifestly Haraway》, Minneapolis: University of Minnesota Press, 2016.

2. McKenzie Wark, "Kierkegaard's Frenemies", 〈Public Seminar〉, December 23, 2013, at publicseminar.org.

3. 또한 해러웨이와의 멋진 인터뷰를 엮은 책 Thyrza Nichols Goodeve, 《How Like a Leaf》, Routledge, New York, 1999를 참조하라.

4. Jason W. Moore, 《Capitalism in the Web of Life》, Brooklyn: Verso, 2015.

5. Carl Sederholm and Jeffrey Andrew Weinstock (eds), 《The Age of Lovecraft》, Minneapolis: University of Minnesota Press, 2016. See the China Mieville essay in particular.

6. 예를 들면 Rosie Braidotti, 《The Posthuman》, Cambridge: Polity, 2013을 참조하라.

7. 《부정의 길via negativa》에 대해서는 Eugene Thacker's contribution to 《Excom munication》, Chicago: University of Chicago Press, 2013을 참조하라.

8. Bruno Latour, 《On the Modern Cult of the Factish Gods》, Cambridge, MA: Harvard University Press, 2010.

9. Ferdinand De Saussure, 《Course in General Linguistics》, Chicago: Open Court Classics, 1998. 흥미롭게도 구조주의의 기원이라고 말할 수 있는 이야기 중 하나는 전쟁 중에 뉴 스쿨에서 이루어진 클로드 레비-스트로스Claude Lévi-Strauss와 로만 야콥슨Roman Jacobson의 만남이다. 프랑스 망명자들은 대부분 나치 이후 가톨릭 프랑스 문화의 연속성을 회복하는 방법을 연구하고 있었다. 물론 이는 레비 스트로스에게는 호소력이 없었다. 대신 그들은 문화적 형태의 구조적 분석을 위한 이론을 개발했다. Peter Rutkoff, 《New School: A History of the New School for Social Research》, New York: Free Press, 1998을 참조하라.

10. McKenzie Wark, "The Sublime Language of My Century", 〈Public Seminar〉, May 14, 2016, at publicseminar.org.

11. Bill McKibben, "A World at War", 〈New Republic〉, August 15, 2016, at newrepublic.com.

12. Evelyn Hutchinson, 《The Art of Ecology》, New Haven, CT: Yale University Press, 2011; Lynn Margulis, 《Symbiotic Planet》, New York: Basic Books, 1999.

13. Marilyn Starthern, 《Partial Connections》, Lanham, MD: AltaMira Press, 2005.

14. 이에 관해서는 다른 현대 가톨릭 철학자인 미셸 세르Michel Serres의 저서인 《The Parasite》, Minneapolis: University of Minnesota Press, 2007을 참조하라.

15. Louis Althusser, 《On Ideology》, London: Verso, 2008; 비틀기에 대해서는 Guy Debord, 《The Society of the Spectacle》, New York: Zone Books, 1994, chapter 8을 참조하라.

16. A. J. Greimas, 《On Meaning: Selected Writings in Semiotic Theory》, Minneapolis: University of Minnesota Press, 1987.

17. Alexander R. Galloway, 《Protocol: How Control Exists After Decentralization》, Cambridge, MA: MIT Press, 2003.

18. Andrew Ross, 《Bird on Fire》, New York: Oxford University Press, 2011.

19. 이 점에 있어서 해러웨이는 아마도 여성화하는 노동의 개념에 대한 프레시아도Préciado의 불평을 피할 수 있을 것이다. 왜냐하면 그 노동 또한 '여성'이 의미하는 바를 변화시키기 때문이다.

20. Timothy Mitchell, 《Carbon Democracy: Political Power in the Age of Oil》, Brooklyn: Verso, 2013.

21. McKenzie Wark, 《Gamer Theory》, Cambridge, MA: Harvard University Press, 2007.

22. Henri Lefebvre, 《Critique of Everyday Life》, London: Verso, 2014; McKenzie Wark, 《The Beach Beneath the Street》, London: Verso, 2015, chapter 8.

23. Alexander Bogdanov, 《Essays in Tektology》, 2nd edition, Seaside, CA: Intersystems Publications, 1984.

24. Gary Werskey, 《The Visible College》, New York: Holt Reinhart & Winston, 1979는 이 이야기를 다룬 뛰어난 작품이다. 하지만 이 여성들이 다시 그곳으로 돌아간다면 상당히 다르게 보일지도 모른다. 또한 Georgina Ferry, 《Dorothy Hodgkin: A Life》, London: Bloomsbury, 2014; Judith Adamson, 《Charlotte Haldane: Woman Writer in a Man's World》, Houndmills: Macmillan, 1998도 참조하라.

옮긴이 _ **한정훈**

서강대 불문학과에서 수학한 후, 한양대 전기공학과를 졸업했다. 현재 출판번역 에이전시 베네트 랜스에서 전속 번역가로 활동 중이다. 옮긴 책으로는《이코노미스트 2013 세계경제대전망》,《맥 킨지 금융보고서》,《The Complete Beatles Chronicle》,《와인 아틀라스》,《스타트업 성공학》 등이 있다.

21세기 지성

1판 1쇄 | 2019년 7월 5일
1판 3쇄 | 2019년 10월 14일

지은이 | 매켄지 와크
옮긴이 | 한정훈
감수 및 책임교정 · 교열 | 박정희

펴낸이 | 임지현
펴낸곳 | (주)문학사상
주소 | 경기도 파주시 회동길 363-8, 201호(10881)
등록 | 1973년 3월 21일 제1-137호

전화 | 031)946-8503
팩스 | 031)955-9912
홈페이지 | www.munsa.co.kr
이메일 | munsa@munsa.co.kr

ISBN 978-89-7012-926-6 (03100)

이 도서의 국립중앙도서관 출판예정도서목록(CIP)은 서지정보유통지원시스템 홈페이지 (http://seoji.nl.go.kr)와 국가자료공동목록시스템(http://www.nl.go.kr/kolisnet)에서 이용하실 수 있습니다. (CIP제어번호 : CIP2019022365)